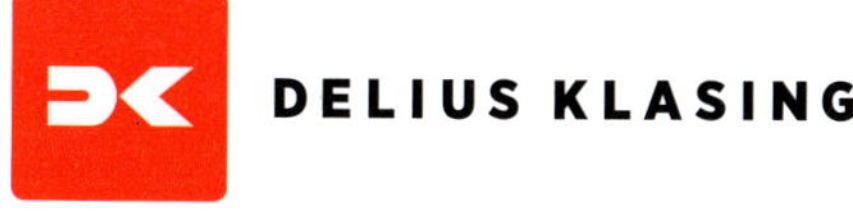
DELIUS KLASING

LEON SCHULZ

PRAXISGUIDE FAHRTENSEGELN

VOM TRAUM ZUM TÖRN

FÜR EINSTEIGER UND FORTGESCHRITTENE
50 TIPPS

DELIUS KLASING VERLAG

Für Gaby, die sich zu jedem Segel-Saisonstart
einen kompakten Refresher wünscht.
Mögen wir noch viele Jahre gemeinsam, sicher,
komfortabel und gemütlich die Welt
mit unserem Segelboot bereisen und erkunden.

INHALT

EINLEITUNG

Was bedeutet eigentlich das Wort »Fahrtensegeln«?

Das aus »Fahrt« und »Segeln« zusammengesetzte Wort will viel mehr zum Ausdruck bringen als Boot fahren oder einfach nur segeln. Es steckt so viel Dynamik darin, so viel Abenteuer und so viel Freiheit.

Ein Leben in harmonischer Verbundenheit mit der Natur lässt uns echter, ehrlicher und aufmerksamer leben. Wir spüren die natürlichen Wurzeln unserer Existenz. Prioritäten verschieben sich wie selbstverständlich von materiellen und existenziellen Aspekten hin zur Freude an der Natur und allem Lebendigen. Damit kommen wir – vielleicht für manche überraschend – auch unserem eigenen Selbst näher. Wer die Natur und das Leben um sich herum wertschätzend wahrnimmt, wird auch sich selbst gegenüber eine akzeptierende, wohlwollende und liebevolle Haltung einnehmen. Vielleicht ist es das, was einen großen Teil der Faszination des Fahrtensegelns ausmacht und der Grund dafür ist, warum man nicht selten auch schwer kranke Fahrtensegler antrifft, die mit dem Wissen ihrer eigenen prognostizierten Endlichkeit noch extrem wertvolle Erfahrungen suchen.

Fahrtensegeln riecht nach aktiver Selbstbestimmung, aber ohne zu viel Anstrengung. Der Wind generiert die Fahrt, wir selbst die Erlebnisse. Fahrtensegeln kann für manche auch nach Schönwettersegeln klingen. Auf jeden Fall steckt Bewegung dahinter, die lebensbejahende Fantasien weckt. Diese können nicht nur während kommenden kalten Winterabenden, sondern vielleicht auch an unserem eigenen Winterabend des Lebens noch lange in Erinnerung gerufen werden, um so wunderschön auf eigene Freizeiterlebnisse zurückzublicken. Fahrtensegeln kann zur eigenen Entwicklung und vielleicht sogar zur Selbstverwirklichung führen. Es riecht nach Entdeckungslust und Achtsamkeit. Zurück zur Natur und individuellen Gestaltung des Lebens oder zumindest der Freizeit! Allein, mit seinem Partner, der Familie oder mit besten Freunden.

Was charakterisiert einen Fahrtensegler?

Fahrtensegler sind im Gegensatz zu Regattaseglern eher gemütlich unterwegs und vor allem das: unterwegs. Unterwegs mit einer Einschränkung: temporär, also auf Zeit. Genauer: auf eher kurze Zeit, also mal über Nacht, mal im Rahmen eines (normalen) Urlaubs. Das Überqueren von Ozeanen wird lieber den Blauwasserseglern überlassen, die zum Aussteigen oder zumindest für ein Sabbatical auf lange Zeit ihren Lebensstil verändern wollen.

Fahrtensegler wollen weder aussteigen noch sich großartig verändern. Sie möchten nur ab und zu dem Alltag entrinnen und genussvoll reisen. Das Ganze gern versehen mit einem Hauch von Abenteuer: aber bitte ohne jegliche Angst! »Abenteuer ohne Schiss« eben, das heißt beispielsweise auch, möglichst ohne Wetterüberraschungen oder Stürme!

Es geht um eine Art von Urlaub, der für einige wie eine kleine Zeitreise in die eigene Kindheit oder Jugend wirken kann. Wieder darf man erfahren, dass man noch einiges zu lernen hat. Aber statt Mathe, Erdkunde, Physik oder Fremdsprachen in der Schule zu büffeln, geht es nun um praktisches Wissen und dessen alltägliche Anwendung. Erneut darf man wieder von Zielen träumen. Neue Freundschaften mit anderen Seglern werden geknüpft, wobei die gegenseitige Unterstützung ein Gefühl von Geborgenheit und Zugehörigkeit schenkt. Herausforderungen werden überwunden, Grenzen verschoben, Ängste bewältigt, Reparaturen am eigenen Schiff vorgenommen. All dies führt zu einer tiefen inneren Befriedigung.

Warum ist es so reizvoll, ein eigenes Boot zu besitzen?

Mit einem Schiff unterwegs zu sein oder es sogar selbst zu besitzen, ist etwas ganz anderes, als auf vier Rädern zu reisen oder mit dem Flugzeug kurzerhand an einen neuen Ort hingeworfen zu werden. Ein Schiff bekommt einen Namen (traditionell einen weiblichen), man spricht von »ihr«, sie wird gepflegt, um sie dann aktiv entweder allein, mit dem Partner oder mit Freunden so oft wie möglich zu nutzen. Statt sich bei seiner Familie für eine Woche »Männerchartertörn« zu verabschieden, will der Fahrtensegler den Partner und die Familie wortwörtlich mit an Bord nehmen, um möglichst viel Zeit zusammen auf dem Boot zu verbringen. Die Unterschiede zwischen einem Wochenendsegler, Chartersegler, Fahrtensegler und Blauwassersegler sind natürlich fließend[1].

Ein eigenes Boot zu besitzen, ist ein großer und gleichzeitig wunderschö-

1 An dieser Stelle soll noch darauf hingewiesen werden, dass dies selbstverständlich ein Unisex-Buch ist. Wenn von »dem Skipper« oder »dem Segler« die Rede ist, ist natürlich auch jedes andere Geschlecht damit gemeint.

ner Schritt. Die Konsequenzen sind jedoch nicht zu unterschätzen, denn natürlich ist es praktisch, alles Komplizierte dem Vercharterer zu überlassen und nur mit einem Segelsack mit persönlichen Utensilien für eine Woche an Bord zu steigen. Ein Charterskipper übernimmt für eine kurze Zeit die Verantwortung für das Charterschiff. Ein Bootseigner hingegen ist ganzjährig für sein Schiff, dessen Ausrüstung, Pflege, Wartung und für die Planung der nächsten Segelsaison verantwortlich.

Und wem der Schritt zum eigenen Schiff noch zu groß erscheint, der kann gern erst einmal mit anderen Schiffsbesitzern reden, um von ihnen inspiriert zu werden, zu lernen und Tipps über Bootswahl und -pflege zu erhalten. Hierfür eignen sich insbesondere Segelclubs und Vereine wie auch ein Gespräch mit Bootseignern beim Spaziergang in der Marina. Segler sind oft sehr gesprächig und reden gern über ihre Boote. Hat man Glück, wird man vielleicht sogar zu einem Probetörn eingeladen. Auf diese Weise sammelt man immer mehr unterschiedliche Erfahrungen, die hilfreich sind, um die persönlichen Vorlieben bzw. das individuell zu einem passende Boot zu finden.

Muss ich viel lernen, um mit dem eigenen Schiff auf Fahrt zu gehen?

Die komplexen Kompetenzen, die nötig sind, um dem eigenen Schiff gerecht zu werden, entwickeln sich langsam aus der Summe der über die Jahre gemachten Erfahrungen – und eigenen Fehler! – sowie des theoretisch angeeigneten Wissens aus Büchern, Seminaren und Kursen.

Fahrtensegeln ist vielschichtig, grenzenverschiebend und ein fortlaufender Prozess, in dem man stetig dazulernt. Mit anderen Worten: Es wird nie langweilig!

So ist beispielsweise die Beurteilung des Wetters Erfahrungssache. Für den einen mag ein Gegenankreuzen bei 1,5 m Welle und 15 kn wahrem Wind schon abenteuerlich sein, während es dem Erfahrenen höchstens unbequem erscheinen mag.

Es gibt viele Tricks, sich aus einer ungünstigen Situation herauszuhelfen, sei es ab- oder beizudrehen, zu reffen oder schlicht in den Hafen zurückzukehren und das nächste Mal den Wettercheck genauer durchzuführen. Hauptsache, alle an Bord haben Spaß und keine Angst!

Beim Fahrtensegeln geht es nämlich gerade nicht um die Maximierung der Meilen oder der Geschwindigkeit. Vielmehr geht es um Entdeckung,

Freude an der Natur und am Reisen sowie um den Mut, als Skipper unbekannte Häfen und Reviere anzulaufen und gegebenenfalls auch ursprüngliche Pläne zu verändern.

Das Können muss nicht perfekt sein, das Wissen nicht allumfänglich. Man braucht auch keinen fetten Geldbeutel, um sich ein Boot zu kaufen, denn streng genommen gibt es für jedes Budget ein Boot. Es geht generell beim Segeln, ganz besonders aber beim Fahrtensegeln, in erster Linie darum, seine eigenen Möglichkeiten und Grenzen zu erkennen und verantwortungsbewusst zu handeln.

Reicht es, nur dieses Buch zu lesen?

Dieses Buch soll eine Übersicht über relevante Aspekte des Reisens mit einem Schiff vermitteln: vereinfacht, praxisnah und verkürzt dargestellt.

Wenn der Wunsch nach Vertiefung in die verschiedenen Themenbereiche ausgelöst werden sollte, gibt es viele gute und spannende Bücher über Navigation, Technik, Bootspflege, Kochen, Crewmanagement oder einfach nur das Segeln an sich.

Dieses Buch ist in der chronologischen Reihenfolge geschrieben, in der man einen Fahrtensegeltörn angehen würde: Nach der Revier- und Bootswahl wird das Boot ausgerüstet. Der Törn wird geplant und vorbereitet, bevor es dann schließlich zum eigentlichen Segeln geht – von Hafenmanövern über Segeltrimmen bis hin zum Ankermanöver. Das Buch gibt damit eine gute Übersicht über relevante Aspekte und Kompetenzen, die notwendig sind, um auf einen Fahrtentörn gehen zu können.

Durch den Aufbau des Buches im FAQ-Stil ist es nicht zwingend notwendig, das gesamte Buch auf einmal zu lesen, sondern es ist ebenso zum Querlesen oder auch Auffrischen wesentlicher Aspekte vor der neuen Segelsaison geeignet. Darüber hinaus helfen Infokästen und Eselsbrücken dem Segler, wesentliche Informationen auf einen Blick parat zu haben. Tipps und Hinweise auf typische Fehlerquellen zeigen hilfreiche Bewältigungsmöglichkeiten und warnen vor Fallen, um möglichst stressfrei zu segeln.

In diesem Buch werden an einigen Stellen englische Ausdrücke verwendet. Der pragmatische Hintergrund hierfür ist, dass viele Segler – insbesondere solche, die in Gezeitengewässern segeln – einen englischsprachigen Almanach oder Revierführer benutzen möchten. Dazu ist es hilfreich, bereits mit den wichtigsten englischen Begriffen vertraut zu sein.

Und nun: Leinen los!

DAS SEGELREVIER

Was ist das Huhn und was ist das Ei? Erst das Boot oder erst das Revier entscheiden?

Der angehende Fahrtensegler tut gut daran, sich erst einmal zu überlegen, wo er sein Boot hinlegen möchte und welches Revier er bereisen will. Davon abhängig ist dann oft die Wahl des Bootstyps und der für das Revier notwendigen Ausrüstung. Natürlich ist es streng genommen sehr gut möglich, mit einem für das Mittelmeer konstruierten Schiff auch um die Britischen Inseln zu segeln oder mit einer alten, britischen, hochseetauglichen Fahrtenyacht im Mittelmeer zu schippern. Aber es ist kein Zufall, dass sich die verschiedenen Schiffstypen in den entsprechenden Revieren ansammeln.

Fahrtensegler wechseln natürlich auch ab und zu ihr Revier und kaufen deswegen nicht unbedingt gleich ein anderes Boot. Trotzdem gilt: Es gibt plausible Gründe, warum Boote in den verschiedenen Revieren oft unterschiedlich aussehen, und deshalb ist es gut – bevor sich der Fahrtensegler ein Boot kauft –, zu überlegen, wo man in den nächsten Jahren vor allem segeln möchte. Ein Kimmkieler, der im Watt wunderbar bei Niedrigwasser auf den Sandboden gesetzt werden kann, macht weniger Sinn, wenn damit in der Ostsee gesegelt werden soll, wo eher gute Kreuzeigenschaften am Wind von Bedeutung wären. Eine riesige Genua und ein kleines Großsegel sind dort besonders sinnvoll, wo meist raumschots gesegelt wird, während kleine Vorsegel oder sogar eine selbstwendende Fock, die beim Wenden rasch die Seite wechselt, vor allem in engen Sunden, wo man viel kreuzen muss (z. B. in den schwedischen Schären), die bessere Wahl sind.

Ein Boot mit kleinem, geschütztem Cockpit, vielleicht sogar mit einer Glasscheibe oder einem Hardtop zu versehen, ist im rauen Wetter des Nordens eher zielführend als bei einem typischen Mittelmeer-Boot mit riesigem (ungeschütztem) Cockpit. Dort wird besser ein festes Sonnendach (Bimini) gespannt, das eher für warme Hafentage passt.

Welches Boot und welche Ausrüstung Sinn ergeben, ist also sehr individuell. Dabei macht es natürlich einen Unterschied, ob man mit einer fahrtensegeltauglichen Jolle mit Zelt unterwegs ist oder ob eine ozeantaugliche Yacht zum Fahrtensegeln genutzt werden soll. Beides hat seinen Reiz, denn dasselbe Revier wird ganz unterschiedlich erlebt. Der gesunde Menschenverstand ist immer gefragt, und die persönlichen Bedürfnisse an Sicherheit und Bequemlichkeit sollten in jedem Fall immer berücksichtigt werden.

Wenn das Revier festgelegt ist, kann als Folgeschritt viel einfacher auf das passende Boot, dessen Ausrüstung und die Kompetenz der Crew eingegangen werden.

Was ist besser: Ein Revier in nächster Nähe oder lieber ein passenderes Revier weiter entfernt?

Für Segler Süddeutschlands, der Schweiz oder Österreichs könnte das nächste Revier im Mittelmeer liegen. Für Mittel- und Norddeutsche wären eher die Ostsee, die friesischen Küsten oder die Niederlande in nächster Nähe und mit dem Auto erreichbar. Auch Wochenendtörns sind hier denkbar.

Andere nehmen das Flugzeug, um zum Boot zu gelangen, und beginnen dort ihre Törns. Wieder andere haben die Idee mit dem festen Liegeplatz aufgegeben, segeln von Jahr zu Jahr im Urlaub zu immer neuen Winterlagern und überspringen die Wochenendtörns. Es kommt einfach darauf an, wo man im Verhältnis zum nächsten Meer wohnt, ob die Wochenenden zum Segeln genutzt werden sollen oder ob man alles auf einen oder zwei Urlaube im Jahr verlegt und keinen festen Liegeplatz haben möchte. Liegeplätze in populären Revieren sind nämlich in letzter Zeit rar und teuer geworden.

Es gibt unzählige spannende und wunderschöne Segelreviere, die ein Fahrtensegler bereisen kann. Dabei öffnet eine einzige Nachtfahrt das Tor zu weiteren, völlig neuen Revieren. Wenn man beispielsweise an einem Morgen startet und nur durch eine einzige Nacht segelt, kommt man bereits am nächsten Abend schnell an einem Ziel an, das gut und gern 200 sm entfernt liegen kann.

Beispiel:
Das Boot segelt mit 5,5 kn. Es wird morgens um 08:00 Uhr abgelegt. Nach 35 Stunden kommt man am folgenden Abend um 19:00 Uhr an und ist 35 x 5,5 = 192 sm gesegelt.

In einem Schlag – oder besser dank nur einer durchsegelten Nacht – kann man die deutsche Ostseeküste verlassen und ist schon in den Schären Schwedens. Eine weitere Nacht, und man ist bereits an der Südspitze Norwegens. Fast muss der Fahrtensegler aufpassen, nicht plötzlich zum Blauwassersegler zu mutieren!

Der Gedanke ist hierbei aber nicht, in kurzer Zeit möglichst viele Meilen zu schrubben – ganz im Gegenteil: Ist man erst in einem Revier angekommen, kann nun viel Zeit für gemütliches »Cruising« aufgewendet werden.

Was begrenzt das Segelrevier eines Fahrtenseglers?

Streng genommen eigentlich nichts! Wenn ein Fahrtensegelgebiet doch irgendwie definiert werden soll, hilft es, auf die IMO-Aufteilung der Meere zu schauen, die das Gebiet eines Küstenseglers klar festgelegt hat. Nach GMDSS-Definition (Global Maritime Distress and Safety System) bewegt man sich in Gebieten, die von der IMO (International Maritime Organisation) als »Area 1« definiert werden, oder kurz »A1«. Das sind jene Gebiete, die noch über UKW-Funk abgedeckt werden können, d. h. der nächste Seenotrettungskreuzer ist im Notfall nicht weit entfernt. Selbst, wenn dieser nie gebraucht werden sollte, ist es doch ein gutes Gefühl, zu wissen, dass eine rettende Hand, eine beruhigende Stimme oder ein anderes Schiff nie weiter entfernt erscheint als der Sendeknopf der UKW-Anlage.

Die A1-Gebiete sind neben (fast) der gesamten Ostsee, die Küstengebiete des Mittelmeeres und der Nordsee. Nicht dazugehörig ist das Überqueren der Nordsee beispielsweise von Deutschland nonstop nach Schottland, und streng genommen führt auch die Überquerung von Norwegen nach Shetland kurzzeitig aus dem A1-Gebiet heraus. Die für Fahrtensegler interessanteren Überquerungen von der deutschen Ostseeküste direkt nach Schweden, von England nach Frankreich oder Irland, von Südfrankreich oder Italien nach Korsika sowie die Strecke zwischen den Balearen und dem spanischen Festland sind hingegen vollständig inbegriffen.

Jedem privaten Skipper ist es natürlich freigestellt, das persönliche Risiko abzuschätzen und sich kurzzeitig bei schönem Wetter auch außerhalb der Grenzen zu bewegen, denn illegal ist es nicht. Man sollte sich aber dessen bewusst sein, dass man sich dann außerhalb der garantierten Reichweite von UKW an Küstenstationen befindet und der DSC-Notknopf am Gerät nicht notwendigerweise bis an Land reicht. Je weiter man sich vom sicheren Hafen entfernt, desto genauer sollte man über die Großwetterlage Bescheid wissen und desto penibler sollte die mitgenommene Ausrüstung geplant werden und entsprechende Vorbereitungen getroffen sein. Wird in A1-Küstennähe gesegelt, bedeutet das nicht nur eine bestehende Kommunikationsmöglichkeit, sondern auch, dass der nächste Hafen oft in nicht mehr als maximal sechs Stunden erreicht werden kann (z. B. 36 sm bei 6 kn Fahrt). Wettervorhersagen sind heute für so kurze Schläge wie 12 bis 18 Stunden äußerst zuverlässig, und ein Rettungshubschrauber hat auch im schlimmsten Fall kein Problem, den Notgestellten zu errei-

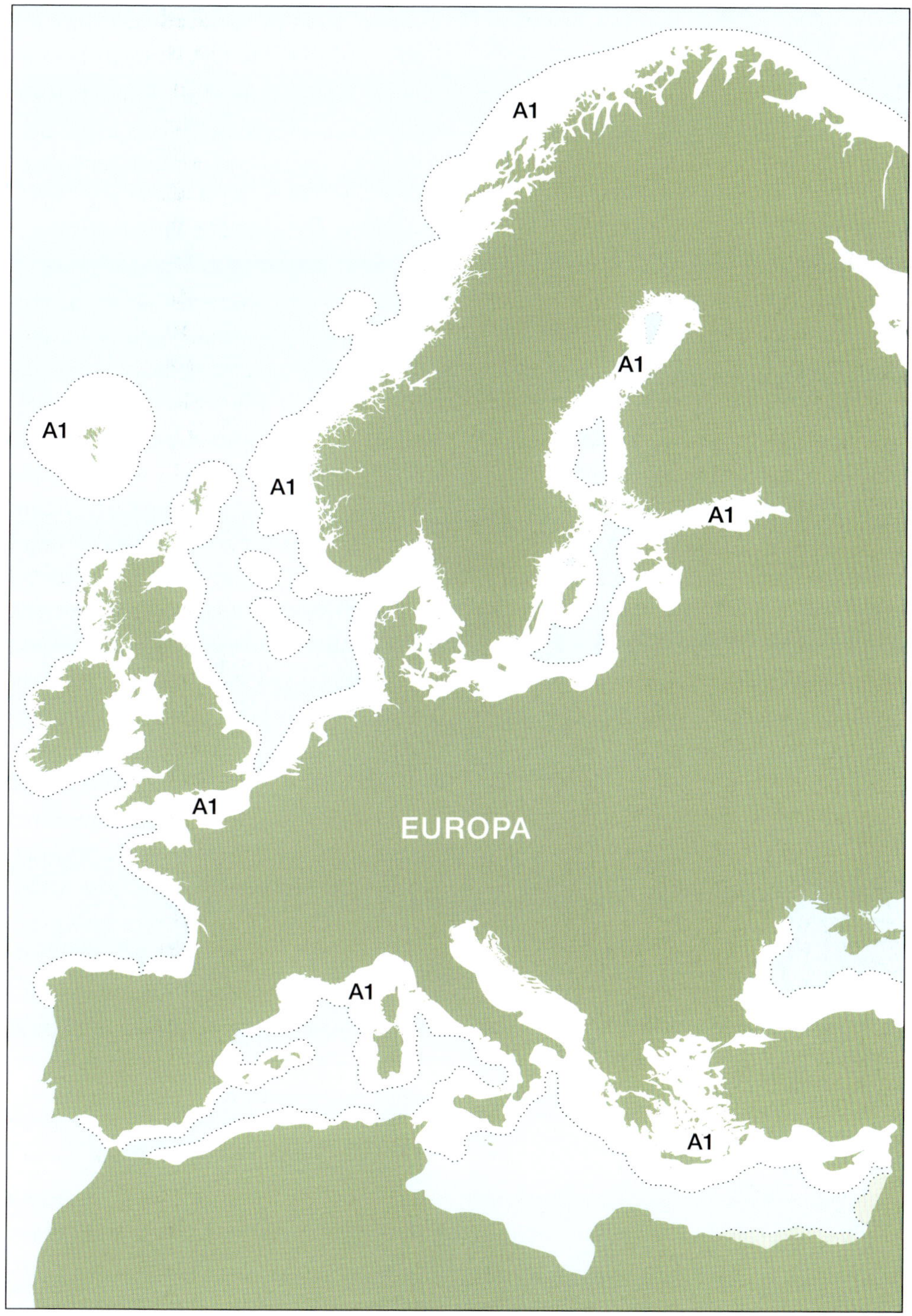
A1
A1
A1
A1
A1
A1
EUROPA
A1
A1

chen. Wenn es der Crew unwohl werden sollte, sei es durch Seekrankheit, Angst oder medizinische Notfälle, ist es auch schön, zu wissen, dass man sich selten weiter als ein paar Stunden vom Land entfernt befindet.

Dies erhöht streng genommen allerdings nicht die Sicherheit, sondern eher das persönliche Wohlbefinden. Denn bekanntlich ist ja das gefährlichste auf See gerade Land. Blauwassersegler empfinden Küstennähe oft als viel anstrengender und aufregender als den offenen Ozean, denn plötzlich muss dem regen Schiffsverkehr ausgewichen und Untiefen müssen umfahren werden. Sich den wegen der geringen Wassertiefe in Küstennähe aufbauenden kurzen, steilen Wellen auszusetzen, empfinden viele Segler ebenfalls als unangenehmer als die lange Dünung des Ozeans.

Andererseits fühlen sich viele Segler, insbesondere Familien mit Kindern, in Küstennähe sehr wohl. Kurzfristige Landgänge sind hier jederzeit möglich. Pläne können den aktuellen Bedürfnissen spontan angepasst werden, die Tagesstrecken sind kurz, und Küstennähe ist landschaftlich reizvoll und abwechslungsreich. Nachtfahrten sind nicht notwendig, eine ständige Handy- und Internetverbindung bleibt bestehen, es gibt attraktive Ankerbuchten, die spontan zum Baden angesteuert werden können, und man muss nicht auf die Infrastruktur des Festlandes verzichten (z. B. Restaurants, Ärzte, Supermärkte).

Welche Reviere eignen sich für den Anfänger?

Die Reviere, die unter A1 fallen, unterscheiden sich natürlich erheblich, und nicht alle sind für angehende Fahrtensegler als Primärgebiete geeignet. Die Küstennähe allein macht ein Gebiet nicht automatisch zum geeigneten Anfängerrevier, was jeder weiß, der die unangenehm anrollenden Wellen der offenen Nordsee bei ablaufender Tide (Ebbe) mit dem lieblichen Wasserspiegel in der Kieler Förde oder der Lübecker Bucht vergleicht. Einige Reviere liegen in sonnenträchtigen Gebieten, wo das Meer so warm ist wie die UV-Strahlen stark sind. Andere wiederum zeichnen sich durch kaltes Wasser und kühle Lufttemperaturen aus.

Auch die Großwetterlagen unterscheiden sich: Nördlich von ca. 40–45 °N (z. B. Nord- und Ostsee) wird das Wetter primär von den Tiefdruckgebieten des Nordatlantiks beeinflusst. Südlich davon (ab der südlichen Biskaya und im gesamten Mittelmeer) finden sich im Sommer stabilere Wetterlagen, die, insbesondere im Mittelmeer, an lokale Bedingungen geknüpft sind wie Gebirge und Sunde.

Schließlich muss man auch die unterschiedlichen Wellenbildungen berücksichtigen: Fahrtensegler an der atlantischen Küste Europas von Schottland und Irland im Norden bis Frankreich, Spanien und Portugal im Süden müssen mit der vom Atlantik anrollenden Dünung rechnen, während Segler an der Ostsee oder im Mittelmeer oft mit kurzen, steilen Wellen zu kämpfen haben. Wind über Gezeitenstrom, was auf Englisch »Wind over Tide« genannt wird, ist besonders unbequem: Kaum kentert die Strömung, gehen die Wellen von angenehmen langen Bewegungen in kurze Schlaglöcher über – oder umgekehrt –, und das alle sechs Stunden im Wechsel.

Wie warm und angenehm das Wetter im Mittelmeer zur Sommerzeit auch sein mag, so launisch kann es sich ohne sichtliche Vorwarnung verändern. Der Ruf, im Mittelmeer gäbe es entweder zu wenig oder zu viel Wind, entspricht sicher nicht immer der Realität, hat aber dennoch seine Berechtigung. Auch wenn es im Hochsommer im Mittelmeer oft windarm und sehr heiß ist, sind doch die Winter kühl und zeichnen sich durch unsichere Wetterlagen aus, sodass auch im Mittelmeer von einer Segelsaison die Rede sein muss. Und diese ist oft kürzer als angenommen.

Reviere müssen aus navigatorischer Sicht auch in Gebiete mit bzw. ohne Tide unterschieden werden. Segler der Ostsee oder des Mittelmeeres haben es hier etwas leichter, kommen dafür aber langsamer voran. Wenn die Vorteile der Gezeiten ausgenutzt werden, sind die Wellen oft angenehmer (Wind und Strömung in gleicher Richtung), und die Reisegeschwindigkeit nimmt dank der Gratismeilen durch die Strömung beachtlich zu. In Tidengewässern können also viel größere Distanzen zurückgelegt werden, wenn man sich der Natur anpasst. »Playing the Tides« nennen die Engländer dieses Phänomen.

Welche Reviere stehen in Europa zur Auswahl?

Reviere haben Vor- und Nachteile, und was für den einen ein perfektes Anfängerrevier ist, mag für den anderen unattraktiv sein. Im Folgenden findet sich eine kleine Übersicht verschiedener Aspekte potenzieller Segelreviere in Europa. Dabei sollte jeder Segler die einzelnen Vorzüge und Kehrseiten der Reviere nach eigenen Vorlieben selbst gewichten.

Deutsche Ostseeküste

Mögliche Vorteile:

- Mit dem Auto gut erreichbar
- Keine Gezeiten
- Einfache Navigation
- Wenig Untiefen
- Oft ein mildes Klima im Sommer
- Selten hohe Wellen
- Besonders in der Kieler Förde, der Lübecker Bucht, der Schlei und um Rügen (Greifswalder Bodden, Hiddensee) geschützt
- Gute Infrastruktur (Häfen, Sanitäranlagen, Supermärkte, Schiffshändler etc.)
- Gute Ausgangslage für Segeln in Dänemark (»Dänische Südsee«) und skandinavische Schären
- Kinder- und familienfreundlich
- Ideales Anfängergebiet

Mögliche Nachteile:

- Oft kurze, unbequeme Wellen
- Teilweise lange Distanzen zwischen den Häfen im Osten Deutschlands
- Zum Teil untiefes Revier zwischen Rügen und Hiddensee
- Wenig Ankerplätze (Ausnahme: um Rügen)
- Im Sommer oft überlaufen
- Hafenliegeplätze oftmals ausgebucht

Dänemark

Mögliche Vorteile:

- Mit dem Auto von Norddeutschland aus gut erreichbar
- Hafenplätze und Winterlager oft günstiger als in Deutschland
- Sehr geschütztes Gewässer
- Weniger überlaufen als die deutsche Ostseeküste
- Kurze Strecken zwischen pittoresken Häfen in unmittelbarer Nähe zueinander
- Keine Tide
- Sehr gut für kleinere (besonders schmalere) Boote geeignet
- Kinder- und familienfreundlich
- Gutes Anfängergebiet

Mögliche Nachteile:

- Strömung in den Sunden ist nicht unerheblich
- Wenig Ankerplätze
- Oft sehr untief
- Bei schlechtem Wetter mit viel Wind gibt das flache Land wenig Windschutz im Hafen
- Häfen sind oft klein mit schmalen pfahlbestückten Boxen und abseits von Ortschaften
- Infrastruktur nicht sehr ausgebaut

Schwedische Schären

Mögliche Vorteile:

- Sehr geschützt vor Wind und Wellen (besonders die Ostküste Schwedens)
- Weitgehend wetterunabhängig (besonders die Ostküste Schwedens)
- Wunderschöne Ankerplätze in den Schären
- Viele Anlege- und Entdeckungsmöglichkeiten

- Größere Städte wie beispielweise Stockholm oder Göteborg sind direkt auf dem Seeweg erreichbar
- Gute Kennzeichnung der Fahrrinnen
- Revierführer geben eine gute Darstellung, wo mit dem Bug zur Insel und Heckanker angelegt werden kann
- Kurze Distanzen möglich; Inseln und Häfen in unmittelbarer Nähe
- Perfekt auch für kleine Boote
- Besonders kinder- und familienfreundlich
- Günstige Sommer- und Winterliegeplätze
- Die Ostküste Schwedens ist sogar im Sommer nicht überlaufen
- Schären an der Westküste Schwedens sind frei von Mücken
- Wenn die Westküste Schwedens im Juli überlaufen ist: Die unweit gelegenen Schären Norwegens sind oft leer
- Sehr gutes Anfängergebiet

Mögliche Nachteile:

- Längere Autoanreise zum Schiff oder längere Anreise (z. B. Nachttörn) z. B. von der deutschen Ostseeküste
- Westküste Schwedens ist im Juli oft überlaufen
- Mücken an der Ostküste Schwedens bei Dämmerung, wenn an Inseln angelegt wird (Tipp: Mücken fliegen selten weiter als 200–300 m von Land und sind beim Schwojankern viel weniger ein Problem)
- Bugleiter und Heckanker notwendig, um zu Inseln zu gelangen
- Viele ungekennzeichnete Unterwassersteine außerhalb der Fahrrinnen erfordern ständiges Mitlesen der Seekarte und allerhöchste Aufmerksamkeit

Deutsche Nordseeküste

Mögliche Vorteile:

- Mit dem Auto gut erreichbar
- Oft weniger Schiffe als in der Ostsee
- Friesische Inseln mit watttauglichem Boot erreichbar
- Dank der Gezeiten sind große Distanzen machbar
- Inselflair: geeignet für Radtouren und Wanderungen
- Salzwasserfeeling

Mögliche Nachrteile:

- Ungeschützt und rau
- Einschränkungen, wann und wohin gesegelt werden kann, aufgrund der Gezeitenströme
- Zeitweise unangenehmer Wind über Strom
- Untiefen verschieben sich (Sandbänke!)
- Neueste Seekarten sind Voraussetzung
- Eher kein Anfängerrevier

Niederlande (Binnen- und Randmeere)

Mögliche Vorteile:

- Mit dem Auto von vielen Orten sehr gut erreichbar
- Binnenmeer mit geschütztem Gewässer
- Keine Gezeiten im IJsselmeer
- Schöne zentrale Stadthäfen
- Kurze Abstände zwischen den einzelnen Häfen
- Äußerst seglerfreundlich/maritime Atmosphäre
- Kinder- und familienfreundlich
- Perfekte Infrastruktur
- Nordsee vor der Haustür für kurzzeitige größere Abenteuer
- Mögliches Anfängerrevier

Mögliche Nachteile:

- Im Sommer oft überlaufen
- Oft kurze, unbequeme Wellen
- Wenig Ankermöglichkeiten
- Braunes, untiefes Wasser
- Viel Schiffsverkehr
- Wartezeiten vor Schleusen
- Kanäle (z. B. Friesland) sind recht anspruchsvoll, da eng und windig
- Gute Manövrierfähigkeit des eigenen Schiffes ist notwendig (enge Kanäle!)
- UKW-Anmeldung bei Schleusen und Häfen notwendig
- Durch stellenweise sehr flaches Wasser nur für Boote mit geringem Tiefgang geeignet
- Anspruchsvolleres Revier als z. B. die Ostsee

Englischer Kanal

Mögliche Vorteile:

- Abwechslungsreiches Tidenrevier
- Kurze Wege zwischen unterschiedlichen und interessanten Ländern (z. B. Frankreich, UK, Kanalinseln, Belgien)
- Oft ausgezeichnete Infrastruktur
- Große Distanzen machbar dank der Gezeitenströme
- Perfektes Revier, um Theoriekenntnisse umzusetzen
- Interessantes Revier für fortgeschrittene Segler

Mögliche Nachteile:

- Längere Anreise per Auto, Zug oder Flug (z. B. in die Niederlande oder nach Belgien)
- Reger Frachtschiffverkehr
- Bedarf umfassender theoretischer Vorkenntnisse (z. B. Gezeiten, Wetter, Kollissionsverhütungsregeln, UKW-Anwendung etc.)
- Wenig Ankermöglichkeiten
- Teilweise außerhalb der EU (UK)
- Als Anfängerrevier ohne viel theoretisches Vorwissen weniger geeignet

Schottland

Mögliche Vorteile:

- Abwechslungsreiches Tidenrevier (besonders Westküste/Hebriden)
- Geschützes Revier mit vielen Inseln (besonders Firth of Clyde)
- Äußerst viele geschützte Ankerplätze

- Große Distanzen machbar dank der Gezeiten
- Gutes Anfängerrevier (besonders Clyde) für Gezeitensegeln
- Für Fortgeschrittene sind Orkney und Shetland nicht weit weg
- Wenig Schiffsverkehr
- Sehr gute Revierführer und elektronische Spezial-Seekarten zum Ankern für Tablet/Handy verfügbar (»Antares-Charts«)
- Viele gemütliche und sehr gute Restaurants/Whisky-Destillerien

Mögliche Nachteile:
- Bedarf einer längeren Anreise (Flug nach Edinburgh oder Glasgow)
- Beiboot mit Motor notwendig
- Wenige Marinas mit begrenzter Infrastruktur in den Hebriden
- Anspruchsvolle Wetterbedingungen
- Sehr kaltes Wasser
- Ostküste Schottlands ist wenig attraktiv (Industriehäfen)
- Bedarf einiger theoretischer Vorkenntnisse (Gezeiten, Wetter)
- Außerhalb der EU

Galicien

Mögliche Vorteile:
- Geheimtipp Europas und daher auch im Hochsommer noch relativ leer
- Perfekte Flugverbindung mit drei Flughäfen (La Coruña, Santiago de Compostela, Vigo) aufgrund des Jakobswegs
- Kaum Reisetourismus an den Küsten trotz des Jakobswegs (der in Santiago endet)
- Geschützte Rías (Buchten) mit Atlantik-Feeling
- Leichte Navigation
- Kaum Gezeitenströme (nur Tidenhub)
- ein wunderschönes Sommerklima (25–28 °C in der Luft und nachts angenehm kühl)
- Viele Sonnenstunden
- Gemütliche kleine und ursprüngliche Fischerdörfer
- Viele Marinas
- Viele Ankerplätze (auch direkt vor den Marinas/Häfen)
- Ausgezeichnete Infrastruktur
- Sehr gutes Winterlager (ausgezeichnetes Preis-Leistungs-Verhältnis, z. B. in La Coruña)
- Viele interessante Blauwassersegler passieren Galicien
- Strategisch gute Ausgangslage für interessante Segelziele (Portugal, Frankreich/Biskaya vor der Haustür)
- Kinder- und familienfreundlich mit wunderschönen, leeren Stränden
- Gutes Anfängergebiet (trotz atlantischer Dünung außerhalb der Rías)

Mögliche Nachteile:
- Bedarf längerer Anreise per Flugzeug oder Pkw
- Kein sehr großes Revier

- Atlantische Dünung außerhalb der Rías mit teilweise hohen Wellen
- Wind im Sommer meist nur von Nord, d. h., nach Norden muss gekreuzt werden
- Kaltes Wasser (nur ab und zu über 20 °C)
- Von Oktober bis März ist Segeln nicht zu empfehlen (viel Regen und Wind)

Balearen

Mögliche Vorteile:
- Vielen Deutschen vertraut
- Flugverbindungen zu anderen Orten in Europa sind äußerst gut
- Abwechslungsreiche und wunderschöne Natur
- Einfaches Revier mit vielen Ankerbuchten (»Calas«)
- Viel Seebrise im Sommer, d. h. angenehme Winde (kaum Mistral)
- Türkises, glasklares Wasser
- Angenehme Badetemperaturen
- Kinder- und familienfreundlich
- Sehr gutes Anfängergebiet

Mögliche Nachteile:
- Bedarf längerer Anreise per Flugzeug
- Ausbau von Häfen seit Jahren gestoppt
- Liegeplätze sind kaum zu bekommen, und wenn, dann sind sie sehr teuer
- Im Sommer oft überlaufen

Kroatien

Mögliche Vorteile:
- Besonders von Süddeutschland, der Schweiz und Österreich aus sehr gut mit dem Pkw erreichbar
- Für viele der schönste Teil des Mittelmeeres
- Viele kleinere und größere Inseln; die Schären des Mittelmeeres
- Oft Seebrise im Sommer mit angenehmen Nachmittagswinden und nachts schwach windig
- Leicht zu navigieren
- Keine Gezeiten
- Viele Ankerplätze (obwohl mancherorts durch kostenpflichtige Bojenfelder ersetzt)
- Sehr gute Infrastruktur
- Kinder- und familienfreundlich
- Sehr gutes Anfängergebiet

Mögliche Nachteile:
- Das Revier wird mit ca. 4.500 Charteryachten geteilt
- Hafengebühren sind in den populären Häfen sehr teuer
- Bojenfelder sind nicht unbedingt preisgünstig
- Im Juli und August oft überlaufen
- Oft lokale Starkwinde (plötzliche, kalte, aber gut prognostizierte Bora aus Nord und der feuchtwarme, länger andauernde Jugo aus Süd)

Griechenland

Mögliche Vorteile:
- Ionisches Meer ist sehr lieblich

- Gute Flugverbindungen nach Korfu (Ionisches Meer)
- Viele attraktive Inseln
- Leicht zu navigieren
- Keine Gezeiten
- Ionisches Meer: windarm mit Seebrise und wenig lokalen Winderscheinungen
- Ionisches Meer: sehr gutes Anfängergebiet

Mögliche Nachteile:
- Wenige und teure Marinas
- Kommunalhäfen sind zwar oft gratis, haben aber keine Infrastruktur (eigener Buganker mit Heck zur Pier)
- Viele Ankerplätze
- Ägäis: von Mitte Juni bis Ende August von teilweise starkem Meltemi-Wind beeinflusst
- Ägäis: kein ideales Anfängergebiet im Sommer aufgrund des Meltemi

Türkei

Mögliche Vorteile:
- Wunderbares Segelrevier
- Hochwertige Marinas mit sehr gutem Service
- Klares, tiefes Wasser
- Leicht zu navigieren
- Keine Gezeiten
- Mit langer Leine an Land und Buganker ist Ankern möglich
- Kinder- und familienfreundlich
- Gutes Anfängergebiet

Mögliche Nachteile:
- Nicht Mitglied der EU
- Nur mit Flug (oder sehr weiter Pkw-Strecke) erreichbar
- Schwojankern nicht möglich, da der Meeresboden sehr schnell zu großen Tiefen abfällt

Sardinien

Mögliche Vorteile:
- Wunderbares Segelrevier
- Keine Gezeiten
- Gute Marinas
- Viele Naturschutzgebiete
- Klares Wasser
- Viele Ankerplätze
- Korsika (Frankreich) nicht weit entfernt: besonders die wild zerklüftete Westküste Korsikas und die Halbinsel Cap Corse

Mögliche Nachteile:
- Nur mit Flug oder Fähre erreichbar
- Anspruchsvolle Navigation aufgrund vieler Untiefen (Steine)
- Vielerorts teuer
- Oft starke lokale Winde in der Straße von Bonifacio (zwischen Korsika und Sardinien)
- Korsika (besonders die Nordseite) wird vom Mistral heimgesucht und hat nicht viele Häfen
- Kein primäres Anfängergebiet

Malta

Mögliche Vorteile:

- Flugverbindungen mit restlichem Europa äußerst gut
- Englischsprachig
- Sehr einfaches Segeln und Navigieren
- Keine Gezeiten
- Schöne Ankerplätze auf allen drei Inseln
- Gute Ausgangslage für Sizilien-Törns
- Aufgrund der Lage südlich von Tunis ist eine ganzjährige Segelsaison möglich
- Für Überwinterung geeignet (an Land oder im Wasser)
- Gutes Anfängergebiet

Mögliche Nachteile:

- Nur mit Flugzeug oder Fähre erreichbar
- Sehr kleines Revier (nur drei Inseln: Malta, Gozo und Comino mit einem halben Dutzend nahe gelegener Marinas)
- An Wochenenden sind die Ankerplätze tagsüber mit maltesischen Tagessegler gefüllt

Segelrevier

- Bevor man sich für ein Boot entscheidet, macht es Sinn, sich das Revier zu überlegen
- Für die Revierwahl sollten einige individuelle Faktoren wie Erreichbarkeit, Segelerfahrung und Törnplanung (Wochenendtörns oder ausschließlich längere Urlaubstörns?) einbezogen werden
- Küstensegeln bedeutet, sich im GMDSS A1-Gebiet zu befinden
- Nicht alle Reviere eignen sich für Anfänger

DAS FAHRTENSCHIFF

KONSTRUKTION UND AUSBAU

Muss ich die gesamte Komplexität einer Yacht verstehen?

Nur den besten Konstrukteuren ist es vorbehalten, die komplexen Zusammenhänge in Einklang zu bringen und für ihr Kundensegment den besten Kompromiss zu finden. Ein Bootsdesign ist so komplex, dass der Käufer eines Fahrtenschiffes sich wohl besser nicht in sämtlichen Details verzettelt, denn sonst wird es viel zu kompliziert. Das muss und soll nicht sein! Selbst für erfahrene Schiffskonstrukteure besteht oft eine lebenslange Suche nach der richtigen Balance. Es ist wie in einer nie enden wollenden Ewigkeitsschleife: Sobald man denkt, einen Vorteil gefunden zu haben, finden sich daraus resultierend direkt wieder Nachteile. Die optimale Lösung gibt es einfach nicht – nur mehr oder weniger passende Kompromisse für den individuellen Bedarf.

Nur wenigen Designern und Werften ist es wirklich gelungen, eine eierlegende Wollmilchsau zu konstruieren, also ein gut segelndes und gleichzeitig bequemes und wohnliches Schiff, das zusätzlich auch noch ansprechend aussieht.

Bei der Komplexität eines Schiffsdesigns denkt der angehende Käufer vielleicht, er müsse nun alle Aspekte wie ein Konstrukteur in Betracht ziehen: z. B. Größe, Geschwindigkeit, Seetüchtigkeit, Preis, Alter, Anzahl der Kojen, Masten, Ruderblätter, Steuerstände, Toiletten und noch vieles mehr, um abwägen zu können, welches von all den Schiffen für ihn geeignet sei. Das ist glücklicherweise überhaupt nicht notwendig, denn letztendlich kommt es bei der Wahl des Schiffes hauptsächlich auf die persönlichen Vorlieben und Präferenzen des Fahrtenseglers an.

Soll ich also einfach nur irgendein Schiff kaufen, das mir gefällt?

Man kann nicht davon absehen, dass Schiffe tatsächlich meist mit dem Auge und dem Gefühl gekauft werden, egal, wie viel Vernunft der Käufer sich einzureden versucht.

Der berühmte schwedische Konstrukteur Olle Enderlein sagte einmal: »Hübsche Boote segeln gut«, was so viel heißen soll wie: Ein Boot darf gern ein Augenschmaus für den Eigner sein. Das Boot ist viel mehr als ein Gebrauchsgegenstand. Warum sonst gibt man ihm einen Namen, der mit viel Sorgfalt ausgewählt wird? Es hat ein Wesen, möchte gepflegt und gehegt werden und freut sich über ein gelegentliches Geschenk, wie neue Segel oder neue Fender.

Wer nicht gerade einhand unterwegs sein möchte, tut gut daran, bei der Bootswahl und der nicht minder bedeutungsvollen Wahl der entsprechenden Ausrüstung mit dem Partner zu reden. Der Einbezug des Partners oder der Crew, mit der man zusammen segeln möchte, ist so wichtig wie kein anderer Aspekt bei der Bootswahl.

Aber einfach nur irgendein Schiff zu kaufen, weil es ästhetisch ansprechend ist oder zufällig wenig Geld kostet, ist vielleicht doch ein wenig zu einfach. Ein paar Gedankengänge und Fragen, die bei der Auswahl von Interesse sein könnten, mögen doch beantwortet werden, bevor es in die engere Wahl geht.

Eines vorausgeschickt: Wer schon ein Boot besitzt und damit zufrieden ist, kann die Gedanken zu einem geeigneten Boot gern überspringen, sodass keine teuren neuen Ideen geweckt werden oder der Eindruck entsteht, man müsse unbedingt ein anderes Boot kaufen, um damit auf Fahrt gehen zu können. Prinzipiell kann man mit fast jedem Schiffstyp unterwegs zu sein, so lange die Sicherheit gewährleistet ist und man sein Boot mag.

Was macht ein Boot zum Fahrtenschiff?

In erster Linie unterscheiden sich Fahrtenschiffe von Tagesseglern oder Regattabooten durch die Bewohnbarkeit. Während der Tagessegler auch mal für kurze Törns Übernachtungen ermöglichen kann, geht es beim Fahrtensegeln darum, bis zu mehreren Wochen bequem auf dem Boot zu leben. Das ist nicht vergleichbar mit einem Wochen-Chartertörn, bei dem die Siebensachen in eine Tasche passen und per Flugzeug für eine Woche in einem sonst recht leeren Boot in ein paar wenige Schapps einsortiert werden müssen. Eine Blauwasseryacht hingegen ist ein Schiff, auf dem man Monate, wenn nicht sogar Jahre, unter Umständen auch weit weg von der gewohnten Zivilisation, verbringen möchte. Es ist vollgestopft mit Ersatzteilen, Werkzeugen und Technik für Strom- und Wassererzeugung. Das Schiff soll tage- und wochenlang ohne Land in Sicht autonom funktionieren.

Ein Fahrtenschiff liegt irgendwo dazwischen. Die meisten Chartersegler kennen oft nicht viel mehr Bootstypen als die angebotenen Charteryachten. Es liegt dann nahe, die während der Chartertörns erprobten Schiffe auch als eigenes Fahrtenschiff zu kaufen. Das muss auch nicht schlecht sein. Nicht wenige vertreten die Auffassung, dass ausgediente Charterschiffe erschwinglich als Fahrtenschiffe umgerüstet werden können. Aber nur, weil ein gewisser Bootstyp immer und überall als Charterschiff zu finden ist, muss dieses Modell nicht notwendigerweise auch das geeignetste Fahrtenschiff sein.

Es gibt so viele andere Schiffstypen, die als private Fahrtenschiffe infrage kommen können.

Charterschiffe sind oft jüngeren Datums und dafür ausgelegt, vielen Menschen in einer kurzen Zeit einen angenehmen Aufenthalt und viel Segelspaß zu gewährleisten. Auf einem Fahrtenschiff hingegen besteht die Crew meistens aus nicht mehr als einem Einhandsegler, einem Paar oder einer Familie – mit gelegentlich einigen Freunden an Bord. Immer wieder kommt der gleiche Eigner an Bord und lässt seine Habseligkeiten für den nächsten Törn auf dem Boot zurück. Hinzu kommen Ersatzteile, Lebensmittel und Wechselkleidung. Schnell leuchtet ein, warum Fahrtenschiffe viel mehr Stauraum bieten sollten als Charterschiffe, die im Gegensatz möglichst viele Kojen und Nasszellen benötigen.

Der Stauraum eines Fahrtenschiffes ist vergleichbar mit dem Speicherplatz eines Computers oder Smartphones. Es kommt im Lauf der Zeit immer mehr dazu, und bevor man sich's versieht, quillt er über. Deshalb bedarf es auch einiger Disziplin an Bord, um nur die Dinge herumzuschippern, die wirklich gebraucht werden oder als Notausrüstung bzw. Ersatzteile Sinn ergeben. Regelmäßiges Ausmisten ist angesagt, was vielen Bootseignern schwerzufallen scheint. Je länger man ein Schiff besitzt, desto größer sind die in Vergessenheit geratenen Schätze an Bord.

Wie sollten Rumpf und Kiel eines Fahrtenschiffes aussehen?

Streng genommen kann mit jedem seetauglichen Schiff auf Fahrt gegangen werden: von der Fahrtenjolle mit Schwert über Performance-Racer, alte Stahlschiffe mit Schwenkkiel, Kimmkieler mit zwei Kielen oder Katamarane mit zwei Rümpfen. Ein Schwert, Schwenkkiel oder Kimmkiel ermöglicht das Trockenfallen für Reviere wie beispielsweise das Wattenmeer; ein Katamaran bietet eine enorm große Wohnfläche – doch nur die wenigsten Doppelkieler oder Zweirümpfer strahlen mit guten Amwindeigenschaften. Daher sind die meisten Fahrtenschiffe in Europa sogenannte »Monohulls« (Einrumpfboote) mit einem festem Kiel. Sie werden primär in zwei Grundformen unterschieden:

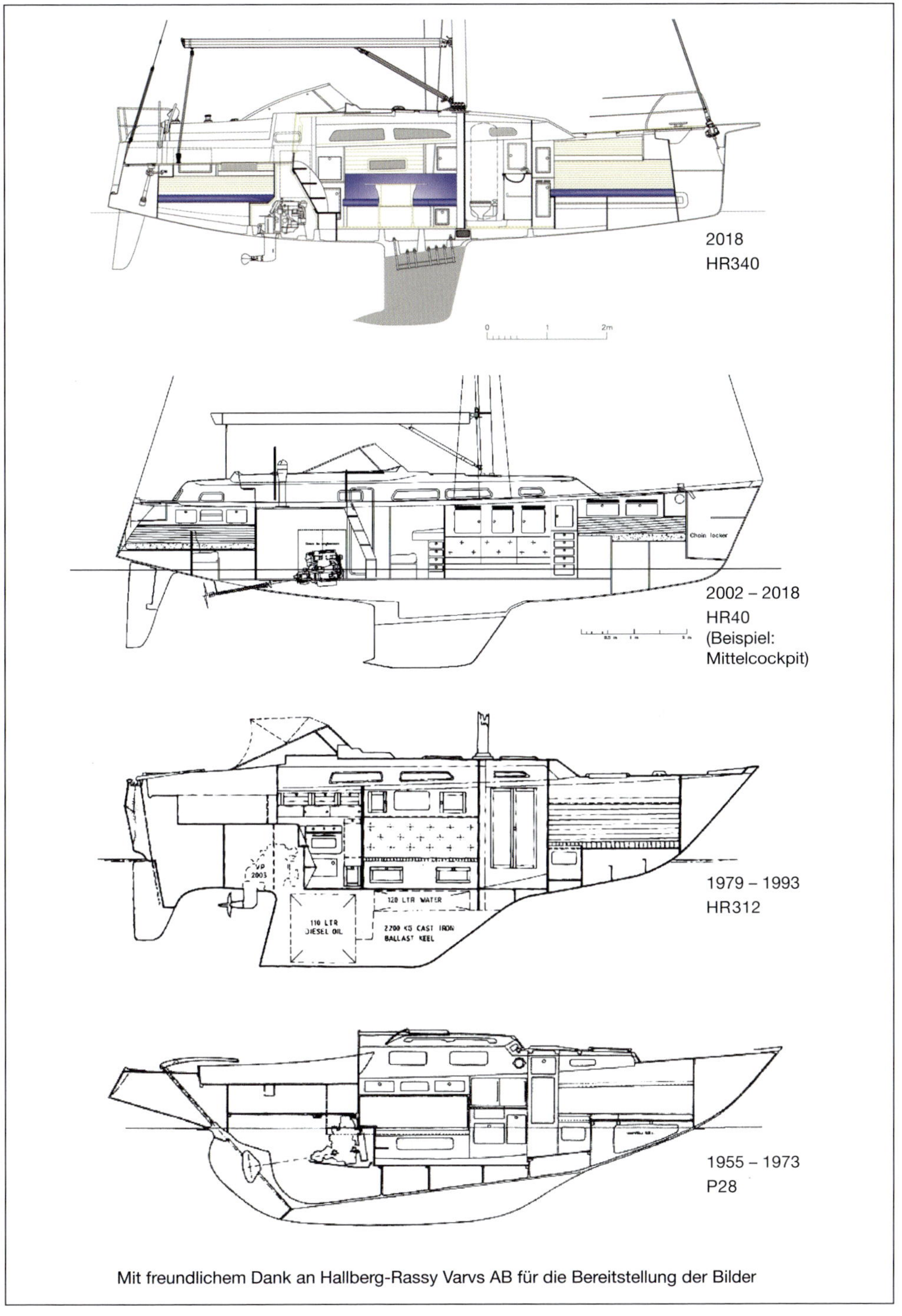

Mit freundlichem Dank an Hallberg-Rassy Varvs AB für die Bereitstellung der Bilder

Die erste Grundform könnte man den »Klassiker« nennen, der von kleineren Werften für Liebhaber immer noch gebaut wird und ansonsten vor allem gebraucht zu kaufen ist. Dieser Typ zeichnet sich durch einen V-förmigen Rumpf, einen oft längeren, jedoch nicht so tiefen Kiel mit dem Ruder direkt am Kiel (»Langkieler«) oder, falls vom Kiel getrennt, zumindest eine mehr oder minder lange Skegge vor dem Ruderblatt aus. Ein großer Teil des Rumpfes befindet sich wegen der tiefen V-Form typischerweise unter der Wasseroberfläche. Daher schwimmen diese Schiffe eher im als auf dem Wasser.

Klassiker
- Oft schmaler, besonders am Heck
- Kursstabil
- Bei nicht ganz optimaler Segeltrimmung eher verzeihend
- Oft toppgetakelt
- Gutmütiges, aber eher langsames Schiff, besonders bei wenig Wind
- Geringer Tiefgang für Ankern und Segeln in flachen Gewässern
- Kann eine Grundberührung evtl. ein wenig besser aushalten
- Im Hafen auch bei langsamer Fahrt manövrierbar
- Gemütlicher Segelspaß

Moderne Finnkieler
- Breiter, besonders am Heck
- Auch für unerfahrene Segler: bei genügend Fahrt durchs Wasser sehr wendig im Hafen, sogar rückwärts
- Oft gute Amwind- und Kreuzeigenschaften
- Oft ein $^7/_8$-Rigg
- Großer Tiefgang, was einige Gewässer und Ankerplätze ausschließt
- Grundberührung kann relativ schnell zum Totalschaden führen
- Oft ein größerer Spielraum für das Segeltrimmen
- Hohe Geschwindigkeit
- Sportlicher Segelspaß

Die zweite Grundform könnte man den »Finnkieler« nennen, dessen Rumpfform einem Surfbrett ähnelt: ein breites Heck, ein kurzer, tiefer, flossenähnlicher Kiel und ein oder zwei finnenähnliche, freihängende Spartenruder. Diese Schiffe zeichnen sich durch hohe Freibords aus, d. h. sie haben viel Schiff über statt unter der Wasseroberfläche. Im Hafen sehen sie durch die Rumpfhöhe über Wasser hoch und imposant aus, was durch ihre große Breite an achtern noch verstärkt wird. Durch die U-Form des Rumpfes ist die Bodenfläche deutlich breiter als bei den V-Rümpfen der Klassiker.

Viele bekannte Werften bauen diese breiten Finnkieler in großer Stückzahl, da sie einige Vorteile bieten, insbesondere für den Chartermarkt. Sie zeichnen sich durch viel Platz unter Deck aus, achtern sind sogar mittelgroße Modelle (deutlich unter 40 Fuß) so breit, dass unter dem Cockpit mindestens eine, manchmal sogar zwei Doppelkojen zu finden sind. Nicht selten gibt es sogar zwei Nasszellen. Diese Boote segeln sich wendig und schnell, d. h. sie bieten viel Segelgefühl und Spaß. Zudem lassen sie sich im Hafen – sogar rückwärts! – leicht manövrieren: vorausgesetzt, genügend Fahrt durchs Wasser gibt dem Ruder den notwendigen Biss.

Finnkieler verlangen aber eine etwas aktivere Crew, denn lässt der Segler das Ruder aus der Hand, kommt das Boot schnell vom Kurs ab und stolpert dabei vielleicht sogar noch über seinen eigenen Kiel. Denn: Nur das hocheffiziente und daher ununterbrochen zu kontrollierende (Sparten-) Ruder stellt die Kursstabilität her, die bei einem »Klassiker« automatisch durch die Rumpfform gegeben ist.

Auf flachem Wasser macht es besonders viel Spaß, mit diesen schnell segelnden Booten aktiv zu segeln. Bei höherem Wellengang wird das Limit der Finnkieler durch das harte Aufklatschen des flachen Unterwasserschiffes nach jeder größeren Welle jedoch unangenehm spürbar.

Im Gegensatz dazu segeln sich Klassiker anders: Statt flach auf dem Wasser zu surfen, schneiden klassische Fahrtenschiffe gemächlich, gutmütig und weich wie ein Buttermesser durch die Wellen.

Welche Segel soll ich kaufen?

Das Segel ist der Motor eines Segelbootes. Meistens haben Fahrtenschiffe ein Großsegel und ein Vorsegel. Das Vorsegel kann entweder eine kleinere Fock sein, die am hinteren Ende (Achterliek) nur bis zum Mast reicht, oder eine große Genua, die noch ein Stück hinter den Mast reicht und somit teilweise das Großsegel überlappt. Manche Segler führen auch beide Vorsegel: die kleinere Fock bei stärkerem Wind im Herbst oder in den Schären, wo wendig gekreuzt werden soll, und die Genua bei längeren Schlägen oder in den Sommermonaten. Beide passen auf die Rollanlage am Bug und müssen nur ausgewechselt werden.

Fock:

- Keine Überlappung mit Großsegel, daher als ≤ 100 % benannt
- Für einen Amwindkurs ist die Fock meist groß genug
- Besonders bei Schiffen mit 7/8-Rigg geeignet
- Wendiger zum Kreuzen
- Steht viel besser bei stärkerem Wind als eine gereffte Genua
- Weniger Tuch zum Aus- und Einrollen

- Günstiger, da kleiner als eine Genua
- Bei wenig Wind oft nicht groß genug

Genua:

- Überlappung mit Großsegel, daher als > 100 % eingestuft (z. B. 110 %, 125 %, 140 %)
- Mehr Segelfläche, was besonders bei tieferen Kursen (nicht am Wind) hilfreich ist
- Meist bei toppgetakelten Schiffen zu finden
- Kann zu Fockgröße gerefft werden (halb eingerollt)
- Aus einer Genua kann aber nie eine Fock gezaubert werden, denn eine halb eingerollte Genua steht deutlich schlechter als eine voll ausgerollte Fock
- Kann vor dem Wind sehr schön zum Schmetterlingssegeln ausgebaumt werden

Egal, ob Fock oder Genua: Sobald damit auch halb eingerollt (gerefft) gesegelt werden soll, muss das Segel einen »Reffkompensator« haben. Das ist eine vorn am Vorliek eingenähte »Schaumwurst«, die den eingerollten Bauch mittig im Segel kompensieren soll. Somit behält das gereffte Vorsegel zumindest noch einigermaßen eine akzeptable Form. Je weiter eingerollt, desto schlechter die Form – trotz eines Kompensators. Deshalb gilt die Faustregel: Um die Segeleigenschaften am Wind nicht ganz zu verlieren, sollte man ein Vorsegel maximal so weit einrollen, dass noch 70–75 % der Fläche bleiben (bei raumen Winden kann noch etwas mehr gerefft werden). Ab dann sollte man eher ein kleineres Segel wählen. Gute Segelmacher nähen hierfür eine Markierung am Unterliek an.

Wer nicht zwei Segel mitführen möchte, kann einen Kompromiss suchen: Zum Allround-Familiensegeln kann eine kleinere Genua von ca. 120 % gewählt werden. Diese kann dann mit einem Reffkompensator zu Fockgröße (100 %) gerefft werden. Da die Segelwahl sehr von Bootstyp und Segler abhängt, ist es auf jeden Fall sinnvoll, mit einem Segelmacher zu sprechen.

Wichtig ist, seine vom Segelmacher einst sorgfältig eingenähte gewölbte Form so lange und exakt wie möglich unverändert beizubehalten. Jedes Segel hat eine begrenzte Lebensdauer. Wann in neues Tuch investiert werden sollte, ist in erster Linie von der Tuchwahl abhängig.

Ein Segel ist ein Gebrauchsgegenstand, der nach einer Zeit seine Form verliert oder auf lange Sicht zerreißen wird. Gute Segel auf dem Gebrauchtmarkt zu finden, ist schwer, denn die meisten Segler behalten ihre Segel viel zu lang, bis sie eben gar nicht mehr gut stehen bei Starkwind. Eine Ausnahme wäre, hochwertige Segel von einem Regattasegler zu übernehmen, der zum Gewinnen immer neue Segel braucht. Leider passen diese Segel selten auf ein Fahrtensegelboot.

Ein wachsames Auge und die jährliche Inspektion aller Nähte und Scheuerstellen können das Leben eines Segels um ein Vielfaches verlängern, denn etwaige Schwachstellen können so vorzeitig behoben werden. Auch – und besonders – neue Segel sollten nach der ersten Saison sorgfältig auf Scheuerstellen untersucht werden, um sie eventuell zu verstärken oder Scheuerstellen am Rigg zum Schutz zu bedecken.

Es gibt (Laminat-)Segel, die ihre wunderbare Form während ihrer gesamten Lebenszeit behalten und dann plötzlich von jetzt auf gleich kaputtgehen. Diese Segel eignen sich in erster Linie für Regattasegler, da sie hier auf jeden Fall und bei jeder Windstärke ihre optimale Form behalten müssen.

Als Alternative gibt es die viel günstigeren, traditionellen Dacron-Segel aus Polyester, die eine gefühlte Ewigkeit nicht zerreißen, so lange sie – bei Nichtbenutzung – vor den schädlichen UV-Strahlen der Sonne geschützt werden. Hier steckt das grundlegende Problem: in der langsamen, jährlich zunächst kaum bemerkbaren und doch unaufhaltsamen Materialermüdung der Segel. Obwohl ein Dacron-Segel nicht zerrissen ist, ist es über die Zeit hinweg vielleicht doch so bauchig geworden, dass es viel Krängung und wenig Fahrt schenkt. Ein langsames, krängendes Boot, das in den Wellen dümpelt, ist alles andere als bequem oder spaßig. Der Krängung kann zwar durch eine Verkleinerung der Segelfläche (»reffen«) entgegengewirkt werden, was allerdings noch mehr Geschwindigkeit aus dem Boot nimmt.

Als dritte Variante gibt es hochwertige Dacron-Tücher mit eingewebten Ultra-PE-Fasern (Spectra/Dynema), z. B. »Hydranet«. Diese zeichnen sich durch Formstabilität der Laminatsegel und Lebensdauer der Dacron-Segel aus. Sie sind zwar teurer, können sich aber trotzdem lohnen.

Welche Reffsysteme gibt es für das Großsegel?

So mancher alte Seebär mag sich vielleicht noch an die Debatte der 80er-Jahre erinnern, als viele der Rollgenua gegenüber noch sehr skeptisch waren. Es wurde behauptet, die Genua würde nicht richtig stehen, es sei unsportlich, das Segel einfach wie einen Rollladen auszuziehen, und zudem sähe es hässlich aus, wenn die

Genua als dicke Rolle um das Vorstag gewickelt würde. Zusätzlich sei sie technisch anfällig, denn wie solle man eine halb aufgerollte Genua bergen, wenn der Rollmechanismus klemmen würde oder sich das Fall um die Vorstag gewickelt habe.

Ihr Ruf war damals nicht der beste. Heute, gut 30 Jahre später, sind Rollreffanlagen der Genua auf fast allen Fahrtenschiffen Standard. Bei schlechtem Wetter und mit schweren Segelsäcken bewaffnet auf dem Vordeck herumzuklettern, gehört auf Fahrtenschiffen inzwischen zum Glück der Vergangenheit an.

Rollgroßsegel hingegen werden von einigen Seglern noch immer skeptisch betrachtet. Das ist eigentlich schade, denn mit vertikalen Latten versehen, stehen sie kaum der Segelfläche von traditionellen Großsegeln nach und sind äußerst bequem zu handhaben. Und: Sie sind sicher! Denn mit ihnen muss keiner mehr zum Mast turnen oder sich zum Binden des Reffs halb an den Großbaum hängen.

Gehört man zu der Kategorie Segler, die sowieso meist mit dem Wind segelt statt gegenan zu kämpfen (wie Weltumsegler und Blauwassersegler typischerweise), sind vertikale Latten am Rollgroßsegel von untergeordneter Bedeutung. Soll aber effektiv hoch am Wind gesegelt werden können, sind genau die Quadratmeter am hinteren Ende des Großsegels von großer Bedeutung. Diese Fläche optimal zu nutzen, ist nur mit Latten möglich.

Unangefochten sind ein traditionelles Großsegel und eine angehängte Genua die sportlich bessere Lösung. Das ist vergleichbar damit, dass sportliche Autofahrer es sich nicht nehmen lassen wollen, von Hand zu schalten. Ein Regattaboot hätte nie ein Rollgroßsegel! Aber, es hat schon etwas Attraktives, wenn der Skipper bequem und einfach stets die adäquate Segelfläche wählen kann, auf größeren Fahrtenschiffen sogar per Knopfdruck, auf kleineren mit einer Kurbel. Die Segelfläche lässt sich durch ein bisschen Kurbeln schnell und einfach vergrößern oder verkleinern – ohne dass dafür das sichere Cockpit verlassen werden muss.

Die meisten Fahrtenschiffe werden ohne Rollgroßsegel angeboten, und sie funktionieren natürlich auch mit traditionellem Großsegel sehr gut. Die traditionelle Methode, das Segel an einem Fall zu setzen und dann mithilfe von nach unten ziehenden Reffleinen zu verkleinern, ist übersichtlich und genial einfach.

Trotzdem gilt es, sich auch bei traditionellen Großsegeln das Reffsystem vor dem Kauf genau anzusehen, denn Reffsysteme können recht unterschiedlich bedient werden. Auf manchen Schiffen muss erst zum Mast gekrochen werden, um die Segelfläche anzupassen, auf anderen sind die Reffleinen ins Cockpit geführt.

Was ist der Unterschied zwischen Topptakelung und 7/8-Takelung? Und ist das wichtig?

Bei einem toppgetakelten Schiff wird die Mastspitze, und zwar am obersten Punkt, sowohl nach achtern durch das Achterstag als auch nach vorn durch das Vorstag so gehalten, dass sie weder nach hinten noch nach vorn kippt. Damit der Mast nicht seitlich fällt, gibt es noch die Wanten, welche ihn in Querrichtung in Position halten.

Bei einem Partialrigg oder auch einem 7/8-Rigg geht das Vorstag vom Bug aus nicht ganz in die Mastspitze. Es endet an einem Punkt am Mast, der ursprünglich ca. 7/8 der Mastlänge entsprach. Heute gibt es noch viele andere Quotienten, und daher ist der Begriff Partialrigg allgemeingültiger.

Generell löst sich die Frage nach der Takelung von selbst, denn die meisten kaufen ihr Schiff nicht nach dem Riggtyp, der eher eine Konsequenz des Bootmodelles ist. Traditionelle Fahrtenschiffe und Blauwasseryachten, die auf maximale Sicherheit gehen wollen und meist mit dem Wind segeln, sind eher toppgetakelt. Moderne Regattayachten oder Boote von Seglern, die gern oder gezwungenermaßen oft kreuzen, haben eher ein tiefer angesetztes Vorstag vom Typ 7/8.

Nun, was passt am besten auf ein Fahrtenschiff? Kurze Antwort: die Takelung, die auf dem gewünschten Schiff zu finden ist.

Topp- und 7/8-Takelung

- Schiff und Takelung gehen Hand in Hand
- Traditionelle Fahrtenschiffe haben ein toppgetakeltes Rigg: stabil und geeignet für Raumschotssegeln
- Sportliche Segelboote haben ein 7/8-Rigg: ein krümmbarer Mast ergibt ein trimmbares Großsegel; mit einem kleineren Vorsegel eignet es sich besonders für Amwindkurse
- Käufer wählen selten den Riggtyp, denn der resultiert zumeist aus dem Bootstyp

INNENAUSSTATTUNG

Worauf sollte beim Bootskauf unter Deck besonders geachtet werden?

Große freie Bodenflächen sind bei traditionellen Fahrtenschiffen eher selten zu finden und auch nicht unbedingt notwendig oder erwünscht. Anders verhält es sich bei der Stehhöhe, die nicht zu gering ausgelegt sein sollte. Was während eines Wochenendtörns durchaus akzeptabel erscheinen mag, wird für das längere Wohnen auf dem Schiff zur Qual: Mit dem Kopf zur Seite geneigt stehen zu müssen, ist nicht nur beim Kochen auf Dauer wenig angenehm. Sofern eine passende Stehhöhe nicht im ganzen Boot möglich ist, wünscht sich der Eigner doch zumindest an einigen Stellen des Bootes, den Rücken ausstrecken zu können. Einige kurz gewachsene Menschen haben hier das große Glück, auch in kleineren Booten bequem unter Deck leben zu können. Der eine oder andere lang gewachsene Segler muss hier leider tiefer in die Tasche greifen, um sich ein Boot mit Stehhöhe leisten zu können.

Auf Charterschiffen und bei Wochenendtörns sitzt oft die gesamte Crew im Cockpit, denn alle wollen ja beim Segeln dabei sein. Fahrtensegler hingegen gehen auch gern mal unter Deck, um sich auszuruhen, zu kochen oder sich während eines längeren Schlages aufzuwärmen. Eine große Schiffsbreite ist unter Deck bei einem schaukelnden Schiff nicht unbedingt günstig. Um sich auch unter Deck beim Segeln sicher und bequem bewegen zu können, sind strategisch platzierte Handläufe oder vom Boden bis zur Decke reichende Pfähle sehr geschätzt, um nicht bei jeder unerwarteten Welle quer durchs Schiff zu fliegen.

Unabhängig davon, ob nur im Hafen bzw. am Ankerplatz gekocht werden soll oder gelegentlich auch unterwegs auf See, gehört die Pantry zu den wichtigsten Teilen eines Fahrtenschiffes. Astronautennahrung, Konservendosen und Stullen gehören heute selten zu den Hauptnahrungsmitteln auf Fahrtenschiffen. Ein Kühlschrank und ein Gasherd, manchmal mit Ofen versehen, sollten neben der passenden Stehhöhe in der Pantry nicht fehlen. Groß muss die Pantry nicht sein. Gut organisiert kann auch in einer 30 Jahre alten 30-Fuß-Yacht wunderbar gekocht werden. Der Koch ist oft das meist geschätzte Crewmitglied des Abends, wenn der kalten, hungrigen Crew ein heißer Eintopf oder Auflauf gereicht wird.

Ein weiterer wichtiger Platz im Schiff ist die Koje. Erholsamer Schlaf ist nicht nur angenehm, sondern auch wichtig. Matratzen, die mittlerweile von Profis für Boote maßgeschneidert angeboten werden, lassen inzwischen wenig zu wünschen übrig. Für eine gute Matratze lohnt es sich, Geld zu investieren, insbesondere weil sie auf jedem Schiff nachrüstbar ist und mit angemessener Dicke auf jedem noch so kleinen Boot Platz findet. Wem eine neue Matratze zu teuer ist, dem könnte zumindest eine günstigere Matratzenauflage zusätzlichen Komfort schenken.

Geht es nur auf einen Wochen- oder Chartertörn, werden gern die Hafensanitäranlagen benutzt. Solange Fahrtensegler in Häfen und Marinas übernachten, spricht auch nichts gegen den morgendlichen, mit Handtuch und Kulturbeutel bestückten Spaziergang. Wer aber als Fahrtensegler das Ankern für sich entdeckt, in entlegenen Gebieten segelt oder zur Nebensaison sein Schiff nutzen möchte, findet nicht immer (geöffnete) Sanitäranlagen. Hier wird die Nasszelle an Bord zum Badezimmer. Wie auch zu Hause, wünscht man sich, dass es gut riecht, der Hintern auf die Toilettenschüssel passt und eine Dusche Platz findet. Wer sein Wasser während des Motorens sowieso heizen kann, bekommt nicht nur warmes Wasser zum Spülen, sondern ebenfalls zum Duschen.

Selbstverständlich ist eine Dusche in der Nasszelle aber kein Muss. Oft bietet sich eine Außendusche an, wenn es die Nasszelle unter Deck nicht hergibt. Mit einem Duschkopf im Cockpit kann das gesamte Cockpit unter der Kuchenbude in eine Innendusche verwandelt werden. Alternativ wird der Duschkopf einfach am Heck eingebaut und die Badeplattform, die übrigens leicht nachzurüsten ist, wird zum Duschplatz. Der Vorteil: Die Plattform muss nach dem Benutzen nicht einmal gereinigt oder getrocknet werden. Ankern gibt die notwendige Intimsphäre, und einem Sprung ins Meer für den Kaltblütigen im Norden oder den Überhitzten im Süden steht nichts mehr im Weg.

Warum riecht es auf manchen Schiffen in der Nasszelle so schlecht?

Zu Hause würde man den Geruch nie akzeptieren, der sich in manchen Schiffen aus der Nasszelle im ganzen Schiff verbreitet. Die Tür zu schließen hilft nur bedingt, denn dann staut sich der muffige Geruch weiterhin in der Nasszelle, die zudem oft schlecht belüftet ist. Ein nachgerüstetes Decksventil, das durch das Kajütendach Luft nach außen, aber kein Wasser nach innen leitet, sorgt zumindest für frische Luft in der Nasszelle. Das

Geruchsproblem wird dadurch leider nicht behoben.

Der schlechte Geruch entsteht durch Gase, die langsam und kontinuierlich durch die alten, billigen Fäkalienschläuche diffundieren, die ihre Gasdichtigkeit im Lauf der Jahre verlieren. Wann es an der Zeit ist, die Schläuche auszutauschen, ist einfach zu beantworten: spätestens, wenn es anfängt zu stinken, oder wenn der Skipper beginnt, davon zu sprechen, dass man kein Toilettenpapier in die Toilette werfen soll. Denn die Bordtoiletten sind sehr wohl auch für Toilettenpapier konstruiert.

Zusätzlich zum Verlust der Gasdichtigkeit bekommen die Schläuche im Lauf der Zeit auch einen immer geringeren Durchmesser. Salzwasser reagiert nämlich mit Urin und bildet Kristalle als Ablagerungen auf der Innenseite der Schläuche, die dann immer weniger durchlassen, was schließlich zur Verstopfung führt. Die kurzfristige Notlösung heißt: »Kein Toilettenpapier mehr« – aber längerfristig sollte das eigentliche Problem angegangen werden. Wenn die Schläuche getauscht werden, sollten unbedingt die leider sehr teuren, dafür aber völlig gasundurchlässigen Schläuche gewählt werden. Auch wenn es in der Geldbörse schmerzt, sind es ja nicht viele Meter, die verbaut werden.

Wer gleich zwei Fliegen mit einer Klappe schlagen möchte und in Zukunft sowohl Verstopfung als auch Geruch vermeiden will, kann gleich auf süßwassergespülte elektrische Toiletten umrüsten. Diese sind erstaunlich zuverlässig, verbrauchen viel weniger Wasser als angenommen und kosten nicht einmal die Welt.

Bei Salzwasserspülungen wird immer mit sehr viel Wasser gespült, damit möglichst kein Urin in den Schläuchen stehen bleibt. Auch der letzte Tropfen sollte über Bord oder in den Fäkalientank gespült werden. Leider wird dabei auch der Fäkalientank schneller voll. Der gleiche Fäkalientank kann also erheblich mehr Toilettenbesuche fassen, wenn mit Süßwasser statt mit Salzwasser gespült wird, da jede Süßwasserspülung deutlich weniger Wasser verbraucht.

Wie kann ich in meinem Fahrtenschiff eine gemütliche Atmosphäre schaffen?

Es dauert ein bisschen, bis ein Boot seine Seele gefunden hat. Einige Schiffe werden so stiefmütterlich behandelt, dass sie auch nach Jahren immer noch so aussehen, als seien sie gerade erst von der Werft ausgeliefert worden.

Funkelnagelneue Schiffe sind auf einer Bootsmesse immer besonders schön zu bewundern, trotzdem haben sie einiges mit Charterschiffen großer Firmen gemein: Sie sehen alle gleich und unpersönlich aus. Das ist ja auch die Absicht auf einer Messe: Ein neues Schiff bekommt erst durch seinen Eigner und dessen Engagement eine Persönlichkeit und einen Charakter. Charterschiffe sollen ähnlich wie Hotelzimmer möglichst viele Gäste ansprechen, ohne durch zu viel persönliche Ausschmückung abschreckend zu wirken. Einige Hotels haben inzwischen aber verstanden, dass Menschen sehr wohl Zimmer mit Charakter zu schätzen wissen, und so gibt es selbstverständlich auch Charterschiffe, die mit persönlichem Stil ausgeschmückt sind. Auch Ausstellungsboote werden inzwischen oft mit Kissen, Handtüchern oder einer Obstschale hier und da ausgeschmückt.

Ein kleines Fahrtenschiff bietet natürlich nicht ganz so viel Gestaltungsspielraum wie ein Haus, doch die bestehenden Möglichkeiten sollte der Eigner umso dringlicher nutzen, um sein Schiff persönlich zu prägen und den Wohlfühlfaktor zu steigern. Das Fahrtenschiff verwandelt sich im Nu vom sterilen Ausstellungsobjekt zum gemütlichen Zuhause. Für geringes Geld lassen sich die Stoffbezüge im Salon auswechseln (wobei sich vielleicht herausstellt, dass auch die Polster mit ausgetauscht werden sollten), um maximale Gemütlichkeit zu gewährleisten. Es lohnt sich, in sein Boot zu investieren; nicht zuletzt auch, um den Partner und die Familie für das Wohnen auf dem Schiff zu begeistern.

Von den vielen Möglichkeiten, wie dem Schiff eine Persönlichkeit geschenkt werden kann, sind hier ein paar Ideen und Inspirationen skizziert. Es gibt aber natürlich noch unzählige weitere Möglichkeiten und viel Raum, um seiner gestalterischen Fantasie freien Lauf zu lassen.

Das mittig im Salon angebrachte Hauptschott wirkt oft wie eine riesige dominante Wand. Dem kann man leicht entgegenwirken, indem man sie mit einem Bild, einem persönlichen Erinnerungsstück oder einer Seekarte dekoriert.

Die breit streuenden Deckenleuchten, die wahrscheinlich aus Stromspargründen auf LED umgerüstet wurden, haben oft einen hässlichen Schein, denn sie geben ein viel zu kontrastloses Licht, das sich gleichförmig im ganzen Salon verbreitet. Die Gemütlichkeit kann schnell um ein Vielfaches erhöht werden, wenn stattdessen viele kleine Lichtquellen sowie indirektes Licht mit LED-Tapes eingesetzt werden. Empfehlenswert sind hier Hochqualitäts-LEDs, die ein ansprechendes Licht ausstrahlen, und nicht die billigeren Varianten aus dem Baumarkt. Dimmer ermöglichen eine individuelle Lichtgestaltung und können je nach gewünschter Atmosphäre situationsbedingt eingestellt werden.

Zusätzlich geht nichts über eine traditionelle Petroleumlampe, die zu besonders gemütlichen Abenden gezündet werden kann und im Cockpit aufgehängt den Abend im wahrsten Sinn des Wortes vergoldet. Der verregnete, graue Tag oder die blaue Stunde lädt zu gemütlichem Beisammensein oder eigener Achtsamkeit im Cockpit vor Anker oder im Hafen ein.

Kontrovers diskutiert wird häufig, ob ein Teppich auf einem Boot die Gemütlichkeit erhöht oder kategorisch als unschiffig und unpraktisch zu betrachten ist. Wenn man mit nass triefenden Regenkleidern in die Kajüte stapft, ist ein Teppich natürlich schnell problematisch. Für andere schafft der Teppich hingegen nicht nur Wärme für die Füße, sondern gibt vor allem einen wunderbaren Studiosound, indem die hohen Reflexionen der Tonwellen einfach vom Material des Teppichs verschluckt werden. Wer sich also für das Ambiente einen Teppich wünscht, kann die Regenkleider und Stiefel einfach schon unter der geschützten Sprayhood im Cockpit ausziehen. Das hilft übrigens auch gut gegen Seekrankheit! In südlicheren Revieren gilt zu beachten: Gerade in Salzwasser gebadete oder sandige Füße lassen den Teppich zum unappetitlichen Schmutzfänger werden. Zum Glück bieten Teppiche die Option, sie zu gewissen Segeltörns einfach an Land zu lassen – viele müssen nicht verklebt werden, sondern lassen sich durch Druckknöpfe rutschfest montieren und sind waschbar.

Viele verbringen die nächtlichen Stunden in einem Schlafsack und verschlafen so ein Drittel ihrer Bootszeit als Single in einem Nylon-Kokon. Aber warum nicht genauso gemütlich wie zu Hause gemeinsam unter einer Steppdecke kuscheln? Viele Decken sind heute aus feuchtigkeitsabweisender Kunstfaser, und wenn die Bettwäsche statt aus 100 % Baumwolle aus einem Mischgewebe mit 50 % Nylon besteht, ist ein komfortabler Kompromiss zwischen Trockenheit und Kuschelfaktor gewährleistet.

Plastikgeschirr ist ohne Zweifel sehr praktisch für Mahlzeiten unterwegs im Cockpit. Doch auch hier gibt es große Qualitätsunterschiede zwischen billigem Campinggeschirr und hochwertigem Kunststoff. Für gemütliche wie stilvolle Stunden am Ankerplatz oder im Hafen spricht außerdem absolut nichts gegen Teller und Tassen aus Porzellan sowie Weingläser aus richtigem Glas. Individuell in Kartons verpackt oder durch kleine Papiereinlagen voneinander getrennt,

Unter Deck

- Die Breite des Schiffes ist weniger wichtig als die individuelle Stehhöhe
- Viele Handläufe, eine attraktive Pantry und bequeme Kojen sind wichtig
- Die Nasszelle wird bei längeren Törns viel benutzt
- Eine (Not-)Dusche lässt sich auch in kleinen Schiffen einrichten (ggf. im Außenbereich)
- Viele Nasszellen riechen aufgrund von gasundichten Schläuchen nicht gut
- Eine nachgerüstete, süßwassergespülte elektrische Toilette kann viele Probleme auf einmal lösen
- Die Gemütlichkeit kann durch kleine Details und persönliche Gestaltung sehr gesteigert werden

lassen sie sich sogar im Schapp sicher verstauen. Wer gern selber werkelt, kann sich auch den Bau einer Vitrine für die Gläser als Projekt für den nächsten Winter vornehmen.

So könnte die Liste über Zierkissen, Stoffe, Haushaltsgeschirr und Dekorationen noch lange weitergeführt werden. Das Wichtigste ist immer, dass die Crew sich wohlfühlt.

Was ist beim Cockpit zu beachten?

An kaum einem anderen Ort verbringt der Fahrtensegler so viel Zeit wie im Cockpit, und zwar nicht nur, wenn gesegelt wird. Im Cockpit sitzt die Crew auch vor Anker oder im Hafen gern, denn von dort aus hat man fast immer die schönste Aussicht.

Vor Anker kommt der Wind meist von vorn, und so ist das Cockpit zudem in der Regel windgeschützt. Ein Bimini für das Mittelmeer oder eine Kuchenbude mit großen Fenstern im Norden machen aus dem Cockpit wahlweise eine Terrasse oder ein Wohnzimmer. Die Petroleumlampe oder einige Kerzen schaffen Gemütlichkeit, Sitzkissen bieten jede Menge Komfort, die Weinflasche sorgt für gute Laune und die Crew für gute Gespräche und Freude.

Das Cockpit ist das Zentrum des Lebens, des Abenteuers und der Entspannung. Wie es designt sein sollte, ist sowohl von der eigenen Segelvorliebe als auch vom Revier abhängig. Große Cockpits sind für Hafenpartys perfekt, bei Schräglage in Wellen entpuppen sich kleinere, geschütztere Cockpits oft als viel bequemer.

Offene, höher platzierte Cockpits sind von Vorteil, wenn an heißen Tagen und Abenden Zugluft gewünscht ist, und zusätzlich hat man von dort aus einen guten Rundumblick. Ein tief platziertes Cockpit bietet mehr Schutz vor spritzendem Wasser, und zugleich werden hier die Schiffsbewegungen oft angenehmer aufgefasst, da die Crew näher am Bewegungszentrum sitzt, statt über einer Achterkoje wie auf der Spitze eines Metronoms hin- und hergeschaukelt zu werden.

Grundlegend gibt es zwei unterschiedliche Arten von Cockpits: das Achtercockpit und das Mittelcockpit. Achtercockpits sind generell größer und sportlicher und geben eine gute Sicht nach vorn, um die Segel optimal trimmen zu können. Ein Mittelcockpit dagegen schenkt Geborgenheit durch einen gefühlten deutlichen Abstand zum Wasser, ist generell kleiner und birgt damit einige gute Möglichkeiten, um sich bei lebhaftem Wellengang sicher abzustützen oder festzuhalten. Da ein Mittelcockpit mitten im Schiff angebracht ist, bedeutet dies oft zwangsläufig einen kleineren Salon, dafür aber eine Achterkabine hinter dem Cockpit, was ebenfalls seine Vorteile hat.

Cockpit

- Als Zentrum des Schiffes ist das Cockpit ein wichtiger Aufenthaltsort
- Es muss bequem sein, sowohl im Hafen als auch bei Schräglage auf dem Wasser
- Es gibt unterschiedliche Cockpitdesigns, die jeweils zu verschiedenen Revieren und Jahreszeiten passen

Der Süll, der »Rand« um das Cockpit herum, sollte hoch genug sein, um eine bequeme Rückenlehne zu bilden, die gern eine leichte und damit angenehme Neigung haben darf. Bequeme Sitzkissen können den Komfort hier erheblich steigern.

Sich während des Segelns auch bei Schräglage gut festhalten zu können bzw. sich sicher mit den Füßen abstützen zu können, sollte eine Selbstverständlichkeit sein, ist es aber leider nicht auf allen Schiffen. Ebenfalls sollten die Schoten vom Cockpit aus leicht zu erreichen sein. Wenn außerdem auch noch die Segel vom Cockpit aus gerefft werden können, ist sehr viel an Sicherheit und damit Wohlgefühl gewonnen.

Das ideale Cockpit gibt es nicht, es gibt nur ein Cockpit, indem die jeweilige Crew sich wohlfühlen kann. Langes Probesitzen (und vor allem auch -liegen) macht beim Schiffskauf viel Sinn. Hierbei sollte man sich die Welt in Schräglage vorstellen, wenn Spritzer und Wind im Cockpit mitmischen, die Crew seekrank ist und die Winschen zum Segeltrimmen nicht zu weit weg sein sollten.

Warum wirken Fahrtenyachten im Vergleich zu Charterschiffen oft viel enger?

Streng genommen kann jedes Schiff zur Fahrtenyacht werden: Das zeitweise Leben auf dem Wasser reicht vom Camping auf dem offenen Jollenkreuzer bis zur »Hotelreise« mit der Luxusyacht mit Wassermacher und Generator. Oft wirken typische Fahrtenschiffe jedoch bei gleicher Gesamtlänge im Vergleich zu breiten Charterschiffen mit ihren vielen Kojen und Nasszellen deutlich enger. Eine mit tiefer Bilge versehene V-förmige Rumpfform gehört zu den Wahrzeichen vieler Fahrtenyachten. Diese setzt nicht nur angenehm weich in die Wellen ein, sondern sieht zu, dass das Schlagwasser in der tiefen Bilge bleibt, und verhindert somit, dass bei der kleinsten Wellenbewegung das Wasser unter sämtlichen Bodenbrettern herumschwappt und dort verstaute Utensilien durchnässt. Auch Tanks werden aus Stabilitätsgründen bei Fahrtenschiffen so weit unten wie möglich unter den Bodenbrettern verbaut. Mehr »Schiff« ist also unter der Wasserlinie wiederzufinden, und die Yachten sind generell oft schmaler und tiefer und wirken daher enger.

SICHERHEIT DES SCHIFFES

Wenn ein Schiff die CE-Markierung »A« für grenzenloses Segeln hat, ist es dann auch grenzenlos sicher?

Jedes nach 1998 in der EU verkaufte neue Schiff muss eine CE-Markierung tragen. Diese soll dem Konsumenten die Sicherheit geben, dass sowohl Stabilität als auch eine grundsätzliche Sicherheit gewährleistet sind. Erstaunlich viele Schiffe erreichen die höchste Klassifizierung »A«. Das bedeutet per Definition, dass sie in über 4 m hohen Monsterwellen und Stürmen mit über 8 Windstärken (40 kn) noch sicher segelbar sein sollen. Die Skala ist hier nach oben hin offen, was durchaus als problematisch zu betrachten ist, denn der potenzielle Käufer könnte hier dazu verleitet werden, zu denken, dass diese Boote allen Stürmen dieser Welt gewachsen sind und zudem alle notwendigen Sicherheitsvorkehrungen aufweisen. Leider ist dem nicht so! Vielmehr ist jedem Eigner selbst überlassen, inwiefern sich sein persönliches Sicherheitsstreben auch auf die Wahl der Ausstattung seines Bootes auswirkt.

Zudem können Wellenhöhe und Windstärke sehr unterschiedlich auf ein Schiff einwirken und damit Einfluss auf die Sicherheit nehmen. Zu guter Letzt beeinflusst die Zuladung des Schiffes erheblich die Seetüchtigkeit. Daran denken viele nicht, die sich durch das »A« blenden lassen.

Jede nicht serienmäßige Ausrüstung spielt bei der Zuladung eine Rolle: Zusatztanks, Beiboot, Außenborder, Ersatzteile, Lebensmittel, Getränke, Bücher, die Crew an sich ... Alles zusammengezählt, wird aus dem einst so sicher klingenden Kategorie-»A«-Schiff plötzlich ein Boot, welches so nur für geschützte Gewässer geeignet ist. Ein und dieselbe Schiffskonstruktion rutscht so unerwartet schnell die Sicherheitsleiter hinab. Aus »A« wird durch Überladung plötzlich ein »B« (nur für unter 4 m Wellen und maximal 8 Beaufort geeignet) oder sogar ein »C« (nur für küstennahes Segeln, Seen und größere Buchten mit unter 2 m Wellen und maximal 6 Beaufort geeignet).

Es gehört zur guten Seemannschaft, die maximale Ladeleistung seines Schiff nicht nur zu kennen, sondern auch zu beachten bzw. diese beim Kauf sehr sorgfältig zu prüfen. Sie ist aus der am Schiff angebrachten CE-Plakette zu entnehmen und wird oft als eine Gruppe Menschen dargestellt, gefolgt von einem Pluszeichen und einer Anzahl Koffer. Achtung:

Hiermit ist aber keinesfalls nur das für den Törn mitgebrachte Gepäck gemeint, sondern einfach alles, was nicht serienmäßig aus der Broschüre des neuen Bootes hervorgeht! Ein Blick auf die Wasserlinie verrät, wie viel schon an Bord geschleppt oder installiert wurde. Vergleicht der Hafenspaziergänger mehrere Boote des gleichen Modells, kann er leicht den deutlichen Unterschied erkennen, wie viel vom Antifouling jeweils noch über der Wasseroberfläche zu sehen ist.

Der Bootseigner muss die Zuladung selbst schätzen. Wie viele Umzugskartons sind bereits an Bord geschleppt worden? Welche Ausrüstung ist nicht serienmäßig installiert? Gewicht sammelt sich schneller an, als man denkt, und regelmäßiges Ausmisten ist somit auch aus Stabilitäts- und Sicherheitsgründen wichtig.

Zusätzlich ist zu beachten: Je höher etwas am Schiff installiert oder verstaut ist, desto schlechter ist dies für die Stabilität.

Muss ich unbedingt ein »A-Schiff« haben?

Jeder Bootseigner sollte sich bewusst sein, wie seetauglich sein Schiff eigentlich ist und dessen Grenzen kennen. Vorsicht ist geboten, denn Schiffe sind nicht für alle Gewässer perfekt geeignet. Damit ist man wieder am Anfang: erst das Revier, dann das Schiff aussuchen.

Wenn man sich aber der Grenzen bewusst ist, kann man sich bei günstigen Bedingungen und einer guten Seemannschaft vorsichtig in Gewässer wagen, für die das Schiff eigentlich nicht gedacht ist. Auch ältere Schiffe, die vor der Einführung der CE-Markierung im Jahr 1998 gebaut wurden, können sehr wohl sicher sein. Es gibt viele Boote, mit denen um die Welt gesegelt wurde, die heute keinesfalls ein »A« bekommen würden. Selbst mit einer Segeljolle und Zelt ist es möglich, bei schönem Wetter über große Strecken zu segeln, denn die Sicherheit eines Schiffes hängt ins-

CE-Markierung

- Die CE-Markierung »A« kann leicht ein trügerisches Sicherheitsgefühl geben
- Einige Schiffe verlieren durch erstaunlich wenig Zuladung schnell ihre Seetüchtigkeit; deshalb unbedingt die zugelassene Zuladung verschiedener Schiffe vergleichen
- Die im Kapitel Crewcheck näher beschriebene Seemannschaft ist mindestens so wichtig wie die CE-Kategorie
- Auch alte Schiffe ohne CE-Norm können sicher sein

gesamt viel mehr von der Seemannschaft, d. h. von Vorsicht, Geduld, Kenntnis und Erfahrung der Crew ab, als von der Konstruktion des Bootes.

Letztlich entwickeln sich auch die Ansprüche an ein Kategorie-»A«-Schiff über die Jahre hinweg. So ist ein »A«-Schiff eines Baujahres nicht unbedingt entsprechend einem »A« eines späteren Datums. 2019 wurden z. B. die Ansprüche an die Badeleitern angepasst, sodass nun sämtliche neuen Schiffe eine Sicherheitsleiter installiert haben müssen, die nicht nur weit genug unter Wasser reicht, sondern vor allem von einem Menschen über Bord (MOB) eigenständig heruntergeklappt werden kann. Bei vielen älteren Modellen muss, trotz einer CE-Markierung »A«, zuerst eine Badeplattform heruntergeklappt werden, damit im Anschluss eine zweite Person an Bord die Badeleiter ins Wasser lassen kann.

Ist Geschwindigkeit beim Fahrtensegeln wichtig?

Geschwindigkeit ist auch bei Fahrtenschiffen ein nicht zu vernachlässigender Faktor, denn Geschwindigkeit hat viel mit Sicherheit und Bequemlichkeit zu tun. Je schneller das Schiff, desto weniger dümpelt es in den Wellen, die Crew wird weniger seekrank, und besonders moderne Kielkonstruktionen werden um ein Vielfaches stabiler, wenn sie mehr Fahrt durchs Wasser haben. Segelt das Boot schneller, kann auch schlechtem Wetter besser ausgewichen werden, bzw. das Schiff liegt schon sicher im Hafen, bevor das Wetter zuschlägt.

Ein schnelleres Schiff bedeutet, dass der Tagestörn weniger Zeit braucht oder umgekehrt bei gleicher Segelzeit mehr Distanz gemacht werden kann. Ist ein Boot nur 10 % schneller, bedeutet dies bei einem ansonsten zehnstündigen Segeltag die Option, eine ganze Stunde früher anzukommen. Vielleicht ist man damit dann schon aufkommendem Regen oder Starkwind entkommen, erreicht den Hafen noch vor Dunkelheit oder schafft es noch rechtzeitig, bevor der örtliche Pub schließt.

Die maximal zu erreichende Geschwindigkeit eines Bootes wird Rumpfgeschwindigkeit genannt. Diese hat direkt mit der Länge des Schiffes in der Wasserlinie zu tun: Je länger die Wasserlinie, desto schneller das Boot – bei genügend Wind. Um an die Rumpfgeschwindigkeit eines neueren Bootes heranzukommen, muss beim Kauf eines älteren Modells mehr Deckslänge in Kauf genommen werden, da die klassischen Boote typischerweise viel größere Überhänge haben: Das Deck ragt am Bug und Heck ein Stück über die Wasserlinie hinaus. Bei modernen Schiffen sind Deckslänge (LOA = »Length Over All«) und Wasserlinienlänge (LWL = »Loaded Waterline Length«) fast identisch.

Grundsätzlich stellt ein längeres Deck keinen Nachteil dar, abgesehen von den Hafengebühren, die oft die gesamte Schiffslänge als Basis haben.

Geschwindigkeit

- Eine gute Geschwindigkeit hat sehr wohl Bedeutung für die Sicherheit
- Gute Geschwindigkeit macht Spaß!
- Die Rumpfgeschwindigkeit wird von der Wasserlinienlänge beeinflusst
- Alte Schiffe haben bei gleicher Deckslänge oft eine kürzere Wasserlinie

»ZUM MITSCHNACKEN«

Wieso heißt es »Länge läuft«?

Kaum eine halbe Stunde an Bord, fällt der Satz »Länge läuft!« zum ersten Mal. Da kann der Neuling noch problemlos über die fehlende Kenntnis der Bedeutung hinwegsehen. Spätestens beim zweiten Mal aber möchte man dann doch wissen, was es mit dieser mysteriösen Aussage auf sich hat.

Bei vorgegebener Gesamtlänge sind moderne Schiffe nicht nur breiter geworden, sondern die Wasserlinie ist auch deutlich länger als früher. Dies wird dadurch erreicht, dass sowohl Bug als auch Heck fast senkrecht vom Deck ins Wasser abfallen.

Die stilvollen sogenannten »Überhänge«, bei denen das Deck viel länger ist als die Wasserlinie, gehören heute zur Geschichte der Yachtkonstruktion und finden sich – abgesehen von wenigen sehr noblen Retrodesigns – nur noch auf dem Gebrauchtbootmarkt.

Die Länge des Schiffs längs der Wassserlinie korrespondiert rein physikalisch direkt mit der maximalen Geschwindigkeit des Bootes. Man spricht hier von Rumpfgeschwindigkeit. Um mehr Rumpfgeschwindig-

keit zu erhalten, muss also die Wasserlinie verlängert werden. Nur sehr leichte Schiffe können durch »gleiten« die Rumpfgeschwindigkeit doch übertreffen, indem sie quasi über das Wasser fliegen. Kleine Motorboote sind typische »Gleiter«. Schwere Segelboote gehören aber zur Kategorie »Verdränger« und können nicht gleiten.

Um die maximale Rumpfgeschwindigkeit zu erreichen, gilt: »Länge läuft!« Schiffe mit einer längeren Wasserlinie sind proportional zur Wurzel ihrer Länge in der Wasserlinie schneller.

$$\text{Maximale Rumpfgeschwindigkeit} \approx 2.43 \times \sqrt{\text{LWL}}$$

wobei:
LWL = Länge des Schiffes in der Wasserlinie

Ein Schiff mit einer 7 m langen Wasserlinie hat somit eine ungefähre maximale Geschwindigkeit von 6,4 kn, bei 10 m Länge sind es schon 7,7 kn (20 % schneller), wohingegen 12 m Wasserlinie ganze 8,4 kn (31 % schneller) bedeuten.

Erlaubt die Windstärke das Erreichen der Rumpfgeschwindigkeit nicht, spielen noch andere Aspekte, wie zum Beispiel die Rumpfform, die Segelfläche oder das Gewicht des Bootes, eine Rolle. Aber ist genügend Wind gegeben, zählt in erster Linie die Länge der Wasserlinie für die erreichbare Geschwindigkeit des Bootes.

Ist die Anschaffung eines Fahrtenschiffes Konsum oder kann es auch eine Investition sein?

Viele strecken sich beim Bootskauf bis an ihr finanzielles Limit. Was ein Schiff am Ende wirklich gekostet hat, eröffnet sich allerdings erst viele Jahre später, d. h. im Nachhinein beim Verkauf. So können Boote, die anfangs zunächst viel Geld gekostet haben, sich tatsächlich beim Verkauf als günstiger entpuppen, wenn der Wert sich gut gehalten hat.

Das Geld, das ein Boot jedes Jahr verschlingt, ist dabei nur ein Aspekt. Der Nutzen ist nämlich nicht nur in monetärer Währung zu beziffern. Das eigene Schiff kann durchaus eine Investition in den Partner, in den Umgang mit der Familie, in die engsten Freunde oder auch in die eigene Lebensqualität sein. Was der Eigner erwirbt, ist nicht nur ein Gegenstand, sondern von weit größerem individuellem Wert: ein umfassendes Freiheitsgefühl, die Möglichkeit, für eine gewisse Zeit dem Alltag zu entfliehen. Wer jederzeit (selbst in Pandemiezeiten) flexibel unterwegs sein können möchte, besitzt durch ein Fahrtenschiff einen omnipräsenten Rückzugsort mit Reiseoption – weitab vom hektischen Alltagsleben.

Von dem individuellen Wert abgesehen, sollte schon beim Kauf eines Bootes darauf geachtet werden, dass es gegebenenfalls auch leicht wieder zu verkaufen ist. Damit wird der Bootskauf zu einer pfiffigen Investition mit Rückgabeoption. Es ist fast sicher: Ein gepflegtes, gut ausgerüstetes, populäres Bootsmodell behält seinen Wert auf dem Markt.

Warum kosten Schiffe gleicher Größe so unterschiedlich viel?

Ein neues Boot zu bestellen, es bauen zu lassen und dann ungebraucht ausgeliefert zu bekommen, ist zweifelsohne ein unschlagbares Gefühl. Branchenüblich ist, der Werft eine erhebliche Summe direkt bei Vertragsunterzeichnung zu überweisen, und nur die finanzstärksten Werften können für die Vorauszahlung eine Bankgarantie anbieten. Ein neues Boot steht für neueste Technik und Entwicklung, innovatives Design und ein dem jeweiligen Zeitgeist entsprechendes kundenorientiertes Angebot. Aktuell sind dies oft geräumige, helle Schiffe mit einer Vielzahl von Luken und Fenstern sowie beeindruckenden Segelgeschwindigkeiten. Reparaturen sollten in den ersten Jahren kaum anfallen. Kein Wunder also, dass neue Schiffe viel Geld kosten! Aber warum so unterschiedlich viel? Was unterscheidet die Schiffe?

Die unterschiedliche Materialwahl und Ausrüstung spiegeln nur einen Teil der Antwort wider. Der Hauptgrund für den erheblichen Preisunterschied zwischen den Yachten ist in der Entstehungsweise zu finden. Werften stehen für sehr unterschiedliche Produktionsmethoden. Diese sind mit bloßem Auge auf Messen nicht immer einfach ersichtlich.

Hocheffiziente Werften brauchen oft nur wenige Tage, um aus vorgefertigten Modulen ein komplettes Boot zusammenzusetzen. Fertige Nasszellen mit vorinstallierten Toiletten und Waschbecken, Möbel mit bereits verlegten Kabeln und Beleuchtungssystemen sowie Tanks werden computergesteuert von oben zu den entsprechenden offenen Rümpfen geführt und herabgesenkt. Ist der Innenausbau komplett, kommt zuletzt das Deck wie ein Deckel oben drauf – und fertig ist das Schiff!

Für viele Eigner, die bei schönem Wetter ein paar Wochen Urlaub im Hochsommer machen wollen, sind diese Schiffe wirklich sehr gut geeignet. Sie bieten oft viel Raum zu einem verhältnismäßig günstigen Preis, sind somit sogar neu erschwinglich und gebraucht oft günstig zu haben. Wer nur selten im Frühling oder im späten Herbst unterwegs ist, vermisst wohl kaum einen isolierten Rumpf, der Kondenswasser und Feuchtigkeit vermeidet. Wer nur im Sommer oder im Mittelmeer unterwegs ist, braucht weder ein geschütztes Cockpit mit Glasscheibe oder Hardtop noch eine Dieselheizung; wer nicht bei hohen, steilen Wellen segeln wird, benötigt keinen besonderen Rumpftyp.

Es gibt jedoch auch Käufer, die von Emotionen geleitet sind, die von weiteren Zielen träumen, die das Gefühl haben wollen, dass sie auch bei Sturm sicher segeln könnten. Und wenn es sich um ein älteres Schiff handelt, wünschen sie sich, dass es nach wie vor so stark ist wie am ersten Tag. Für solche Käufer ist zum Beispiel eine gute Steifheit des Schiffes relevant. Es gibt Boote, die ächzen und quietschen in jeder Welle. Es gibt Boote, denen sagt man nach, sie würden sich biegen wie eine Banane, wenn das Rigg zu sehr angespannt wird. Es gibt Boote, die nach ein paar Jahren Ermüdungserscheinungen und Risse aufweisen, dass man Angst bekommt. Und dann wieder andere, teure traditionelle Schiffe, die sich keinen Millimeter verdrehen oder verbiegen, egal, wie alt sie sind oder wie stark das Rigg angespannt ist. Diese sogenannte Steifheit ist vor allem bei Gebrauchtbooten ein wichtiger Kostenfaktor, der vielen nicht bewusst ist.

Einige Segler wollen möglichst eine lange Saison genießen und sich dennoch in ein möglichst wohlig warmes und trockenes Boot zurückziehen können. Ein Wohnschiff für viele Monate des Jahres eben. Diese Kunden suchen Fahrtenschiffe, die oft von kleineren Werften gebaut werden, da die Nachfrage hier im Vergleich zu massenproduzierten Schiffen für den Chartermarkt eher begrenzt ist. Auch hier werden Schiffe nach Tradition produziert, was mehr Zeit in Anspruch nimmt und daher trotz gleicher Größe mehr Geld kostet.

So werden immer noch einige Boote auf die traditionelle Weise gebaut. Hierbei werden das Deck und die Schotten erst am Rumpf festlaminiert, und erst danach wird alles durch den Niedergang reingebracht. Diese Bauweise hat den weiteren Vorteil, dass das Austauschen von Material und Innenausbau deutlich einfacher möglich ist, denn alles, was durch den Niedergang hereingekommen ist, kommt auch dort wieder hinaus. Anders bei den günstiger produzierten Booten, die erst die Innenausstattung erhalten und bei denen zum Schluss das Deck aufgesetzt wird. Zusätzlich haben traditionell gebaute Boote häufig isolierte Rümpfe, die für eine ganzjährige Nutzung des Bootes wichtig und notwendig sind. Die traditionelle Bauweise kostet natürlich in der Produktion mehr als ein seriell produziertes Boot. Allerdings ist zu bedenken, dass ein einfach zu refittendes und traditionell gebautes Boot gleichzeitig eine deutlich bessere Anlage bietet, da es in den meisten Fällen seinen Wert auf dem Gebrauchtbootmarkt behält.

Preisunterschiede

- Die eigentlichen Kosten sieht man erst nach vielen Jahren, wenn die Refitkosten und der Verkaufserlös das Gesamtbild zeigen
- Für wenig Geld erstandene Schiffe können sich durch die über die Jahre anfallenden Reparaturkosten am Ende doch als sehr teuer erweisen
- Populäre Modelle können leichter wieder verkauft werden als weniger bekannte Modelle
- Schiffe kosten sehr unterschiedlich viel, sowohl neu als auch gebraucht
- Schiffe werden sehr unterschiedlich produziert (von Massenanfertigung bis Einzelstückherstellung)
- Ein Schiff auf traditionelle, stabile Art und Weise mit isoliertem Rumpf zu bauen, ist sehr teuer

GEBRAUCHTBOOTE

Die vielen Gebrauchtboote mit so unterschiedlichen Baujahren verunsichern mich! Werden denn Schiffe nie verschrottet?

Ein kurzer Hafenspaziergang ist wie die maritimen Zeitepochen des letzten halben Jahrhunderts auf einen Blick einzufangen: Da liegen sie nun, die Zeitzeugen des Bootsbaus der letzten 50 Jahre. So mancher kann sich bestimmt noch gut an die verschiedenen Fahrtenschiffe vergangener Zeiten erinnern, die wunderschön – aber damals für Otto Normalverbraucher unerreichbar – als Luxusyachten auf den Messen zu bewundern waren. Heute erscheinen sie als Gebrauchtboote sehr erschwinglich. Wie schön, denn oftmals sind sie liebevoll gepflegt, aufgewertet und sehr gut ausgerüstet. Wer das Alter des GFKs, des Aluminiums im Mast, des Mahagoniholzes unter Deck oder des Bleis im Kiel nicht scheut, kann heute eine echte Luxusyacht von damals kaufen! Wo ist das sonst im Leben möglich?

Je mehr es sich damals um eine gelungene, starke und ästhetisch zeitlose Konstruktion gehandelt hat, desto begeisterter werden diese Schiffe heute noch geliebt und gesegelt. Ein altes Fahrtenschiff aus den 70ern, 80ern, 90ern oder dem Beginn des 21. Jahrhunderts kann heute noch genauso viel Freude bereiten wie damals.

Dank der fast unendlichen Vielzahl angebotener Schiffe ist Fahrtensegeln nicht mehr wie früher in erster Linie den Besserbetuchten vorbehalten. Zum Glück! Heute gibt es so viele Fahrtenschiffe auf dem Markt, dass sich so gut wie jeder ein Schiff leisten kann, der es wirklich möchte. Dies eröffnet selbst jungen Menschen die Möglichkeit, einen spannenden, individuellen Abenteuerurlaub zu erleben – ohne dass es die Welt kosten muss.

Ältere Schiffe, die heute noch segeln, sind sehr unterschiedlich, bieten eine große Vielfalt und werden tatsächlich selten verschrottet. Den Vorteil dieser großen Auswahlmöglichkeit kann der Käufer für sich nutzen.

Wie haben sich die Schiffe über die Jahre hinweg entwickelt? Was ist der Trend?

Die Bewohnbarkeit stand wohl schon immer an erster Stelle bei Fahrtenschiffen, nur haben sich die Ansprüche daran über die Jahrzehnte verändert. Wir Menschen sind bequemer und anspruchsvoller, die Schiffe immer größer geworden. Wer ein älteres und aus heutiger Sicht eher »kleines Schiff« als Einsteigermodell kauft, übernimmt nicht selten das Flaggschiff der Werft vergangener Zeiten. Der pure Luxus von damals kann heute für verhältnismäßig erschwingliches Geld gekauft werden. Ein 40-Fuß-Schiff aus den ersten Jahrzehnten nach der GFK-Revolution war fast schon ein Größenmonster und benötigte damals nicht selten zwei Masten, um von einer kleinen Crew bedient werden zu können. Jahr für Jahr verschob sich die Marge, und heute lohnt es sich für eine Werft kaum mehr, kleinere Fahrtenschiffe zu bauen, da sie in der Herstellung nicht wesentlich günstiger zu produzieren sind als größere Schiffe. Moderne Ausrüstung, wie beispielsweise eine Rollgenua oder elektrische Winschen, erlaubt es heute, selbst große Schiffe mit nur einem langen Mast (statt zwei kurzen) mit einer kleinen Crew bequem zu handhaben.

Abgesehen von der wachsenden Größe der Boote hat sich vor allem die Performance weiterentwickelt. Im Regattabereich zunächst gewagte, experimentell erprobte Lösungen wurden nach bestandener Bewährungsprobe oftmals für Fahrtenschiffe übernommen, vorsichtig angepasst und langsam von den Fahrtenseglern akzeptiert: immer tiefere und kürzere Kiele, freihängende Ruder, flache Unterwasserschiffe und eine leichte Sandwichbauweise, die auch für Isolation sorgt. Ein tief unter die Wasseroberfläche reichender Kiel eines modernen Kurzkielers, der manchmal auch am untersten Ende mit einer schweren »Bleibombe« versehen ist, gibt ein enormes Gegengewicht zu den immer größeren Segeln an immer höheren Masten. Viel Segelfläche und ein tief liegender Schwerpunkt eines kurzen Kiels sorgen zunehmend für mehr Dynamik, Fahrt und Segelspaß, aber auch für Einschränkungen beim Ankern und Segeln in flachem Gewässer.

Schiffe bekommen auch immer mehr Volumen unter Deck und zudem deutlich mehr natürliches Licht durch Luken und Fenster. Lautete der Slogan für Fahrtenschiffe früher oftmals noch »Bewohnbarkeit statt Performance« – da Fahrtensegler viel Zeit hätten und nicht über das Meer hetzen müssten –, geht der Trend aktuell immer mehr hin zu »Performance trotz Bewohnbarkeit«.

Ein weiterer wichtiger Trend bei Fahrtenyachten ist die enorme Entwicklung der Bootsausrüstung. Sie hat eindeutig einen positiven Einfluss auf das Segeln, besonders wenn es um Komfort und Sicherheit geht. Die Zuverlässigkeit der modernen Ausrüstung ist enorm gestiegen. Früher gaben der Dieselmotor oder die Bordelektronik auf einem Schiff gern mal ihren Geist auf; heute ist die Stromversorgung an Bord fast genauso gut wie zu Hause, und die elektronische Navigation segelt das Schiff scheinbar schon fast von allein ans Ziel. Ein weiterer Vorteil: Moderne Bootsausrüstung lässt sich selbst in ältere Schiffe jederzeit refitten – und sie wiegt dabei nicht einmal mehr besonders viel.

Mit dem Einzug der Smartphones und Tablets in unseren Alltag ist heutzutage auch das Internet selbst auf See oft nicht weit entfernt: Die Netzabdeckung erstreckt sich – länderabhängig – ca. 10 sm von der Küste hinaus aufs Meer. Durch das Internet ist nahezu die gesamte Welt kommunikativ verbunden, und in vielen Bereichen ist durch Homeoffice sogar das Arbeiten vom Boot aus möglich.

Dennoch ist das gute alte Funkgerät durch ein Handy nicht zu ersetzen.

Ein weiterer Unterschied zwischen älterem und neuerem Design ist oftmals die Akzeptanz einer Grundberührung, die in neueren Schöpfungen mehr oder weniger abhandengekommen ist. Bei neueren Schiffen scheint es einfach vorausgesetzt zu sein, dass der moderne Skipper nie auf Grund läuft. Genauste Satellitennavigation lässt keinen Zweifel über die Position, und ein selbst navigierender Plotter zeigt den Weg an, der mit perfekten Seekarten bestückt bei der Routenwahl automatisch Untiefen umfährt. Wer läuft denn da noch auf Grund? Versicherungsgesellschaften und die Seerettung können diese Frage für Wissbegierige gern beantworten.

Früher wurden Schiffe nach dem Motto »Wer noch nicht auf Grund gelaufen ist, ist noch nicht lang genug gesegelt« konstruiert. Das bedeutet, jeder Skipper hat sich und sein Schiff mal auf eine Untiefe gesetzt, und die Fahrtenschiffe wurden entsprechend konstruiert, damit sie auch die eine oder andere Grundberührung aushalten konnten, ohne gleich zu delaminieren, also sich stellenweise in die einzelnen Glasfaserschichten zu zerlegen. Heute sollte jeder Segler es tunlichst vermeiden – schon der hohen Geschwindigkeit wegen –, mit einem modernen Schiff mit kurzem Kiel und großem Tiefgang gegen einen Stein zu prallen.

Warum ist es im Vergleich zum klassischen Langkieler so schlimm, mit einem modernen Finnkieler auf Grund zu laufen?

Die Montagefläche eines Kiels am Rumpf eines Finnkielers ist deutlich kürzer als bei einem Klassiker. Der kurze Kiel ragt, oft zusätzlich noch mit einem großen Gewicht am untersten Ende versehen, tief unter die Wasseroberfläche. Es besteht somit ein großer Abstand zwischen der Unterseite des Rumpfes und dem unteren Ende des Kiels. Der Kiel wirkt beim Aufprall wie ein Brecheisen (oder ein langer Hebel) auf den Rumpf. Er drückt am hinteren Ende nach oben und kann Teile des Rumpfes mit sich reißen.

Anders die Klassiker: Wenn ein Langkieler auf Grund läuft, wird die Kraft auf viele Kielbolzen entlang des gesamten, langen Kiels verteilt. Ein geringerer Tiefgang bewirkt zudem einen kürzeren Hebel am Rumpf, d. h. weniger Krafteinwirkung. Beides führt zu einer Schubkraft (»Schärung«), die von dem oft starken Rumpf aufgefangen werden kann. So entstehen bei Langkielern die Schäden nicht hinten an der Befestigung Rumpf/Kiel, sondern, direkt vorn am Berührungspunkt.

Hat ein Boot zudem noch einen von außen angebrachten Bleikiel, wird ein Großteil der Energie durch die Verformung des Bleis beim Aufprall aufgenommen (ähnlich einer Knautschzone beim Pkw). Vorteil: Der Bleikiel kann meistens ohne größere Schäden nach einem leichteren Aufsetzen einfach wieder zurechtgehämmert werden.

Warum empfinden viele gerade ältere Schiffe als so gutmütig?

Für viele Fahrtensegler ist die Gutmütigkeit eines Schiffes wichtig. Ein »liebes Schiff« wird gefühlt auch eine unerfahrene Crew durch unheimliche Winde und haushohe Wellen sicher ans Ziel segeln. Die Crew muss weniger aktiv segeln, fühlt sich gut aufgehoben und sicher. Dadurch bewahrt sie Ruhe und kann bessere Entscheidungen treffen. Ein gutmütiges Schiff verzeiht Anfängerfehler leichter, die noch unerfahrene Segler beispielsweise beim Segeltrimmen öfter machen. Sportliches Segeln ist bei den alten, gutmütigen Schiffen hingegen weniger ein Thema. Segler moderner Schiffe empfinden sie eher als träge und langweilig und bevorzugen den dynamischen Segelsport, bei dem es Freude bereitet, aktiv die eher ungezähmten, fast nervösen Boote elegant zu beherrschen. Dazwischen gibt es jede Menge Kompromisse von Racer-Cruisern, Performance-Cruisern oder wie auch immer sie genannt werden. Der jeweilige Eigner wird sein Schiff immer besser kennenlernen und es auf seine Weise segeln.

Die Vorteile der gutmütigen Schiffe gegenüber den modernen Segelyachten sollten allerdings nicht missachtet werden: Denn wer bequem unterwegs ist, den stören die längeren Segeltage weniger. Durch gute Planung und Ausnutzung der Gezeitenströme lassen sich mit so manchem gutmütigen Schiff, trotz der langsameren Grundgeschwindigkeit des Bootes, doch beeindruckende Distanzen zurücklegen.

Wird ein traditionelles Schiff mit längerem Kiel im Hafenbecken gestoppt, bleibt es brav liegen und treibt dank der großen Unterwasserfläche nicht einfach im Wind davon wie eine Luftmatratze. Die große, im Wasser liegende Fläche des Unterwasserschiffes ist zwar für die Performance von Nachteil, hat dafür aber andere Vorteile. Ein sogenanntes »Dickschiff« manövriert sich im Vergleich zu modernen Schiffen völlig anders, und beides will geübt sein. Ein modernes, flaches Unterwasserschiff mit kurzem Kiel und Spartenruder braucht Fahrt durchs Wasser, um seinem Ruf eines wendigen und einfach anzulegenden Schiffes gerecht zu werden. Ohne Bug- oder Heckstrahlruder gilt: Erst durch die Fahrt durchs Wasser bekommt das moderne Boot seine gute Manövrierbarkeit. Das Hafenkino bezeugt: Ältere Schiffe werden eher langsam angelegt, moderne Schiffe dampfen (manchmal sogar rückwärts) mit höherer Geschwindigkeit in die Box hinein, um dann in letzter Sekunde gekonnt eine Vollbremsung zu machen.

Ein kursstabiles Schiff, also ein Schiff, das durch seine Bauweise fast automatisch den Kurs hält und die Fahrt weiter geradeaus fortsetzt, wird ebenfalls als gutmütig empfunden. Und genau die kursstabilen Schiffe sind oft ältere Konstruktionen. Neuere Schiffe benötigen für eine vergleichbare Kursstabilität den Einsatz eines Autopiloten. Solche elektronischen Steuerhilfsmittel gab es früher jedoch nicht auf Knopfdruck, deswegen

Trend Fahrtenschiffe

- Fahrtenschiffe werdem immer größer, bequemer, heller, schneller und wendiger
- Die Ausrüstung wird immer besser, zuverlässiger und komplexer
- Schiffe werden immer mehr mit nutzvoller Technik ausgestattet
- Dank des Internets ist mittlerweile Arbeiten von Bord (Bord-Office) möglich
- Moderne Schiffe sind immer weniger für Grundberührungen geeignet
- Moderne Boote sind oft nervöser, sportlicher und weniger gutmütig

sollte das Schiff schon durch seine Eigenkonstruktion nicht aus dem Kurs laufen. Perfekt, um die Schoten nachzutrimmen oder auch mal den Kaffee aus der Kombüse zu holen.

Kann aus einem alten Boot durch Refit ein quasi neues Schiff gezaubert werden?

Boote werden immer schlauer gebaut. Die Werften haben gelernt, geschickt mit neuen Materialien umzugehen, und so muss zum Beispiel nicht ganz so viel Kunststoff für den Rumpfbau eingesetzt werden wie früher. Obwohl heute zum Teil an Material gespart wird, werden die Schiffe durch eine intelligente Auslegung der Glasfasern immer leichter und sind trotz dünnerer Rümpfe ähnlich stark und fest. Die Konstruktionen werden zudem gewagter: Großzügige Fenster werden in den Rumpf eingebaut, obwohl diese früher als Schwachstellen gesehen wurden.

Ältere Schiffe müssen den modernen Modellen bezüglich der Sicherheit nicht zwangsläufig nachstehen. Vielleicht sind sie nicht so leicht, nicht so breit, nicht so schnell und weniger wendig, und doch können sie bei adäquater Pflege und Ausrüstung genauso seetüchtig sein. Vieles kann tatsächlich nachgerüstet werden, und so stehen refittete Yachten dank modernster Technik den neueren Schwestern ausrüstungsmäßig selten nach.

Eines sollte man jedoch bedenken: Das Grundkonzept bleibt, wie es ist, und kann auch beim größten Refit-Willen nicht verändert werden. Die Form des Rumpfes, das Layout der Inneneinrichtung, die Möbel, das Cockpit, die Kielform, der Mast, die Ruderanlage, die Anzahl an Fenstern und Luken, die Stehhöhe und die Segeleigenschaften sind so, wie der Designer sie einst konstruiert hat. Hier behält das Boot seinen jeweiligen Charakter und für Liebhaber seinen besonderen Charme und Wert.

Refit

- Nostalgie, Attraktion, Eleganz, Klassik, Retro ... einige Schiffe bleiben durch Liebhaber ewig jung!
- Sehr vieles kann durch Eigenarbeit kostengünstig refittet werden
- Spezielle Refitwerften können (fast) alles refitten, allerdings kostet es am Ende oft mehr, als anfangs kalkuliert
- Alte Schiffe können durch moderne, refittete Ausstattung auf den Stand eines neuen Bootes gebracht werden, aber es bleibt zu beachten: Altes Design bleibt immer alt; das Design lässt sich nicht nachträglich ändern

Gebrauchte und neue Boote haben beide ihr berechtigtes Dasein. Egal, wie viel Geld in ein Refit-Projekt gesteckt wird und wie viel moderne Technik eingebaut wird, man wird nur die klassische Dame wieder in ihre Ursprungsschönheit zurückversetzen können, jedoch nie die Eigenschaften eines modernen Designs erreichen.

Wenn ich ein richtig altes Schiff kaufe, was sollte ich auf jeden Fall austauschen?

Alte Schiffe müssen nicht schlecht sein – aber sie sind eben alt. Was auf jeden Fall nicht passieren darf: Der Mast sollte der Crew nicht auf den Kopf fallen und das Schiff nicht sinken.

Zu ersetzen bei alten Schiffen

- Das Rigg sollte alle 10–15 Jahre oder alle 30.000 Seemeilen ersetzt werden
- Rumpfdurchlässe und Seeventile aus Bronze oder Komposit-Kunststoff können sehr lange halten, wenn sie hochwertig hergestellt sind
- Unter ungünstigen Bedingungen halten Rumpfdurchlässe aus Messing nur 5–10 Jahre
- Wenn sich Seeventile und Rumpfdurchlässe nicht mehr bewegen lassen, dann sollten sie unbedingt ausgetauscht werden

Die Drahtseile, die den Mast halten – das sogenannte Rigg, bestehend aus Wanten und Stagen – haben am jeweiligen Ende gepresste Stahlendhülsen. Genau dort, wo der Stahldraht in der Hülse verschwindet, entstehen über die Zeit durch Materialermüdung Risse im Draht. Somit ist das Rigg ein Verschleißobjekt. Nicht der Mast, nicht der Baum, nicht die Salinge – sondern, wie der Rigger sagt: das stehende und laufende Gut. Es muss regelmäßig ausgetauscht werden: Da gibt es nichts zu verhandeln! Wie oft sie ausgetauscht werden sollen, kann natürlich diskutiert werden. Nach zehn Jahren sollte in jedem Fall darüber nachgedacht werden, nach 15 Jahren ist ein Austauschen eigentlich ein Muss.

Rumpfdurchlässe, an denen Seeventile angeschraubt sind, modern ebenfalls häufig unbeachtet vor sich hin. Sie können aus verschiedenen Materialien bestehen, wobei die meisten aus Messing, Bronze oder Komposit-Kunststoff hergestellt sind. Dass sich sämtliche Seeventile leicht öffnen und ebenfalls wieder schließen lassen, sollte alle paar Wochen kontrolliert werden. Dadurch erhalten sie nicht nur ihre notwendige Beweglichkeit, sondern es ist äußerst wichtig, dass Seeventile rasch geschlossen werden können, wenn ein daran angeschlossener Schlauch, Pumpe, Toilette oder ähnliches undicht sein sollte.

Jede Form von Messing beinhaltet mehr oder weniger Zink, während teurere Bronze ohne dieses unedle Metall als Bestandteil der Legierung auskommt. Das Problem bei Zink: Es wird mit der Zeit durch Elektrolyse regelrecht vom Meer »aufgefressen«. Rumpfdurchlässe und Seeventile aus Messing werden daher mit der Zeit gefährlich dünn, was leider von außen nicht erkennbar ist. Sogenanntes DZR-Messing (»Dezincification Resistant«) ist besser und hält länger, aber eben auch nur begrenzt.

Deshalb: bei älteren Schiffen unbedingt die Seeventile überprüfen und gegebenenfalls austauschen. Am besten gleich durch richtige Bronzeventile ersetzen oder alternativ die hochwertigen, modernen Seeventile aus Komposit-Kunststoff, die 30 und mehr Jahre halten können, wählen.

Wenn ich zwei ähnliche Boote gefunden habe, wie soll ich zwischen diesen beiden wählen?

Nicht nur das Boot selbst, sondern auch der Vorbesitzer als Person sollte beim Kauf eines Gebrauchtbootes unter die Lupe genommen werden, denn dieser hat ja das Boot durch seinen Umgang mit ihm geprägt, d. h. verschlissen oder gepflegt. Hat er sein Boot geliebt, gehegt und gepflegt oder einfach nur als Gebrauchsgegenstand und Transportmittel benutzt? Scheint er erleichtert, sein Boot loszuwerden, oder stehen ihm die Tränen beim Verkaufsgespräch in den Augen? Der Abschied vom geliebten Boot fällt manchem nicht leicht. Wer sein Boot offensichtlich gut behandelt hat und zudem noch sympathisch, kooperativ und hilfsbereit erscheint, wird vielleicht auch noch nach dem Kauf für Fragen zu Verfügung stehen und eine reibunglose Übergabe des Schiffes gewährleisten.

Was soll ich also kaufen? Ein neueres oder ein älteres Modell?

Nach all diesen Überlegungen, wäre dies die Frage der Fragen, die sich so einfach überhaupt nicht beantworten lässt. Durch sorgfältiges Abwägen der individuellen Bedürfnisse sollte jeder zu einer für ihn passenden Entscheidung kommen. Der Kompromissbereite kann bei gleichem Geld durch den Kauf eines älteren Schiffes durchaus ein größeres Modell wählen. Sogar die oft dunklere Atmosphäre unter Deck bei älteren Modellen kann durch strahlend helle und stromsparende LED-Beleuchtung kompensiert werden. Schiffe, die früher aufgrund ihrer Größe notwendigerweise von einer großen Crew gesegelt werden mussten, können heute durch moderne Ausrüstung wie Bugstrahler, elektrische Winschen und Rollanlagen auch für kleinere Crews geeignet sein.

Fahrtensegeln ist heute vielen Menschen zugänglich: Alte Schiffe können von jungen Menschen oder mit kleinerem Geldbeutel gekauft und durch Eigenarbeit relativ kostengünstig mit moderner Ausrüstung aufgerüstet werden.

Es lohnt sich durchaus, sich etwas länger mit dem Bootsmarkt zu beschäftigen, denn nicht alles, was günstig ist, ist ein Schnäppchen, und nicht alles was neu ist, wird in zehn Jahren noch attraktiv und funktionsfähig sein.

SICHERHEITS- UND NOTAUSRÜSTUNG

Wie kann ich mich vor allen furchterregenden Gefahren auf See schützen?

Wikinger nahmen gern spezielle Menschen auf ihren Reisen mit, die ihnen Glück bringen sollten. Sie glaubten nämlich, dass Glück und Pech persönliche menschliche Eigenschaften seien: so, wie Menschen auch klug oder musikalisch sein können. Ohne Sven Glückspilz an Bord muss der moderne Skipper sich sein eigenes Sicherheitssystem schaffen, das sich aus mehreren Aspekten zusammensetzt.

Der erste wesentliche Teil des Systems ist sozusagen in der Hardware zu finden: das Boot, bestehend aus Rumpf, Rigg, Aufbau, Kiel und Ruder sowie die gesamte mitgeführte Sicherheits- und Notausrüstung. Der zweite Teil, die Sicherheitssoftware, wird gebildet durch Seemannschaft des Skippers und der Crew, inklusive bestehender Erfahrung, Kompetenz, Planung, Sicherheitsbewusstsein und Risikobereitschaft.

Jeder einzelne Aspekt muss und kann letztendlich nicht perfekt sein, denn Perfektion ist nur ein in unseren Köpfen bestehendes, utopisches Konstrukt. Viel wichtiger ist, dass das gesamte Sicherheitssystem aufeinander abgestimmt ist, sodass Schwachstellen möglichst nicht zeitgleich auftreten. Anders ausgedrückt: Eine seemännisch sehr erfahrene Crew kann mit Vorsicht, Geduld und Geschick ein mehr oder minder schlimmes Wrack über einen Ozean segeln. Im Gegenzug kann eine unerfahrene Crew mit einem durchdachten und gewarteten Schiff durch Planung und Vorsicht gleichwohl in einem geeigneten Revier sehr sicher segeln, obwohl die Erfahrung noch in den Anfängen steckt. Im Lauf der Jahre wächst häufig beides: ein sicherheitsmäßig immer besser ausgestattetes Schiff sowie eine immer erfahrenere Crew. Und mit ein bisschen Wikingerglück geht meistens sowieso alles gut!

Wie gefährlich ist denn eigentlich Fahrtensegeln?

Wer noch wenig Erfahrung hat, kann allein durch Betrachtung der umfangreichen Sicherheitsausrüstung der meisten Schiffe vorschnell zu dem Schluss kommen, Segeln sei äußerst gefährlich. Wer in Deutschland seinen SRC-Funkschein gemacht hat, durfte sicher auch schon kräftig üben: Alle erdenklichen Horrorszenarien, von Mensch über Bord (MOB) über Feuer, Explosion bis hin zu Leckschlagen, Kollision und Sinken sollen über Funk korrekt durch den Äther gesendet werden – und das auch noch auf Englisch!

Im Gegensatz zu Unfällen auf anderen Wasserfahrzeugen passieren auf Fahrtenschiffen jedoch recht selten Unfälle – vielleicht gerade weil Segler oft sehr sicherheitsbewusst sind. Fahrtensegeln ist tatsächlich eine der sichersten Aktivitäten, der man nachgehen kann. Einen Hinweis hierauf liefern die Kosten für die Kaskoversicherung, die bei Booten längst nicht so hoch sind wie bei einem Auto, obwohl der Wert eines Schiffes häufig um ein Vielfaches höher ist als der eines Pkws. Die Anzahl an Menschen, die beispielsweise von Fahrtenyachten über Bord gegangen sind, hält sich in sehr überschaubaren Grenzen und liegt weit unter den vielen tragischen Unglücken mit offenen kleinen Motorbooten.

Interessant sind hier auch die Top Ten der Havarieursachen in Deutschland. Die Einsätze für 2019 waren wie folgt, wobei zu beachten ist, dass nicht nach Bootstyp unterschieden wurde, und somit sind in der Statistik sämtliche Wasserfahrzeuge, von Jollen über Motorboote bis hin zu Segelyachten, eingeschlossen:

1. Motorprobleme (391)
2. Grundberührungen (357)
3. Abgetrieben (87)
4. Kentern von Jollen und Sportkats (61)
5. Ruderschäden (51)
6. Orientierungslos (41)
7. Leinen im Netz (41)
8. Wassereinbruch (29)
9. Mastbruch (15)
10. Mensch über Bord (15)

Auch genauere Statistiken aus anderen Ländern belegen: Die meisten fatalen Unfälle sind im Binnenland zu beklagen: an Flüssen, Seen, Schwimmbädern oder, in nordischen Ländern, durch Einbruch einer zugefrorenen Eisfläche. Die größte Gefahr am oder auf dem Meer ist, statistisch gesehen, als Mann allein in einem kleinen Motorboot zum Angeln zu fahren. In den absolut seltensten Fällen passieren Unfälle auf einem Fahrtenschiff, und wenn, dann meist wenn ein Crewmitglied (unter Alkoholeinfluss) von Bord an Land oder umgekehrt steigt.

Das Ziel eines jeden bedachten Fahrtensegler ist es, diese positive Statistik fortzuführen.

KOMPETENZ

Welchen Führerschein benötige ich zum Segeln eines Fahrtenschiffes?

Für Segelschiffe mit deutscher Flagge im Küstenbereich (nicht im Binnenbereich!) ist ein Führerschein keine Pflicht, es sei denn, das Segelboot hat einen Hilfsmotor von über 15 PS. Der Sportbootführerschein See ist also nur des Motors wegen Vorschrift – das Segeln mit einem noch so großen motorlosen Segelboot ist in Deutschland streng genommen (wie übrigens in vielen anderen Ländern auch) für nicht gewerbliche Privatzwecke führerscheinfrei.

Da sich in den meisten Segelbooten heutzutage ein Motor von über 15 PS befindet, machen viele Segler trotz allem einen Sportbootführerschein See. In der theoretischen Prüfung werden im Multiple-Choice-Verfahren zentrale Kenntnisse über Navigation, Wetter und Kollisionsverhütung abgefragt. Ein kurzer Ausbildungstörn mit einem Sportmotorboot und eine praktische Prüfung gehören ebenfalls zum Kurs. Segeln lernt man hier allerdings nicht, und die meisten fühlen sich trotz erfolgreich bestandener Führerscheinprüfung noch lange nicht genügend ausgebildet, um ein Fahrtenschiff selbstverantwortlich zu beherrschen. In vielen anderen Ländern ist nicht einmal ein Führerschein für ein mit Motor versehenes, privat genutztes Fahrtenschiff Pflicht. Der Grund liegt auf der Hand: Die Anforderungen an die Kompetenz bzw. »Seetauglichkeit« (analog zur Fahrtauglichkeit beim Führen eines Pkws) sind so komplex und zusätzlich von Revier, Wetter, Boot, Törn und Besatzung abhängig, dass ein Amt gar keine allgemeingültige Berechtigung zum privaten Führen eines Schiffes ausgeben kann. Die Verantwortung hierfür liegt und bleibt allein beim Skipper selbst. Entsprechend sind auch alle anderen deutschen Segelscheine wie der SKS, SHS oder SSS sowie die Kurse der Royal Yachting Association (RYA) freiwillig, d. h. der erhaltene Schein ist lediglich ein Zertifikat eines bestandenen Kurses – jedoch kein Führerschein im konventionellen Sinn. Es soll zum Ausdruck gebracht werden, dass zu den im Kurs erworbenen Fähigkeiten weiterhin Erfahrung durch praktische Anwendung des Gelernten hinzukommen sollte. Ein Skipper ist somit praktisch nie auslernt und befindet sich in einem sich kontinuierlich verändernden Entwicklungs- und Lernprozess.

Kompetenz

- Der Hauptgrund für die wenigen Unfälle auf Fahrtenschiffen ist das gewissenhafte Sicherheitsbewusstsein der meisten Segler
- Sicherheit besteht aus der Hardware (Schiff und Ausrüstung) sowie der Software (Seemannschaft)
- Die einzelnen Sicherheitssysteme müssen nicht perfekt sein, sollten sich aber gegenseitig abdecken, damit das Gesamtsystem ein sicheres Segeln gewährt
- Die meisten Segelscheine beinhalten keine Berechtigung, sondern sind der Beweis einer gewissen Kompetenz

Was ist eigentlich die immer wieder erwähnte Seemannschaft?

Seemannschaft ist so alt wie die Seefahrt selbst und der Inbegriff eines sicheren, souveränen, ruhigen und angenehmen Seglers. Sie beschreibt das genaue Gegenteil eines hektischen, unsicheren, schreienden, schimpfenden, besserwissenden Alleskönner-Skippers, der sich und seine Mitsegler durch Selbstüberschätzung in Gefahr bringen kann.

Seemannschaft beschreibt außerdem die Kunst, einen Überblick über alle wesentlichen Kompetenzen, Systeme und Einflussfaktoren beim Segeln zu haben und jedem einzelnen Aspekt in sich gerecht zu werden, um dann alle Aspekte so miteinander zu kombinieren, dass sie sich harmonisch ergänzen und als komplexes System funktionieren. Seemannschaft bedeutet auch, seine eigenen Grenzen in Bezug auf die Natur und ihre Kräfte zu erkennen.

Es geht hier praktisch um die Integration der eben genannten Hard- und Software-Aspekte. Vor allem gute Seemannschaft macht das Fahrtensegeln sicher – gleichzeitig lernt ein Fahrtensegler nie aus.

AUSRÜSTUNG

Wer schreibt mir vor, was ich an Bord mitführen muss?

Wer privat unterwegs ist, unterliegt in den meisten Ländern keinerlei Verpflichtung, gewisse Sicherheits- oder Notausrüstung mitzuführen. In einigen Ländern gibt es Empfehlungen oder Mindestansprüche ab einer gewissen Schiffsgröße, die aber so niedrig sind, dass sie vielen vorsichtigen Seglern fast lächerlich erscheinen. Schiffe, die in der EU nach 1998 ausgeliefert wurden, müssen noch die CE-Vorschriften erfüllen. Doch inwiefern die ursprünglich ausgelieferten Sicherheitsdetails noch nach Jahren funktionsfähig sind, kontrolliert niemand.

Am Ende muss jeder für sich selbst überlegen, wo er seine persönliche Sicherheitsmarge sieht, und gesunder Menschenverstand zählt hier ebenso viel wie die Summe aller Tipps aus Büchern, Vorträgen, Seminaren und Kursen. Ein Blick in die eigene Versicherungspolice macht zudem Sinn, um zu verstehen, was hier gefordert wird. Zusätzlich gilt es auch, die richtige Handhabung der Ausstattung zu trainieren, einzuüben und aufrechtzuerhalten.

Wenn Kontrollen, Wartungen und Pflege nicht selbst regelmäßig angeordnet oder durchgeführt werden, kann es im Fall eines Unfalls passieren, dass die Handlung des Skippers von der Versicherung als fahrlässig eingestuft wird und in der Folge eine Zahlung zumindest teilweise verweigert wird. Einige Versicherer schreiben regelmäßige Kontrollen am Schiff vor, wie beispielsweise die Wartung der Gasanlage, das Austauschen alter Riggs oder Ähnliches. Hier gilt es, das Kleingedruckte der Versicherungen genau durchzulesen. Meist sind die Anforderungen der Versicherung sinnvoll, denn der oberste Wunsch einer Versicherung ist ja gerade, dass einem nichts passieren soll. Auch sind Werften oft erfahren und geben für das Winterlager gern Tipps, was gewartet oder kontrolliert werden sollte. Viele Hersteller schreiben ebenfalls eine regelmäßige Wartung ihrer Ausrüstung vor, wie z. B. vom Motor, den Feuerlöschern, den Rettungswesten oder der Rettungsinsel. Häufig geben sie auch ein Ablaufdatum an (Batterien der Notsender, pyrotechnische Notsignale etc.).

In letzter Konsequenz sollte sich der Skipper bewusst sein, dass er für die Funktionsfähigkeit bzw. Sicherheit von Schiff und Crew verantwortlich ist, denn es gibt bei Schiffen für private Nutzer nicht so etwas wie einen »TÜV«.

Was ist der Unterschied zwischen Sicherheitsausrüstung und Notausrüstung?

Im Gegensatz zur Notausrüstung, die nur im Notfall eingesetzt werden soll, ist die Sicherheitsausrüstung täglich im Einsatz, nämlich gerade um das Eintreten einer Notsituation von vornherein zu verhindern. Erst wenn tatsächlich eine nicht zu verhindernde Notsituation eingetroffen ist, kommt die Notausrüstung zum Einsatz.

Es gilt, beide Systeme auseinanderzuhalten und sich bewusst zu sein, welche Ausrüstung zur Unfallverhinderung und welche nur im Notfall eingesetzt werden soll. Ein Beispiel: Sicherheitsleinen, die in dafür vorgesehene Spannbänder an Deck oder in stabile D-Ringe im Cockpit eingeklinkt werden, sollten bei schlechtem Wetter grundsätzlich eingesetzt werden und gehören somit zur Sicherheitsausrüstung. Der Umgang damit wird regelmäßig trainiert, um eine MOB-Situation zu verhindern. Die Rettungsweste hingegen, die sich automatisch aufbläst, wenn ein Crewmitglied über Bord gegangen ist, gehört zur entsprechenden Notausrüstung. Eine Katastrophe tritt erst dann ein, wenn beide Systeme versagen.

Wenn die Notausrüstung nie zum Einsatz kommt, wie weiß ich dann, damit umzugehen?

Die ausschließlich in Notfällen einzusetzende Notausrüstung sollte durchdacht, aufeinander abgestimmt und die Handhabung allen Crewmitgliedern bekannt sein, sonst stellt sie im Ernstfall keine Hilfe dar. Um mit der Notausrüstung kompetent und sicher umgehen zu können, ist die Teilnahme an einem Sicherheitstrainingskurs sehr zu empfehlen. Manche Trainingskurse benutzen Wellenbäder und Schulungsräume, die normalerweise zur Schulung der professionellen Seefahrt benutzt werden.

Hier werden unterschiedlichste Worst-Case-Szenarien realitätsnah durchgespielt und wertvolle Fähigkeiten vermittelt, die man sonst kaum üben kann – wie z. B. das Abbergen von Menschen durch einen Hubschrauber oder das Hineinklettern in eine Rettungsinsel bei Dunkelheit und hohem Wellengang. Bereichernde Erfahrungen und Einsichten werden hier vermittelt und verstärken nicht nur den sinnvollen Respekt vor den Naturgewalten beim Segeln, sondern auch den Wunsch, Notfälle unbedingt aktiv vermeiden zu wollen.

Warum macht ein Sicherheitskurs Sinn, wenn die Wahrscheinlichkeit eines Unfalls doch so gering ist?

Im Risikomanagement wird nicht nur auf die Wahrscheinlichkeit eines möglicherweise eintretenden Ereignisses, sondern auch auf die Konsequenzen geschaut. Dieses Verhältnis kann in einer Matrix anschaulich dargestellt werden. Auf der einen Achse wird die Wahrscheinlichkeit in »unwahrscheinlich«, »mittelwahrscheinlich« und »sehr wahrscheinlich« unterteilt. Auf der anderen Achse sind die Konsequenzen dargestellt: »geringe Konsequenzen«, »einige Konsequenzen« und »gravierende Konsequenzen«. Jede Situation, die auf einem Schiff eintreten könnte, kann hier den entsprechenden Feldern zugeordnet werden. Wenn z. B. eine Notsituation äußerst unwahrscheinlich ist, die Konsequenzen aber gravierend wären, sollte ein Notfallplan erstellt werden. Mit anderen Worten: Selbst wenn die Notausrüstung an Bord eines Fahrtenschiffes höchstwahrscheinlich nie zum Einsatz kommen wird, sollte es einen Plan geben, wann und wie die entsprechende Notausrüstung zu benutzen ist, wenn die Konsequenzen gravierend wären. Deshalb gehört zu einem Notfallplan auch dazu, diese Szenarien regelmäßig durch Rollenspiele zu trainieren.

Für Fahrtensegler sind unwahrscheinliche Notfallsituationen mit gravierenden Konsequenzen beispielsweise Feuer, Gasexplosion, Lecks, Kollision, Mensch über Bord (MOB), Umstieg in die Rettungsinsel und medizinische Unfälle.

Ausrüstung

- Jeder Skipper ist für die Wartung und Kontrolle seiner Ausrüstung selbst verantwortlich
- Versicherer, Werften und Hersteller von Sicherheitsausrüstung geben wichtige Hinweise, was wie oft gewartet oder ausgetauscht werden muss
- Es gilt, sich mit der Sicherheits- und Notausrüstung vertraut zu machen
- Es gibt gute Kurse, wo auch mit der Notausrüstung, die normalerweise nie zum Einsatz kommt, geübt wird

DIE RETTUNGSWESTE

Was ist eine gute Rettungsweste?

Grundsätzlich gilt: diejenige, die getragen wird!

Wenn ein MOB über Wasser gehalten werden soll, muss sie vor allem Auftrieb im Brustbereich schenken, damit der MOB so gedreht wird, dass die Atemwege frei bleiben. Rettungswesten sollten mindestens 150 N Auftrieb bieten, noch besser sind 170 N. Es gibt auch SOLAS-Rettungwesten, die ganze 275 N Auftrieb geben, die aber nur Sinn machen, wenn man einen Trockenanzug trägt. 275 N Westen sind sonst viel zu sperrig und auch hinderlich, um vom Wasser in eine Rettungsinsel klettern zu können.

Es gibt Schwimmhilfen, die nur 50 N Auftrieb geben, sich dafür aber wie eine leichte Daunenweste anfühlen und sehr bequem sind. Der große Vorteil: Bequeme Westen werden getragen. Eine getragene Schwimmhilfe ist immer sicherer als eine vermeintlich bessere Rettungsweste, die in der Backskiste bleibt. Technisch gesehen ist eine 50 N Schwimmhilfe selbstverständlich nicht mit einer 150–170 N automatisch aufblasbaren Rettungsweste vergleichbar, sofern diese regelmäßig professionell gewartet wird.

150–170 N Rettungswesten gibt es in verschiedenen Ausführungen: angefangen bei äußerst leichten Varianten für Schönwettersegeln bis hin zu schweren Offshore-Modellen mit integriertem Gurt, Spray-Cap, Trillerpfeife, Messer, Licht und gegebenenfalls einem PLB-Notsender und einer MOB-Lifesaver-Hebeschlaufe versehen.

Da die sicherste und wichtigste Eigenschaft einer Rettungsweste das Tragen ist, sollte jedes Crewmitglied seinen eigenen Favoriten wählen dürfen, der als sicher und bequem aufgefasst wird. Hier gibt es nichts Wichtigeres als individuelles Anprobieren und Testen!

Rettungswesten

- Besonders auf Bequemlichkeit achten
- 150–170 N Rettungswesten in leichter Ausführung passen für Küstensegeln bei schönem Wetter
- 150–170 N Offshore-Rettungwesten mit Spray-Cap, Licht, PLB etc. passen für Schwerwettersegeln
- 275 N SOLAS-Westen sind zu sperrig

DIE RETTUNGSINSEL

Muss ich unbedingt eine teure und wartungsintensive Rettungsinsel mitführen?

Es ist nachvollziehbar, warum nicht alle Fahrtensegler eine Rettungsinsel mitführen, denn sie ist schwer, nimmt viel Platz weg und ist nicht nur in der Anschaffung, sondern auch aufgrund der regelmäßigen Wartungskosten teuer. Auffällig ist, dass es geografisch gesehen ein höchst unterschiedliches Sicherheitsdenken zu geben scheint. In Großbritannien wird beispielsweise kaum ein Fahrtensegelboot ohne Rettungsinsel gesichtet, während an der deutschen Ostseeküste nur die wenigsten Schiffe davon geziert werden. Es ist vor allem Ausbildungs- und Mentalitätssache, ob im Katastrophenfall noch die letzte Hoffnung auf ein schnell einzusetzendes Notfloß gesetzt werden kann oder ob nur der Sprung ins Meer als letzte Rettung gegeben ist.

Statistisch betrachtet wird eine Rettungsinsel so selten eingesetzt, dass die Frage nach ihrer Notwendigkeit berechtigt ist. Die Fragestellung ist der Frage nach einer Lebensversicherung nicht unähnlich. Zwar ist es – versicherungstechnisch – sehr unwahrscheinlich, dass man vorzeitig stirbt, aber wenn es doch geschieht, könnte eine entsprechende Lebensversicherung eine große finanzielle Not der Hinterbliebenen verhindern.

Wer sich für die Anschaffung einer Rettungsinsel entscheidet, muss für Küstensegeln in warmen Regionen sicher nicht die teuerste Blauwasserinsel wählen, die die Crew für lange Zeit am Leben erhalten soll. Beim Fahrtensegeln in Küstennähe und mit einem guten Kommunikationsmittel (UKW-Handfunkgerät) darf durchaus damit gerechnet werden, dass die Zeit in einer Rettungsinsel begrenzt sein dürfte. Beim Segeln in kälteren Gewässern ist ein isolierter Boden jedoch immens wichtig.

Eine Rettungsinsel kann nicht nur bei Sinken, Explosion, Feuer oder Kollision eingesetzt werden. Sie erweist sich ebenfalls als hilfreich, wenn vom eigenen Boot auf einen Frachter übergesetzt werden muss, bei einer Hubschrauberrettung oder bei Mensch-über-Bord-Rettungsaktionen. Oftmals ist nämlich das Bergen aus einer Rettungsinsel für professionelle Helfer viel einfacher als von einem wild rollenden, mit langem Mast versehenen Segelboot.

Hinauf oder hinab – wie steigt man in eine Rettungsinsel?

Hin und wieder passiert es, dass eine Besatzung in die Rettungsinsel steigt, obwohl das Schiff noch munter schwimmt. Zu groß ist der Wunsch nach Rettung! Der Spruch, man solle stets in eine Rettungsinsel hinauf- statt hinabsteigen, soll folgendes aussagen: Solange das Schiff noch schwimmend gehalten werden kann (z. B. durch Leckbekämpfung), ist das eigene Boot die beste Rettungsinsel – die zudem viel einfacher von der Seenotrettung gesichtet werden kann.

Die einzige Ausnahme, von einem schwimmenden Schiff in die Insel zu steigen, wäre, wenn dies von professionellen Rettern in unmittelbarer Nähe angeordnet wird oder wenn die Besatzung keine andere Möglichkeit sieht, einen MOB an Bord zu hieven. Ab dann segelt das Boot ohne Rettungsinsel weiter, denn sie lässt sich auf See nicht einfach wieder in ihrem Container verstauen und sollte nach einem echten Einsatz auch nicht mehr als Rettungsmittel geführt werden.

Zudem erscheint das Wort »Rettungsinsel« beinahe paradiesisch-euphemistisch. »Rettung« klingt so positiv und die Bezeichnung »Insel« weckt zudem schnell die Assoziation von Palmen, Sandstränden und einem Cocktail. Ein fataler Kontrast zur Wirklichkeit, sollte die Rettungsinsel tatsächlich benötigt werden! Da ist das englische Wort »life-raft« schon viel zutreffender: Es geht ums Leben/Überleben (»life«), und hierfür wird ein Floß (»raft«) eingesetzt. Wer sein Leben – als letzten Ausweg – retten möchte, überlegt zuvor noch einmal kurz, ob er dazu wirklich in ein Floß steigen möchte. Vielleicht zunächst doch noch mal lieber alles daransetzen, um das Schiff vor dem Untergehen zu bewahren, ein Feuer zu löschen oder eine Kollision zu verhindern? Wer zum Training einmal in einem Wellenbad in eine Rettungsinsel geklettert ist, weiß, welche Kraftanstrengung dafür benötigt wird und wie unangenehm und notdürftig es sich anfühlt, dort auf Hilfe warten zu müssen.

Wo und wie sollte eine Rettungsinsel an Bord verstaut werden?

Wenn die Entscheidung zum Mitführen dieses finalen Hoffnungsträgers getroffen ist, ergibt sich unweigerlich die Frage: Wohin mit dem Ungetüm? Auf dem Kajütendach behindert es die Sicht nach vorn; am Heckkorb belastet es die Stabilität, und achtern nimmt es den schönen Platz für den Außenborder oder den Grill weg.

Rettungsinsel

- Eine Rettungsinsel bietet die letzte Hoffnung im Katastrophenfall, kommt aber nur äußerst selten zum Einsatz
- Solange das Schiff noch schwimmt, sollte man immer auf dem Schiff bleiben
- Ausnahme: Im MOB-Fall oder zum Bergen unter Anweisung von Rettern kann sie zum Einsatz kommen
- Rettungsinsel so verstauen, dass sie schnell und einfach eingesetzt werden kann (auf dem Kajütendach oder am Heckkorb - gern mit automatischen Auslöser)

Auf dem Kajütendach oder am Heckkorb lässt sich die Insel mit einem automatischen Auslöser versehen, der sich beim raschen Sinken des Schiffes, z. B. bei Kollision, selbstständig vom Schiff löst und sich aufbläst. Am Heckkorb angebracht, muss die Crew bei manueller Betätigung den schweren Container auch nicht heben, sondern die Rettungsinsel kann selbstständig ins Wasser fallen.

Einige Segler verstecken die Rettungsinsel unter Deck oder in der Backskiste, in der Hoffnung, das körpereigene Adrenalin spendiere plötzlich genügend Superkräfte, um die äußerst schwere Rettungsinsel aus ihrem tiefen Versteck zu zerren, um sie anschließend über Bord zu werfen – ohne sie dadurch zu verlieren (anbinden niemals vergessen!). Es ist kein Geheimnis, dass das insbesondere unter erfahrenen Seglern zwar die ästhetischste, aber im Ernstfall auch die schlechteste Lösung ist; wenngleich es natürlich besser ist, als gar keine Rettungsinsel mitzuführen.

NOTSENDER

Wie kann ich um Hilfe rufen, wenn ich sie benötige?

Es gibt zwei Typen von elektronischen Notsendern. Der erste Typ ist das Zwei-Wege-Kommunikationssystem. Dazu gehören beispielsweise das Handy oder das UKW. Der zweite Typ sind Ein-Weg-Notsender. Hier kann nur um Hilfe gerufen werden, ohne eine Bestätigung am anderen Ende zu erhalten. Ein-Weg-Systeme sind zwar oft sehr effektiv, psychologisch aber eine Herausforderung, denn man weiß nie, ob man wirklich gehört wurde.

Zusätzlich gibt es unzählige Notzeichen, angefangen bei Rauchsignalen und Pyrotechnik bis hin zum Hissen gewisser Symbole wie beispielsweise Flagge N (blau-weiß kariert) über C (blau-weiß-rot-weiß-blau) oder irgendetwas Rundes (z. B. den Ankerball) über oder unter etwas Eckiges (z. B. eine Flagge) zu hissen, sowie das Winken mit beiden Armen (gleichzeitiges langsames Heben und Senken beider ausgestreckter Arme). Auch das SOS-Signal, bestehend aus drei kurzen, drei langen und wieder drei kurzen Licht- oder Tonsignalen, kann mit einem Nebelhorn, einer Trillerpfeife, einer Taschenlampe oder einem Spiegel eingesetzt werden. Selbst das ununterbrochene Ertönen des Nebelhorns ist ein Notsignal. Diese Notzeichen gilt es zu kennen und zu erkennen, um auch anderen Seglern Hilfeleistung geben zu können.

Pyrotechnik = Signalraketen der letzten Hoffnung

- Funktionieren immer, wenn sie richtig gelagert werden und nicht abgelaufen sind
- Wenn sie abgelaufen sind, zünden sie zwar oft noch, steigen aber nicht so hoch und leuchten nicht nach Spezifikation
- Achtung: Verschiedene Anbieter haben unterschiedliche Startmechanismen
- Handhabung muss vorher geübt werden, um Unfälle zu vermeiden (Sicherheitstrainingskurs!)
- Am besten nur MED-SOLAS zugelassene Produkte einsetzen (»Maritime Equipment Directive, SOLAS based requirements«, kleines Steuerrad als Markenzeichen), um gewisse Mindestansprüche der Leuchtdauer (40 Sekunden), Steighöhe (300 m) und Leuchtstärke (30.000 Candela) sicherzustellen
- (Nur) in Deutschland benötigt man gemäß der Sprengstoffverordnung einen besonderen »Pyroschein«, um diese wichtige Sicherheitsausrüstung erwerben zu dürfen

- LED-Signalleuchtmittel sind kein Ersatz für Pyrotechnik, gegebenenfalls eine Ergänzung

Pyrotechnik: Fallschirmraketen

- Hilfreich, um auf weite Distanzen gesehen zu werden
- Tagsüber und nachts einsetzbar – bei Dämmerung und nachts besonders gut sichtbar
- Steigen 300 m in die Höhe (wenn innerhalb des Verfallsdatums verwendet)
- Brennen mit 30.000 Candela mindestens 40 Sekunden lang (wenn sie MED-SOLAS erfüllen)
- Sehen aus wie ein sehr heller, roter, langsam sinkender Ball
- Mit dem Wind etwas geneigt abfeuern (nicht gegen den Wind)
- Bei Bewölkung schräg abfeuern; in Wolken sind sie unsichtbar

TIPP Immer zwei Raketen direkt nacheinander abschießen, um Missverständnisse zu vermeiden

- Nie feuern, wenn Rettungshubschrauber in der Nähe sind
- Abgelaufene Pyrotechnik startet zwar oft, steigt aber nicht so hoch und brennt noch beim Landen
- Nach dem Verfallsdatum nie an Land einsetzen (z. B. Silvester), da sie mit noch weit über 1.000 °C beim Landen brennen können (Feuergefahr!). Innerhalb des Verfallsdatums erlöschen sie, wie vorgesehen, kurz vor der Landung

Pyrotechnik: Handfackeln

- Hilfreich, um auf kurze Distanzen gesehen zu werden
- Rot = Notsignal, weiß = Aufmerksamkeit/Kollision
- Brennen als heiße Fackel in der Hand
- Handhabung muss geübt werden, um sich nicht zu verbrennen
- Leuchten mit 10.000 Candela mindestens 60 Sekunden (wenn sie MED-SOLAS erfüllen)
- Sehr gut, um Rettungsbooten oder Hubschraubern den Weg zu zeigen

Pyrotechnik: Rauchsignal

- Dose, die gezündet ins Meer geworfen wird
- Entwickelt orangefarbigen Rauch während mindestens drei Minuten
- In erster Linie tagsüber einsetzbar
- Wird von Flugzeugen und Hubschrauber besonders gut erkannt

Ich habe ein Handy und an Land würde ich 112 wählen. Ist das nicht ausreichend?

Dass ein Handy ein Zwei-Wege-Kommunikationssystem ist und man damit im Alltag fleißig übt, kann jeder bestätigen. Daher liegt es nahe, dieses Tor zur Welt auch auf dem Meer weiter benutzen zu wollen. Immer erreichbar, mit der entsprechenden Einstellung jederzeit zu orten und Antworten auf jede erdenkliche Frage sind aus dem Internet sofort vorhanden.

Das Handy ist ein wunderbares Tool – auch auf einem Boot. Tatsächlich kann es sowohl Trost als auch Gewissheit schenken, dass dort an Land Menschen sind, die sich um einen kümmern, wenn man sie braucht. Die eingebaute Kamera gewährt neue Möglichkeiten für Hilfeleistungen auf Distanz, angefangen von technischen Problemstellungen und Ersatzteilbestellungen bishin zu ärztlicher Konsultation. Mit einem Foto des Problems kann der Empfänger deutlich einfacher bei der Lösungsfindung behilflich sein. Das Handy kann sogar für die Navigation eingesetzt werden, Wetterdaten können heruntergeladen werden und – man mag es fast vergessen haben – das Handy funktioniert auch als Telefon, um mit Menschen an Land zu reden und um Rat zu fragen.

Folgende Argumente zeigen jedoch, dass es als Notsender nur bedingt funktioniert. Probleme könnten in folgenden Situationen auftreten:

- Das eigene Schiff befindet sich weiter als ca. 10 sm vom nächsten Sendemast entfernt
- Das Handy ist nicht genügend aufgeladen (bei schwachen Signalen oder weiterem Abstand zum Sendemast hält der Akku deutlich kürzer)
- Nässe behindert die Bedienung des Touchscreens
- Das Handy kann im Eifer des Gefechts aus der Hand fallen, beschädigt werden oder über Bord fallen
- Die anzurufende Telefonnummer ist oft nicht bekannt (von der Seenotrettung bis zum Schiff in der Nähe)
- Offene Gruppengespräche sind nur sehr bedingt möglich, besonders nicht mit potenziell rettenden Schiffen in der Nähe
- Gesprächsabbruch kann plötzlich auftreten

Warum ist ein UKW-Gerät so viel besser als ein Handy?

Ein UKW-Gerät erfüllt all die erwünschten und notwendigen Kriterien für küstennahe Kommunikation.

- Viel größere Reichweite als ein Handy (ca. 20–30 sm)
- Die Antenne in der Mastspitze kann auch über Hindernisse hinweg funken
- Das UKW ist an das Hauptstromnetz des Schiffes angeschlossen und hat »immer« Strom
- Hardware-Knöpfe funktionieren auch bei Nässe und Kälte und mit Handschuhen

- Mit einem Knopf hat man direkt den richtigen Notkanal 16 gewählt
- Das UKW ist entweder fest installiert oder das Handfunkgerät schwimmt oft wasserdicht an der Oberfläche, wenn es über Bord fällt
- Es gibt keine Telefonnummern: Ist das Gerät eingeschaltet, hat man sofort alle mithörenden Schiffe sowie die Seenotrettung in der Leitung (Kanal 16)
- Mit einem einzigen DSC-Knopf werden bei richtiger Registratur sämtliche wichtige Daten digital übermittelt (Schiffsname, Kontaktadressen, Position, Uhrzeit etc.)
- Offene Gruppengespräche sind für Rettungsaktionen absolut notwendig und möglich
- Gesprächsabbruch kann kaum stattfinden
- Jeder in eine Rettungsaktion involvierte Helfer, inklusive dem Hubschrauber, ist auf Kanal 16 mit allen anderen, einschließlich dem Notgestellten, in Verbindung

Das UKW-Gerät ist extrem vielseitig einsetzbar. In vielen Ländern gehört das Mithören von Kanal 16 zur seemännischen Selbstverständlichkeit. Auch wird es fleißig benutzt, um schnell und unkompliziert selbst eine einfache Frage zu stellen. Die Küstenwache Großbritanniens, die UK Coastguard, beantwortet unermüdlich alle Fragen mit dem Hintergedanken, dass jede Benutzung des UKWs eine gute Übung ist und im Ernstfall lebenswichtig sein kann. Nicht immer muss auf Kanal 16 angerufen werden: Marinas und Häfen werden direkt auf speziellen, im Almanach oder im Hafenführer veröffentlichten Kanälen angerufen, manche Pubs in Schottland haben ihren Arbeitskanal vom Ankerplatz aus sichtbar an die Hauswand gemalt, Schleusen und Brücken benutzen spezifische Kanäle etc. Viele Küstenwachen dieser Welt sind nie weiter entfernt als der UKW-Hörer. Kanal 16 als Anrufkanal gilt immer und überall, und die Küstenwache informiert stetig über Wetter, Wind und andere Gefahren.

Wer häufig das Funkgerät benutzt, um Häfen, Brücken, Marinas oder andere Segler direkt auf dem bekannten Arbeitskanal anzurufen, wird mit dem Umgang dieser sehr wesentlichen Sicherheitsausrüstung vertraut. Man kann Schiffe auch direkt anwählen, wie beim Telefon an Land. Die schiffseigene Telefonnummer nennt sich MMSI (»Maritime Mobile Service Identity«), die übrigens als AIS-Information auf dem Plotter aller sich in Reichweite befindenden Schiffe abzulesen ist. Werden Schiffe direkt und digital über MMSI angerufen, wird Kanal 16 nicht belastet, und man geht nach Kontaktherstellung sofort gemeinsam auf einen der Arbeitskanäle (z. B. 77 oder 72).

In einer Notsituation reicht ein einziger Knopfdruck: der DSC-Notknopf, der rot markiert hinter einer transparenten Sicherheitsklappe versteckt ist. Er stellt den direkten digitalen Draht zur Seenotrettung her. Nach den binnen eines Bruchteils einer Sekunde automatisch übermittelten wichtigsten Schiffsdaten, schaltet das Gerät automatisch auf Kanal 16, und die Küstenwache kann den Notruf sowohl digital im Display ablesbar als auch mündlich über Kanal 16 bestätigen. Es ist gut zu wissen, dass die digitale Reichweite des DSC-Notrufes viel weiter reicht als die Reichweite der Sprachmitteilung, sodass ein Notruf bzw. eine digitale Bestätigung oft durchgeht, selbst wenn keine beruhigende Stimme zu hören ist.

Zu bedenken wäre das Mitführen einer Reserveantenne, denn wenn man den Mast verliert, ist auch die in der Mastspitze montierte UKW-Antenne nicht mehr vorhanden.

Ein zweites, portables UKW-Gerät zu haben, macht viel Sinn. Es kann flexibel im Cockpit benutzt werden, im Dingi als Notsender oder zur Kommunikation mit dem Mutterschiff mitgenommen werden oder als Ersatzgerät im Grabbag für die Rettungsinsel bereit sein.

Sollte ich zusätzlich noch ein satellitenbasiertes EPIRB an Bord haben?

Der EPIRB (»Emergency Position Indicating Radio Beacon«) ist weltweit über Satelliten einsatzbereit. Es ist eine Ein-Weg-Kommunikation, sodass der Notruf von der Seenotrettung leider nicht bestätigt werden kann. Der Segler in Not kann deshalb nie genau wissen, ob der Notruf durchgegangen ist.

Die Handhabung ist denkbar einfach. Das Einzige, was beachtet werden muss, ist die freie Sicht zu den Satelliten. Unter Deck aktiviert, ergibt das Gerät somit wenig Sinn. Ähnlich einfach wie der DSC-Knopf beim UKW, wird der Hilferuf durch die Betätigung eines einzigen Knopfes aktiviert. Bei manchen Modellen wird er durch einen hydrostatischen Auslöser bei Sinken des Schiffes selbstständig aus seinem Gehäuse gelöst und bei Kontakt mit Wasser automatisch aktiviert. Relevante Schiffsdaten wie beispielsweise die Position (sofern mit das Gerät mit GPS ausgerüstet ist) werden gesandt. Vorausgesetzt, die Schiffsinformationen sind zuvor vom Skipper an die entsprechende Behörde gemeldet worden.

Wenn der Erwerb eines EPIRB in Erwägung gezogen wird, dann sollte man es immer beim Kauf direkt registrieren lassen. Heute senden alle EPIRBs auf 406 MHz und haben zusätzlich die für Flugzeuge relevante Notfrequenz 121,5 MHz. Wenn sich noch ein altes EPIRB an Bord befindet, das nur auf 121,5 MHz sendet, sollte man sich darauf nicht verlassen. EPIRBs ohne eingebautes GPS können auch geortet werden, die Ortung kann allerdings bis zu 90 Minuten dauern, und die Position ist nur auf ca. 5 km exakt. Ein EPIRB mit GPS gibt seine Position innerhalb von fünf Minuten auf 120 m genau an, weshalb ein EPIRB mit GPS große Vorteile bietet. Der größte Unterschied zwischen MED-SOLAS zugelassenen EPIRBs und günstigeren Varianten ist die deutlich längere kontinuierliche Sendedauer von mindestens 48 Stunden, die für die Ortung für Flugzeuge und Hubschrauber wichtig sein kann.

Ob ein Küstensegler ein EPIRB benötigt, kann diskutiert werden. Wird nämlich nur im GMDSS-Bereich A1 gesegelt, sollte ein UKW-Gerät für einen Notruf genügen.
Trotzdem ein EPIRB mitzuführen, könnte folgende Vorteile mit sich bringen:

- Ein EPIRB kann, mit einem hydrostatischen Auslöser versehen, auch beim Sinken (z. B. nach einer Kollision) selbstständig einen Notruf durchführen
- Zwei unabhängige, zeitgleiche Notrufe vom selben Schiff (mit UKW und EPIRB) werden nicht so schnell als Fehlalarm interpretiert, d. h. eine Rettungsaktion wird schneller eingeleitet
- Es gibt Küstenregionen, die nicht sonderlich stark besiedelt sind, weshalb man dort leicht in ein UKW-Funkloch der Küstenwache geraten kann
- Wenn der Törn kurzzeitig außerhalb der A1-Regionen führt (siehe Karte Seite 17), kann das UKW zwar andere Schiffe alarmieren, nicht aber die Seenotrettung. Hier ist ein EPIRB die beste Alternative.

Gibt es auch persönliche Notsender?

»Personal Location Beacons«, kurz PLBs genannt, sind kleine pfiffige Notsender, die in die Jackentasche passen. Sie können auch direkt in die Rettungsweste eingebaut werden.

Es gibt AIS-basierte PLBs und satellitenbasierte PLBs.

AIS-PLB

Ist eine Rettungsweste mit einem AIS-basierten PLB ausgerüstet, wird sie beim Über-Bord-Gehen (automatisch) aktiviert, und das integrierte GPS sendet die Position des Notgestellten an alle Schiffe in Reichweite, inklusive dem eigenen Mutterschiff.

Auf den Plottern wird der MOB als Notsignal dargestellt, und bei vielen Plottern wird ein Alarm ausgelöst. Auch bei höheren Wellen oder nachts kann somit rasch zum MOB zurückgefunden werden. Für Segler mit Crew ist der AIS-PLB vorzuziehen.

Satelliten-PLB

Für Einhandsegler, besonders in Revieren, in denen nur wenige andere Schiffe unterwegs sind, hilft der MOB-Notruf zum eigenen Schiff wenig. Hier ist der satellitenbasierte PLB eher geeignet, der das MOB-Notsignal an die Seenotrettung (ähnlich wie beim EPIRB) weiterleitet. Allerdings wird kein anderes Schiff über den MOB direkt informiert.

Notsender

- Es gibt viele Möglichkeiten, um Hilfe zu rufen (visuelle Zeichen, Pyrotechnik, elektronische Kommunikation)
- Ein Handy ist zwar hilfreich, aber als Notsender nicht gut geeignet
- Ein fest installiertes UKW-Gerät mit DSC ist in Küstennähe der wichtigste Notsender
- UKW mit DSC an ein externes GPS anschließen (sofern nicht schon ein eingebautes GPS vorhanden ist), damit die Position mitgesendet wird

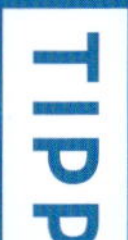

UKW (und gegebenenfalls EPIRB) unbedingt im Flaggenstaat registrieren lassen (Deutschland: Bundesnetzagentur). Nur so sind die Infos vom Sender bekannt.

- Kleine persönliche Notsender in der Rettungsweste können im MOB-Fall besonders bei schlechtem Wetter/Dunkelheit lebensrettend sein

»ZUM MITSCHNACKEN«

Wie gefährlich sind Wale und schwimmende Container?

Wale und Container folgen keinen Kollisionsverhütungsregeln, sind nicht als Hindernisse in Seekarten eingezeichnet und zudem vom Schiff aus kaum sichtbar.

Container fallen immer wieder über Bord. Sie sinken nicht direkt und können sich, je nach Ladung, erstaunlich lange an der Wasseroberfläche halten. Allerdings fallen sie in unseren Breiten extrem selten im Sommer vom Containerschiff, sondern eher während schwerer Herbst- oder Winterstürme und bei beachtlichem Wellengang. Wenn Freizeitsegler dann im kommenden Sommer auf diese Container stoßen sollten, müssten sie zuvor sehr lange an der Oberfläche geschwommen sein. Mit anderen Worten: Dass ein Container vor unseren Küsten oder am Strand gesichtet wird, ist glücklicherweise wirklich eine Seltenheit.

Aber: Wie ist es mit Walen? Die Anzahl dieser Säugetiere hat im letzten Jahrhundert wunderbarerweise deutlich zugenommen, und so werden sie entlang der gesamten atlantischen Küste von Gibraltar bis hinauf nach Schottland und Nordnorwegen immer wieder gesichtet. Segler freuen sich in der Regel, wenn sie einen Wal in der Ferne sichten. In Küstennähe hört man selten, dass Boote mit Walen kollidieren. Dies änderte sich im Sommer 2020 und 2021, als Orcas Segelschiffe mehrfach vor der Küste Portugals und Spaniens angegriffen haben und es dabei vor allem auf die Ruder der Segelboote abgesehen hatten. Forscher sprachen davon, dass es sich hierbei nur um ein paar Jungtiere aus einer bestimmten Kolonie handelte, die nichts anderes als nur »spielen« wollten. Menschen wurden zum Glück nicht verletzt, viele Schiffe mussten allerdings ohne Steuervermögen in den nächsten Hafen geschleppt werden.

Selbst bei einer Atlantiküberquerung sind Zusammenstöße mit schlafenden Walen selten, wenngleich sie immer mal wieder vorkommen. Meistens kommt die Besatzung jedoch mit einem Schrecken davon.

BLITZEINSCHLAG

Wie groß ist das Risiko eines Blitzeinschlages, und wie kann ich mich davor schützen?

Das Risiko eines Blitzeinschlages ist vor allem vom Segelrevier und der Jahreszeit abhängig.

Im Allgemeinen wird zwischen direktem und indirektem Einschlag unterschieden. Bei einem direkten Einschlag wird der eigene Mast getroffen, beim indirekten schlägt der Blitz in unmittelbarer Nähe des Bootes ein. Die gute Nachricht zuerst: Segelschiffe haben hier von Natur aus einen Vorteil gegenüber Motorbooten: ihren Mast. So schützt ein von der Mastspitze ausgehender Schutzkegel das gesamte Schiff vor einem direkten Einschlag an Deck. Solange sich ein Crewmitglied innerhalb dieses Kegels befindet, kann es nicht direkt getroffen werden. Bei Motorbooten ist das anders: Hier könnte streng genommen ein am Bug stehendes Crewmitglied direkt tödlich getroffen werden. Bei einem Segelboot würde der Blitz stattdessen immer die Mastspitze wählen. Somit sind Todesfälle auf Segelschiffen durch direkten Blitzeinschlag nicht zu befürchten.

Die schlechte Nachricht: Auch bei einem indirekten Einschlag (wenn beispielsweise ein Nachbarboot mit hohem Mast im Hafen getroffen wird) sind die Schäden an der gesamten Elektronik des eigenen Schiffes nicht vorhersehbar und können sehr hoch sein. Gelegentlich treten nach einem indirekten Einschlag sogenannte intermittierende Fehler auf, die äußerst ärgerlich sind: Nur zeitweise funktioniert das elektronische Gerät nicht, dann läuft es wieder – ähnlich einem Wackelkontakt. Obwohl die Elektronik noch laufen mag, kann sich der Skipper nicht mehr auf sie verlassen, da sie sich unter Umständen zeitweise sehr merkwürdig aufführen kann oder einige Funktionen nicht mehr arbeiten. Nach einem Blitzeinschlag kann somit die klassische Navigation mit Karte und Kompass plötzlich wieder sehr gefragt sein.

Kann ein Blitzeinschlag mein Boot zum Sinken bringen?

Bei einem direkten Einschlag in den eigenen Mast könnte das Boot tatsächlich sinken. Der Blitz trifft in die Mastspitze und will auf dem bequemsten Weg ins Wasser geleitet werden. Abhängig vom Schiffstyp gibt es hier zwei bevorzugte Wege für den Blitz: Den Mast hinab in Richtung Kiel oder entlang der Wanten in die im Rumpf eingebetteten Püttings, an denen die Wanten befestigt sind. Der letzte Freisprung von den Püttings ins Meer führt aber leider durch das GFK, und genau hier liegt die Gefahr: Der Lichtbogen durch den Kunststoff kann den Rumpf wie ein Maschinengewehr durchlöchern, was tatsächlich zum Sinken von Schiffen führen kann.

Günstiger ist es, wenn der Blitz über den Mast direkt in den Kiel geleitet wird. Durchgesteckte Masten sind hier von Vorteil, denn sie stehen quasi schon auf dem Kiel. Auf Deck stehende Masten benötigen hierzu etwas Hilfe: Ein dickes Kabel wird vom Mastfuß an Deck mit möglichst wenig Krümmung auf dem direktesten Weg zum Kiel geleitet, aber nicht mit diesem direkt verbunden. Um eine durch schwache galvanische Ströme ausgelöste Korrosion zu verhindern, bedarf es zwischen Kabel und Kielbolzen noch einer kleinen Sperre, die für Schwachstrom undurchlässig ist, für den Blitz aber kein Hindernis darstellt. Dieser sogenannte »Blitzabstand« besteht aus zwei zueinandergewandten Platten. Die 2–3 mm Luftabstand zwischen den Platten sind für den Blitz nichts als ein Katzensprung.

Ein solcher Blitzableiter kostet nicht viel und kann leicht nachträglich eingebaut werden. Notwendig? In nordischen Gewässern, in denen Blitzeinschläge eher selten sind, wohl kaum. Im Mittelmeer könnte man Blitzableitern schon etwas mehr Gedanken widmen, und im gewitterintensiven Florida haben viele Boote einen Blitzableiter eingebaut. Versicherungsgesellschaften bezeugen übrigens einen deutlichen klimabedingten Anstieg an Schäden durch Blitzeinschlag, insbesondere im Mittelmeer.

Welche Mythen über effektiven Blitzschutz gibt es?

Was leider keinen Schutz vor Blitzeinschlägen bietet, sind an der Mastspitze befestigte »Bürsten«, die die Luft um die Mastspitze herum »entionisieren« sollen. Eine nette Idee, die aber leider nicht funktioniert. Auch der Tipp, Batteriestartkabel bei Gewitter an die Wanten zu klemmen, um den Blitz durch die ins Meer baumelnden Startkabel unmittelbar ins Wasser zu leiten, ist nicht sonderlich gut. Erstens haben diese Kabel im Wasser eine viel zu kleine Oberfläche, um den Blitz zuverlässig und effektiv abzuleiten: Um zu funktionieren, müssten es schon größere Kupferplatten sein, die ins Wasser gehängt werden. Zweitens ist auch die Oberfläche der Klemmen an den Wanten viel zu gering. Die oft nur messerpitzendünnen Berührungsflächen der Klemmen an den Wanten würden wohl in erster Linie zum Anschweißen der Startkabel an die Wanten führen. Niemand will schließlich bei Gewitter sein Leben riskieren, indem er mit einer Klemme in der Hand versucht, diese an den Wanten zu befestigen, während er mit nassen Stiefeln an Deck steht und das andere Ende des Kabels im Wasser baumelt. Kabelisolierung agiert wie ein oben erwähnter Blitzabstand und hilft bei solch hohen Spannungen sowieso nichts. Vielmehr sollten bei Gewitter Wanten, Stage und der Mast tunlichst nicht berührt werden.

Wer ein Schiff aus Stahl oder Aluminium hat, muss sich weniger Gedanken machen, denn der Blitz findet hier leicht seinen natürlichen Weg ins Wasser. Die Elektronik kann auf einem Metallschiff allerdings gleichwohl zerstört werden.

Blitzeinschlag

- Blitzeinschlag ist revier- und saisonbedingt ein wachsendes Problem
- Bei Gewitter Wanten, Stage und den Mast möglichst nicht berühren
- Auf Segelbooten ist ein direkter Einschlag dank des Mastes nicht tödlich
- Ohne Blitzschutz kann das Schiff bei direktem Einschlag sinken
- Blitzschutz ist bei Schiffen aus Metall nicht notwendig und bei GFK meist leicht nachzurüsten
- Auch bei indirektem Einschlag (im Nachbarboot im Hafen) kann die eigene Elektronik zerstört werden oder sich unerwartet aufführen - hier hilft auch kein Blitzschutz
- Blitzeinschlag ist einer der Hauptgründe, warum noch klassische Navigation ohne Elektronik beherrscht werden muss

FEUER UND GAS

Wie ist die Brandgefahr, und wie kann ich ihr vorbeugen?

Ein Brand stellt auf einem Boot eine der größten Gefahren dar. Aus einem Flämmchen kann schnell eine Katastrophe werden, und es muss extrem schnell gehandelt werden. Bei Feuer ist der Zeitfaktor entscheidend, und der entschlossene Griff zum richtigen Löschmittel sollte genau wie die Handhabung der Feuerlöscher sitzen.

So weit sollte es jedoch gar nicht kommen müssen: Ziel ist es, einen Brand von vornherein zu verhindern. Die einzelnen Schritte des Brandschutzes sind daher:

1. Brandverhinderung
2. Frühzeitige und effektive Branderkennung
3. Rasche und korrekte Feuerbekämpfung
4. Flucht und Rettung als letzter Ausweg

Auf einem Schiff gibt es einige potenzielle Brandherde. Früher entstanden die meisten Brände durch Zigarettenrauchen in der Koje. Heute gehören eher elektrisch entstandene Brände zu den größten Gefahren. Fachmännisch verlegte Kabel sowie eine saubere Installation sind hierbei wichtige Brandverhütungsmaßnahmen. Verbastelte Schiffe, in denen immer mehr Ausrüstung an alte und dünne Kabel mit langsamen Schmelzsicherungen angeschlossen wurde, sind mit Vorsicht zu genießen.

Im Motorraum existiert viel Technik, gemischt mit Hitze und mechanischer Bewegung. Zum Glück ist Diesel bei Weitem nicht so entzündlich wie beispielsweise Benzin. Entzündliche Materialien dürfen nie im Motorraum gelagert werden, und eine fachmännische Installation sowie eine gute Wartung der im Motorraum befindlichen Ausrüstung sind von großer Bedeutung für die Sicherheit an Bord.

Das sehr leicht entzündliche Benzin für den Außenborder sollte nur in Kleinstmengen mitgeführt werden. Ein kleiner Benzinkanister an Deck verzurrt ist vorbildlich. Gut belüftet, werden hier etwaige entweichende Benzingase rasch vom Wind verweht, bevor sie zu entzündlichen Explosionen führen könnten. Alternativ kann man einen umweltfreundlichen, leisen Elektroaußenborder wählen, dann muss erst gar kein Benzin verstaut werden.

Die offene Flamme des Gasherdes ist eine weitere typische Gefahrenstelle.

Hier gilt es, brennbares Material, wie beispielsweise Gardinen oder Handtücher, möglichst weit entfernt aufzubewahren. Eine Bratpfanne mit Öl über die Selbstentzündungstemperatur zu erhitzen (ca. 320 °C) ist auf dem Boot nicht minder gefährlich als zu Hause. Erstaunlich rasch ist diese Temperatur erreicht, und das Öl fängt von selbst Feuer.

Eine neuartige Brandgefahr, an die viele nicht sofort denken, geht von den vielen elektronischen Kleingeräten aus, die – oftmals nachts – unbeaufsichtigt geladen werden. Besonders beim Ladevorgang können die Lithium-Akkus der Kleingeräte bei Beschädigung überhitzen. Smartphones, Laptops und Kameras haben alle eine Art von Lithium-Akku (Lithium Ion Polymer (LiPo) oder Lithium Cobolt (LCO)). Diese kleinen Akkus sind bedeutend gefährlicher als die im Boot fest installierten Lithium-Akkus aus Lithium-Eisen-Phosphat (LiFe/LiFePO4), falls diese fachmännisch mit einem Battery Monitoring System versehen sind. Unbeaufsichtigtes nächtliches Laden elektronischer Geräte ist also mit Vorsicht zu genießen. Im Gegensatz dazu sind Brände durch Petroleumlampen oder Kerzen übrigens eher selten, was vielleicht dadurch zu erklären ist, dass sich die meisten dieser Brandgefahrenquelle bewusst sind und somit eine erhöhte Aufmerksamkeit herrscht.

Wenn alle Vorsichtsmaßnahmen getroffen wurden, sind Brände an Bord zum Glück eher eine Seltenheit. Wenn das Schiff aber Feuer fängt, gilt es, jede Sekunde auszunutzen, um entschlossen zu handeln.

Wie kann ich bei Feuer frühzeitig gewarnt werden?

Ein Frühwarnsystem besteht, wie zu Hause auch, aus handelsüblichen Rauchmeldern, am besten einem in jeder Kabine. Sie sollten an der Decke festgeschraubt sein. Zwar halten sie in der feuchten Umgebung nicht ganz so lange wie zu Hause, dafür sind sie günstig. Wenn Brände im Motorraum beginnen, werden sie von der Besatzung leicht viel zu lange übersehen, denn der Motorraum ist oft schall-, rauch- und temperaturdicht gebaut. Auch im Motorraum beginnen die meisten Feuer klein und hätten leicht gelöscht werden können, wenn sie nur frühzeitig genug entdeckt worden wären. Daher wird im Motorraum ein gesondertes Warnsystem benutzt, das im Brandfall ein Warnsignal nach außen abgibt. Dies kann z. B. aus einem fachmännisch installierten Rauchfühler bestehen, der an einen externen kleinen Lautsprecher im Cockpit angeschlossen ist. Manche fest installierten Feuerlöscher im Motorraum haben auch ihre eigenen Fühler und löschen das Feuer bei Alarm selbstständig.

Jeder Bootseigner sollte sich ein Konzept erarbeiten, wie ein Brand im Schiff zu vermeiden ist: Fachgerechte Installation ist hierbei genauso wichtig wie regelmäßige Wartung und Kontrollroutinen.

Was bedeutet »passive Sicherheit«?

Wenn es zu einem Feuer kommt, sollte nicht nur aktiv gelöscht werden, sondern das Design und die Ausstattung im Schiff sollten die Verbreitung verlangsamen und die Folgeschäden minimieren.

Wer nicht gerade in einem nackten Metallboot unterwegs sein will, kann gegen die wunderschöne, aber entzündliche Holzeinrichtung oder das brennbare GFK (da aus Öl) nicht viel machen. Sehr wohl kann aber den Details, der Pantry und besonders dem Motorraum einige Aufmerksamkeit gewidmet werden. So werden die meisten Stoffbezüge beispielsweise aus feuerretardierendem Material hergestellt, und der Herd wird in einem mit Metall ausgekleideten Bereich kardanisch aufgehängt.

Die passive Brandsicherheit im Motorraum ist ebenfalls wesentlich. So sollten die Wände des Motorraums mit brandfestem Material verkleidet sein. Wenn Seeventile nur im Motorraum bedient werden können, sollten Schläuche und Rohre, die unter der Wasseroberfläche zu diesen Rumpfdurchlässen führen, entweder aus Metall bestehen oder mit feuersicheren, strumpfähnlichen Überziehschläuchen versehen werden. Der Grund liegt auf der Hand: Die durch den Brand entstehende Hitze würde sonst die Schläuche schmelzen lassen, Wasser würde eindringen und das Schiff sinken, bevor die Crew die (heißen) Seeventile im (verrauchten) Motorraum schließen kann.

Wie wird welcher Brand am besten gelöscht?

Wenn ein Feuermelder Gefahr meldet, darf nicht lange gezögert werden, sondern es sollte sofort nach einem im Voraus mit der Crew abgesprochenen Ablauf gehandelt werden. So sollten beispielsweise der Strom am Hauptstromschalter abgeschaltet werden und die Dieselzufuhr für den Motorraum an den sich außerhalb des Motorraums befindlichen Ventilen abgedreht werden, damit kein brennbarer Diesel in den Motorraum fließen kann.

Abhängig von Größe, Ort und Typ des Brandes muss rasch zum geeigneten Löschmittel gegriffen werden: zur Löschdecke oder zu einem CO_2-, Schaum- oder Pulverlöscher. Alle

Löschmittel haben ihre eigenen Vor- und Nachteile und sollten am besten situationsbedingt eingesetzt werden. Würde im Extremfall nämlich eine Kerze mit einem Pulverlöscher gelöscht, ist zwar die Kerze ausgeblasen, die Folgeschäden im Schiff wären durch das Pulver aber enorm. Lithium-Batterien werden übrigens am besten mit einem speziellen Lithium-Feuerlöscher gelöscht.

Brände im Motorraum sollten besonders bedacht werden. Einfach den Schlauch eines kleinen 2-kg-Feuerlöschers durch das zum Motorraum führende Loch zu stecken, ist leider nur sehr bedingt erfolgreich. Im besten Fall hat der Motorraum ein eigenes fest installiertes Löschsystem. Diese gibt es für kleinere Motorräume kompakt mitsamt automatischem Auslösemechanismus zu kaufen, und sie sind leicht zu installieren.

Wie welcher Brand am besten gelöscht wird, übt die Crew im Idealfall in einem Sicherheitstrainingskurs. Nach einem solchen Lehrgang bekommen viele Teilnehmer den notwendigen Respekt vor Feuer und werden wahrscheinlich Anzahl und Fassungsvermögen der mitgeführten Feuerlöscher erhöhen und die Wartungsintervalle für die Löscher verkürzen.

Übrigens ist selbst der gute alte Eimer nicht zu unterschätzen, um Wasser aus dem Meer zum Löschen zu schöpfen. Da die Funktion des Wassers im Abkühlen liegt, sollte nicht der gesamte Inhalt des Eimers auf einmal auf die Flammen geschüttet werden, sondern möglichst in kleinen Wassertropfen gespritzt werden. Sie verdampfen dann dank der großen Oberfläche und nehmen somit dem Feuer die Energie.

Für handelsübliche Feuerlöscher gilt: das Löschmittel nicht für das Besprühen der oberen Flammen (quasi von oben herab) verschwenden, sondern den Brandherd möglichst an der Entstehungsquelle (von unten) bekämpfen. Sich dabei dem Feuer in der Hocke zu nähern, kann sehr hilfreich sein, um möglichst keinen Rauch abzubekommen.

Zu guter Letzt bleibt das Verlassen des Brandraumes, d. h. die Flucht. Jede Kabine sollte idealerweise zwei Fluchtwege haben, denn der gewohnte Weg durch die Kabinentür, den Salon oder den Niedergang ins Cockpit könnte durch das Feuer blockiert sein. Somit sollten sämtliche Kabinen einen zweiten Fluchtweg – durch eine ausreichend große Luke – ermöglichen. Wichtig ist, dass nichts (auch kein auf dem Vordeck verzurrtes Beiboot) das Öffnen der Luke von innen verhindert.

Beispiele für Feuerlöschmittel:

Löschdecke

- Funktion: Dem Brand wird der Sauerstoff entzogen
- Anwendung: für kleine horizontale Brände; besonders in der Pantry oder bei einer umgefallenen Kerze
- Schäden: keine Folgeschäden
- Wichtig: Decke lange liegen lassen, bis sichergestellt ist, dass der Brand gelöscht ist

CO_2

- Funktion: Sauerstoff wird verdrängt und durch CO_2 ersetzt
- Anwendung: für kleine vertikale Brände wie z. B. Gardinen, die sich nicht selbst wieder entzünden, wenn die Flamme erstickt ist
- Schäden: keine Folgeschäden nach Löschung
- Wichtig: Größere Mengen CO_2 können für Menschen schädlich sein; CO_2 dringt gut in elektrische Gehäuse ein; fest installiert für geschlossene Motorräume geeignet

Schaum

- Funktion: Wasserbasiert kühlt er den Feuerherd
- Anwendung: für kleinere Feststoffbrände
- Schäden: mitteleffektiver Feuerlöscher mit mittelgroßen Folgeschäden
- Wichtig: nicht für Starkstrom geeignet (da Schaum stromleitend ist)

Pulver

- Funktion: Kühlt und deckt durch Pulver gleichzeitig Brandherd ab
- Anwendung: hocheffektiver Feuerlöscher als letzte Rettung; auch für Starkstrom geeignet
- Schäden: Folgeschäden durch Pulver sind sehr groß

AVD

- Funktion: Kühlt durch Verdampfen von mikroskopisch kleinen Wasserpartikeln, die an 150 nm dünnen Flocken mit 50–180 µm Durchmesser sitzen (»Aqua Vermikulit Dispersion« = verflüssigte Vermikulit-Teilchen); beginnt als Nebel und endet als Film

Feuer

- Feuer lässt sich durch saubere, durchdachte Installation verhindern
- Die Menge Benzin auf Schiffen sollte minimiert und belüftet aufbewahrt werden (z. B. für Außenborder)
- Brandgefahr durch unbeaufsichtigtes Laden von Kleingeräten nicht unterschätzen
- Zeit gewinnen durch Frühwarnsystem (Feuermelder – auch im Motorraum!)
- Brandbekämpfung ist zeitkritisch – es muss sehr schnell gehandelt werden!
- Die Handhabung der unterschiedlichen Löschmittel am besten bei einem Sicherheitstraining üben
- Fluchtwege durch Kajütenluken nicht blockieren

- Anwendung: neues Löschmittel speziell für Lithiumbrände
- Wichtig: Handelsname »LithEx«

Wassereimer mit Fangleine

- Funktion: Wasser kühlt den Brandherd ab, erstickt ihn aber nicht
- Anwendung: Wasser aus dem Meer holen und möglichst viele kleine Wassertropfen auf den Brandherd spritzen

Ist Gas an Bord nicht gefährlich?

Ältere Fahrtensegler benutzten oft Brennspiritus oder Petroleum für das Kochen in der Pantry. Aus Sicherheitsgründen wurde früher nicht selten von Butan oder Propan abgeraten. Heute gibt es zwar moderne Fahrtenyachten mit schier unendlichem Akkustrom, die Induktionsplatten benutzen, die meisten anderen Segler verwenden aber das explosive Gas Butan oder Propan zum Kochen. Unfälle passieren tatsächlich äußerst selten, wohl weil die meisten sich der Notwendigkeit der regelmäßigen Wartung und eines sicherheitsbewussten Umgangs sehr bewusst sind.

Versicherungsgesellschaften haben gern ein Wort mitzureden, wenn es darum geht, wie alt beispielsweise die Gummischläuche zwischen der Flasche und der festen Kupferleitung im Decksstauraum für die Gasflaschen bzw. zwischen der Kupferleitung und kardanisch aufgehängtem Herd unter Deck sein dürfen oder wie oft ein Drucktest gemacht werden muss. Diese Gummischläuche alle vier bis fünf Jahre auszuwechseln, ist eine günstige Lebensversicherung. Wer zusätzlich den Herd alle zehn Jahre austauscht, hat vor dem (jährlichen) Drucktest nichts zu befürchten. Die fest installierten Kupferrohre halten hingegen erstaunlich lange, solange sie nicht durch Scheuern (»Schamfilen«) beschädigt werden. Gut gewartete Systeme erweisen sich als äußerst sicher.

In der EU dürfen die Gasflaschen nicht selbst oder an Tankstellen gefüllt werden, sondern sie müssen ausgetauscht werden. Wenn ein Segler jedoch die EU verlässt und ein Füllen der eigenen Flaschen notwendig werden sollte, ist es wichtig, zu wissen, dass Propan unter höherem Druck gelagert wird als Butan. Das bedeutet: Butan kann in Propanflaschen gefüllt werden, niemals aber umgekehrt. Daher sollte man am besten immer für Propan geeignete Flaschen zum Füllen mitführen. Die blauen Campingaz-Flaschen beinhalten übrigens immer Butan und können, im Gegensatz zu nationalen Flaschen, fast überall ausgetauscht werden. Im UK, in Skandinavien und in der restlichen Welt wird generell Propan benutzt; mancherorts auch ein Mix aus beiden Gasen. Wer in Europa unterwegs ist, wird wohl meist die blauen Campingaz-Flaschen benutzen. Der Nachteil: Im Vergleich zu lokalen Flaschen ist das Gas oft teuer und, da sie eigentlich für Camping entwickelt wurden, rosten die Flaschen in maritimer Umgebung sehr schnell. So freut man sich bei jedem Austausch auf die neu lackierte Flasche! Andere (Propan-)Flaschen sind hingegen aus rostbeständigem Aluminium oder GFK – perfekt, wenn über die EU hinausgesegelt wird.

Das Gas muss nach jedem Benutzen abgedreht werden. Viele Fahrtensegler begnügen sich damit, den Hahn neben oder unter dem Herd abzudrehen. Dann ist zumindest der Schlauch mitsamt Herd nicht mehr unter Gasdruck gesetzt. Das Gas steht aber immer noch in der Kupferleitung vom Decksstauraum für die Gasflaschen bis zum Ventil beim Herd unter Druck. Zwar ist die Kupferleitung viel sicherer als der Gummischlauch, aber am besten wird das Gas direkt an der Flasche abgedreht, dann kann kein Gas mehr ins Boot gelangen. Da es manche Segler überdrüssig sind, das Gas nach jedem Benutzen an der Flasche abzudrehen, bewährt sich ein Gasfernschalter, den man bequem aus der Pantry bedienen kann.

Hochexplosives Gas ist in erster Linie deshalb so gefährlich, weil es schwerer ist als Luft und in der Bilge versickert, wenn es trotz aller Vorsichtsmaßnahmen ausströmt. Dort sammelt es sich unter den Bodenbrettern, bis ein beliebiger Funke es zur Explosion bringt. Vorsichtige Skipper haben einen Gasschnüffler unter den Bodenbrettern versteckt, der sofort Alarm gibt, wenn Gas entwichen ist. Diesen sollte man am besten nicht direkt in der Bilge einbauen, denn die feuchte Umgebung kann hier oft zu Fehlalarmen führen, sondern direkt unter den Bodenbrettern der Pantry installieren. Die Funktionsfähigkeit des Gasschnüfflers lässt sich übrigens leicht testen, indem ein Feuerzeug – ohne Flamme versteht sich – am Schnüffler entleert wird. Ein paar Sekunden später sollte der Alarm ertönen.

Wenn tatsächlich Gas in der Bilge auftreten sollte, darf absolut kein einziger elektrischer Schalter betätigt werden, denn dieser könnte sowohl beim Ein- als auch beim Ausschalten einen zündenden Funken geben. Im Alarmfall das Gas sofort direkt an der Flasche abdrehen, alle Bodenbretter heben, gut ventilieren und selbstverständlich auf keinen Fall eine offene Flamme für die Lecksuche verwenden. Hierfür gibt es stattdessen spezielle Lecksprays. Die Handlenzpumpe kann benutzt werden, um etwaiges Gas aus der Bilge über Bord zu pumpen.

WARTUNG, PFLEGE UND ZUSTAND

Wie weiß ich, wann ich etwas warten oder ersetzen muss?

Inspektion, Wartung und Pflege sind die wichtigsten Sicherheitsmerkmale eines Fahrtenschiffes – nicht etwa das Alter des Schiffes. Um einen Überblick zu behalten, was, wann oder wie oft gewartet werden muss, empfiehlt es sich, Checklisten zu erstellen. Diese können aus einer oder mehreren Excel-Seiten bestehen, die beispielsweise für jedes Jahr (Spalten) die entsprechenden Servicearbeiten (Zeilen) auflisten. Zudem kann ein Wartungsordner angelegt werden, in dem Wartungsinstruktionen und -intervalle der Hersteller sowie durchgeführte Wartungsarbeiten regelmäßig eingeheftet werden. Ein solcher Ordner wird Wartungslogbuch genannt, der übrigens den Wert des Schiffes bei einem späteren Verkauf deutlich erhöht, zeugt er doch von einem sorgfältigen und umsichtigen Skipper.

TIPP Auf jedes ausgetauschte Teil das Austauschdatum mit einem Edding notieren.

Darüber, was an einzelnen Ausrüstungsteilen zu warten ist, geben die Gebrauchsanweisungen der Hersteller gute Hinweise. Wenn diese nicht mehr vorhanden sind, gibt es oft Informationen im Internet. Alternativ beschafft man sich die Bibel aller technischen Fragen rund ums Boot, das *Boatowner's Mechanical and Electrical Manual* von Nigel Calder. Wer die englische Sprache beherrscht, sollte diese Buch auf jeden Fall an Bord haben.

Sind Checklisten empfehlenswert?

Checklisten jeglicher Art sind äußerst hilfreich und werden von Profis standardmäßig eingesetzt. Kurze Listen, was alles vor dem Ablegen kontrolliert werden sollte, kann man natürlich auch auswendig lernen. Hauptsache, es wird nichts vergessen. Auswendig gelernte Checklisten und Routinen sollten aber als Gedankenstütze oder für die Instruktion neuer Crewmitglieder auch schriftlich festgehalten sein.

Viele Segler haben eine Vorliebe für Listen. Die Punkte auf der jeweiligen Liste werden einfach durchgegangen, abgehakt oder gegebenenfalls mit einem entsprechenden Vermerk auf einen späteren Termin verschoben. Die Listen müssen nicht perfekt und sollten nicht zu kompliziert sein. Am besten beginnt man irgendwann und irgendwie einfach damit und versucht, sie über die Jahre hinweg zu modifizieren und zu verbessern.

Wie weiß ich, ob mein Schiff sicher ist?

Wer ein gebrauchtes Schiff kauft, nutzt nicht selten beim Kauf einen Fachmann, der das Boot vor der Übernahme inspiziert. Wenige möchten nämlich die Katze im Sack kaufen und investieren gern Geld, damit ein Sachverständiger das Boot vom Bug bis zum Heck und von der Mastspitze bis zum Kiel fachmännisch inspiziert und dann ein Gutachten schreibt. Mit diesem Dokument soll der Käufer aufgeklärt werden, was er gerade dabei ist zu kaufen. Zudem sind wertvolle Tipps für notwendige Sicherheitsanpassungen nicht selten ein gutes Argument, den endgültigen Kaufpreis noch ein bisschen zu verringern. Die Kosten für den Sachverständigen können hierdurch oft wieder hereingeholt werden.

Eine alljährliche Inspektion durch eine Klassifikationsgesellschaft, die für kommerziell zugelassene Yachten selbstverständlich ist, könnte dem privaten Gebrauch ab und zu ebenfalls gegönnt werden. Es muss nicht zwingend eine jährliche Kontrolle stattfinden, aber nach ein paar Jahren ist ein »Mid-Ownership-Survey« auf eigene Kosten durchaus sinnvoll, insbesondere wenn man sein Schiff noch ein paar Jahre behalten möchte. Einfach im nächsten Winter einen Fachmann bestellen, der die Sicherheit des Schiffes durchgeht und Tipps für Verbesserungen geben kann. Das kann eine gute Investition sein, um viel teurere Folgeschäden erst gar nicht aufkommen zu lassen, und bei einem etwaigen Verkauf kann ein nur wenige Jahre alter Survey sogar als Verkaufsargument den Wert steigern.

Die meisten Gefahren bzw. aufwendigen Reparaturen lassen sich nämlich durch Warten, Pflegen und kleine Veränderungen gänzlich vermeiden oder zumindest minimieren. Wie der erfahrene Segler sagt: Es ist besser, sich die gesamten Nähte der Segel alljährlich minutiös anzusehen, als die Kosten für ein gerissenes Segel tragen zu müssen. Man staunt nicht selten, wie die Fachmänner, die wie Detektive über das Boot streifen, genau zu wissen scheinen, wonach sie suchen. Man kann hier zusätzlich beim Zuschauen sehr viel lernen!

Das klingt alles recht teuer und kompliziert! Wie soll ich das alles angehen?

Freiheit ist die Devise eines Fahrtenseglers, und die ist nicht nur zwischen

Meer, Wind und Horizont zu suchen, sondern auch im Gefühl, vom eigenen Boot nicht finanziell geknebelt zu sein.

Konkurrieren viele Interessen und Hobbys im Leben, ist es womöglich besser, klein anzufangen. Der Sonnenuntergang beim Sundowner im Cockpit ist genauso schön, egal, ob die Ausrüstung des Schiffes aus allen Nähten platzt oder eher simpel ist.

Vor 30 Jahren wurde auch gesegelt: Der Motor ging nur ab und zu, ein Kühlschrank fehlte meist ganz, GPS war noch nicht erfunden, und es gab kaum Lademöglichkeiten für die kleine mitgeführte Autobatterie. Doch das beim Segeln erlebte Glücksgefühl war nicht weniger ausgeprägt als heute.

Je komplexer und technischer das Schiff, desto wartungsanfälliger ist es. Je größer, desto teurer die Hafen-, Liege- und Wintergebühren. Je wertvoller, desto höher die Versicherungskosten. Und: Je schwieriger der Wiederverkauf, desto größer die finanzielle Fessel. Zum Freiheitsgefühl gehört vielleicht auch, sein Boot einfach wieder verkaufen zu können, sollte die Segellust verschwinden oder das Herz für ein anderes Schiff brennen.

Das unkomplizierte, kleine Boot genießt grundsätzlich eine manchmal übersehene Attraktivität. Bootsmessen vermitteln oft ein recht schiefes Bild der real existierenden Segelwelt. Dabei ist an der KISS-Regel so viel Wahres dran: »Keep It Simple, Sailor.«

Jeder Segler muss selbst entscheiden, welche und wie viel Ausrüstung er für Bequemlichkeit bzw. als Sicherheits- und Notausrüstung mitführen möchte. Eine grundlegende Ausstattung für Notfälle sollte aber in jedem Fall vorhanden sein, und der gesamten Crew sollte die Handhabung bekannt sein.

Wartung, Pflege und Zustand

- Ein Wartungslogbuch ist sehr hilfreich und erhöht den Wert des eigenen Schiffes
- Checklisten helfen, nichts zu vergessen
- Regelmäßige Wartung löst viele Probleme, bevor sie entstehen.

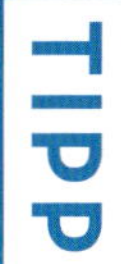

Der Herbst ist ideal, um die Winterarbeiten durchzugehen. Werften, Ausrüster und Fachmänner sind zudem im Herbst viel weniger gestresst als im Frühling.

VOR DEM ABLEGEN

Kann ich nicht einfach mit einem Boot losfahren wie mit meinem Auto?

Kaum ein Autofahrer testet vor jedem Fahren die Scheinwerfer, den Blinker oder die Hupe, kontrolliert den Ölstand im Pkw oder füllt das Kühlwasser nach. All diese Dinge gehörten vielleicht vor langer Zeit oder zur Führerscheinprüfung zum Autofahren dazu, heute jedoch oft nicht mehr. Warum sollte das also beim Boot anders sein?

Kurz gecheckt – dann gesegelt

1. Der Bootscheck
2. Der Crewcheck
3. Der Wettercheck
4. Der Navigationscheck

Zuerst ist wichtig, dass die Technik in einem schaukelnden, feuchten und salzigen Milieu deutlich weniger zuverlässig ist als an Land. Zweitens muss der Segler, wenn sein Schiff auf See den Geist aufgibt, oft selbst seine Probleme bewältigen. Im schlimmsten Fall treibt sein Boot währenddessen durch hohe Wellen, Strömung und Wind auf gefährliche Klippen oder eine enge Hafeneinfahrt zu. Ein Segler kann nicht einfach auf der Standspur anhalten, den ADAC anrufen oder auf den Abschleppdienst warten.

Daher bietet es sich an, Boot, Crew, Wetter und Törn nach dem »Six-P's-Prinzip« unter die Lupe zu nehmen: »Proper Preparation Prevents Pathetically Poor Performance« – auf Deutsch: Gute Vorbereitung verhindert eine kläglich schlechte Durchführung. Mit anderen Worten: Vorbereitung ist alles!

DER BOOTSCHECK

Muss ich Ingenieur sein, um mein Boot vor jedem Auslaufen zu checken?

Natürlich müssen Fahrtensegler keinesfalls Ingenieure sein, um ihr Schiff auf Seetauglichkeit zu checken. Ebenso wenig muss das gesamte Schiff vor jedem kurzen Auslaufen zur Inspektion. Der Skipper sollte sein Schiff und dessen Zustand allerdings zumindest so gut kennen, dass er unbesorgt die Verantwortung für den Törn übernehmen kann. Dabei gilt es, aufmerksam seine Sinne zu benutzen, um mögliche Probleme schon im Vorfeld zu erkennen, bevor ein Schaden eingetreten ist. Wachsam sehen, riechen, hören, spüren und entdecken, kann so manches Problem frühzeitig beheben.

Wenn es zur Gewohnheit wird, sein Schiff aufmerksam wahrzunehmen, werden Veränderungen rascher auffallen, ähnlich dem Kinderspiel »Finde den Fehler«, bei dem zwei identisch aussehende Bilder miteinander verglichen werden sollen. So kann auch der Skipper nicht immer direkt den Unterschied klar erkennen, bemerkt aber dennoch sehr frühzeitig und intuitiv, dass plötzlich etwas anders ist als sonst. Das ist ein wichtiges, nicht zu ignorierendes Warnsignal, und jeder kann lernen, sein Boot, die Crew und die Umwelt aufmerksam zu beobachten.

Zudem macht es Spaß, sein eigenes Boot immer besser kennenzulernen und aus eigenen Erfahrungen stetig mehr dazuzulernen. Kaum jemand beginnt seine Fahrtensegler-Karriere gleichzeitig als Mechaniker, Elektriker, Navigator, Dolmetscher, Psychologe und Philosoph. Von welcher Seite aus das Fahrtensegeln angegangen wird, ist von sekundärer Bedeutung. Das Wichtigste ist, offene Sinne und die Freude, immer mehr vom eigenen Boot zu lernen, nicht zu verlieren.

Wie oft etwas gecheckt wird, muss jeder Skipper selbst entscheiden und verantworten. Kommerzielle Charterschiffe mit Skipper unterliegen hier einem klaren Regelwerk, während Freitzeitkapitäne so gewissenhaft und gründlich vorgehen können, wie sie es selbst für relevant erachten. Das bedeutet Freiheit und Verantwortung zugleich.

Ein guter Start ist, sich sein Boot bereits im Hafen anzusehen: Vor dem Ablegen sollte der Skipper sein Boot rundherum vom Steg aus betrachten, von der Mastspitze über die Salinge bis zum Deck, vom Bug bis zum Heck des Schiffes. Durch diese Routine kann dem Skipper so manches frühzeitig auffallen. Erscheint alles noch so, wie man es verlassen hat? Blitzte dort nicht eben ein Teil des Riggs in der Sonne? Das könnte ein Hinweis dafür sein, dass ein Draht aus einem Kardeel des Seils gebrochen ist und nun in der Sonne glitzert. Solche kleinen Entdeckungen sind gar nicht so selten, wie man zunächst glauben könnte, denn das Gehirn registriert durch den regelmäßigen Vergleich die kleinsten, aber oftmals sehr bedeutungsvollen Veränderungen.

DER MOTOR

Was muss ich vom Dieselmotor wissen?

Früher sagte man Motoren nach, sie könnten erspüren, ob sie in einem Segelboot oder einem Motorboot eingebaut seien. Als Hilfsmotor nur gelegentlich im Einsatz zu sein, ist ein undankbarer Job für einen Motor. So waren Motoren auf Segelbooten oft launisch und unzuverlässig, im Gegensatz zu ihren Kollegen auf den Motorbooten. Dieselmotoren auf Segelyachten wurden dementsprechend oft ungeliebt vernachlässigt und als schwer, stinkend, laut und unzuverlässig gescholten. Der Grund dafür: schlechte Wartung.

Moderne Dieselmotoren sind inzwischen – bei guter Pflege – so zuverlässig, dass die Royal Yachting Association (RYA) schon längst entschieden hat, ein Mensch-über-Bord-Manöver (MOB) standardmäßig nur noch unter Motor zu lehren. Statt MOB unter Segeln wird nun Motorpflege gelehrt, denn Motoren sind auch auf Segelbooten sehr wichtig und sollten immer einsatzbereit sein.

Der maritime Dieselmotor ist insgesamt eine simple Konstruktion. Ganz bescheiden benötigt der Motor nämlich lediglich sauberen Diesel und Luft zum Laufen. Zudem möchte er mit Wasser gekühlt und die Kolben mit Öl geschmiert werden. Das ist im Wesentlichen schon alles.

Für den Freizeitkapitän gibt es nicht viel, was er über den Dieselmotor unbedingt wissen sollte. Nur einige wenige Dinge, die dafür allerdings von großer Bedeutung sind, sollten regelmäßig kontrolliert werden. Der Rest kann einem professionellen Dieselmechaniker überlassen werden, der alle paar Jahre nicht nur die Win-

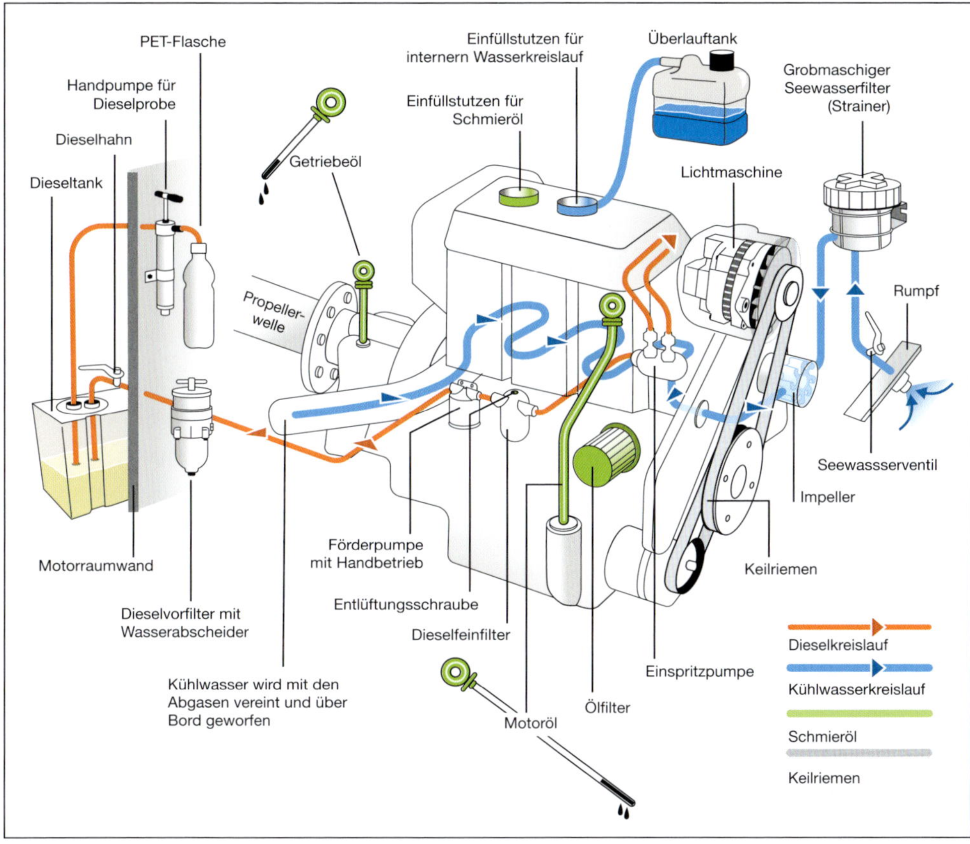

Die für den Fahrtensegler zu verstehenden Teile des Dieselmotors

1. *Dieselkreislauf (rot): Der Diesel gelangt vom Tank in den Motor, wird verbrannt und geht als Abgas mitsamt dem Kühlwasser über Bord.*
2. *Schmierölkreislauf (grün): Reibung und Abnutzung werden verhindert. Achtung: Es gibt gleich zwei separate Schmierölkreisläufe: einen für den Motor und einen für das Getriebe.*
3. *Kühlwasserkreislauf (blau): Seine Aufgabe ist, den Motor mitsamt innerem Kühlkreislauf mit Meerwasser kühl zu halten.*
4. *Riemenantrieb (grau): Ist für den gleichzeitigen Antrieb von Lichtmaschine, Wasserpumpe etc. zuständig.*

terinspektion macht, sondern auch die etwas komplizierteren Teile des Motors kontrollieren, warten und gegebenenfalls austauschen sollte. Ein so gut gepflegter Motor wird Jahrzehnte lang zuverlässig laufen.

Wie funktioniert der Dieselkreislauf?

Der Diesel gelangt vom Dieseltank über den – außerhalb vom Motorraum zugänglichen – Dieselhahn in den Motorraum. Dieser Dieselhahn bleibt immer offen, ist aber bei einem Brand im Motorraum sofort zu schließen, damit nicht weiterhin brennbares Material nachläuft. Wenn dieser Hahn im Schiff fehlt, sollte er unbedingt nachgerüstet werden.

Als Erstes erreicht die Dieselleitung den Dieselvorfilter, der separat im Motorraum angebracht ist. Wenn der Diesel im Tank sauber ist, muss auch der Filter nicht viel tun. Vom Vorfilter geht es über die Förderpumpe weiter in den Feinfilter am Motor, der selten verstopft, da die meisten Verunreinigungen bereits im Vorfilter abgefangen werden. In der Nähe des Feinfilters ist eine Lüftungsschraube, die es beim Lüften des Systems von Hand zu bedienen gilt. Zuletzt geht der Diesel zur Hochdruckpumpe und schließlich in die Einspritzdüsen des Zylinders. Hier wird der Diesel verbrannt und als Abgas mit dem Kühlwasser im Abgasbogen gemischt. Gemeinsam gelangen Kühlwasser und Abgase stoßweise über Bord. Dieser Vorgang macht sich beim Laufen des Motors durch wiederholtes Plätschern auf der Wasseroberfläche bemerkbar.

Die Hochdruckpumpe, das Ventilspiel und die Einspritzdüsen der Zylinder können dem Dieselmechaniker überlassen werden, der auch den Abgasbogen auf inneren Rost kontrollieren sollte. Filter und Handförderpumpe sollten allerdings vom Skipper bedient werden können.

Was sind typische Probleme im Dieselkreislauf, und wie kann ich sie verhindern?

Schmutziger Diesel ist unangefochten die Fehlerquelle Nummer 1 bei Motorproblemen. Ohne sauberen Diesel wird der Vorfilter sofort verstopft. Der typische Motorausfall passiert meist genau dann, wenn man ihn am wenigsten gebrauchen kann: bei fast leerem Tank an einem welligen Segeltag, wenn der Motor kurz vor der Hafeneinfahrt angeworfen wird. Oft läuft er dann noch ein paar Minuten mit dem in den Leitungen verbleibenden sauberen Diesel, bis der aufgewühlte Bodensatz, der sich mit dem wenigen noch verbleibenden sauberen Diesel mischt, beim Vorfilter ankommt. Verstopft schmutziger Diesel den Vorfilter, bekommt der Motor keinen Diesel mehr. Er beginnt zu stottern, läuft zunächst noch kurz mit verringerter Umdrehungszahl hustend weiter und geht dann ganz aus. So kann ein herrlicher Segeltag in einer gefährlichen Situation enden, denn ohne Segel und nur Bootslängen von der Hafenmole entfernt, darf der Motor einfach nicht ausfallen.

Ein weiteres Problem bei verunreinigtem Diesel: Insbesondere wenn der Tank neben Diesel auch ein wenig Wasser beinhaltet, sind Probleme vorprogrammiert. Im Wasser leben Bakterien, die sich von Diesel ernähren und sich in der Grenzschicht zwischen Wasser und Diesel am tiefsten Punkt des Tanks vermehren. Wenn Diesel von diesen Bakterien befallen ist, spricht man von der gefürchteten Dieselpest. Die Bakterien verklumpen sich und verstopfen somit den Dieselfilter.

Biodiesel zu tanken, ist daher leider problematisch, denn Biodiesel beinhaltet neben Dieselöl noch einen kleinen Anteil an aus Pflanzen gewonnenem Öl. Dies ist umwelttechnisch betrachtet für Pkws eine gute Idee, die sich auch für Motorboote eignet, die ihren Dieseltank mehrmals in der Saison komplett aufbrauchen. Für Fahrtensegler jedoch, die nur selten tanken, bedeutet Biodiesel vor allem Nahrung für die Bakterien. Nur wenige deutsche Schiffstankstellen bieten reinen Diesel offen an. Eine Nachfrage nach biofreiem Diesel lohnt sich trotzdem, denn manche Tankstellen führen ihn doch.

Im Winterlager bzw. sobald das Boot längere Zeit nicht benutzt wird, sollte der Dieseltank immer voll sein. Temperaturschwankungen während der Wintermonate lassen immer wieder Wasser aus der feuchten Luft an den kalten Metallwänden der Tanks kondensieren. Das kondensierte Wasser fällt in den Diesel herab und sammelt sich zur Freude der Bakterien am untersten Punkt des Tanks. Ein letztes Volltanken vor dem Winterschlaf bedeutet: keine feuchte Luft im Tank und somit kein Wasser im Tank. Und: ohne Wasser kaum eine Chance für Bakterien.

Wie ist die Dieselqualität in Europa?

In Europa ist der an Tankstellen angebotene Diesel meist gut filtriert, und so sollten (abgesehen von Biodiesel) keine Schwebeteilchen oder Wasser durch das Tanken ins Boot gelangen. Selten kann man Pech haben, und kontaminierter Diesel wird ungewollt doch »gebunkert« (so wird das Tanken von Schiffen genannt).

Wenn an einer unbekannten Tankstelle getankt wird, kann der vorsichtige Skipper einen wasser- und teilchenabscheidenden Trichter zum Tanken benutzen. Ein solcher Trichter ist im Handel für unter 100 € erhältlich und filtriert feste Fremdpartikel sowie Wasser aus dem Diesel heraus, denn Wassermoleküle sind viel größer als Diesel. Oft staunt man nicht schlecht, wie viel doch im Trichter hängen bleibt, und ist dankbar, dass die Teilchen nicht mit in den Tank gespült wurden.

Eine zu empfehlende Routine ist, beim Tanken ein paar Esslöffel gutes Biozid dazuzugeben, damit es potenziell vorhandene Bakterien abtöten kann, bevor sie sich im Tank vermehren. Reiner Diesel im Tank ist grundlegend und wichtig für die Funktion des Motors.

Wie kann ich die Dieselqualität im Tank kontrollieren?

Die Dieselqualität im Tank ab und zu unter die Lupe zu nehmen, ist eine der einfachsten und zugleich wichtigsten Kontrollen für den Dieselkreislauf. Gute Motorinstallationen haben hierfür eine kleine handbetriebene Dieselpumpe im Motorraum fest installiert, die bis zum tiefsten Punkt des Dieseltanks reicht.

Lag das Schiff einige Tage unbeweglich im Hafen, kann man davon ausgehen, dass sich das eventuell vorhandene Sediment unten im Tank abgesetzt hat und eine Dieselprobe sinnvoll ist. Die Handpumpe, die meist im Motorraum zu finden ist, hat am Ausgang einen kleinen Schlauch, der z. B. in eine durchsichtige PET-Flasche gehalten wird. Ist die Flasche mit Diesel aus dem unteren Bereich des Tanks gefüllt, wird sie gegen das Sonnenlicht gehalten. Der Inhalt der PET-Flasche gibt Aufschluss über den Bodensatz des Tanks und somit auch über die Sauberkeit des Diesels. Der Diesel sollte, abgesehen vom länder- und steuerabhängigen Farbstoff (rot, grün oder transparent), klar und im Gegenlicht durchsichtig sein. Wenn sich Schwebeteilchen, Schlamm oder Wasser am Boden der Plastikflasche absetzen, sollte so lange weitergepumpt werden, bis nur noch klarer (klar gefärbter) Diesel kommt. Der abgepumpte, schmutzige Diesel muss in der Altölsammelstelle entsorgt werden.

Die regelmäßige Untersuchung des tiefsten Punktes im Tank veranschaulicht zudem, wann es Zeit für eine Generalreinigung des Dieseltanks wird, d. h. den Tank komplett zu entleeren und durch die Inspektionsluke von innen zu reinigen. Wird nämlich auch nach dem Entleeren mehrerer PET-Flaschen immer noch kein transparenter Diesel gepumpt, ist nicht nur der Bodensatz, sondern eine größere Menge des Diesels im Tank verunreinigt. Durch eine Generalsäuberung des Tanks kann einem verstopften Dieselfilter effektiv vorgebeugt werden.

Was sollte ich am Dieselkreislauf selbst machen können?

Für problemfreies Segeln ist reiner, sauberer Diesel von größter Bedeutung – das kann nicht oft genug betont werden. Vorsichtshalber sollte der Vorfilter deshalb mindestens einmal pro Jahr routinemäßig gewechselt werden. Wurde Diesel geringerer Qualität getankt, sollte der Skipper das vorzeitigere Austauschen des Dieselfilters selbst durchführen können. Hierzu ist ein leicht zugänglicher Vorfilter im Motorraum von Vorteil.

Spätestens jetzt wird der Skipper sich über einen Filtertyp freuen, den man wie eine mit einem Deckel versehene Dose von oben öffnet, und so (ohne Diesel zu verschütten) den im Diesel badenden Papierfilter bequem austauschen kann, ungefähr so, wie man eingelegte Gurken aus dem Einmachglas herausholen würde. Bei einem solchen Vorfilter kann nach dem Wechseln bequem der Tank mit sauberem Diesel aufgefüllt werden, bevor der Deckel wieder sorgfältig (d. h. luftdicht) zugeschraubt wird. So muss das System nicht einmal beim Neustart des Motors gelüftet werden. Einige Filter haben am unteren Ende auch ein kleines Ventil (ebenfalls zum Nachrüsten): Hier können, ähnlich wie aus dem Tank mit der Handpumpe, Proben aus dem Filter genommen werden, um festzustellen, ob sich hier schon Wasser, feste Teilchen oder verklumpte Bakterien angesammelt haben. Wie bei der Handdieselpumpe gibt es Aufschluss über die Dieselqualität im Tank.

Die Handdieselpumpe oder das Ventil am Dieselfilter sind kein Muss, aber wer sich regelmäßig ein Bild von der eigenen Dieselqualität verschafft, wird vielen Motorprobleme vorbeugen.

Zu den Handgriffen, die ein Fahrtensegler beim Dieselkreislauf beherrschen sollte, zählt auch das Lüften der Dieselleitung. Ein Dieselmotor kann nämlich nicht laufen, wenn Luft in der Dieselleitung steckt. Jedes Mal, wenn der Motor Luft gesaugt hat, lässt er sich (im Gegensatz zu Benzinmotoren) unweigerlich nicht mehr starten, bis das System von Hand entlüftet wird. Hierzu wird eine kleine Lüftungsschraube in der Nähe des Feinfilters ein paar Umdrehungen geöffnet und von Hand so lang an der Handdieselpumpe am Motor gepumpt, bis ausschließlich reiner Diesel (ohne Luft) aus dem Lüftungsloch austritt. Dann kann mit dem Pumpen aufgehört, die Schraube wieder zugedreht und der Motor gestartet werden.

Ein Dieselfilter für den Vorfilter sollte unbedingt als Ersatzteil mitgeführt werden. Der Dieselfeinfilter direkt am

Motor muss nur selten während der Saison ausgewechselt werden. Wenn der Vorfilter ganz fehlen sollte, sollte man ihn unbedingt im nächsten Winter nachrüsten.

Was muss ich beim Schmierölkreislauf beachten?

Die beiden Schmieröl-Niveaus im Getriebe und im Motor gilt es regelmäßig zu kontrollieren. Im Getriebe sollte die Menge an Öl auf keinen Fall sinken, denn das Öl wird hier nicht verbraucht, sondern nur für die Schmierung der Zahnräder benutzt. Deshalb bleibt das Schmieröl im Getriebe über die Betriebsstunden hinweg auch farblich unverändert. Es ist ausreichend, das Öl im Getriebe alle paar Monate zu kontrollieren.

Anders beim Motoröl: Es schmiert die Zylinder. Ein kleiner Tropfen gelangt dabei immer (trotz Dichtung) in die Verbrennungskammer und wird mitsamt dem Diesel verbrannt. Das ist für die Schmierung auch erwünscht und ganz normal, sollte sich aber dennoch in Grenzen halten. Bei manchen Motoren ist der Ölverbrauch so gering, dass man zwischen den Ölwechseln kaum nachfüllen muss, andere Motoren verbrauchen ein paar Liter Öl zwischen den Ölwechselterminen. Das Öl sollte erst kontrolliert werden, wenn das Boot samt Motor zur Ruhe gekommen ist und das Öl von den Innenwänden der Zylinder zurück in die Ölwanne gelaufen ist. Sonst zeigt der Stab weniger an, als tatsächlich im Motor verteilt ist. Erst nach ca. 15 Minuten kann mithilfe des Ölstabes das Niveau richtig gemessen werden: Der Ölstab wird aus seinem Rohr am Motor herausgezogen, mit einem Lappen sauber gewischt, dann nochmals in das Rohr gesteckt und wieder herausgezogen. Jetzt kann man den Ölstand ablesen, der zwischen den beiden Strichen »Min« und »Max« liegen sollte.

Manche Motoren verbrennen überschüssiges Öl (um den Max-Strich herum) schneller und pendeln sich dann auf einem Lieblingsniveau irgendwo zwischen Minimum und Maximum auf dem Ölstab ein. Man muss also nicht unbedingt immer bis zur Max-Marke nachfüllen, sondern kann erst einmal abwarten und den Verbrauch mitverfolgen. Natürlich darf das Öl nie unter die Min-Marke geraten. Der Eigner bekommt mit der Zeit ein gutes Gefühl für den Verbrauch und auch dafür, wie oft gemessen werden sollte. Da der Ölcheck so einfach durchzuführen ist, sollte man lieber zu oft als zu selten kontrollieren. Dabei nimmt man als Nebeneffekt gleich eine Probe des Öls und schaut sich nicht nur die Menge, sondern auch die Farbe an.

Kurz nach dem Ölwechsel ist sie noch wunderbar golden, schon nach ein paar Motorstunden wird sie jedoch schwarz, was ganz normal ist.

Was nicht passieren darf: Das Öl wird milchig weiß oder nimmt an Menge zu. Die milchige Farbe spricht für eine Beimischung von Wasser (Emulsion) und verrät eine interne Undichtigkeit zwischen Kühlwasserkreislauf und Ölkreislauf. Das passiert zum Glück selten, sollte aber sofort von einem Mechaniker repariert werden.

Bei zu wenig Öl ist durch das Öffnen des Öldeckels auf der Oberseite des Motors das entsprechende Öl nachzufüllen. Achtung: Auf manchen Motoren befindet sich der Deckel für das Schmieröl direkt neben dem Deckel für den internen Wasserkreislauf. Der Öldeckel ist mit einer deutlichen Ölkanne gekennzeichnet. Verschiedene Ölmarken können beim Auffüllen gemischt werden, nicht aber die Öltypen. Im Handbuch steht, welcher Öltyp benutzt werden soll (z. B. 15W40). Motorenhersteller schreiben auch oftmals die zu benutzende Ölqualität vor (z. B. VDS3 bei modernen Volvo Penta Motoren). Der Ölfilter muss nicht kontrolliert werden, sondern wird im Zusammenhang mit dem Ölwechsel ausgetauscht.

Der Ölstand am Getriebe wird ähnlich gemessen, nur wird der Messstab oft aus einem Gewinde herausgeschraubt, bevor man ihn ziehen kann. Das Niveau kontrolliert man, indem der Stab nur auf seine Halterung gelegt, aber nicht wieder hineingeschraubt wird. Dann wird die Menge am Stab abgelesen, was beim Getriebe leichter gesagt ist als getan: Denn, im Gegensatz zum Öl im Motor, bleibt dieses Öl golden, sodass das Niveau nicht so einfach abzulesen ist. Mit einer Taschenlampe kann das Niveau leichter erkannt werden. Am Ende nicht vergessen, den Ölstab des Getriebes wieder ins Gewinde zurückzuschrauben, damit kein Öl herauslaufen kann.

Welche Ersatzteile sollte ich für einen Ölwechsel unterwegs dabeihaben?

Das zum Nachfüllen korrekte Öl für den Motor und zumindest ein Ölfilter sollten mitgeführt werden, selbst wenn man einen eventuellen Ölwechsel einen Mechaniker machen lassen möchte. Neues Öl ist oft an jeder Tankstelle zu kaufen, einen neuen Spezialfilter für den Marinemotor gibt es nur in gut sortierten Zubehörläden, das heißt: nicht überall. Wer sich den Ölwechsel mitsamt Ölfilterwechsel beim Mechaniker abschaut, wird schnell erkennen, dass dies leicht selbst gemacht werden kann.

TIPP Für den eigenen Ölwechsel: Beim Herausschrauben des Ölfilters läuft gern eine Restmenge an Öl aus dem Filter und aus dem Motor. Wer eine Schüssel oder einen alten großen Joghurteimer mitsamt Babywindel unter den zu wechselnden Filter stellt, kann das tropfende Altöl von der Windel aufsaugen lassen und so ohne Geschmiere leicht entsorgen.

Was muss ich beim Kühlwasserkreislauf beachten?

Bei modernen Motoren gibt es zwei Kühlkreisläufe: einen mit Salzwasser und einen internen mit Süßwasser. Dabei kühlt das Salzwasser das Süßwasser im Wärmetauscher.

Salzwasser wird aus dem Meer gepumpt, durch den Wärmetauscher zum Aufnehmen der Motorhitze geleitet und schließlich mitsamt den Abgasen aus dem Auspuff wieder über Bord geworfen. Der innere Wasserkreislauf wird mit Zusatzstoffen versehen und ist gefärbt. Er wird im Wärmetauscher vom Meerwasser gekühlt, ohne dabei mit Salzwasser in Berührung zu kommen, wodurch der Motor nicht rostet. Bis auf die regelmäßige Kontrolle des Niveaustandes kann man seine weitere Wartung getrost dem Dieselmechaniker überlassen.

Wichtig ist hingegen, den äußeren Salzwasserkreislauf im Blick zu haben: Über ein Seeventil gelangt das Salzwasser zum Kühlen des Motors ins Boot. Von dort fließt es in den Strainer, ein grobmaschiges Sieb, um größere Partikel, Tang und manchmal auch kleine Muscheln einzufangen. Der Strainer ist oft – dank eines transparenten Deckels – von oben durchsichtig und kann dadurch von außen visuell kontrolliert werden. Wenn der Filter verunreinigt ist, sollte er geöffnet und gereinigt werden, was simpel ist. Zum Schluss sollte der Deckel fest zugedreht werden, damit er luftdicht abschließt und der Motor keine Luft saugt.

TIPP Bei längerem Nichtgebrauch des Motors (z. B. im Winterlager) kann man den Strainer mithilfe einer Gießkanne oder eines Wasserschlauchs bei laufendem Motor mit Frischwasser nachspülen, um so den Kühlkreislauf vor dem Winterlager mit Süßwasser, eventuell zusätzlich noch mit Anti-Korrosion und Anti-Frost versetzt, durchzuspülen. Das Salz im Meerwasser ist nämlich für das Rosten verantwortlich, und die Süßwasserspülung kann auch im Hafen durchgeführt werden, sollte der Motor längere Zeit nicht unter Benutzung stehen.

Was hat es mit dem Impeller auf sich?

Das Salzwasser gelangt nach dem Strainer zur eigentlichen Förderpumpe, dem Impeller. Einen zweiten Impeller sollte man als Ersatz immer an Bord haben.

Wenn ein geschlossenes Seeventil oder der Strainer den freien Lauf von kühlendem Salzwasser verhindern sollten, brennt der Impeller wegen Reibungswärme sofort durch und die Gummiflügel des Impellers brechen ab. Meist findet man die abgebrochenen Flügel dann im Wärmetauscher. Werden sie dort nicht herausgeholt, können sie den Wärmetauscher so sehr blockieren, dass er nicht mehr genügend Wirkung zeigt.

Die Impellerflügel brechen aber nicht nur durch Reibungswärme ab, sondern sie altern auch und werden spröde. Daher sollte jedes Jahr der ursprünglich als Ersatz mitgeführte Impeller eingebaut und ein neuer als Reserve gekauft und mitgeführt werden. Somit wird vermieden, dass der Reserve-Impeller über die Jahre im Schapp austrocknet. Das Einkaufsjahr kann man am besten gleich mit einem Edding auf die Packung des Impellers schreiben.

Vom Impeller gelangt das Salzwasser in den Wärmetauscher, indem es das oft, je nach Hersteller grün, gelb oder rot, gefärbte Kühlwasser des internen Wasserkreislaufes kühlt. Die Farbe gibt an, welche Zusatzstoffe dem Kühlwasser beigemischt wurden, um z. B. Korrosion zu verhindern.

Der Skipper kann das Niveau des internen Kühlwassers selbst kontrollieren. Wenn das entsprechend gefärbte Kühlwasser nicht an Bord ist, kann, falls nötig, auch mit destilliertem Wasser aufgefüllt werden.

Wenn unter dem Impellergehäuse eine Wasserpfütze zu finden ist oder ein kleiner »Salzberg« einen Fehler verrät, könnte dies auf eine Undichtigkeit des Impellergehäuses hindeuten. Eine neue Papierdichtung für das Impellergehäuse liegt jedem neuen Impeller bei und kann vom Skipper leicht selbst ausgetauscht werden.

Sollte die neue Papierdichtung des Deckels keine Abhilfe schaffen, könnte der Salzberg auch auf eine Undichtigkeit am hinteren Ende des Impellergehäuses hindeuten. Dies ist zwar keine Katastrophe, sollte aber so rasch wie möglich von einem Dieselmechaniker repariert werden, denn das Tropfen wird nicht von allein aufhören, sondern stetig immer mehr werden. Besteht die Pfütze aus gefärbtem Wasser, weist dies auf eine Undichtigkeit des inneren Kreislaufes hin. Das stellt ebenfalls keine direkte Katastrophe dar, sollte aber von einem Dieselmechaniker repariert werden, und der Skipper sollte das Kühlwasser im Anschluss entsprechend auffüllen.

Was muss ich am Keilriemen kontrollieren?

Der Keilriemen nutzt die Drehbewegung des Motors, um andere Teile des Motors mitzubewegen; ungefähr so, wie die Fahrradkette das Rad dreht. Im Schiffsmotor sind dies vor allem die Lichtmaschine und die Wasserpumpe, die hier gedreht werden. Der Keilriemen soll gut, aber nicht zu stark gespannt und unversehrt sein. Einen Keilriemen als Ersatzteil mitzuführen, ist stets eine gute Idee.

Die Spannung des Keilriemens sollte so eingestellt sein, dass er sich mittig eingedrückt ungefähr einen Fingerdick bewegen lässt (= einen guten Zentimeter). Sitzt der Keilriemen zu locker, sollte die Spannung so nachgezogen werden, dass der Abstand zwischen Motor und Lichtmaschine vergrößert wird. Man löst hierzu eine Stellschraube, drückt die Lichtmaschine etwas weiter nach außen und zieht die Schraube anschließend wieder fest. Andererseits sollte der Keilriemen auch nicht zu fest angespannt sein.

Wenn der Keilriemen immer wieder locker wird, sollte man sich die Frage stellen, warum die Lichtmaschine sich näher an den Motor bewegen lässt. Normalerweise sollte sich die Position der Lichtmaschine nicht verändern und die Spannung auf dem Keilriemen über viele Motorstunden hinweg unverändert bleiben. Oft sind sonst noch andere Stellen der Befestigung der Lichtmaschine defekt.

Wenn unter dem Keilriemen schwarzer Staub zu finden ist, schliert der Keilriemen an den Keilriemenscheiben und nutzt sich dadurch sehr rasch ab. In diesem Fall sollte der Riemen zügig ersetzt werden.

Welche Motorteile sollten regelmäßig kontrolliert werden?

In vielen Büchern steht, dass vor jedem Anlassen alles kontrolliert werden sollte. Was tatsächlich zu empfehlen wäre, ist, zumindest vor jedem Ablegen einen Blick in den Motorraum zu werfen. Ein aufmerksamer Augenschweif durch den Motorraum ist schnell gemacht und kann viel bezwecken. Unbewusst wird die Umgebung wahrgenommen, vorausgesetzt der Motorraum ist sauber geputzt und hell ausgeleuchtet. Ein heller, frisch gestrichener, sauberer Boden im Motorraum ist hier dienlich.

Unter den Motor können weiße, ölsaugende Tücher gelegt werden. Dadurch wird jeder verloren gegangene Tropfen sofort sichtbar. Die meisten Motoren tropfen ein wenig Schmieröl, was grundsätzlich nicht weiter schlimm ist. Mit einem Ölsaugtuch bekommt der Skipper rasch ein Gefühl dafür, was für seinen Motor normal ist. Ein funktionierender Motor verschmutzt nicht und spritzt nichts. Wenn doch, scheint etwas nicht ganz in Ordnung.

Auf die regelmäßige visuelle Betrachtung von Motor und Motorraum folgt die achtsame Wahrnehmung der Motorgeräusche, der Vibrationen und des regelmäßigen Plätscherns des sachgemäßen Austritts des Kühlwassers aus dem Auspuff. Auch die Farbe des Rauchs aus dem Auspuff (der unter normalen Bedingungen farblos sein sollte) sollte registriert werden, denn auch sie verrät, wie es dem Motor geht. Dunkelblauer Rauch aus dem Auspuff gibt einen Hinweis darauf, dass neben dem Diesel auch (zu viel) Schmieröl verbrannt wird. Weißer Rauch könnte darauf hindeuten, dass Kühlwasser in den Kolben geraten ist. Beides ist nicht gut für den Motor und sollte von einem Dieselmechaniker überprüft werden.

Wenn weißer Rauch aus dem Auspuff jedoch an einem feuchten kalten Morgen austritt, ist dies meist nur ungefährliches kondensiertes Wasser, wie der Atemhauch an kalten Wintertagen. Sobald die Temperatur steigt oder die Luftfeuchtigkeit sinkt, sollte der weiße Rauch aber wieder verschwinden.

Wichtige mitzuführende Motor(ersatz)teile

- Dieselvorfilter
- Ölfilter
- Motoröl für einen Ölwechsel
- Impeller
- Keilriemen
- Destilliertes Wasser
- Genügend Werkzeuge
- Motorhandbuch/Manual

PLANUNG

Sollte man einen Stauplan haben?

Staupläne für das Schiff zu erstellen, ist sehr hilfreich. Aus dem Internet, der einstigen Bootsbroschüre, als das Boot noch neu verkauft wurde, oder aus dem Handbuch der Werft kann der Plan der Innenausstattung kopiert oder eingescannt werden und als Stauplan dienen. Alle Stauräume des Schiffes können mit Namen oder Nummern versehen oder kurzerhand fotografiert werden.

Beim Verstauen sollten Dinge, die oft benutzt werden, oder Nahrung, die unterwegs leicht zu greifen sein sollte, sowie wichtige Notausrüstung (z. B. der Erste-Hilfe-Koffer) leicht zugänglich und sicher verstaut werden. Dinge, die eher selten zum Einsatz kommen, können weiter unten oder weiter hinten untergebracht werden. Ersatzteile, die nur im Hafen benötigt werden, müssen während eines Törns nicht greifbar sein. Die Hauptsache ist, dass man weiß, wo sich welches Teil befindet.

Alles, was an Bord gebracht wird, hat ein Gewicht und beeinträchtigt die Stabilität des Schiffes. Damit das Boot keine Schlagseite bekommt, sollte darauf geachtet werden, dass nicht alle schweren Bücher und Getränke auf der gleichen Seite verstaut werden. Das hat mehr Bedeutung, als man denkt, denn dadurch behält das Boot seine Stabilität und Seetüchtigkeit. Schwere Gegenstände sollte man eher weiter unten und im Schiffszentrum (in der Nähe von Mast und Kiel) verstauen, während leichte Dinge weiter oben oder am Bug oder Heck verstaut werden können.

Dinge, die nicht unbedingt notwendig sind, sollten möglichst von Bord genommen werden. Selbst nicht unmittelbar notwendige Ersatzteile müssen beim Küstensegeln nicht mit von der Partie sein, sondern können bei Bedarf leicht über das Internet bestellt und binnen 24 bis 48 Stunden in den nächsten Hafen geliefert werden. Daher ist es praktisch, eine Liste mit Webseiten von Firmen zu erstellen, die einen schnellen Lieferservice für Ersatzteile an Bord anbieten. Viele Häfen sind hilfreich und nehmen für Gastlieger gern Päckchen entgegen, sofern sie vorher gefragt und darüber informiert wurden.

»ZUM MITSCHNACKEN«

Was bedeutet »Ship Shape and Bristol Fashion«?

Bristol war lange Zeit die florierendste und wohlhabendste Hafenstadt Englands. Der enorme Tidenhub von bis zu 13 m bedeutete, dass die Schiffe sich bei Niedrigwasser auf den Grund und damit auf die Seite legten, bis die wiederkehrende Tide sie wieder aufrichtete und schwimmen ließ. Wenn nicht alles an Bord perfekt verstaut und aufgeräumt war, flog es bei der nächsten Seitenlage umher oder zerbrach. So musste alles immer ordentlich und optimal verstaut sein: Bristol Fashion!

Genau so sollte selbst heute das eigene Boot unter Deck aussehen. Nicht nur, weil verstaute Dinge bei Seegang sonst wie Projektile durch die Kajüte geschossen kommen könnten, sondern auch, um immer schnell das Notwendige zur Hand zu haben. Vor dem Ablegen empfiehlt sich daher, zu kontrollieren, dass alles an seinem richtigen Platz sicher verstaut ist und nichts während des Törns umherfliegen kann.

Wie flexibel sollte ich beim Einkauf und den Vorräten denken?

Wenngleich Fahrtensegler nicht unbedingt über Ozeane schippern, so sollten für ungeplante Eventualitäten trotzdem stets genügend Wasser, Lebensmittel und Diesel mitgeführt werden. Die geplante Strecke könnte z. B. mehr Zeit in Anspruch nehmen als gedacht, oder ein gesetztes Ziel muss (z. B. aufgrund der Wetterlage oder der Hafenbelegung) aufgegeben und zum nächsten Hafen weitergesegelt werden.

Eine unbekannte Destination in einem vorher noch nicht besuchten Revier könnte ebenfalls Überraschungen bereithalten, und der nächste Supermarkt ist nicht immer notwendigerweise in Hafennähe. Es gibt viele gute Gründe, um genügend Nahrungsmittel an Bord zu haben.

Viele Charter- und Wochenendsegler verbrauchen sehr wenig Diesel, da sie vor allem segeln wollen. Für den Fahrtensegler wird das schnell anders: Wenn Strecke gemacht werden soll, kann auch schon mal ein ganzer Tag motorisiert werden. Besser bei Flaute den Motor benutzen, als morgen gegen Starkwind zu kreuzen. Wer in Gezeitengewässern segelt, wird bald erfahren, dass man lieber unter Motor vor dem Kippen der Tide ankommt, als im Gegenstrom gefühlte Ewigkeiten zu brauchen. Nicht selten wird der Fahrtensegler am Ende der Saison feststellen, dass er bis zur Hälfte der Meilen per Motor unterwegs war.

Ein kurzer Blick auf den Dieseltankmesser bzw. die Motorstunden seit dem letzten Tanken im Auge zu behalten, gehört zur Routine. Wichtig zu wissen: Der Tankmesser zeigt den Inhalt nicht immer korrekt an, und der Tankinhalt nimmt auch nicht linear ab. Viele Tanks sind dem Rumpf angepasst, d. h. sie sind oben breiter als unten. Der Tankmesser besteht aber aus einem im Tank stehenden Messstab. Somit scheint der Diesel am Ende schneller abzunehmen als zu Beginn bei vollem Tank.

Kann ich das Wasser aus den Tanks trinken?

Es gibt Segler, die nie das Wasser aus dem eigenen Tank trinken, sondern stattdessen große Mengen an Wasserflaschen mit an Bord nehmen. Andere Segler säubern ab und zu ihre Tanks, spülen sie im Frühling mit Reinigungstabletten durch und haben einen Submikron-Filter (»Seagull IV«) eingebaut, der weder Chlorgeschmack noch Bakterien durchlässt. So schmeckt das Tankwasser ebenso gut wie Mineralwasser, ist bedenkenlos trinkbar und in großen Mengen immer an Bord. Mit einem Sodastream kann die Crew zudem mit Sprudelwasser verwöhnt werden. Einige Wasserflaschen als Notwasser mitzuführen, ist aber trotzdem ratsam.

Beim Füllen des Wassertanks sollte man stets darauf achten, dass der sich am Steg befindende Wasserschlauch nicht durch die Sonneneinstrahlung zur Herberge von eventuellen Bakterien geworden ist. Der eigene mitgeführte Wasserschlauch, der vor der Sonne geschützt in der Backskiste liegt, ist hier vorzuziehen. Wenn kurz vor dem Wassertanken noch das Deck mit Süßwasser abgespritzt wird, resultiert daraus nicht nur ein sauberes, salzfreies Schiff, sondern der (eigene) Wasserschlauch wird auch gleich noch mit frischem Wasser durchgespült. Eine letzte kurze Geschmacksprobe am Schlauch – bevor der Tank gefüllt wird – versichert, dass das Wasser gut schmeckt und nicht mehr sonnenerwärmt ist. Etwaiger Chlorgeschmack ist nicht unbedingt von Nachteil, denn Chlor macht im eigenen Schiffstank durchaus Sinn, um diesen keimfrei zu halten. Das Wasser sollte also nicht unbedingt durch einen chlorabscheidenden Kohlefilter laufen, bevor es gelagert wird. Stattdessen sollte man den Chlorgeschmack lieber durch einen Wasserfilter auf dem Weg zur Pantryspüle herausfiltern.

Wie werden Mahlzeiten geplant?

Dass eine Schiffsreise nicht ohne Lebensmittel gestartet wird, ist selbstverständlich. Weniger selbstverständlich ist vielleicht, dass die Nahrung nicht ausschließlich aus Konserven, Nudeln, Reis oder Astronautennahrung bestehen muss.

Fahrtensegler leben oft wochenlang auf ihrem Schiff, und jeden Tag essen zu gehen, wäre sowohl teuer als auch ein wenig langweilig. Regentage oder Tage mit Gegenwind verbringt man gern gemütlich vor Anker oder im Hafen. Dort hat man viel Zeit und Muße zum Kochen. Wie und was gekocht wird, ist so individuell wie die Geschmäcker, muss sich aber vom gewohnten Kochen an Land nicht nennenswert unterscheiden. Zu dem oft nur zweiflammigen Kocher kann noch eine günstige mobile Induktionsplatte für Landstrom mitgenommen werden. Auch ohne Ofen kann vieles auf dem Herd zubereitet werden. Mit Ofen versehen, können sogar bei Seegang leckere Aufläufe zubereitet und Brot gebacken werden, sollte der nächste Bäcker vom Ankerplatz aus nicht direkt erreichbar sein.

Ein Basissortiment an Lebensmitteln mit langer Haltbarkeit schon zu Beginn der Saison an Bord zu bringen, ist ein bewährtes System. Wer noch unsicher ist, was zu einem typischen Basissortiment an Lebensmitteln an Bord gehören könnte, kann gern in den vielen Kochbüchern für Fahrtensegler stöbern. Oft wird auf den ersten Seiten eine Liste an Utensilien sowie Basislebensmitteln empfohlen, die von Konserven über Nudeln und Reis, Tuben und Pulver, Kräuter und Gewürze bis hin zu Schokolade reicht.

Bewährt hat sich das Konzept, die Rezepte nach Beaufort oder Windstärke zu sortieren. Mit anderen Worten: Es gibt Gerichte, die in einem einzigen (Druckkoch-)Topf einfach zu kochen sind, sogenannte »Ein-Topf-Gerichte« (One Pot), die auch bei Seegang eine willkommene warme Mahlzeit darstellen. Dann gibt es andere Gerichte, die sich vor allem für die ruhige Ankerbucht eignen. All das macht natürlich die Erfahrung aus, und die Tauglichkeit der Rezepte kann im Lauf der Jahre individuell erprobt werden. Besonderen

Bootscheck
- Sicherheits- und Notausrüstung einsatzbereit (Rettungsinsel, MOB-Ausrüstung etc.)
- Seeventile richtig (z. B. Motor: offen; Toilette: geschlossen)
- Motorraumcheck
- Bilge trocken
- Wasser/Diesel/Lebensmittel gebunkert
- Evtl. Mahlzeit vorbereitet
- Leicht zugängliche Snacks/Brote/Wasserflaschen einsatzbereit
- Alles nach Ship-Shape-Prinzip sicher verstaut
- Müll an Land gebracht
- Log-Impeller dreht sich noch (sonst von Bewuchs befreien – das geht auch meist von innen)
- Radarreflektor platziert
- Heimat- und Gästeflagge gehisst
- Anker für Notankern einsatzbereit
- Segel zum Setzen oder Ausrollen vorbereitet und einsatzbereit
- Navigationsleuchten funktionieren
- Keine Leinen im Wasser
- Luken dicht
- UKW funktionstüchtig und auf richtigem Kanal
- Navigationsgeräte angeschaltet

Spaß macht es, in fremden Häfen lokale Zutaten und Spezialitäten (wie z. B. Fisch) zu kaufen und auf dem Markt mit den Einheimischen über die Zubereitung ins Gespräch zu kommen. Dafür muss man nicht einmal sonderlich weit segeln: Schon ein kurzer Schlag von der deutschen Ostseeküste nach Dänemark eröffnet völlig neue kulinarische Erlebnisse und Ideen, die in der eigenen Kombüse ausprobiert werden können.

Es gibt nicht viel, was auf einem Fahrtenschiff die Stimmung so sehr erhöhen kann wie gutes Essen. Daher sollte es durchaus im Fokus stehen. Am ersten Tag der Saison – bevor die Seebeine richtig gewachsen sind – sollte möglichst nicht gleich unter Deck gekocht werden. Hier macht es Sinn, schon am Vortag eine Mahlzeit zum Erwärmen vorbereitet zu haben oder gemütlich essen zu gehen.

DER CREWCHECK

In welchen Punkten muss die Crew vor dem Ablegen gebrieft werden?

Ein Crewbriefing auf Augenhöhe sollte vor jedem Auslaufen stattfinden, um den Törn, das Wetter, adäquate Bekleidung etc. zu besprechen. Dabei ist auch die Frage nach dem »Wie ging das noch mal … ?« erlaubt, sollte ein Manöver, ein Knoten oder eine navigatorische Kenntnis spontan aus dem Gedächtnis eines Crewmitgliedes entflohen sein. Mit Geduld und ohne Vorwürfe kann es gern auch von einem anderen Crewmitglied erneut erklärt werden – es muss nicht zwingend der Skipper sein, der alles beantwortet.

Wird ein neues Crewmitglied an Bord willkommen geheißen, sollte es mit dem Schiff, den Sicherheitsvorkehrungen und den an Bord geltenden Regeln vertraut gemacht werden. Hier können Checklisten helfen, die beim Rundgang im Schiff und an Deck Punkt für Punkt durchgegangen werden können.

Jeder an Bord sollte sich mit folgenden Aspekten vertraut gemacht haben:

- Anlegen von Rettungswesten, Besprechung des eingebauten Zubehörs (Auslösemechanismus, Spray-Cap, persönlicher Notsender (PLB), Licht, Messer etc.)
- Sicherheitsleinen (wann, wie und wo einpicken)
- Bedienung des UKW-Gerätes inkl. DSC-Notsendeknopf (auch für Crew ohne SRC-Funkschein wichtig)
- Platzierung und Aktivierung von möglichen Notsendern (elektronisches EPIRB, pyrotechnische Notraketen, Rauchsignale)
- Gassicherheit und Bedienung des Herdes (Gasfernschalter)
- Feuersicherheit, Platzierung und Bedienung der Feuerlöscher
- Feuer im Motorraum
- MOB-Ausrüstung (Bedienung, Manöver, MOB an Bord hieven)
- Verhalten beim Über-Bord-Gehen (Atmung, Ruhe bewahren)
- Rettungsinsel-Prozedur (falls vorhanden)
- Medizinische Ausrüstung: Wer ist in Erster Hilfe ausgebildet?
- Nach medizinischen Vorerkrankungen, Allergien und Medikamenteneinnahme fragen
- Seekrankheit mit ggf. einzunehmenden Medikamenten
- Potenzielle Gefahrenquellen an Bord zeigen (Winschen, Baum, Patenthalse, Schoten etc.)
- Platzierung von Taschenlampen
- Motorstart vorführen

KLEIDUNG

Welche Segelkleidung eignet sich fürs Fahrtensegeln?

Die richtige Kleidung ist einer der wichtigsten Faktoren für eine trockene, warme und glückliche Crew. Eine Crewbesprechung über adäquate Segelbekleidung kann schon lange vor dem Törn beginnen, damit passende Kleidung für das entsprechende Revier und die Jahreszeit mit an Bord genommen wird. Neuen oder ungewohnten Gästen an Bord kann der Skipper eine Packliste zukommen lassen.

Abhängig vom Segelrevier, will sich die Crew vor Sonne, Spritzwasser, Regen oder Kälte schützen. Auch körpereigene Feuchtigkeit soll von der Haut möglichst effizient abtransportiert und dann an die umgebene Luft abgegeben werden, sodass man direkt am Körper trocken bleibt.

Segeln kann sportliche Aktivität einfordern, gelegentlich sitzen Fahrtensegler jedoch auch über längere Zeit gemütlich im Cockpit – ohne größere körperliche Anstrengung. Hinzu kommen plötzliche wetterbedingte Veränderungen, oder ein Crewmitglied muss rasch das hinter der Sprayhood geschützte Cockpit verlassen, um auf dem nassen Vordeck zu handeln. Voraussetzungen können sich demnach kurzfristig verändern, sodass die Kleidung von Situation zu Situation rasch angepasst werden können sollte. Daher sollte man sie am besten in Schichten tragen. Mit der »Zwiebel-Technik« können einzelne Lagen aus- oder angezogen werden.

Baumwolle, wie angenehm sie am Körper auch sein mag, saugt wie ein Schwamm (Körper-)Feuchtigkeit auf und transportiert sie kaum von der Haut weg. Daher fühlt sich Kleidung aus Baumwolle auf dem Meer fast immer klamm an. Für einen Segeltörn sollte man daher Kleidung aus Kunstfasern oder Wolle wählen. In heißen Revieren schützt dünne Baumwollkleidung oft zu wenig gegen gefährliche UV-Sonnenstrahlen, und so sollte in sonnenintensiven Revieren entweder UV-undurchlässige Kleidung getragen werden oder man benutzt Sonnencreme unter dem T-Shirt.

Wer während des Segelns und bei hohem Wellengang auf die Toilette muss, tut gut daran, sich schon im Cockpit entsprechend vorbereitend auszuziehen, sodass so wenig Zeit wie möglich unter Deck verbracht werden muss. Hiermit kann schnell entstehender Seekrankheit vorgebeugt werden. Einige Segelhosen für Frauen haben hinten sogar eine mit Reißverschluss versehene »Klappe«, um die

Hose beim Toilettengang nicht vollständig herunterziehen zu müssen.

Bei der Bekleidung bitte nicht die Kopfbedeckung vergessen! Sonnenhüte und Wollmützen, Wetter und Revier angepasst, haben eine große Bedeutung für die Regulierung der Körpertemperatur und können leicht auf- und wieder abgesetzt werden. Gute Sonnenbrillen sind zum Schutz der Augen auf dem Meer ebenfalls besonders wichtig.

Kann ich günstige Outdoorkleidung kaufen, oder muss ich in teure Segelkleidung investieren?

Wenngleich maritime Segelkleidung schick aussehen mag, kann ebenso andere Outdoor-Sportbekleidung für die inneren Lagen gewählt werden. Skiunterwäsche funktioniert genauso gut wie ein Fleecepullover, ein gestrickter Wollpulli oder eine einfache Windjacke. Auch Nylonstrumpfhosen unter Leggings aus Kunstfasern wärmen. Lediglich Jeans aus Baumwolle sind alles andere als geeignet.

Wer nicht in spezielle Deckschuhe investieren möchte, kann ebenso gut Hallensportschuhe mit hellen Sohlen und wenig Profil wählen. Hauptsache, sie sitzen gut, sind weich und haben eine gute Haftung an Deck. Ledersohlen sind leider nicht zu gebrauchen: Sie rutschen an Deck, haben oft einen Absatz, werden schnell nass und können schimmeln. Wenig Profil und helle Sohlen sind wichtig, damit keine Steine von Land an Deck geschleppt werden, die dann das Boot zerkratzen bzw. das Deck verfärben könnten.

Zwei Kleidungsstücke, die bei schlechtem Wetter oder Regen zu tragen sind, sollten kompromisslos den Profi-Herstellern für Segelkleidung überlassen werden: Das regenfeste Ölzeug als äußerste Schicht und gute Segelstiefel. Beide müssen von außen nach innen so wasserdicht wie möglich sein, während sie von innen nach außen möglichst viel Wasserdampf durchlassen sollten.

Bei Regenjacken und -hosen zeigt sich ein enormer Unterschied zwischen dem »quasi wasserdicht« der Discountläden für den Landbedarf und »100 % wasserdicht« für Segler. Um eine physikalische bzw. objektive Messgröße dem gegenüberzustellen, wird Wasserdichtigkeit in mm Wassersäule gemessen. Im Handel gibt es »wasserdichte Jacken« mit nicht mehr als 1.500 mm Wassersäule. Ein sitzendes Crewmitglied von 80 kg benötigt allerdings mindestens 5.000 mm Wassersäule, um selbst im Sitzen (d. h. unter Druck) einen trockenen Hintern zu behalten. Eine kniende Person benötigt sogar 14.000 mm. Verständlich, dass einige Hersteller am Gesäß sowie an den Knien eine zweite Schutzschicht aufnähen. Spitzenmodelle hochwertiger Segelbekleidung benutzen sogar rundum Materialien, die nicht selten über 20.000 mm Wassersäule haben. Hier bleibt der Segler gegenüber Wasser von außen zuverlässig geschützt.

Bleibt noch das Problem der körpereigenen Feuchtigkeit, die ja nicht in der wasserdichten Bekleidung eingefangen werden soll. Deshalb ist modernes Ölzeug nicht nur wasserdicht, sondern auch atmungsaktiv. Die Atmungsaktivität wird in Gramm pro Quadratmeter pro 24 Stunden (MVTR) angegeben oder mit dem RET-Wert. Beim MVTR gilt: Je höher, desto besser – beim RET umgekehrt. Billige »atmungsaktive« Sportbekleidung muss einen MVTR ab 3.000 (= RET unter 20) gewährleisten, um das Gütesiegel tragen zu dürfen. Sie als »atmungsaktiv« anzugeben, ist jedoch missverständlich, denn erst ab einem MVTR von ca. 8.000 wird ein subjektiv angenehmes Gefühl erlebt. Ab einem MVTR von 10.000 (RET unter 13) wird Bekleidung als »sehr atmungsaktiv« eingestuft. Spitzenmodelle überschreiten auch dies, und so gibt es äußerst angenehme Segelbekleidung mit einem MVTR von weit über 15.000 (RET unter 6).

Wie immer bei Bekleidung (und Rettungswesten) gilt: Nur bequeme Kleidung wird auch getragen! Da Feuchtigkeit und Kälte die Segelfreude schnell trüben können, lohnt sich hier eine Investition.

Ähnlich macht der erfahrene Segler nur ungern Kompromisse bei richtig guten Segelstiefeln. Um kalte Füße zu verhindern, lohnen sich atmungsaktive, bequeme Segelstiefel. Selbst wenn sie auf den ersten Blick teuer erscheinen: Es geht nichts über trockene, warme Füße! Viele der maritimen Segelstiefel sehen zudem schön aus und können selbst unter Deck oder im Restaurant an Land weitergetragen werden, denn man schwitzt hierin ebenfalls nicht.

Darf ich beim Segeln Schmuck tragen?

Selbstverständlich kann man sich für den abendlichen Ausgang an Land schick machen und entsprechenden Schmuck anlegen. Beim Segeln sei hingegen aufgepasst! Zwar würden die meisten Halsketten beim Hängenbleiben wahrscheinlich einfach zerreißen, und zumeist sind sie auch unter der Bekleidung versteckt, aber es ist trotzdem eine gute Gewohnheit, beim Segeln allen Schmuck abzulegen.

Ringe – selbst Eheringe – sollten beim Segeln in jedem Fall abgelegt werden. Ein Ring ist wesentlich stärker als das Fleisch über den Knochen. Ohne hier zu sehr ins erschreckende Detail gehen zu wollen, kann sich sogar der flachste Ehering an irgendetwas verfangen oder festhaken. Dabei kann es dazu kommen, dass der Ring hängen bleibt, während das pure Fleisch vom ringtragenden Finger gezogen wird und der nackte Fingerknochen darunter zum Vorschein kommt. Wer »degloving ring« oder »ring avulsion« googelt, kann sich einen visuellen Eindruck davon verschaffen und wird schnell davon überzeugt, beim Segeln nie mehr einen Ring zu tragen!

Bekleidung

- Baumwolle wegen ihrer feuchtigkeitsaufsaugenden Eigenschaften besser nicht tragen
- Nicht jede Kleidung schützt vor UV-Strahlen, besonders trügerisch sind günstige T-Shirts
- Für die unteren Kleiderlagen (lange Unterhose, Fleecepullover, Bekleidung aus Merinowolle etc.) funktioniert auch andere Sportbekleidung, z. B. Wander- oder Skibekleidung
- Hallenturnschuhe mit rutschfesten, weichen, hellen Sohlen mit möglichst wenig Profil können beim Segeln getragen werden
- Bei schlechtem Wetter lohnt sich die Investition in wasserdichte und sehr atmungsaktiven Jacken und Hosen als äußerste Schicht

SEEKRANKHEIT

Wenn ich zur Seekrankheit neige, kann ich dann überhaupt segeln?

Seekrankheit kommt in zwei Phasen – so scherzen erfahrene Segler: »In der ersten Phase hat man Angst, zu sterben. In der zweiten Phase hat man Angst, nicht zu sterben!«

Im Crewbriefing vor dem Törn sollte das Thema Seekrankheit offen angesprochen werden. Hier gilt es, über Prävention, Symptome und Behandlung zu reden. Die meisten Menschen leiden unter Seekrankheit, und vielen ist genau das peinlich. Ein offener Umgang mit dem Problem hilft, sich nicht als seeuntaugliche Landratte oder Außenseiter zu fühlen. Die gute Nachricht vorweg:

Seekrankheit nimmt im Alter meist ab, und man gewöhnt sich im Durchschnitt innerhalb von drei Tagen an das Schaukeln durch Wellengang, man bekommt »Seebeine«.

Die meisten Menschen neigen zur Seekrankheit, selbst wenn sie es nicht wahrhaben wollen. Einige mögen behaupten, sie wären noch nie seekrank gewesen. Doch die Statistik spricht für sich: Nur etwa 10–15 % der Menschen werden überhaupt nicht seekrank, und eine etwa gleich große Gruppe an Menschen bekommt die Seekrankheit nicht einmal nach mehreren Tagen auf See in den Griff. Immerhin können 85–90 % der Menschen einiges gegen ihre Seekrankheit unternehmen, insbesondere wenn persönliche Anzeichen frühzeitig bemerkt werden und rasch dagegen vorgegangen wird. Seekrankheit ist nicht zu unterschätzen und kann sich negativ auf die Sicherheit an Bord auswirken.

Kann ich mich vor dem Törn irgendwie an die Bewegungen gewöhnen?

Zu Beginn eines Segeltörns gestresst und erschöpft den Bürostuhl mit der Koje an Bord zu tauschen und sofort mit großem Meilendrang lossegeln zu wollen, ist nicht gerade ein ideales Vorgehen. Stress macht den gesamten Organismus störungsanfällig, und die Anfälligkeit für Angst und Seekrankheit ist deutlich erhöht. Daher hilft es sehr, zunächst einmal ein oder zwei Tage in Ruhe im Hafen zu liegen, das Gepäck und den Proviant langsam zu verstauen und sein Stressniveau sukzessive abzusenken. Dabei kann man den Aufenthalt an Bord seines Schiffes genießen und sich zunehmend entspannter an die kleinen Wellenbewegungen im Hafen gewöhnen.

Es bietet sich an, den ersten Schlag an einem schönen Tag ohne unangenehme Wellen einzuplanen, d. h. Strom und Wind in gleicher Richtung zu haben und möglichst bei Sonnenschein zu segeln. Viele Menschen werden nämlich bei Sonne weniger seekrank als wenn es nass, kalt und bewölkt ist.

Hat man schließlich seine Seebeine bekommen, kann man nach und nach wahrscheinlich immer größere Wellen und Schaukelbewegungen tolerieren – ohne dabei eine Beeinträchtigung im Wohlbefinden zu verspüren.

Leider verschwinden die Seebeine relativ schnell wieder: Nach etwa 14-tägiger Abstinenz vom schaukelnden Meer beginnt das leidige Spiel von vorn.

Was kann ich vor dem Törn gegen Seekrankheit unternehmen?

Körper und Seele in Einklang zu haben, ist eine gute Grundvoraussetzung. Weitere hilfreiche Vorbereitungsmöglichkeiten sind: kurz vor dem Törn keine allzu fettige Mahlzeit zu sich nehmen, kein voller oder hungriger, leerer Magen, kein Restalkohol vom Abend zuvor und nicht zu viel Kaffee oder Tee trinken. Einigen hilft hochdosiertes Vitamin C (1.000 mg pro Tag mindestens eine Woche vor dem Törn), um dessen histaminsenkende Wirkung zu bekommen.

Außerdem möchte der Körper weder zu kalt noch zu heiß sein, d. h. richtige Kleidung ist ebenso wichtig. Ausreichend Nachtruhe mit erholsamem Schlaf ist zudem hilfreich. Psychisch ist wichtig, dass man sich mit der kommenden Situation, dem Wetter, dem Törn, dem Schiff und der Besatzung gut fühlt und selbst keine Ängste hat. Auch Segelerfahrung hilft gegen Seekrankheit. Oft werden Neulinge eher seekrank als erfahrene Segler, die sich psychisch mit dem Segeln wohler fühlen.

Angst und Seekrankheit sind nämlich eng miteinander verknüpft, indem zwischen ihnen Wechselwirkungen bestehen. Angst kann Seekrankheit direkt auslösen und/oder verstärken bzw. genauso umgekehrt. Entsprechend hilft eine respekt- und verständnisvolle Stimmung an Bord, beide Probleme zu verringern. Leider lässt sich zumindest Seekrankheit trotzdem oft nicht vollkommen verhindern.

Vor dem Ablegen können auch Medikamente gegen Seekrankheit eingenommen werden. Sie sind wahrscheinlich die zuverlässigste Methode, um Seekrankheit vorzubeugen. Einige Arzneimittel benötigen eine Vorlaufzeit von mehreren Stunden, bis sie ihre gewünschte Wirkung entfalten (z. B. Scopolamin) und sollten daher rechtzeitig eingenommen werden.

Welche Medikamente kann ich gegen Seekrankheit einnehmen?

Es gibt eine große Palette an modernen und äußerst wirksamen Medikamenten gegen Seekrankheit. Sie liegen übrigens auch in jeder gut ausgestatteten Rettungsinsel und sollten im Notfall unverzüglich eingenommen werden.

Aber auch ohne Notfall können verschiedene Medikamente in Rücksprache mit dem Hausarzt zuvor ausprobiert und eingenommen werden. Am besten sollte man das Medikament der Wahl erst an Land testen, um mögliche Nebenwirkungen zu kontrollieren. Rezeptpflichtige Medikamente sind z. B. Cinnarizine (unter den Produktnamen *Stugeron, Stunarone, Arlevert, Diznil-25*) und Scopolamin (als Pflaster hinter dem Ohr unter dem Produktnamen *Scopoderm*). Nicht alle Medikamente sind in allen Ländern verfügbar, und so lohnt sich ein Nachfragen im Nachbarland. Auf jeden Fall sollte der eigene Arzt gefragt werden, bevor man mit Medikamenten experimentiert.

Einige Menschen haben Angst vor den möglichen Nebenwirkungen von Medikamenten gegen Seekrankheit. Sie sollten jedoch auch Gedanken an mögliche gefährliche Wirkungen der Seekrankheit selbst Beachtung schenken. Seekrankheit kann nämlich durchaus gefährlich werden: vom Austrocknen (Dehydrierung) über Passivität an Bord, wenn Boot und Besatzung in Gefahr kommen, bis hin zu Suizidgedanken. Schwere Seekrankheit ist nicht zu unterschätzen, und Medikamente können hier effektiv helfen.

Wie kann ich während des Törns Seekrankheit vorbeugen?

Einige typische Trigger von Seekrankheit gilt es, geschickt zu vermeiden. Sich lange unter Deck aufzuhalten, löst beispielsweise schnell Übelkeit aus, insbesondere kopfüber beim Anziehen oder um nach verstautem Gepäck zu graben. Umsichtige Segler sind entweder aktiv im Cockpit an der frischen Luft oder liegen mit geschlossenen Augen in der Koje. Die Strecke zwischen Cockpit und Koje wird dabei in Blitzgeschwindigkeit zurückgelegt.

Der Toilettengang erweist sich häufig als problematisch. Deshalb weniger zu trinken ist jedoch kontraproduktiv: Dehydrierung ist beim Segeln alles andere als gut. Der Toilettengang sollte daher so durchgeführt werden, dass man möglichst schnell vom sicheren Cockpit in die Nasszelle und wieder zurück kommt. Wer keine Hemmungen hat, kann sich schon wesentlicher Kleidungsstücke im Cockpit entledigen, rasch hinunterflitzen und später eventuell einen Mitsegler darum bitten, die Toilette für ihn abzupumpen. Alternativ benutzt man den berühmten MuFuEi (= Multifunktionseimer), um draußen an der frischen Luft seine Notdurft zu erledigen. Über Bord sollte allerdings niemals gepinkelt werden, denn allzu viele sind schon mit offener Hose ertrunken.

Lesen und Kochen unter Deck sind ebenso Trigger für Seekrankheit, besonders wenn starke Gerüche und Kräuter mit dem Essen einhergehen.

Am besten sollte man während der ersten Tage im Hafen vorbereitetes Essen mit wenig Kräutern kurz aufwärmen oder bei kürzeren Schlägen einfach Kekse, Früchte oder Butterbrote essen.

Wie zeigen sich charakteristische Symptome?

Erfahrene Segler merken schon frühzeitig, wenn es langsam losgeht, und kennen ihren Körper gut genug, um sofort gegenzusteuern. Dann gilt es, schnell zu handeln: raus an die frische Luft, das Ruder übernehmen und aktiv segeln oder den Horizont betrachten. Mit Glück wird hierdurch der Seekrankheit schnell genug entgegengewirkt.

Jeder sollte seine eigenen Symptome kennenlernen – auch das ist Segelerfahrung sammeln. Typische Vorzeichen von Seekrankheit sind Müdigkeit, Passivität und kalter Schweiß. Wenn sich ein Crewmitglied gähnend in Lee hinter der Sprayhood zum Zählen der Stunden bis in den Hafen verkrochen hat, gilt es als aufmerksamer Skipper, die Person unauffällig zu aktivieren und damit etwas gegen ihre Seekrankheit zu tun.

Wie können die Schiffsbewegungen während des Törns angenehmer gestaltet werden?

Wellen sind nicht gleich Wellen, und auch eine Kursänderung kann während des Törns wahre Wunder bewirken.

Es gibt Studien, die besagen, dass Seekrankheit eher beim Stampfen des Schiffes (Boot schaukelt vorwärts und rückwärts) als beim Rollen (Boot schaukelt von Backbord nach Steuerbord) getriggert wird. Das deckt sich mit der Erfahrung, dass mehr Menschen beim Segeln gegen den Wind (hart am Wind) seekrank werden, als wenn raumschots (Wind von hinten) gesegelt wird. Es wird also als angenehmer erlebt, wenn Wind und Wellen von achtern anrollen und das Schiff langsam von einer Seite auf die andere bewegen, als wenn das Boot gegen Wind und Wellen stampft.

Durch eine Kursänderung nach raumschots werden nicht nur zunächst stampfende Wellen zu rollenden, sondern die Wellen werden gleichzeitig angenehm länger. Wird gegen den Wind angekämpft, segelt man den Wellen quasi entgegen, wodurch die relative Häufigkeit der Wellen hoch ist. Wird stattdessen raumschots gesegelt, haben das Schiff und die Wellen in etwa die gleiche Richtung, und die Wellen rollen nicht mehr so oft unter dem Schiff hindurch. Eine zudem möglichst hohe eigene Bootsgeschwindigkeit hilft nicht nur, um die Anzahl der Wellen pro Zeiteinheit weiter zu verringern, sondern auch, um dem Kiel seine Stabilität zu gewähren. Besonders bei Schiffen mit kurzem Kiel ist schnelles Segeln um ein Vielfaches angenehmer als ein Umherdümpeln.

Was kann ich gegen Seekrankheit unternehmen, wenn sie mich befallen hat?

Ist die Übelkeit bereits präsent, ist der Weg zurück zur Beschwerdefreiheit lang und stellt sich oft erst nach einer ordentlichen Runde Schlaf ein, sofern nicht das rettende Land mit ruhigem Gewässer in der Nähe ist.

Mancher Segler kennt seinen Körper sehr gut, sieht die eigene Seekrankheit am Beginn der Saison als ein notwendiges Übel und nimmt sie mit radikaler Akzeptanz bzw. weitgehend gelassen in Kauf. So greift er geübt zum leeren Joghurteimer und übergibt sich rasch dort hinein. Anschließend ein Schluck Wasser, und schon ist der Spuk (bis zum nächsten Mal) vorbei. Doch nicht allen Seglern ist dieser entspannte Umgang mit der Krankheit vergönnt.

Wichtig und für alle geltend: Sich über Bord zu übergeben, sollte verboten sein. Das Risiko, dabei über Bord zu fallen, ist einfach zu hoch.

Seekrankheit

- Seekrankheit sollte ernst genommen werden, und es sollte offen und nie abwertend darüber gesprochen werden
- Seekrankheit muss kein Hindernis sein, zu segeln
- Die eigene Erfahrung lehrt, wie man mit seiner Seekrankheit umgeht oder sie verhindert
- Es gibt viele gute, erprobte Medikamente, die das Leben an Bord deutlich verbessern
- Die meisten Menschen gewöhnen sich mit der Zeit an die Schiffsbewegungen
- Am Anfang eines Törns kurze Schläge bei schönem Wetter segeln, Mahlzeiten vorbereiten und Zeit under Deck minimieren
- Nach dem Übergeben sollte man unbedingt eine Dehydrierung vermeiden

Neben frischer Luft und aktivem Segeln am Ruder hilft vielen auch, über Cockpitlautsprecher Musik zu hören, die man gern mag. Das bietet Ablenkung, ruft gute Laune hervor und motiviert zum Mitsingen. Die beim Singen automatisch getätigte Atmung kann der Übelkeit oft effektiv entgegenwirken. Wer es nicht glaubt, einfach testen! Singen hilft tatsächlich.

Wenn der Törn nicht binnen weniger Stunden vorüber ist, sollte unbedingt genügend Wasser getrunken werden. Sobald man nach erlebter Seekrankheit wieder glücklich im Hafen angekommen ist, helfen Salze (»Dioralyte«) um die Elektrolyte wieder ins Gleichgewicht zu bringen.

WACHEN, AUFGABEN UND REGELN

Muss man beim Tagestörn auch Wachen vereinbaren?

Es macht immer Sinn, an Bord genau zu definieren, wer welche Aufgabe für welche Zeit übernimmt. Dabei muss es nicht stur nach Stundeneinteilungen gehen, solange man immer weiß, wer in diesem Moment für Kollisionsverhütung, Navigation oder Segeltrimmung (Achtung Patenthalse!) verantwortlich ist.

Zu leicht kommt es sonst – gerade bei mehreren Mitseglern – zu einer unklaren Verantwortungssituation: Sämtliche Personen an Bord machen es sich an Deck und im Cockpit gemütlich, während der unintelligente Autopilot brav geradeaus steuert. Jeder vertraut darauf, dass ein anderer schon aufpassen wird und alles im Griff hat bzw. die Elektronik bei Gefahr schon warnen wird.

Dabei kann eine Wache bzw. eine klare Aufgabenzuordnung beim Segeln leicht wie ein Staffelstab mit den Worten »Übernimm du ab jetzt, bitte!« an den Nächsten übergeben werden.

Bei längeren Törns und Nachtfahrten sollten die Wachen natürlich genauer definiert sein, wobei der Skipper möglichst dann Wache haben sollte, wenn es anspruchsvoller wird: beim Kreuzen von Schifffahrtsstraßen oder Verkehrstrennungsgebieten oder beim Anlaufen eines neuen, unbekannten Hafens. Bei Nachtfahrten sollte die Wacheinteilung möglichst sofort nach dem Ablegen beginnen, sodass sich einige Crewmitglieder direkt nach dem Ablegen zum Ausruhen in die Koje legen können, damit nicht alle gleichzeitig später müde werden.

Was sollte vor dem Törn besprochen werden?

Eingespielte Crews wie Partner, Familien oder gute Freunde, die immer wieder mit dem gleichen Skipper auf dem gleichen Boot segeln, haben es leichter: Sie kennen einander und das Boot. Wesentlich ist, dass man sich aufeinander verlassen kann. Damit ist auch gemeint, dass Unsicherheiten kommuniziert und offene Fragen gestellt werden. Man kennt die gegenseitigen Stärken und Schwächen und kann geschickt damit umgehen.

Neue Gäste müssen sich erst einleben und in Abläufe und Routinen integriert werden.

Crewcheck
- Sicherheitsbriefing
- Seekrankheit vorbeugen
- Kleider an- bzw. zurechtlegen
- Regeln an Bord
- Wachen
- Wasserflaschen verteilen
- Ängste und übrige Fragen

Erfahrene Segler sind als Gäste oft sehr angenehm: Sie beobachten aufmerksam die Routinen des Gastschiffes und gliedern sich natürlich ein. Andere Gäste benötigen etwas mehr Hilfe und Anleitung. Es empfiehlt sich, besondere Regeln oder Gewohnheiten von vornherein offen zu besprechen. Mögliche Themen können dabei sein: wie Dinge in der Pantry verstaut werden sollen, wie man sich bei Starkwind verhalten soll oder dass auf der Toilette bitte immer zu sitzen ist.

Vor dem Törn sollten zumindest die Aufgaben des Tages kurz besprochen werden – sogar, wenn nur als Paar gesegelt wird. Klar könnte das auch später durchgeführt werden, doch die Ruhe während einer Crewbesprechung im Hafen oder am Ankerplatz ist einfach nicht mit der eventuellen Hektik während eines Manövers zu vergleichen. Wer macht den Motorcheck? Wer kontrolliert das Wetter? Wer macht den Passageplan? Wer bereitet die Segel vor? Wer die Leinen und Fender? Welches Ablegemanöver wird gewählt? Wer navigiert? Wer hält Ausguck? Wer ist Skipper des Tages? Und vor allem: Wer würde gern etwas Neues testen? Aufgaben können nach Vorliebe ausgetauscht werden, sodass nicht immer der gleiche am Ruder oder in der Kombüse steht. Manchmal braucht auch das eine oder andere Crewmitglied einen freundlichen Anschubs oder eine Ermutigung, um eine neue, unvertraute Aufgabe zu übernehmen. Wenn das Wetter schön ist und das nächste vertäute Schiff weit entfernt, ist es vielleicht an der Zeit, auch dem unsicheren Crewmitglied die Chance zu geben, das Kommando zum Ablegen zu übernehmen.

Das Wichtigste ist, dass alle Spaß haben, jeder engagiert mitsegelt, keiner sich überfordert fühlt und der Skipper liebevoll mit den Gästen, seiner Familie, der Crew oder dem Partner umgeht.

DER WETTERCHECK

Muss ich das Wetter verstehen? Meine App sagt mir doch, wie es wird!

Eine Wetter-App stellt eine vom Computer berechnete, wahrscheinliche Prognose des zu erwartenden Wetters dar. Viele dieser Apps sind bequem, nützlich und oft kostenlos. Richtig gute Apps sind jedoch selten umsonst. Keine Elektronik sollte einen dazu verführen, selbst nichts mehr vom Wetter verstehen zu müssen. Mit den besten Segeltrimm-Apps oder Navigations-Apps muss der Fahrtensegler schlussendlich doch Segeltrimmen und Navigation beherrschen. Ebenso verhält es sich mit grundsätzlichem Wissen über das Wettergeschehen.

Ein wesentliches Defizit vieler Wetter-Apps sind fehlende Angaben über die Höhe der Fehlerwahrscheinlichkeit der getroffenen Prognose. Anders ausgedrückt: Wie wahrscheinlich wird das vorausgesagte Wetter tatsächlich eintreffen bzw. welche Wetterentwicklungen könnten (mit

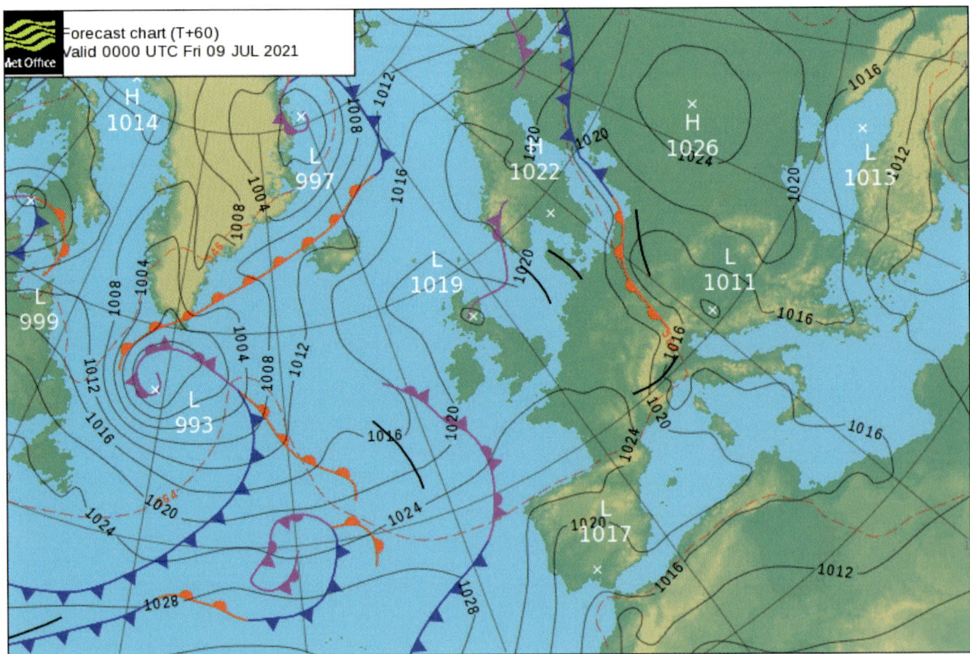

Die synoptische Wetterkarte gibt einen sehr guten Überblick über das aktuelle Wettergeschehen.

welcher Wahrscheinlichkeit) eine realistische Alternative zur aktuellen Wettervorhersage sein? Zudem fehlen in den Darstellungen die für Segler so wichtigen Wetterfronten. Auch Nebel wird selten korrekt – wenn überhaupt – angegeben. Ebenso nimmt die Prognose nicht auf die Gezeitenströme Rücksicht, die die Wellenform beeinflussen. Es fordert daher doch einiges an Wissen und Arbeit vom Segler selbst, um die Übersicht zu behalten, d. h. die Hintergründe der Prognose zu kennen und zu verstehen. Erst dadurch ist der Segler in der Lage, richtige Entscheidungen zu treffen: Windrichtung, Windstärke, Sichtweite, Niederschlagsart, Wolken, Wellenhöhe, Wellenlänge und Luftdruck werden mit der aktuellen Wetterkarte in Verbindung gebracht und das lokale Wetter wird als selbstverständliche Konsequenz der herrschenden globalen Umstände betrachtet. Ängste vor »überraschend« schlechtem Wetter können weitgehend ausgeräumt werden, was ein gutes Gefühl vermittelt.

Die Frage ist also nicht, ob Wetterkarte oder App, sondern: Erst Großwetterlage verstehen – dann Apps ansehen.

DAS GLOBALE WETTER

Wie entsteht das Wetter auf der Erde?

Der Segler tut gut daran, sich mit dem globalen Wetter zumindest ansatzweise vertraut zu machen, um zu verstehen, warum sich z. B. das Wetter der Nord- oder Ostsee so fundamental vom Wetter im Mittelmeer unterscheidet. Obwohl nur zehn Breitengrade dazwischenliegen, gehören sie nämlich zu völlig unterschiedlichen globalen Wetterzonen.

Das Wetter der Erde entsteht dort, wo die Luft von der Sonne am meisten erwärmt wird: am Äquator. Durch die Hitze steigt die von der Sonne erwärmte Luft auf und bildet auf dem Weg nach oben riesige (Cumulonimbus-)Wolken. Die resultierenden alltäglichen Regengüsse geben dem Regenwald sein vielfältiges Leben und nehmen der aufsteigenden Luft ihre Feuchtigkeit.

Da die warme Luft von der Erde nach oben steigt, »fehlt« die Luft dann unten an der Erdoberfläche, d. h. es entsteht ein Unterdruck. An der obersten Schicht der Atmosphäre staut sich hingegen die angekommene Luft und bildet hier einen Überdruck. An der Wasseroberfläche entsteht (aufgrund des Luftmangels) ein stabiles Tief, das sich wie ein Gürtel entlang des gesamten Äquators zieht und als »Innertropische Konvergenzzone« oder kurz ITCZ (»Inter-Tropical Convergence Zone«) bezeichnet wird. Auf dem Meer spricht man hier von der berühmten heißen und feuchten Region der »Doldrums«, in der Segler oft wochenlang wegen Windmangel festsitzen, wenn nicht motort wird.

Die oben angestaute trockene Luft muss irgendwohin entweichen. Da den gesamten ITCZ-Gürtel entlang von unten stetig neue Luft nachsteigt, bleibt den Molekülen nur noch das Ausweichen nach Norden bzw. Süden. Die Luft wird dementsprechend so lange nach Norden bzw. Süden gedrückt, bis sie bei ca. 30° N bzw. S als trockene Luft wieder herabfällt, sich auf dem Weg nach unten erwärmt und dadurch noch trockener wird. Das erhöhte Luftaufkommen (Überdruck) bei 30° N und S bildet den die Welt umspannenden und völlig niederschlagsfreien, sehr trockenen »Subtropischen Hochdruckgürtel«. Hier befinden sich die Wüsten der Arabischen Welt sowie die Sahara, Kap Verde, die Wüsten Nordamerikas auf der Nordhalbkugel und die inneraustralische Wüste auf der Südhalbkugel. Diese heißen, windarmen Reviere um 30° N und S werden als »Rossbreiten« bezeichnet, da die Seeleute, die hier im Atlantik

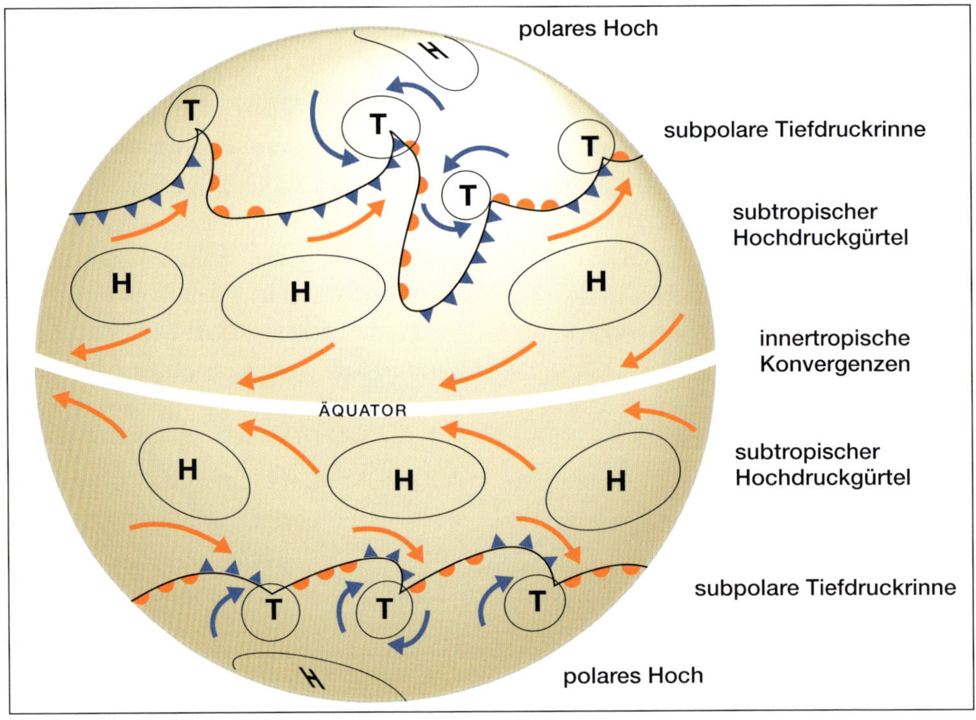

bzw. Pazifik segelten, oft in starker Hitze und Trockenheit auf Wind warteten. Sie erlitten häufig großen Wassermangel und warfen daher ihre Pferde über Bord, damit sie den Seeleuten nicht das kostbare Wasser wegtranken.

Wenn die sinkende, trockene Luft bei ca. 30° N oder S angekommen ist, wird sie durch das konstante Tief der ITCZ wie von einem Sauger zum Äquator zurückgezogen, um dann erneut über dem Äquator in den Himmel aufzusteigen: Es entsteht ein Kreislauf, der sogenannte »Hadley Cell«. Den dadurch entstehenden stetigen Wind vom Subtropischen Hochdruckgürtel hin zur ITCZ nennt man Passatwind, der sowohl auf der Nord- als auch auf der Südhalbkugel existiert. Durch die Corioliskraft weht er nicht exakt in Nord-Süd-Richtung zum Äquator hin, sondern wird nach Westen abgelenkt und bläst somit diagonal von Ost nach West der ITCZ entgegen. Blauwassersegler lieben genau diese Passatwinde und lassen sich von ihnen gern gemütlich bei stetigem Wind von Ost nach West um die Welt wehen.

Neben dem Subtropischen Hochdruckgürtel gibt es einen weiteren weltumspannenden Gürtel, der ein beständiges Tief aufweist: die »Subpolare Tiefdruckrinne«, die sich bei 60° N bzw. S um die Welt spannt. Wer hier segelt, kann wettermäßig viel Spannendes erleben, denn in diesen hohen Breiten ist der Corioliseffekt viel ausgeprägter. Hier werden die Winde so weit abgelenkt, dass sie sich praktisch im Kreis drehen. Man spricht von »Zyklonen«. Diese gibt es gleich in zwei Varianten: die entgegen dem Uhrzeigersinn rotierenden Zyklone um ein Tiefdruckgebiet herum sowie die im Uhrzeigersinn rotierenden Antizyklone um ein Hochdruckgebiet. Die Rotationsrichtung ist auf der Südhalbkugel übrigens genau umgekehrt.

Diese berühmt-berüchtigten Tiefdruckgebiete kennt man aus den täglichen Wetterkarten der Ost- und Nordsee. Zyklone um ein Tief haben ein interessantes und für Segler äußerst wichtiges Phänomen: Wie zwei Arme schlängeln sich die wolken- und niederschlagsreichen Fronten aus dem Zentrum des Tiefs hinaus. In Nordeuropa zeigen die Fronten nach Süden, während sie immer weiter mit den Winden entgegen dem Uhrzeigersinn um das nach Osten weiterziehende Tief rotieren.

Nördlich von der Subpolaren Tiefdruckrinne bei 60° N (bzw. südlich von 60° S auf der Südhalbkugel) befindet sich schließlich das letzte Hoch: das stationäre Polarhoch, welches in der Polarregion geparkt bleibt. Die kalte Luft sinkt hier beständig und bildet durch diesen dauernden Sinkflug einen Überschuss an Luft an der Erdoberfläche, also einen Hochdruck.

Im Sommer (auf der Nordhalbkugel) wandern alle drei Gürtel (1. Tief der ITCZ; 2. Hoch des Subtropischen Hochdruckgürtels; 3. Zyklone der Subpolaren Tiefdruckrinne) nach Norden. Im Winter ziehen sie alle nach Süden.

Selbstverständlich ist das globale Wettergeschehen insgesamt sehr komplex. Wer aber das generelle Prinzip vor Augen hat, versteht vielleicht, warum in einigen Zonen dieser Welt eher beständiges Wetter vorherrscht, während andere Zonen eher abwechslungsreiche Wetterbedingungen bieten.

Warum interessiert uns das globale Wetter in Europa?

Abhängig davon, wo und zu welcher Jahreszeit in Europa gesegelt wird, befindet man sich entweder im Einflussgebiet des windarmen Subtropischen Hochdruckgürtels (z. B. Sommer im Mittelmeer) oder in den

Einfluss der globalen Wetterzonen in Europa

Sommer

- **Mittelmeer:** Subtropischer Hochdruckgürtel
- **Galicien/Portugal:** Subtropischer Hochdruckgürtel
- **Britische Inseln, Nord- und Ostsee:** Südseite der Subpolaren Tiefdruckrinne (= Westwinde)
- **Schottland, Mittelnorwegen:** Zyklonenbahn der Subpolaren Tiefdruckrinne (=Winde aus allen Richtungen)
- **Nordnorwegen, Nordschweden:** zeitweise Nordseite der Subpolaren Tiefdruckrinne (=Ostwinde), sonst Zyklonenbahn der Subpolaren Tiefdruckrinne (=Winde aus allen Richtungen)

Winter

- **Mittelmeer:** zeitweise Südseite der Subpolaren Tiefdruckrinne (= Westwinde), sonst im schwachen Einfluss des Subtropischen Hochdruckgürtels
- **Galicien/Portugal:** Subpolare Tiefdruckrinne (= Westwinde)
- **Britische Inseln, Schottland, gesamte Nord- und Ostsee:** Zyklonenbahn der Subpolaren Tiefdruckrinne (=Winde aus allen Richtungen)

primär von Westwinden dominierten Revieren zwischen dem Subtropischen Hochdruckgürtel und der nördlich davon gelegenen Subpolaren Tiefdruckrinne (z. B. Sommer in Ost- und Nordsee, Winter im Mittelmeer oder an der portugiesischen und spanischen Atlantikküste). Andere Segelreviere sind nördlich der Subpolaren Tiefdruckrinne zu finden, haben viel seltener Niederschlag und sehr oft Ostwind (z. B. Nordnorwegen oder Nordschweden im Sommer).

Besonders spannend wird es, wenn in einem Grenzgebiet gesegelt wird: beispielsweise im Durchzugsgebiet der Zyklone der Subpolaren Tiefdruckrinne (z. B. in Schottland im Sommer). Plötzlich kann aus einem Westwind südlich des Tiefs ein Ostwind nördlich des Tiefs werden, abhängig davon, ob das Tief nun knapp südlich oder nördlich an einem vorbeizieht.

Es gilt also, zu wissen, wo entsprechende Druckgebiete mitsamt ihrer Fronten ihre Bahnen ziehen. Erst dann macht es Sinn, die Prognosen der Apps zu betrachten, um die Törnplanung entsprechend anzupassen. Wer das versteht, ist im Vorteil. Es ist wichtig, die Großwetterlage stets mit zu berücksichtigen, um zu verstehen, mit welchem Wettergeschehen man grundsätzlich konfrontiert wird.

MITTELMEERWETTER

Wie ist die generelle Wettersituation im Sommer im Mittelmeer?

Im Sommer befindet sich das um 32–45° N gelegene Mittelmeer (unweit nördlich der Sahara) noch deutlich im Einflussgebiet des Subtropischen Hochdruckgürtels. Dann hängt ein großes Hoch über dem gesamten Mittelmeer mit ständig heißer, trockener Luft.

Warum es im Mittelmeer (selbst im Sommer) trotzdem Wetterschwankungen gibt, erklärt sich durch die Geografie um das Mittelmeer herum. Durch die Passagen zwischen den ringsherum liegenden Bergen zischt der Wind, wird an einigen Stellen wie durch einen Trichter beschleunigt oder rutscht die Bergwände herunter und nimmt dabei ordentlich Fahrt auf. Im Mittelmeer ist somit nicht hinter jedem Berg immer Lee zu finden, so wie man es aus Nordeuropa kennt und vermutet, sondern Winde können gerade in einer vermeintlich geschützten Bucht von den umliegenden Bergen herabrutschen

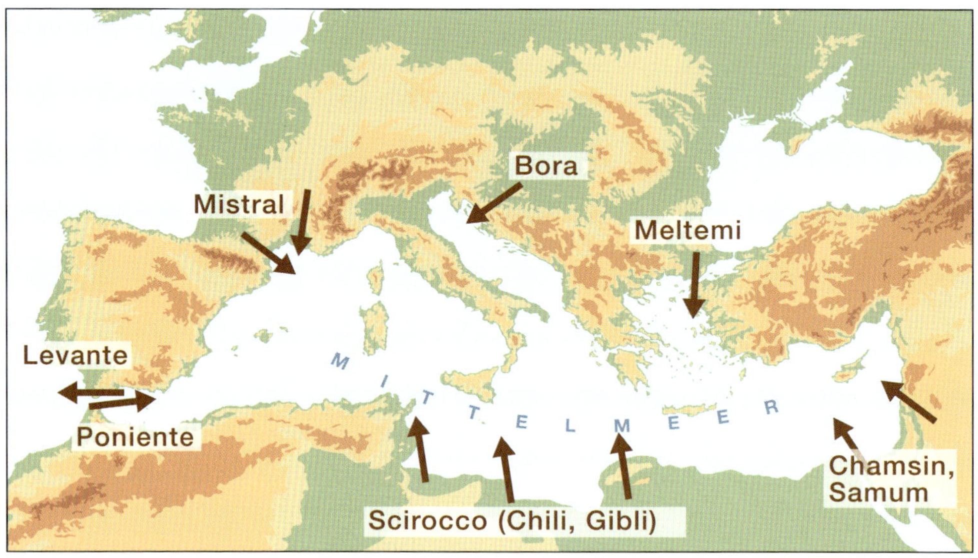

und sehr starken Wind verursachen. Diesen Wind nennt man einen katabatischen Wind.

Das allgemeine Hochdruckwetter wird zeitweise (und nicht selten) sehr plötzlich durch lokale Düsenerscheinungen gestört: Der Wind schießt z. B. an den nördlichen Küsten des Mittelmeeres oft aus Norden, im Westen aus Westen, im Süden aus Süden und im Osten aus Südosten ins Mittelmeer hinein. Die für die Entstehungen der Winde verantwortlichen Tiefs und Hochs finden sich oft weitab vom Mittelmeer. Daher lassen sich die Anzeichen scheinbar unvermittelt aufkommenden Starkwindes am Himmel oder am Barografen auch kaum erkennen. So mag der Himmel zwar blau bleiben, Wind gibt es mancherorts trotzdem, und zwar von jetzt auf gleich in Hülle und Fülle.

Diese lokal zu beobachtenden Winde, die sich viele Hundert Meilen aufs Meer erstrecken können, kommen jedes Jahr wieder, wenn gewisse Großwetterbedingungen sie auslösen.

An den Nordküsten des Mittelmeeres weht der griechische »Meltemi« zwischen dem Rhodopen-Massiv und dem Pontischen Gebirge vom Schwarzen Meer kommend aus Nordost und kann dort tagelang sein Unwesen treiben.

Wenn polare Kaltluft aus Norden kommend in Richtung der Adria-Küstenregion fließt, kann die kalte »Bora« die Dinariden-Alpen derart hinunterrutschen, dass sie bis auf Sturmstärke beschleunigt. Sie wird von kroatischen Meteorologen zum Glück aber gut vorausgesagt und zeigt sich erst durch eine angestaute Wolkenwalze im Gebirge.

Der nördliche »Mistral« zwängt sich durch die Spalte zwischen dem Zentralmassiv in Frankreich und den Alpen oder den Pyrenäen immer dann hindurch, wenn ein Tief über Frankreich den Druck aus dem Rhônetal nimmt, der Wind die Rhône praktisch als Rutschbahn benutzt und immer mehr Fahrt aufnimmt. Der »Mistral« strömt zwischen den Balearen und Sardinien weit aufs Mittelmeer hinaus.

Im Westen herrscht der »Poniente«, der sich durch die »Säulen des Herkules« zwängt; die beiden Berge, die sich am westlichen Eingang des Mittelmeeres befinden: der Felsen von Gibraltar im Norden und der Jbel Musa in Marokko im Süden. Dreht der Poniente um 180° und presst sich aus der Straße von Gibraltar auf den Atlantik hinaus, wird er »Levante« genannt.

An der Südküste des Mittelmeeres weht der trockene, manchmal mit Sand bewaffnete südliche Wüstenwind »Scirocco« aus Afrika kommend. Er wird auch unter den Namen »Chili« oder »Gibli« gefürchtet. Nicht selten wühlt er das gesamte Mittelmeer mit großen Wellen auf und kann bis nach Italien und Kroatien reichen, wo er »Jugo« genannt wird.

Die örtlich begrenzten Winde an der östlichsten Seite des Mittelmeeres sind nicht minder gefürchtete Wüstenwinde und wehen aus Südost in das Mittelmeer hinein: »Chamsin« und »Samum«, zwei äußerst trockene und heiße Winde.

Bei all diesen Windphänomenen ist es also kein Wunder, dass man dem Mittelmeer nachsagt, es herrsche entweder zu wenig (Subtropischer Hochdruckgürtel dominiert) oder zu viel Wind (lokale Winde dominieren). Genaue Prognosen sind schwer zu erstellen, und Starkwind kann unerwartet bei blauem Himmel aufkommen. Typische Wetterfronten, die im nördlichen Europa vorherrschen, gibt es im Mittelmeer im Sommer hingegen recht selten.

Wieso weht es im Mittelmeer nachmittags oft stärker und abends gar nicht mehr?

Das Mittelmeer wirkt im Sommer meist angenehm harmlos, da es durch eine stabile, wolkenarme Hochdrucklage des Subtropischen Hochdruckgürtels dominiert wird. Beeinträchtigen keine lokalen Winde die

Stabilität, tritt bei einer Hochdrucklage oft die »Seebrise« ein. Dieses Phänomen ist nicht nur im Mittelmeer vorzufinden, sondern tritt fast überall auf der Welt in Küstennähe auf. Die Seebrise ist besonders deutlich, wenn der Temperaturunterschied zwischen Land und Meer groß ist, d. h. besonders nachmittags und meist im Frühling und Sommer.

Die Seebrise beruht auf den unterschiedlichen thermischen Eigenschaften von Land und Wasser und wird daher auch manchmal »thermischer Wind« oder einfach nur »Thermik« genannt. Das Land wird vormittags von der Sonne stärker erwärmt als das Meer, und die erhitzte Luft steigt über dem Land nach oben. Dies zeigt sich durch gegen Mittag aufkommende Quellbewölkung. Unten wird die »fehlende« Luft mit vom Meer herbeiströmender Luft ersetzt (nicht unähnlich der ITCZ in Miniatur). Diese vom Meer zum Land gerichtete Luftbewegung, die nur an Küsten vorzufinden ist, wird Seebrise genannt. Weiter draußen auf dem Meer kann es dabei völlig windstill sein. Abends, wenn sich das Land abkühlt, schläft auch der Wind ein.

Aufkommende Quellbewölkung über Land hat Seefahrern übrigens schon immer Landnähe angezeigt – lange, bevor Land hinter dem Horizont zum Vorschein kam. Inseln des Mittelmeeres tragen nachmittags eine große Wolke (fast wie eine Mütze) über sich. »Atoll« nannten die Polynesier diese über den Inseln schwebenden Wolken, die sie zum Navigieren benutzten.

Mittelmeerwetter

- Im Sommer im Einfluss des Subtropischen Hochdruckgürtels und generell schwachwindig mit angenehmer Seebrise nachmittags
- Viele lokale Wettererscheinungen, die durch Gebirge, Sunds sowie Tiefs und Hochs weitab vom Mittelmeer beeinflusst werden und teilweise sehr plötzlich auftreten
- Winde können auch Berge herabrutschen und besonders auf deren Leeseite starke katabatische Winde verursachen
- Wenig sichtbare Wetterwarnungen (Druck, Wolken etc.).
- Wettervorhersagen sind heutzutage aber oft sehr zuverlässig

ATLANTISCHE KÜSTE

Warum bläst es vor der portugiesischen und galicischen Küste fast immer aus Norden?

Der im Sommer vornehmlich aus Nord wehende Wind längs der iberischen Atlantikküste wird auch »Portugiesischer Passat« genannt, da er so zuverlässig die Schiffe nach Süden weht. Die gesamte Iberische Halbinsel wird von der Sonne aufgewärmt und agiert wie eine von Wasser fast gänzlich umzingelte riesige Insel, mitsamt Wolkenmütze und Seebriseneffekt. Wenn so viel Luft nach oben steigt, wird das am Boden verbleibende »Luftloch« zu einem eigenen kleinen Tiefdruckgebiet. Schaut man sich die Wetterkarte an, kann man im Hochsommer (ungefähr bei Madrid) oft ein kleines Tief eingezeichnet sehen. Wegen des Corioliseffekts beginnt – ähnlich wie beim Abfluss einer Badewanne – die Luft um das Tiefdruckloch bei Madrid entgegen dem Uhrzeigersinn zu zirkulieren – ein kleiner Zyklon entsteht.

Dem gegenüber steht das zum Subtropischen Hochdruckgürtel gehörende Azorenhoch ein Stück vor der portugiesischen Küste. Hier treffen zwei entgegengesetzt rotierende Zahnräder aufeinander (Azorenhoch: im Uhrzeigersinn, Spanientief: gegen den Uhrzeigersinn). Sie geben sich vor der Küste Portugals und Galiciens quasi die Hand, und die nördlichen Winde des Azorenhochs verstärken sich mit den nördlichen Winden des Tiefs über Madrid. Voilà: Der portugiesische Passat ist geboren!

TIPP

Für Fahrtensegler, die ihr Boot von Nordeuropa ins Mittelmeer verlegen wollen oder umgekehrt: Wer nach Süden will, wird nachmittags im Hochsommer meistens einen angenehmen Schub von achtern erleben, der spätnachmittags sogar Starkwindstärke erreichen kann. Wer hingegen nach Norden möchte, sollte dies entweder im Frühling planen, wenn die Iberische Halbinsel noch nicht so stark aufgewärmt ist und das Azorenhoch noch weiter südlich liegt. Oder wenn im Sommer gesegelt werden soll, sollte man sich jeden frühen Morgen von einem Hafen zum nächsten hangeln, um möglichst noch vor dem Einsetzen des Starkwindes am Nachmittag anzukommen.

OST- UND NORDSEEWETTER

Was bestimmt das Wetter an der Ost- und Nordseeküste?

Die Ost- und Nordseeküste befinden sich im Einflussgebiet der Subpolaren Tiefdruckrinne. Diese zieht typischerweise nördlich von Schottland auf Nordnorwegen zu, und dann weiter über Nordschweden und Nordfinnland weiter nach Osten. Diese Autobahn der Tiefdruckgebiete kann aber auch etwas weiter südlich umgeleitet sein. Im Winter zieht sie deutlich weiter südlich vorbei und streift eher London–Amsterdam–Hamburg.

Es gilt, während des Segelurlaubs die Bahnen der Zyklone zu verfolgen, denn in diesem Revier haben sie das Kommando, indem sie unaufhörlich von West nach Ost ziehen. Manchmal wird der Durchzug der Tiefs wie beim Stau auf der Autobahn aufgehalten. Wenn man Glück hat, befindet man sich dann gerade in einem Hochdruckgebiet zwischen zwei Zyklonen, oder alle Wettergürtel sind so weit nach Norden verschoben, dass das zum Subtropischen Hochdruckgürtel gehörende Azorenhoch einen Hochdruckrücken bis Nordeuropa vorstreckt und die anlaufenden Tiefs zum Anhalten bringt. Man kann jedoch auch Pech haben, und ein Tief parkt längere Zeit direkt über dem Segelrevier der Nord- oder Ostsee.

Was muss ich über das Wetter in der Ost- und Nordsee wissen?

Wer zentrale Fakten kennt, kann die Gesamtwetterlage sehr einfach beurteilen. Diese Fakten gelten überall auf der Nordhalbkugel und sind besonders in nordeuropäischen Revieren, die im Einflussgebiet der Zyklone liegen, wichtig zu kennen.

1. Um Tiefs (Zyklone) und Hochs (Antizyklone) liegen kreisförmig angeordnete Drucklinien (= Isobaren), die die Druckverteilung angeben.
2. Sind die Isobaren dicht beieinander, besteht ein großer Druckunterschied, d. h. es weht ein stärkerer Wind. Sind sie weiter voneinander entfernt, ist weniger Wind zu erwarten.
3. Mithilfe der Legende auf der Wetterkarte kann vom Abstand der Isobaren auf die Windstärke geschlossen werden.
4. Um ein Tiefdruckgebiet (Zyklon) weht der Wind entgegen dem Uhrzeigersinn.
5. Um ein Hochdruckgebiet (Antizyklon) weht der Wind im Uhrzeigersinn (meist schwächer).
6. Der Wind weht fast parallel zu den Isobaren mit einer kleinen Richtungskorrektur in Richtung

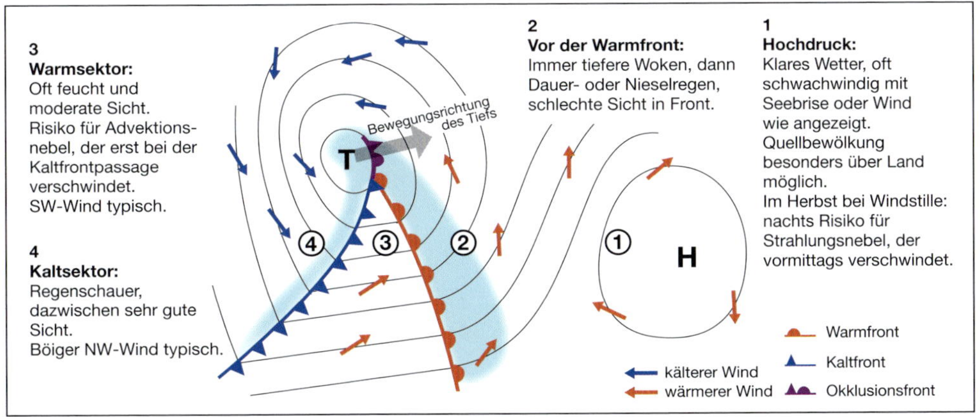

Tief: über das Meer parallel zu den Isobaren und ca. 15° nach links gedreht; wenn der Wind über Land weht, ist die Drehung noch deutlicher: bis zu 25–30° nach links gedreht.

7. Ein Zyklon hat (meist) zwei sich von der Mitte ausstreckende Arme, die Fronten genannt werden: Erst kommt die langsamere Warmfront, dann holt die schnellere Kaltfront auf.
8. Ein Antizyklon hat keine Fronten.
9. Wenn die Kaltfront die Warmfront eingeholt hat, wird der Abstand zwischen den Fronten vom Zentrum des Tiefs ausgehend wie ein Reißverschluss zugezogen. Die zugezogene Front (»Okklusionsfront«) kann besonders dort, wo sich die Fronten treffen, sehr intensives Wetter hervorrufen.
10. Die unterschiedlichen Wetterphänomene vor, in, nach und zwischen den Frontpassagen sind wichtig zu kennen (siehe Wetterdurchzug oben).

Wenn der Skipper diese Punkte kennt, sollte er nur wissen, an welcher Stelle des Wettergeschehens er sich gerade befindet, und schon sollte die Wettersituation keine Überraschungen mehr bieten. Genau deswegen ist es so wichtig, eine Wetterkarte mit einem Blick erfassen zu können, um einen Überblick über die Verhältnisse zu bekommen.

Wie sieht ein typischer Wetterdurchzug aus?

Ein nördlich vom Revier durchziehendes Tiefdruckgebiet beginnt mit einem Hochdruckkeil zwischen den einzelnen Zyklonen. Der Segler darf sich über hochdruckbetontes Wetter freuen: Der Wind ist meist schwach mit Seebrise am Nachmit-

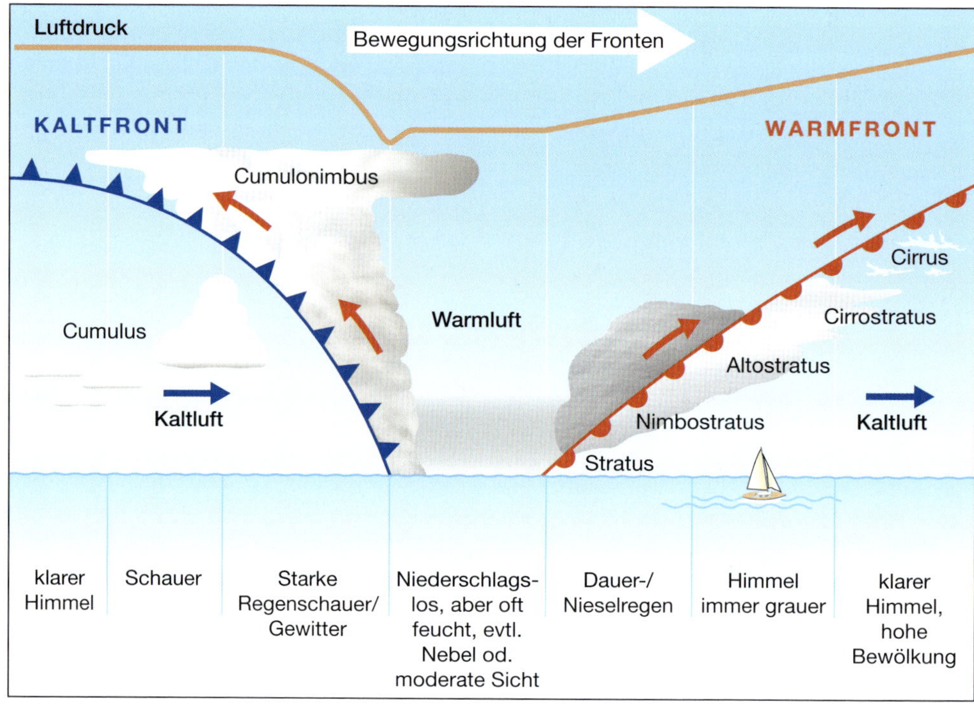

tag, es herrscht ein blauer Himmel mit kleinen Cumuluswolken, die über Land auch mal zu einem Nachmittagsschauer heranwachsen können. Es herrscht zudem wunderschönes, nordeuropäisches Sommerwetter, oft mit angenehmen Südwinden, die trockene und warme Kontinentalluft nach Norden pumpen. Doch kein Glück währt für ewig, und das nächste Tief ist schon im Anmarsch.

Allmählich sinkt der Luftdruck und kündigt den Abzug des Hochs nach Osten an. Dies kann auf dem Barografen verfolgt werden. Die sich nähernde Warmfront kündigt sich somit – lange bevor sie einen erreicht – an, d. h. der Skipper bekommt ein frühzeitiges Warnsignal vom anstehenden Wetterumschwung: Der Druck sinkt langsam und hohe Cirruswolken ziehen auf, die wie Haarsträhnen aussehen mit ihren typisch nach oben gebogenen Spitzen am Ende. Sie werden von immer dichter werdenden und tiefer liegenden Wolken vom Stratustyp ersetzt. Stratus sind diffuse Wolken ohne genaue Umrisse, die wie eine weißgraue Masse aussehen. Der einst blaue Himmel wird zunächst stahlblau, dann immer gräulicher. Die Wolken hängen immer tiefer: Aus hohen Cirrostratus werden mittelhohe Altostratus, und es sieht insgesamt immer trister aus – bis aus der Stratusmasse schließlich Nimbostratus werden. »Nimbus« heißt Regen, und aus den diffusen Wolken regnet es kontinuierlich mit vielen kleinen Tropfen: Nieselregen. Die Sicht verschlechtert sich zunehmend, der Druck sinkt langsam bis zur Frontpassage, bleibt ab dem Durchzug mehr oder minder konstant oder fällt ganz langsam weiter ab. Der Wind dreht typischerweise in der Warmfrontpassage langsam im Uhrzeigersinn von SSW auf SW, nimmt aber kaum zu, denn die Isobaren behalten meist einen ähnlichen Abstand zueinander.

Nach der Warmfrontpassage folgt das Wetter zwischen den Fronten, der sogenannte Warmsektor. Die Isobaren sind hier auffällig parallel, d. h. dass der Wind weder sonderlich zu- noch abnimmt. Die Temperatur ist nach der Warmfrontpassage zwar höher als vor der Front, da die Südwestwinde aber Luft vom feuchten Atlantik heranführen, wird die Sicht beeinträchtigt, und das Wetter fühlt sich oft feucht an.

Die darauffolgende Kaltfrontpassage kommt oft überraschend und ist ohne Radar auf offener See schwieriger visuell vorauszusagen, denn es gehen bei der Kaltfront keine Wolken wie bei der Warmfront voraus. Wenn die eigene Position im Vergleich zur synoptischen Wetterkarte jedoch bekannt ist bzw. das Nähern einer Kaltfront erwartet wird, kann auch eine Wetterradar-App am Handy nützlich werden. Diese zeigt die aktuellen Regen- und Gewitterschauer an, lässt sich meist ca. eine halbe Stunde zurückspulen und wird alle 5–15 Minuten mit einem neuen Radarbild aktualisiert, um den Trend der Bewegungsrichtung der Schauer anzuzeigen. Mit der App kann man das Nähern der Kaltfronten in Echtzeit verfolgen. Ohne Internetzugang kann die Kaltfront nur mit Hilfe des Barometers oder besser mit einem (elektronischen) Barografen erkannt werden, der nach dem mehrheitlich stabilen Luftdruck während des Warmsektors kurz vor der Kaltfront plötzlich deutlich fällt.

Kaltfronten sind tückisch und beinhalten oft viel mehr Überraschungen, als die gewohnten Prognosen enthüllen mögen. Plötzlich taucht sie auf: Die Wolkenmauer aus hohen Cumulonimbuswolken (Kurzform: Cb). In und unter diesen Cb-Wolken gibt es alles, was dem Segler unangenehm ist: Gewitter, starken böigen Wind, Hagel, Regenschauer sowie ständige Winddrehungen. Nur Nebel gibt es hier zum Trost nicht.

In der Kaltfront springt der Wind von jetzt auf gleich im Uhrzeigersinn um 30–40° von SW auf W oder gar NW, und die Temperatur nimmt mit den nun folgenden Polarwinden deutlich ab. Kurz nach der Passage steigen der Druck und die Windstärke rasant an, während der Himmel sich endlich wieder blau zeigt: Die Kaltfront ist durchgezogen – der Spuk aber noch längst nicht vorüber!

Oft trügt der blaue Himmel, und der Segler glaubt, das Wetter würde sich nun stabilisieren. Noch weit nach der eigentlichen Kaltfront können die Isobaren aber trotzdem so zusammengedrückt sein, dass der Wind unangenehm stark bleibt. Zudem tauchen oftmals noch verirrte Cb-Wolken auf, auf deren einer Seite der Wind fast ganz ausfällt, während auf der gegenüberliegenden Seite der Wind zunimmt. Dazwischen dreht der Wind immer wieder unter jeder Wolke unvorhersehbar hin und her: der berühmt-berüchtigte böige Wind unter den Schauerwolken.

Die synoptische Wetterkarte gibt Aufschluss darüber, wann sich der Hochdruckkeil zwischen zwei Zyklonen wieder aufbaut, der Wind rückläufig wird und von NW über W auf SW und S dreht. Man ist wieder am Ausgangspunkt des Wetterdurchzuges, d. h. zwischen zwei Tiefs, gelandet: Das ganze Spiel kann nun wieder von vorn beginnen.

»ZUM MITSCHNACKEN«

Seglerlatein

- ***Cirrus (lat. Haar(locke), Franse):*** *sehr hoch gelegene, pinselstrichartige, haarförmige Fransenwolken, die aussehen wie mit nach oben gebogener Spitze versehene Skier*
- ***Cumulus (lat. Anhäufung):*** *vertikal steigende, flauschige, abgegrenzte Wolken*
- ***Stratus (lat. Ausdehnen):*** *horizontale, gleichmäßige, deckenartige Wolkenschicht*
- ***Alto (lat. (Mittel-)Hoch):*** *Wolken auf mittlerer Höhe (mittlere Troposphäre)*
- ***Nimbus (lat. Regen):*** *Wolken mit so hoher vertikaler Ausdehnung, dass Niederschlag entsteht*

Bedeutet eine Hochdrucklage immer wenig Wind?

Oft bedeutet eine Hochdrucklage schwache Winde, die tagsüber in Küstennähe zur Seebrise werden können. Diese Wetterlage erkennt man an dem weiten Abstand zwischen den Isobaren der Wetterkarte.

Es gibt aber auch Wetterlagen, bei denen ein ausgeprägtes Hoch – beispielsweise über Skandinavien oder den Britischen Inseln – parkt, und die Isobaren dennoch zusammengestaucht werden. Ohne Fronten und bei klarem Himmel weht hier trotzdem ein recht starker (Ost-)Wind. Die um den Antizyklon im Uhrzeigersinn wehenden Winde verstärken sich auf der Ostsee zwischen Deutschland und Schweden bzw. dem Englischen Kanal, sodass Segler sich die Meilen nach Osten hart erkämpfen müssen. Wenn die Seebrise diesen Ostwind noch verstärkt (z. B. an der Ostküste Schwedens bzw. Englands), kann nachmittags Starkwind wehen.

Wie weiß man, wo genau man sich auf der Wetterkarte befindet?

Wer seine eigene Position in Relation zur der auf der synoptischen Wetterkarte angezeigten Großwetterlage genau bestimmen kann, behält nicht nur die Übersicht, sondern erkennt leicht eine eventuelle Verschiebung des Wetters – sowohl zeitlich als auch geografisch.

Nicht immer befindet sich das Wettersystem nämlich genau dort, wo es auf der Wetterkarte eingezeichnet ist. Die synoptische Wetterkarte, die von Meteorologen für eine gewisse Uhrzeit gezeichnet wird, ist in sich korrekt – doch das gesamte Wettersystem könnte sich ein wenig verspäten bzw. sich etwas weiter nördlich oder südlich bewegt haben. Es macht daher Sinn, die eigene Position im Verhältnis zur Wetterkarte zu kontrollieren. Je näher man sich an einem Tief oder an einer Front befindet, umso wichtiger ist es, genau zu wissen, wo man sich befindet.

Mit einem Barometer oder noch besser einem (elektronischen) Barografen kann der Druck abgelesen werden – vorausgesetzt, das angewandte Instrument ist ein kalibriertes, hochwertiges Messinstrument, das auch kleinste Druckunterschiede erkennt und den Druck korrekt anzeigt. Reine Wanddekorationen reichen hier leider nicht aus! Nun muss nur noch die entsprechende Isobare gefunden werden, und schon weiß der Skipper, auf welcher dieser Linien er sich befindet. Es ist nicht komplizierter, als mit dem Echolot seine Position längs einer Tiefenlinie zu bestimmen.

Anschließend wird die Windrichtung mit den Isobaren verglichen. Längs der entsprechenden Isobare muss nun jener Ort gefunden werden, an dem der Wind auf der Wetterkarte die gleiche Richtung haben soll wie in der eigenen Mastspitze. Zudem kann die Windgeschwindigkeit mit dem Abstand zwischen den Isobaren verglichen werden. Dies ist jedoch meist eine etwas ungenauere Methode, denn der Abstand der Isobaren verändert sich oft nur über größere geografische Distanzen. Als weiteres Indiz können Wolken einbezogen werden: Wo treten welche Wolken auf der Wetterkarte auf?

Wie erkenne ich, in welche Richtung das Tief weiterzieht?

Der Segler kann durch nur einen Blick auf die so wichtige synoptische Wetterkarte ablesen, in welche Richtungen die Tiefs jeweils weiterziehen. Ganz grob kann man sagen, dass sie meist in Richtung Osten ziehen – aber das ist natürlich nicht immer so. Auf der synoptischen Wetterkarte ist es leicht ablesbar: Jedes Tief auf der Karte geht seinen eigenen Weg, der von den Isobaren im jeweiligen Warmsektor vorgegeben wird.

Nord- und Ostseewetter

- Wird durch die durchziehenden Tiefs und die dazugehörigen Warm- bzw. Kaltfronten bestimmt
- Zwischen den Tiefs liegen Hochdruckgebiete
- Die Tiefs ziehen im Sommer meist nördlich von den typischen Segelrevieren von West nach Ost, und die Fronten zeigen wie zwei nach Süden gerichtete Arme: erst die Warmfront und dann die Kaltfront
- Um ein Tief weht der Wind (auf der nördlichen Halbkugel) immer gegen den Uhrzeigersinn, um ein Hoch im Uhrzeigersinn
- Synoptische Wetterkarten sind sehr hilfreich, um auf einen Blick die Gesamtlage zu verstehen
- Warmfronten melden sich durch Wolken an und geben Nieselregen und schlechte Sicht, oft auch nach der Front (»Warmsektor«), aber kaum Starkwind
- Kaltfronten kommen plötzlich ohne Vorwarnung als riesige Cumulonimbuswand. Sie bringen Regen- oder Gewitterschauer, böigen Wind und besonders nach der Front bei klarem Himmel oft Starkwind. Nach der Front: Gute Sicht und vereinzelt Schauer

Das Zentrum des Tiefs bewegt sich dabei parallel zu den Isobaren des eigenen Warmsektors.

Das heißt konkret: Der Skipper muss nur die Isobaren im Warmsektor betrachten, die meist erstaunlich parallel zueinander laufen. Genau in die Richtung, in der die Isobaren hier verlaufen – von der Kaltfront zur Warmfront gemessen –, wird sich das Tief in den nächsten Stunden sehr wahrscheinlich weiterbewegen.

WELLEN

Was ist die maximale Wellenhöhe, bei der ich segeln sollte?

Zwei oder mehr Meter hohe Wellen auf dem Atlantik können durchaus als angenehm erlebt werden. Als lang gestreckte Dünung heben sie das Schiff sachte auf und ab. In Küstennähe, bei untiefem Wasser oder bei Strom gegen Wind können bereits viel kleinere Wellen schon gefährlich steil werden. Zusätzlich kommt es nicht nur auf die Steilheit der Wellen an, sondern auch darauf, von welcher Seite die Wellen auf das Boot treffen: ob von der Seite, vom Bug oder von achtern. Generell kann vor Wellen gewarnt werden, die höher sind als die eigene Schiffsbreite, zeitgleich brechen und dabei von der Seite einschlagen. Diese Wellen können jedes Schiff zum Kentern bringen! Die meisten Fahrtenschiffe würden sich gleich wieder mit dem Kiel nach unten zurückdrehen – hoffentlich mit noch stehendem Mast und wohlbehaltener Crew. Das eigene Schicksal sollte dennoch lieber nicht herausgefordert werden. Weitaus besser ist es, dieser gefährlichen Situation aus dem Weg zu gehen, z. B. durch eine Kursänderung oder Beidrehen, sodass die Wellen ungefähr mit einem Winkel von weniger als 50–60° von vorn auf den Bug zurollen. Alternativ kann der Skipper auch abdrehen, um die Wellen von achtern zu nehmen.

Für die Törnplanung ist also nicht nur die Wellenhöhe von Bedeutung, sondern ebenfalls die Wellenperiode, die in Sekunden angegeben wird. Je kürzer die Periode, desto öfter rollen die Wellen unter dem Schiff hindurch und umso steiler werden sie bei gleicher Wellenhöhe. Wenn beispielsweise nach nur vier Sekunden die nächste Welle mit 2 m Höhe auf mich zukommt, ist dies eine viel unangenehmere, steilere Welle, als wenn eine gleich hohe Welle nur alle acht Sekunden kommt. Auf dem Atlantik sind nicht selten sehr lange

Wellenperioden von 12–13 Sekunden anzutreffen. Das Boot segelt auf dem Atlantik zudem raumschots oder vor dem Wind mit den Wellen von achtern, sodass die Wellen in einem angenehmen Rhythmus gleichmäßig anrollen, und da Wellen und Boot die gleiche Richtung haben, scheinen die Wellen zudem noch seltener unter dem Kiel hindurchzulaufen. Aus diesem Grund wird Ozeansegeln von vielen Seglern – im Vergleich zu den kurzen, wenngleich viel niedrigeren Wellen in Küstennähe – als angenehmer erlebt. Je länger der Wind freien Lauf über das offene Meer hat (= langer »Fetch«), desto länger wird die Periode und desto angenehmer sind die Wellen.

Wellen

- Bei den Wellen ist nicht nur die Wellenhöhe, sondern auch die Periode, die in Sekunden angegeben wird, von Bedeutung
- Steile Wellen haben eine kurze Periode, da sie öfter kommen, und lange, angenehme Dünung hat eine lange Periode

TIPP Wellen »stolpern« über den Untergrund und können über oder hinter Untiefen unangenehm wirken. Daher bei Dünung oder größeren Wellen Untiefen von 10 m oder weniger gern weiträumig umfahren.

- Dem Winddruck in den Segeln kann durch Reffen entgegengewirkt werden, bei Wellen kann nur der Kurs geändert werden, um angenehmere Bedingungen zu haben
- Wellen können noch lange nach dem Abklingen eines Starkwindes weiter existieren (»alte See«), was als sehr unangenehmes »Umherdümpeln« erlebt werden kann

In Tidengewässern oder in Flussmündungen kommt ein weiterer Aspekt hinzu: Sind Windrichtung und Strömung in entgegengesetzter Richtung, werden die Wellen deutlich steiler erlebt (kürzere Periode). Wenn die Tide nach ein paar Stunden kentert und sich Wind und Strömung in die gleiche Richtung bewegen, werden gleich hohe Wellen als viel länger und angenehmer aufgefasst. Selbst wenn die Periode der Wellen aus einer Wetter-App herausgelesen werden kann, sollte der Skipper deshalb die dazugehörigen Gezeitenströme in seine Überlegungen miteinbeziehen, wenn er den Törn plant. Manchmal kann es sogar Sinn ergeben, gegen einen schwachen Strom zu segeln, um dadurch in den Genuss einer längeren Wellenperiode zu kommen.

Die eigenen Grenzen zu setzen, bei welcher Wellenhöhe, Periode und Wellenrichtung gesegelt werden soll, ist vor allem abhängig von Schiff,

Besatzung, Strömungsrichtung, Hinweisen und Warnungen auf der Seekarte sowie der eigenen Erfahrung. Nur von der Wellenhöhe als Grenze zu sprechen, würde einige wichtige Aspekte auslassen.

Was ist beim Wettercheck wichtiger? Der Wind oder die Wellen?

Beim Wind verhält es sich ähnlich wie bei den Wellen: Ein und dieselbe Windstärke kann abhängig von weiteren Bedingungen völlig unterschiedlich erlebt werden. 7 oder mehr Windstärken können durchaus als ein harmloses Abenteuer erlebt werden – vorausgesetzt, die Wellen sind angenehm lang, rollen regelmäßig von achtern heran, und es wird nur mit einer kleinen Genua und völlig weggerefftem Großsegel vor dem Wind gesegelt. Wenn aber gegen den Wind bei steilen Wellen und übertriebener Schräglage (durch zu viel gesetzte Segel) angekämpft werden muss, können sich schon erheblich weniger Windstärken äußerst unangenehm anfühlen und sogar gefährlich werden.

Starkem Wind kann jedoch – im Vergleich zu hohen Wellen – durch Verkleinern der Segelfläche sehr einfach die Kraft genommen werden. Daher stellt viel Wind ein deutlich kleineres Problem beim Segeln dar als hohe Wellen.

NEBEL

Ist Nebel gleich Nebel?

Wolken auf Boden- oder Meeresniveau werden als Nebel bezeichnet. Er entsteht, wenn die Temperatur bis zum Sättigungspunkt – dem sogenannten Taupunkt (»Dewpoint«) – absinkt. Der wetterabhängige Taupunkt wird bei Wettervorhersagen manchmal mit angegeben. Je kleiner die Marge zwischen derzeitiger Temperatur und Taupunkt ist, desto größer ist das Nebelrisiko. Ist die Differenz gleich null, entsteht Nebel.

Die Temperatur kann auf Meeresniveau vor allem auf zwei verschiedenen Wegen bis zum Taupunkt herabsinken. Daher gibt es zwei Nebelsorten, die ganz unterschiedlich entstehen und wieder verschwinden. Eine dritte Nebelsorte kann durch bodennahe Stratuswolken bei Warmfronten beobachtet werden.

Was ist Strahlungsnebel? Wie lange bleibt er, und wann verschwindet er?

Strahlungsnebel (auch »Landnebel« genannt) tritt typischerweise im Herbst und Winter bei Hochdrucklagen auf, wenn ein sternklarer, kalter und vor allem windstiller Nachthimmel die Wärmestrahlen in den Weltraum entweichen lässt. Die daraus resultierende Temperaturabsenkung tritt vor allem über Land auf, da Land seine Temperatur durch Strahlung viel schneller abgeben kann als Wasser. Am Boden, besonders über feuchten Flusstälern sowie in Küstennähe, entsteht nun eine kalte, dünne Nebelschicht, die nicht sonderlich hoch reicht. Berge oder sogar hohe Gebäude ragen oft aus dem undurchsichtigen Nebelmeer heraus.

Da kalte Luft schwerer ist als warme, fließt die Luft mitsamt dem Nebel besonders in Flusstälern während der Spätnacht und in den frühen Morgenstunden langsam zum Meer hinab. Dort kann die Nebelbank noch 1–2 sm weiter aufs Meer hinausgleiten bis das wärmere Wasser die Luft so weit erwärmt, dass sich der Nebel vor der Küste langsam auflöst. Aus diesem Grund tritt Strahlungsnebel weiter von der Küste entfernt kaum auf.

Der Vorteil: Kaum ist die Sonne nach der kalten Nacht am klaren Himmel erschienen, brennt sie den undurchdringlichen Nebel weg. Gegen Spätvormittag ist er meist verschwunden, und es entwickelt sich oft ein sonniger, windarmer Tag. Bleibt die Hochdrucklage bestehen, kann man damit rechnen, dass sich das Spiel am kommenden Morgen wiederholt.

Was ist Advektionsnebel? Wie lange bleibt er, und wann verschwindet er?

Bei Advektionsnebel wird die Temperatur auf eine ganz andere Weise gesenkt, nämlich durch die Bewegung (= Advektion) von Luft. Diese wird von feuchtwarmen Gebieten in kältere Gegenden transportiert. Meist wird die Luft von südwestlichen Winden aus dem feuchtwarmen Atlantik in Richtung Norden getragen. Hier ist – besonders im Frühling und Frühsommer – das Wasser noch sehr kalt. Die Luft kühlt immer weiter bis zum Taupunkt ab, und durch die kondensierten Wassertröpfchen wird die Sicht sukzessive verschlechtert. Der Nebel tritt hier über dem Meer auf und wird deshalb auch »Meernebel« genannt. Er widerlegt die Behauptung, dass Nebel nur bei Windstille existieren könne. Aber: Je mehr Wind, desto mehr Durchwirbelung und umso besser wieder die Sicht.

Der Advektionsnebel verschwindet

auch am Tag nicht, welcher oft bewölkt bleibt. Da Südwestwinde oft nach einer Warmfrontpassage zu beobachten sind, muss der Segler häufig bis zu einer Veränderung der Großwetterlage warten, bis der Nebel sich verzieht – beispielsweise bis eine Kaltfrontpassage eine Winddrehung nach Nordwesten bewirkt und kalte, trockene Polarluft dem Advektionsnebel ein Ende bereitet.

Die gute Nachricht: Obwohl der Advektionsnebel tagelang bleiben kann, ist die Sicht oft nicht ganz so schlecht wie bei Strahlungsnebel, sodass erfahrene Segler bei moderater Sicht immer noch segeln können.

Was ist Frontnebel? Wie lange bleibt er, und wann verschwindet er?

Es gibt noch eine dritte Form von Nebel, die weniger bekannt ist: der Frontnebel. Bei einer Warmfrontpassage können die zur Front gehörenden Stratuswolken bis zur Wasseroberfläche herabreichen. Dann entsteht genau bei der Warmfrontpassage Nebel, der aber nach dem Durchzug der Passage sofort wieder verschwindet, wenn er nicht direkt durch Advektionsnebel abgelöst wird. Bei Kaltfronten entsteht jedoch kein Nebel.

Nebelsorten

Strahlungsnebel:

- Entsteht nachts bei windstillen, sternklaren Nächten über Land und besonders in Flusstälern
- Besonders häufig: im Herbst und Winter in Landnähe
- Ist oft sehr dick mit Sichtweite unter 1 km
- Wird von der Sonne am Spätvormittag oder gegen Mittag aufgelöst
- Ein sonniger, windarmer Tag folgt
- Bei Strahlungsnebel sollte man besser im Hafen bleiben

Advektionsnebel:

- Entsteht, wenn warme, feuchte Luft über kaltes Wasser bewegt wird
- Besonders häufig: im Frühling und Frühsommer auf dem Meer
- Kommt in Kombination mit Wind vor
- Verschwindet erst, wenn die Großwetterlage sich verändert
- Die Sicht ist meist nicht so schlecht, dass erfahrene Segler nicht segeln könnten

Soll ich bei Nebel im Hafen bleiben?

Reduzierte Sicht bedeutet noch lange keinen Nebel. Meteorologisch gesehen spricht man von Nebel bei einer Sichtweite unter 1 km. 1 km bis 2 sm Sicht gelten als schlechte Sicht, 2–5 sm als moderate Sicht und über 5 sm als gute Sicht. Oft hat man das Gefühl, dass Nebel herrscht, nur weil die nächste gut 2 sm entfernte Küste nicht mehr sichtbar ist. Wer von der Hafenmole aus nur eine graue Suppe sieht, kann schwer abschätzen, wie weit die Sicht wirklich ist. Mithilfe der Reichweitenringe auf dem Radar kann der Abstand zu einem gerade noch sichtbaren Ziel gemessen werden. Nicht selten wird man erstaunt sein, wie gut die Sicht eigentlich noch ist – die gewohnten Referenzen fehlen nur.

Wer morgens nach einer klaren, kalten Nacht aus der Luke dicken Nebel sieht, hat wahrscheinlich recht: Dies ist sicherlich Strahlungsnebel, der sich gegen Mittag auflösen dürfte. Da die Sicht bei Strahlungsnebel oft sehr schlecht ist, lohnt sich das Warten auf die wärmenden Sonnenstrahlen. Herrscht hingegen Advektionsnebel, ist die Sicht selten ganz schlecht, und so können sich erfahrene Segler mit radarversehenen Booten und entsprechenden Kenntnissen bei moderater Sicht sehr wohl mit Vorsicht noch aus dem Hafen wagen. Ein nicht allzu schlimmer Advektionsnebel kann sogar eine gute Übung in Radarnavigation sein.

Bei wirklichem Nebel (also Sicht unter 1 km) sollte das Segeln nur den absoluten Profis mit sehr guten Radaranlagen und entsprechender Radarübung überlassen werden. Besser, man bleibt einfach im Hafen.

Sichtweiten
- Nebel: unter 1 km Sicht
- Schlechte Sicht: 1 km–2 sm
- Moderate Sicht: 2–5 sm
- Gute Sicht: über 5 sm
- Sichtweite mit Radar messen
- Oft ist die Sicht besser als »gefühlt«

WETTER-APPS, WETTERBESPRECHUNG UND PLANUNG

Worin unterscheiden sich Wetter-Apps?

Es gibt eine riesige Auswahl an Wetter-Apps, die auf unterschiedlichste Weisen das Wetter darstellen und verschiedene Quellen und Berechnungsmodelle benutzen.

Viele kostenfreie Apps holen sich die Wetterdaten von der amerikanischen »National Oceanic and Atmospheric Administration« (NOAA), die ihr »Global Forecast System« (GFS) umsonst anbietet. Hierbei handelt es sich um ein recht grobes Prognosemodell, das relativ wenig Rücksicht auf lokale Wetterphänomene, Inseln oder Buchten nimmt. Andere Modelle, die teilweise Geld kosten, präsentieren viel exaktere Berechnungen und können daher lokale Vorkommnisse besser voraussagen. So wird beispielsweise Wetter hinter und um Inseln angegeben oder die Windbeschleunigung in Sunden berücksichtigt. Es erklärt sich von selbst: Wenn alle drei Stunden mit einer Auflösung von 1 km Prognosen gemacht werden, verlangt dies vom Anbieter enorm viel mehr Rechenkapazität, als wenn mit einer 8- oder 50-km-Auflösung alle sechs oder zwölf Stunden eine Aussage getroffen werden soll.

Apps, die kostenpflichtig sind, bieten meist noch mehr. Sie benutzen oftmals eigene mathematische Modelle oder kaufen sich teure Prognosen von etablierten Institutionen ein. Praktisch ist, wenn die unterschiedlichen Prognosen in der App simultan nebeneinander angezeigt werden können, um die Modelle miteinander vergleichen zu können. Stimmen sie überein, kann man davon ausgehen, dass die Prognose relativ sicher ist.

Manche Anbieter geben zudem weitere interessante Informationen an, wie z. B. neben der Windgeschwindigkeit und -richtung auch zu erwartende Böen sowie den CAPE-Wert (»Convective Available Potential Energy«). Dieser Wert stellt ein Maß der Instabilität der Luft dar und macht eine Angabe über das Risko von Cumulonimbuswolken (Kaltfront, Gewitter, Böen etc.). Wenn eine Aussage über Wellen getroffen wird, sollte die App nicht nur Wellenrichtung und Höhe, sondern auch die Periode angeben. Fronten werden bei Apps leider (noch) nicht angezeigt.

Was einige teure Apps inzwischen richtig gut können, ist, eine Routenplanung zu erstellen. Man gibt eine Route von A nach B vor, und die App errechnet das zu erwartende Wetter für den jeweiligen Reisezeitpunkt. Sie macht zudem Vorschläge, wann optimal gesegelt werden könnte, um entweder auf schnellstem Weg von A nach B zu kommen (z. B. während Regatten) oder am bequemsten, was selten die gleichen Kurse sind. In der App können die eigenen Grenzwerte angegeben werden, z. B. unter welcher Geschwindigkeit motort wird oder welcher maximale Wind oder welche Wellengröße gewünscht wird. Diese vom Anwender angegebenen Wettergrenzwerte werden bei der Routenplanung berücksichtigt. Gute Apps schlagen mehrere Routen vor, die für die jeweiligen Computermodelle einzeln präsentiert werden.

Letztlich entscheidet der Segler selbst, an welchem Tag oder zu welcher Stunde er die geplante Strecke segeln möchte, um möglichst schnell oder bei schönem Wetter zu segeln. Für eine korrekte Berechnung ist natürlich das Wissen um die eigene Geschwindigkeit unter verschiedenen Segelvoraussetzungen bzw. beim Motoren von Bedeutung. Eine solche vom Wind abhängige Geschwindigkeitstabelle zu erstellen, macht viel Sinn, denn eine App mit Routenplanung benötigt dieses sogenannte »Polardiagramm«, um eine richtige Routenplanung zu erstellen. Wer das für sein Schiff nicht kennt, kann bei dem App-Lieferanten oder im Internet vielleicht Glück haben und findet ein Polardiagramm für das eigene Bootsmodell.

Welche Wetterdaten sollte ich vor dem Törn ansehen?

Zunächst sollte die synoptische Wetterkarte angeschaut werden, die aktuell aus dem Internet gezogen werden kann. Die meisten Hydrographischen Institute, wie z. B. der Deutsche Wetterdienst, Met Office der UK oder MeteoFrance bieten diese Wetterkarten für ganz Europa im Netz an. Die Karte sollte Tiefs und Hochs eingezeichnet haben, Isobaren und Fronten. Wichtig ist, festzuhalten, für wann das Bild gilt. Daher sollte neben dem Erstellzeitpunkt auch der Zeitpunkt für die zu erwartende Prognose aus der Karte hervorgehen. Je weiter das Bild in die Zukunft gezeichnet ist, desto unsicherer ist die Vorhersage.

Wer ein Wetterfaxgerät an Bord hat, erhält die Wetterkarten aktuell und automatisch – sogar ohne Internetzugang auf hoher See über Langwelle, Mittel- und Kurzwelle.

Nachdem das Gesamtbild der Wetterlage deutlich ist, kann man die von Meteorologen gemachten Interpretationen und von Computern durchgeführten Berechnungen besser verstehen und die Prognosesicherheit auch selbst besser beurteilen. Die

Prognosen können unterschiedlich präsentiert werden, z. B. werden sie in Textform als NAVTEX-Mitteilungen ausgestrahlt. Diese Nachrichten werden zusätzlich auch im Radio oder über UKW zu vorgegebenen Zeiten vorgelesen, falls man kein entsprechendes NAVTEX-Empfangsgerät an Bord hat. Wer in unmittelbarer Küstennähe segelt, kann auch im Internet Prognosen herunterladen, die in entsprechenden Apps oft grafisch dargestellt werden.

Wenn sowohl die Großwetterlage als auch die detaillierte Prognose bekannt sind, kann die konkrete Törnplanung beginnen.

Wetter-Apps

- Ein Wetter-App ist eine vom Computer erstellte Prognose und keine von einem Meterologen erstellte synoptische Wetterkarte
- Es gibt kaum Apps, die die Fronten zeigen, die das Wetter deutlich beeinflussen
- Den Apps liegen verschiedene »Modelle« zugrunde, die es zu unterscheiden gilt. Es macht Sinn, die verschiedenen Modelle zu vergleichen, nicht aber die von App zu App unterschiedlichen Darstellungsformen identischer Modelle
- Gute Apps zeigen mehrere Modelle zum Vergleichen. Stimmen sie überein, ist die Prognose sicherer, unterscheiden sie sich, ist sie unsicherer
- Einige Apps können Routen vorschlagen, die vom Wetter und den eigenen Grenzwerten abhängen
- Einige Apps können verschiedene Starttermine vergleichen, um den besten Start zu wählen
- Auch wenn Apps benutzt werden, sollte man sich trotzdem zuerst die Übersicht durch eine synoptische Wetterkarte verschaffen

DER NAVIGATIONSCHECK

Muss ich vor jedem kleinen Törn einen Navigationsplan erstellen?

Im engeren Sinn sollte für jeden noch so kleinen Törn zumindest im Kopf die Segelstrecke kurz durchdacht sein. Es gibt hoffentlich kaum einen Segler, der, ohne sich vorher die Seekarte zumindest einmal kurz angeschaut zu haben, einfach aus dem Hafen läuft und blauäugig mit dem Gedanken ablegt, der Plotter wird es schon richten. Was beim Pkw mit einem Navi funktionieren mag, ist auf See um ein Vielfaches komplexer.

Wer regelmäßig in seinem bekannten, strömungslosen Heimatrevier für ein Wochenende zum benachbarten Hafen übersetzt, braucht natürlich keinen detaillierten schriftlichen Plan mit Strömungsdreiecken und Dieselkraftstoffberechnungen. Aber schon wer in Tidengewässern für einen kurzen Übersetzer zum bekannten Nachbarhafen auslaufen will, sollte schnell nachschlagen, was die Gezeiten heute so vorhaben.

Einen Plan vor dem Auslaufen zu machen, ist auch seekartentechnisch viel angenehmer, als während des Törns am Plotter kleine Schriften zu entziffern oder bei Wellengang in Büchern nach Sperrgebieten zu suchen. Wer plant, hat einen großen Vorteil.

Jeder sollte seinen Navigationscheck so pragmatisch angehen, wie es ihm persönlich angenehm ist. Sollte es aber zu einem Unfall unterwegs kommen, werden Behörden und Versicherer sicher auch in Erfahrung bringen wollen, wie gewissenhaft der Planungspflicht nachgegangen wurde. Ein paar schriftliche Notizen zur Vorbereitung des Törns können sehr wertvoll sein. Die Vorbereitung vor dem Auslaufen als nette Crewbesprechung mit den Mitseglern zu gestalten, macht Spaß, involviert und motiviert die Mitsegler und macht Vorfreude.

Muss ich mich als Anfänger überhaupt mit Gezeiten beschäftigen?

In Revieren ohne Tide ist das Fahrtensegeln weniger komplex und für Anfänger deshalb auch weniger abschreckend. Es liegt demnach auf der Hand, als unerfahrener Segler erst in Revieren mit wenig oder gar keiner Tide zu segeln.

Mit Ausnahme von Ostsee und Mittelmeer gehören in den meisten Revieren dieser Welt jedoch Tiden mehr oder weniger als Naturerscheinung dazu. Deshalb werden sich Fahrtensegler früher oder später wahrscheinlich mit dem Thema beschäftigen. Vorteilhaft eingesetzt, bringt richtige Tidenplanung sogar einen großen Vorteil. Wer geschickt plant, kommt schneller an, hat deutlich mehr Spaß und weniger Stress beim Segeln. Sogar das An- und Ablegen kann in Häfen mit Strömung einfacher sein, wenn man weiß, wie man die Strömungskraft geschickt zur Unterstützung des Manövers ausnutzt.

Das benötigte Theoriewissen wird einmal erarbeitet, zu Beginn der Segelsaison kurz aufgefrischt und immer wieder eingesetzt. Schließlich wird die Tidenplanung ebenso zur Routine wie z. B. der Wettercheck. Daher gilt: Keine Angst vor Gezeiten!

Reicht zum Planen die elektronische Seekarte des Plotters, PCs oder Tablets?

Elektronische Navigation ist ein äußerst hilfreiches Navigationshilfsmittel. Wer aber nicht mindestens mit einem 24 Zoll großen »Electronic Chart and Display System« (ECDIS) Bildschirm der Berufsschifffahrt unterwegs ist, kann auf den kleinen Plottern der Freizeitsegler schnell die Übersicht verlieren. Ein echtes ECDIS-System, das offiziell Papierkarten ersetzen darf, ist auf Fahrtenschiffen kaum zu finden. Die im Vergleich zum ECDIS sehr kleinen Bildschirme eines Plotters, Tablets oder Laptops erlauben kaum, dass Details und Übersichten gleichzeitig geboten werden: Eingezoomt sind zwar alle Details zu erkennen, die Gesamtübersicht fehlt aber. Umgekehrt sind ausgezoomt zwar Ausgangs- und Zielhäfen zu sehen, dafür werden aber alle kleineren Details ausgeblendet – was sehr gefährlich sein kann. Denn wer Details nicht sieht, übersieht womöglich, dass ein Kurs unabsichtlich über eine Untiefe, quer durch einen Windpark oder diagonal über ein Verkehrstrennungsgebiet gelegt worden ist. Nur wenige (teure) Navigationsprogramme für den PC überprüfen geplante Strecken ähnlich wie ein ECDIS auf eventuelle Hindernisse, Untiefen und andere Gefahren und nehmen zudem auf prognostizierte Strömungen, Tide, Wetter und die eigene Bootsgeschwindigkeit als Funktion der Windrichtung und -stärke bei der Routenplanung Rücksicht. Die meisten Plotter oder Apps sind (noch) nicht so ausgeklügelt.

Um bei der Törnplanung das Gesamtbild bzw. die Übersicht zu behalten, gibt es nichts Nützlicheres als eine große Papierkarte. Auf der Papierkarte können einfach mit einem Bleistift Notizen gemacht, Kurse eingezeichnet sowie Wegpunkte notiert werden. Kartenzeichner haben sich bei der Herstellung genau überlegt, welche Informationen für die Planung wesentlich sein könnten: Ortsnamen großer Häfen, Details für Ansteuerungen, die großen Leuchttürme und Leitfeuer für die Küstennavigation, Verkehrstrennungsgebiete und alles Weitere, was für die Planung von Bedeutung ist, findet sich auf einer Übersichtskarte wieder.

Viele der elektronischen Seekarten (nämlich die »Vektorkarten«) bestehen hingegen aus verschiedenen Layers, die mit ihren unterschiedlichen Informationen wie transparente Folien aufeinandergelegt werden. Wenn der Navigator für die Planung auszoomt, wird kurzerhand ab einem gewissen Maßstab ein gesamter Layer mitsamt allen Leuchttürmen, Bojen, Ortsnamen etc. komplett ausgeblendet. Ab wann ein Layer komplett ausgeblendet wird, ist vom Hersteller, Modell und vor allem von der Schirmgröße abhängig.

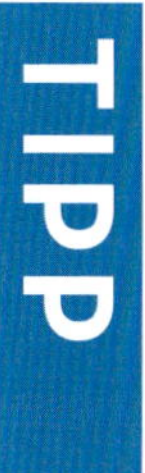

Wer die klassische Navigation übt und beherrscht, wird auch im Notfall (z. B. Stromausfall, Blitzeinschlag, Computercrash etc.) nicht überfordert sein, ad hoc mit klassischer Navigation weiterzusegeln.

Welche Seekarten gibt es zur Auswahl?

Es muss nicht unbedingt nach den großen offiziellen Seekarten der Hydrographischen Institute der jeweiligen Länder navigiert werden, die in erster Linie für die riesigen Kartentische der Berufsschifffahrt produziert werden. Es gibt heute sehr durchdachte Papierkarten für Sportschiffe, die viel handlicher und günstiger sind.

Die praktischen Sportbootkarten werden in Sätzen angeboten und beinhalten sowohl Übersichtskarten zum Planen als auch Detailkarten für ein ganzes Revier. Die Sportbootkarten der verschiedenen Herausgeber unterscheiden sich erheblich, und der Käufer tut gut daran, sich mit den verschiedenen Formaten vertraut zu machen.

Einige Herausgeber von Sportbootkarten geben auch eine zusätzliche elektronische Seekarte für den PC oder das Tablet als Bonus hinzu. Beispiele für führende Sportbootkartenanbieter sind der NV-Verlag, der Delius Klasing Verlag und IMRAY sowie auch die vielen nationalen Herausgeber, wie der BSH in Deutschland oder Hydrographica in Schweden.

Für Segler, die sich nicht mit den kleingeschnittenen Sportbootkarten in DIN A2 oder A3 anfreunden mögen und stattdessen großflächige Seiten bevorzugen, eignen sich die klassischen 0,8 x 1,1 m (ca. DIN A0) großen IMRAY-Karten. IMRAY produziert besonders für Tidengewässer und das Mittelmeer praktische Seekarten für Sportboote. Sie sind wasserresistent, geben die notwendige Übersicht für die Planung und werden dann zum Verstauen auf DIN-A4-Größe gefaltet. So nehmen sie nur sehr wenig Platz im Schapp weg. An wichtigen Details fehlt es trotzdem nicht, denn über Landmassen sind kleine Ansteuerungskarten mit großem Maßstab eingeblendet. So können zumindest die wichtigsten Häfen mit Papier angesteuert werden, sollte die Elektronik unerwartet versagen.

Was benötige ich neben Papierseekarten noch für die Planung?

Neben Papierkarten ist für die Törnplanung ein jahresaktueller Almanach und eventuell ein Revierführer (»Pilot Book«) notwendig. Die Papierkarte stellt die Strecke dar, der Almanach gibt tagesaktuelle Gezeiteninformationen sowie jahresaktuelle Hafeninformationen. In Revieren ohne Gezeiten (Ostsee, Mittelmeer) ist ein Almanach nicht notwendig. Sobald aus dem Nord-Ostsee-Kanal in die Nordsee übergesetzt wird, kann ohne Almanach nicht gesegelt werden. Die beiden führenden Almanach-Produzenten für die gesamte atlantische Küste von Gibraltar bis nach Norwegen sind IMRAY und Reeds. Der IMRAY-Almanach ist generell günstiger, da er nur alle zwei Jahre neu aufgelegt und in zwei Bänden gedruckt wird: statische Informationen in einem Band sowie die Gezeitenkalender der Bezugsorte im anderen. Der Reeds-Almanach wird jedes Jahr neu aufgelegt, ist deshalb aktueller und beinhaltet deutlich mehr Detailinformationen wie z. B. Telefonnummern der Servicestellen in den Häfen etc.

Ein Revierführer ist sehr hilfreich, um für das Revier ein paar nützliche detaillierte Zusatzinformationen, wie z. B. navigatorische, kulinarische oder pragmantische Tipps, zu erhalten. Mit den vielen wichtigen Hinweisen

Utensilien für den Passageplan

- Papierkarten
- Almanach für Tidengewässer
- Revierführer
- 2B-Bleistift, Radiergummi, Spitzer
- Notizblock
- Kleine Post-its als Lesezeichen
- Navigationsbesteck (Zirkel, Portland Plotter oder Kursdreieck)
- Evtl. Taschenrechner (auch als App im Handy)

Die sieben Schritte für den Navigationscheck
1. Grobe Abschätzung des Törns
2. Gefahren und Funkfrequenzen
3. Gezeitenhöhen
4. Gezeitenströmung
5. Der zu steuernde Kurs (CTS)
6. Geschätzte Position (EP)
7. Pilotage- und Passageplan

macht ein Revierführer das Gebiet für Segler zugänglicher, attraktiver und lebendiger als nur die trockenen Fakten der Seekarten.

Mit diesen drei Publikationen (Papierkarte, Almanach, Revierführer) kann bestens geplant werden. Noch einen gespitzten Bleistift in der Hand, einen Notizblock daneben, einen Einhand-Marinezirkel und ein Kursdreieck oder – noch einfacher – einen Portland Plotter in Bereitschaft, und es kann losgehen mit der Planung!

GROBE ABSCHÄTZUNG DES TÖRNS

Was ist eine Seemeile, und wie misst man sie auf der Karte?

Die gesamte Erde ist wie mit einem gedachten Netz aus Breiten- und Längengraden umspannt. Sie bilden quasi ein Koordinatensystem. Wenn eine Position angegeben werden soll, wird dies mit einem Breitengrad und mit einem Längengrad getan. Mit beiden Werten lässt sich jeder Punkt auf der Erde bestimmen.

Breitengrad: Wie weit nördlich oder südlich vom Äquator

Um die Position in Nord-Süd-Richtung anzugeben, wird der Winkelabstand zum Äquator benutzt. Der Äquator hat einen Breitengrad von 0°, der Nordpol von 90°. Hamburg liegt beispielsweise auf etwas mehr als dem 53. Breitengrad. Das bedeutet, dass Hamburg gute 53° vom Äquator und knapp 37° vom Nordpol entfernt ist.

Breitengrade sind also horizontal angebrachte Ringe um die Erde und werden zum Pol hin immer kleiner, bis sie an den Polen bei 90° zu einem Punkt zusammenschrumpfen. Als Eselsbrücke kann man sich merken, dass Breitengrade eben »breit« sind, also von links nach rechts gehen. Wichtig: Die einzelnen Ringe sind nicht gleich groß. Der Äquator ist maximal groß und der einzige

Breitengrad, der sich wegen seiner maximalen Größe als »Großkreis« bezeichnen lässt.

Jeder einzelne Grad wird in 60 »Bogenminuten« aufgeteilt. Von einem Breitengrad zum nächsten werden diese Minuten kurzerhand »Seemeilen« (sm) genannt. Vom Äquator bis zum Nordpol sind es also 90° x 60 Minuten = 5.400 sm.

Um eine auf der Seekarte gemessene Distanz zu ermitteln, wird sie immer mit dem Abstand zwischen zwei Breitengraden verglichen. Ist der Abstand genau ein Breitengrad, handelt es sich um 60 sm, ist der Abstand ein halber Breitengrad, redet man von 30 sm und ist der Abstand 1/60 eines Breitengrades, hat man 1 sm gemessen.

Der Abstand zwischen Breitengraden wird also entlang von Linien gemessen, die vom Südpol über den Äquator bis zum Nordpol reichen. Diese Linien heißen Längengrade.

Längengrad: Wie weit östlich oder westlich von London (Greenwich)

Längengrade sind die gedachten vertikalen Linien auf der Erde, die von Pol zu Pol führen. Einer dieser Längengrade heißt »Meridian« und wird mit 0° definiert. Lange Zeit hatte jedes Land mit Seefahrerstolz übrigens seinen eigenen Meridian, und Seekarten hatten unterschiedliche Längengradreferenzen. Heute ist definiert, dass der Meridian durch London – oder besser gesagt durch die kleine maritime Vorstadt Greenwich an der Themse – läuft. Hamburg liegt etwa 10° östlich von Greenwich.

Die Position von Hamburg auf der Erde wird also mit ca. 53° 30' N, 010° 00' E angegeben (N für nördlich des Äquators; E für »East« oder östlich des Meridians). So kann auch jeder andere Punkt dieser Erde einer individuellen Positionsangabe zugeordnet werden. Es wird standardmäßig immer erst der Breitengrad mit zwei Ziffern und dann der Längengrad mit drei Ziffern angegeben, gefolgt von den Bogenminuten mit zwei Ziffern, die von 0 bis 59 reichen. Die Bogenminuten werden nach dem Komma dezimal in Zehntel und Hundertstel Bogenminuten angegeben. Somit hat der City Sporthafen Hamburg die genaue Position: 53° 32,59' N 009° 58,82' E.

Es fällt auf, dass der Umfang sämtlicher Längengrade gleich lang und maximal groß ist. Bei den Breitengraden ist das nicht so: Nur der erste Breitengrad um den Äquator (00° 00' N oder S) ist so lang wie ein Längengrad, alle anderen Umfänge der Breitengrade werden zu den Polen hin immer kürzer. Deshalb gilt: Nur entlang eines Längengrades entspricht ein Sechzigstel eines Grades genau einer Seemeile. So muss jede gemessene Distanz, die mit dem Zirkel irgendwo auf der Seekarte in irgendeiner Richtung abgesteckt wird, nur an einem dieser Längengrade abgemessen werden. Diese befinden sich auf der Karte links und rechts am Rand.

Distanzen dürfen niemals am oberen oder unteren Rand der Seekarte abgesteckt werden, denn dort befinden sich die Breitengrade. Die Skalen oben und unten an der Seekarte werden ausschließlich für die Positionsbestimmung benutzt. Nur an einem Längengrad (links oder rechts am Kartenrand) darf die Distanz gemessen werden.

TIPP

Seekarten haben unterschiedliche Maßstäbe, und es geschehen viele Fehler, nur weil nicht sofort erkannt wird, was einer Minute = Seemeile entspricht. Deshalb der Tipp: immer gut kontrollieren, was die abwechselnd schwarz und weiß gekennzeichneten Balken und die einzelnen Striche am Kartenrand links und rechts genau bedeuten.

Abstände, die kürzer als 1 sm sind, können natürlich auch gemessen werden. Seemeilen werden dezimal mit einem Komma angegeben. 0,25 sm bedeuten also $^{2}/_{10}$ sm und $^{5}/_{100}$ sm oder anders: $^{1}/_{4}$ sm.

»ZUM MITSCHNACKEN«

Die Stellen hinter dem Komma haben auch Namen. Der meist gebrauchte Ausdruck ist die Zehntel-Seemeile, die »Kabellänge« heißt. »Cable« ist die alte Standardlänge eines Ankertaus der Royal Navy, und ein Ankertau heißt auf Englisch noch immer »Cable«. Distanzen unter einer Kabellänge (185,2 m) werden üblicherweise meist schlicht in Metern angegeben.

Wie kann ich ausrechnen, wie lange mein Törn dauern wird?

Zurück zur eigentlichen Törnplanung: Praktisch ist es, zunächst eine grobe Überschlagsrechnung zu machen. Wie weit ist es ungefähr zum Zielhafen, und welche Geschwindigkeit über Grund wird man in etwa erreichen? Die Distanz wird grob auf ein paar Seemeilen genau abgemessen. Die Bootsgeschwindigkeit über Grund wird mit Rücksicht auf Wind und Strömung so gut es geht auf einen Knoten genau überschlagen.

TIPP

Wenn der Abstand vom Ausgangshafen zum Zielhafen größer ist, als der Zirkel seine Beine spreizen kann: einfach am Längengrad (links oder rechts an der Seekarte) einen geeigneten Abstand abmessen (z. B. 10 sm), einstellen und dann mit diesem Abstand in einzelnen Zirkelschritten den gewünschten Törn »ablaufen« und dabei die »Schritte« zählen. Am Ende bleibt meist ein letzter kleinerer Schritt übrig, der an der Karte gesondert abgemessen wird.

»Knoten« (kn) ist die Geschwindigkeitsgröße in der Nautik. Knoten sind Seemeilen pro Stunde. Sowohl die Geschwindigkeit des Bootes als auch die Stärke der Strömung und die Stärke/Geschwindigkeit des Windes werden in Knoten angegeben. Dadurch lassen sie sich als Vektoren addieren. Zwar kann der Wind auch in Windstärken (Beaufort) oder als Meter pro Sekunde angegeben werden, gerechnet wird aber immer mit Knoten.

TIPP

Für Skandinaviensegler: Hier werden Windgeschwindigkeiten in Meter pro Sekunde angegeben. Multipliziert man diesen Wert mit 2, erhält man recht genau die Windgeschwindigkeit in Knoten.

Für die Berechnung der ungefähren Törndauer wird die Geschwindigkeit über Grund (»Speed Over Ground«; SOG) benötigt. Dazu ist es wichtig, die Strömung zu berücksichtigen und sie zur Fahrt durchs Wasser (je nach Strömungsrichtung) hinzuzuzählen oder abzuziehen.

Beispiel:
Segelt ein Boot mit 6 kn durchs Wasser und der Strom schiebt im Schnitt mit 1 kn mit, segelt man insgesamt mit 7 kn über Grund (SOG). In 6 Stunden legt man also 42 sm zurück (6 h x 7 kn).

Um die benötigte Zeit (für eine gewünschte Strecke bei gegebenem SOG) zu berechnen, wird die abgesteckte Distanz/Strecke durch den

SOG mit dem Taschenrechner geteilt. Aber Achtung: Die Stellen hinter dem Komma sind dann Zehntel und Hundertstel einer Stunde und nicht Minuten!

Beispiel:
Gemessene Strecke: 26 sm
Angenommene Geschwindigkeit über Grund: 6 kn
Der Taschenrechner ergibt: 26:6 = 5,33 Stunden.

Achtung: Das sind nicht 5 Stunden und 33 Minuten, sondern »5,33 Stunden«, was 5 Stunden und 20 Minuten entspricht. Einfach die zwei Stellen hinter dem Komma (hier: 0,33) mit 60 multiplizieren, und man erhält die Anzahl der Minuten. Solche exakten Zeitberechnungen können z. B. in Tidengewässern sehr wichtig sein.

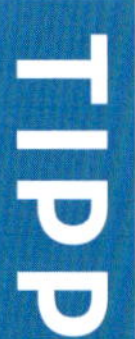

DST-Dreieck: Wer sich nicht merken kann, wie Distanz, Geschwindigkeit und Zeit zusammenhängen, malt sich schnell das »DST-Dreieck« auf einen Spickzettel. D steht für »Distance«, S für »Speed« und T für »Time«. Einfach mit der Hand den zu errechnenden Wert abdecken und dann die beiden sichtbaren Werte, falls sie übereinanderstehen, dividieren, und Werte, die nebeneinanderstehen, multiplizieren.

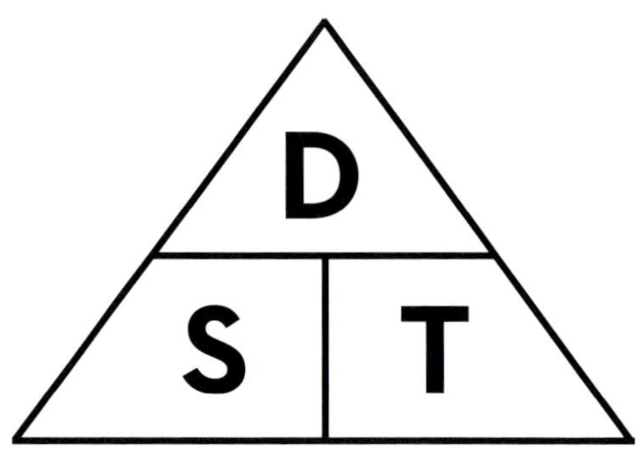

Somit ergibt sich:

D = S x T
S = D / T
T = D / S

Was mache ich, wenn ich meine Pläne während des Törns ändern möchte?

Für den Fall, dass der angestrebte Zielhafen aus irgendeinem Grund nicht anzulaufen ist, sollte mindestens ein Alternativhafen als Plan B existieren. Das ist besonders wichtig, wenn der Törn etwas länger angelegt ist.

Sinnvoll ist es, einen Alternativhafen auf halber Strecke einzuplanen, sollte die Lust auf einen langen Segeltag plötzlich abebben. Dafür kann es viele Gründe geben: Seekrankheit, verändertes Wetter oder ein Crewmitglied (vielleicht ein Kind oder ein Hund) hat schlichtweg keine Lust mehr.

Auch einen »Point of no Return« einzuplanen ist manchmal hilfreich, d. h. einen Punkt, an dem ein Weitersegeln die beste Alternative darstellt. Das könnte bei starker Strömung der Fall sein oder wenn raumschots oder vor dem Wind gesegelt wird. Hier kann ein Umdrehen bzw. gegen Wind und/oder Wellen zu segeln, unangenehmer sein, als die Strecke in einem Rutsch durchzusegeln. Ebenso kann auch die Alternative, zum Ausgangshafen zurückzukehren, eine wertvolle Option darstellen. Selbst wenn sich das für einige Kapitäne eventuell auf den ersten Eindruck »feige« anfühlen mag, so kann es seemännisch genau die richtige Entscheidung sein.

Grobe Abschätzung des Törns

- Die grobe Distanz zum Zielhafen mit dem Zirkel abstecken
- Die abgesteckte Distanz an den Längengraden links oder rechts an der Karte abmessen. Jede Bogenminute (1/60 eines Breitengrades) entspricht einer Seemeile
- Die Skalen am oberen und unteren Rand der Karte sind ausschließlich für die Bestimmung des Längengrades bei der Position zu benutzen
- Bei 6 kn Fahrt bedeutet eine Fehlschätzung von 1 sm einen Fehler von 10 Minuten, also kommt es auf ein paar Seemeilen nicht an
- Immer einen Plan B im Hinterkopf haben, z. B. wieder zum Ausgangshafen zurückkehren
- Alternativhäfen aussuchen, um den gesamten Törn abkürzen zu können

GEFAHREN UND FUNKFREQUENZEN

Wo kann ich Informationen über potenzielle und aktuelle Gefahren finden?

Im Almanach und im Revierführer werden relevante potenzielle Gefahren für den Törn sehr gut beschrieben. Am besten werden sie herausgesucht und auf einem Spickzettel notiert, sodass sie während des Törns schnell zur Hand sind.

Beispiele potenzieller Gefahren:

- Zu umfahrende Untiefen
- Windparks, die man nicht durchqueren darf
- Sperrgebiete (»Restricted Areas«)
- Schießgebiete (»Firing Ranges«), die man zu definierten Zeiten nicht befahren darf
- Schifffahrtsstraßen, die von Sportbooten, wenn überhaupt,

nur in Fahrtrichtung (Rechtsverkehr!) möglichst weit steuerbords befahren werden dürfen

- Fahrrinnen, Hafeneinfahrten oder Kanäle, in denen nicht gesegelt werden darf, die aber mithilfe des Motors befahren werden dürfen
- Hafeneinfahrten mit (für Ortsunkundige unerwarteten) Strömungen, z. B. durch Flussmündungen
- Gebiete mit Geschwindigkeitsbegrenzung
- Hafeneinfahrten, Sunde oder Gebiete mit viel Schiffsverkehr
- Kettenfähren, deren Eisenketten bei Benutzung der Fähre knapp unterhalb der Wasserlinie liegen
- Baustellen mit Baggerverkehr und Bargen im Schlepptau
- Ortstypische Verkehrssignale, die es zu kennen gilt (z. B. in Hafeneinfahrten, Schleusen, Kanälen)
- Brücken- oder Schleusenöffnungszeiten
- Verkehrstrennungsgebiete, deren genaue Abgrenzungen bekannt sein müssen und die nur auf besondere Art gekreuzt werden dürfen
- Durch Strömung ausgelöste »Races« (örtliche, beschleunigte Wasserbewegung), »Overfalls« (über Grund stehende Wellen) und »Eddies« (Strudel), die nur bei schönem Wetter, bei Stauwasser (kippende Tide) oder gar nicht zu befahren sind
- Durch Tide vorgegebene »Tidal Gates«, die nur zu einer gewissen Zeit befahren werden können
- Durch Tidenhub verursachte »Tidal Bars«, die nur bei annähernd Hochwasser genügend Wassertiefe bieten
- Feste Fischzuchtanlagen oder Stellnetze, die mancherorts durchquert werden dürfen und andernorts nicht
- Noch nicht in der Karte eingezeichnete neuere Wracks oder Seezeichen

Zudem sollten Funkfrequenzen notiert werden, sodass sie zusätzlich zum immer eingeschalteten Kanal 16 unterwegs gleichzeitig abgehört werden können. Die Funktion, zwei Kanäle gleichzeitig abhören zu können, heißt »Dual Watch« (DW) und kann am UKW durch einen Knopfdruck aktiviert werden.

Mancherorts muss man sich auch über einen bestimmten UKW-Kanal anmelden, bevor man weitersegeln darf (z. B. vor Rotterdam oder Dover), an anderen Orten (z. B. Elbe oder Nord-Ostsee-Kanal) ist man verpflichtet, den aktuellen Verkehr auf einem Arbeitskanal mitzuhören, um gegebenenfalls von Frachtern, der Küstenwache oder der Verkehrszentrale (»Vessel Traffic Service«; VTS) angerufen werden zu können. Sollte man etwas falsch gemacht haben, ist eine Rüge über Funk vielleicht unangenehm, jedoch um einiges besser, als in eine gefährliche Situation zu kommen oder im nächsten Hafen mit einer teuren Strafe von der Küstenwache begrüßt zu werden.

Diese Ereignisse und weitere Informationen findet man sorgfältig aufgeführt im Almanach und im Revierführer.

Tagesaktuelle Informationen (wie z. B. aktuell genutzte Schießgebiete, nicht funktionierende oder fehlende Leuchtfeuer und Seezeichen, gesichtete schwimmende Baumstämme etc.) werden zuverlässig über NAVTEX an sämtliche Schiffe mit entsprechenden NAVTEX-Empfängern versendet und gelegentlich auch von der Küstenwache (UKW-Kanal 16) angekündigt.

GEZEITENHÖHEN

Wie sind Wasserhöhen in Gezeitenrevieren auf der Seekarte gekennzeichnet? Sind die stetigen Veränderungen im Plotter programmiert?

Auch wenn es technisch leicht möglich wäre, wird die Wassertiefe am Plotter nicht kontinuierlich angepasst, sondern die Tiefenangaben entsprechen den starren Kennzeichnungen der Papierkarten.

Sämtliche Karten sind nach einer festen Referenz gezeichnet, dem Seekartennull (SKN). In Tidengewässern sind alle Tiefenangaben und Länderkonturen nach der tiefsten Tide gezeichnet, die astronomisch auftreten kann. Das Seekartennull in Tidengewässer nennt man den LAT (»Lowest Astronomic Tide«).

Die Landschaft ändert ständig im Takt des Tidenhubes ihr Aussehen: Strände werden überflutet, Inseln kommen zum Vorschein, um dann wieder zu verschwinden. Zeitweise trockenfallendes Land wird auf der Karte mit einer gesonderten Farbe gekennzeichnet. Diese trockenfallenden Gebiete (»Drying Hights«) ragen über den LAT heraus. Die Höhe über LAT wird durch eine Unterstreichung der entsprechenden Meterangabe gekennzeichnet.

In Tidengewässern interessiert sich der Segler dafür, zu welcher Zeit wie viel Wasser über Seekartennull hinzugerechnet werden muss.

Wenn die Seekarte nach dem niedrigsten Niedrigwasser gezeichnet ist, wie ist es dann bei Brücken?

Die Kartenzeichner orientieren sich bei ihren Angaben stets an relevanten astronomischen »Worst-Case-Bedingungen«. Deshalb werden nach oben begrenzende Hindernisse wie Brücken oder Hochspannungskabel nach dem (zum Niedrigwasser) umgekehrten Prinzip gekennzeichnet: Durchfahrtshöhen (»Charted Clearance«) werden bei höchstmöglichem Hochwasser angegeben. Hier kann man also sogar bei höchstem Hochwasser durchfahren, solange die Höhe von der Konstruktionswasserlinie bis zur Mastspitze (»Air-Draft«) nicht höher als die angegebene Durchfahrtshöhe ist. Individuelle eigene Antennenanlagen und Ähnliches sollte man zusätzlich im Blick behalten.

Diese maximale Höhe der Gezeit wird entsprechend »Highest Astronomic Tide« (HAT) genannt und steht im Almanach für die jeweiligen Häfen angegeben. Wer eine Brücke passieren will, macht sich am besten eine kleine Skizze, um die Durchfahrtshöhe zu berechnen.

Die Berechnung geht wie folgt: Zu der in der Seekarte angegebenen Durchfahrtshöhe wird ein Wert D hinzugerechnet. D beschreibt, um wie viel der aktuelle Wasserspiegel unter dem HAT liegt.

D = HAT – HoT

wobei:

HAT = Höchste Astronomische Gezeit
HoT = Aktuelle Höhe der Gezeit (»Height of Tide«)

Aktuelle segelfreie Höhe = angegebene Durchfahrtshöhe + (HAT – HoT)

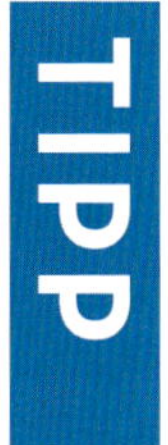

Natürlich sollte noch ein Sicherheitsmarginal (»Masthead Clearance«) zur eigenen Masthöhe hinzugerechnet werden, um nicht durch andere Wetterbedingungen seinen Mast zu verlieren.

Wo finde ich die aktuelle Höhe der Gezeit (HoT)?

Wie viel Wasser noch über dem LAT hinzugerechnet werden muss, um die aktuelle Wassertiefe zu ermitteln, steht für fast alle Häfen – für jeden einzelnen Kalendertag – im Almanach. Häfen, für die diese Höhe der Gezeit direkt angegeben wird, heißen Bezugsorte (»Standard Ports«).

Die aktuelle Wassertiefe berechnet sich aus der Kartentiefe und der HoT (aktuelle Höhe der Gezeit).

TIPP

Das Echolot an Bord, das mithilfe von Ultraschall die Wassertiefe misst, sollte so geeicht sein, dass es die Wassertiefe von der Wasseroberfläche anzeigt, statt die noch verbleibende Wassertiefe unter dem Kiel, wie einige tidenlose Segler ihre Echolote kalibrieren. Wenn man in der Seekarte gekennzeichnete Tiefenkurven quert, kann man mithilfe des Echolots auch seine gemachten Tidenberechnungen kontrollieren bzw. die Höhe der Gezeit (HoT) einfach am Echolot ablesen.

Beispiel:
Ist der HoT (zu einer gewissen Uhrzeit an einem bestimmten Ort) beispielsweise 3 m, würde ein Echolot bei der Überquerung der 5 m Tiefenkurve nicht 5 m, sondern 8 m (aktuell real existierende Wassertiefe) anzeigen.

Wie lese ich die Gezeitentabelle?

Tage, die besonders hohes Hochwasser bzw. besonders niedriges Niedrigwasser aufweisen, sind rot gekennzeichnet und heißen Springtide (»Springs«). Jene Tage, die einen besonders kleinen Unterschied zwischen Hoch- und Niedrigwasser aufzeigen, sind blau und heißen Nipptide (»Neaps«).

Meist werden vier Uhrzeiten pro Tag angegeben, für die jeweils die Gezeitenhöhe (HoT) angegeben ist: zweimal HoT für Niedrigwasser und zweimal HoT für Hochwasser.

CUXHAVEN
Standard Time UT –01
Subtract 1 hour for UT
For German Summer Time add
ONE hour in **non-shaded areas**

MAY
16
TH

Time	m
0525	0.4
1104	3.5
1747	0.5
2319	3.7

(Tabelle aus dem Reeds-Almanach)

Beispiel:
In Cuxhaven gelten folgende Zeiten und Höhen der Gezeit am 16. Mai (hier: Standard Time UT-01; für UT eine Stunde abziehen, für deutsche Sommerzeit eine Stunde addieren):

Um 05:25 Uhr: 0,4 m
Um 11:04 Uhr: 3,5 m
Um 17:45 Uhr: 0,5 m
Um 23:19 Uhr: 3,7 m

Es ist sofort ersichtlich, dass es sich um 05:25 Uhr und 17:45 Uhr um Niedrigwasser und um 11:04 Uhr und 23:19 Uhr um Hochwasser handelt. Wichtig zu beachten ist auch die Zeitzone, die hier mit UT-01 angegeben wird (also: Mitteleuropäische Zeit, MEZ). Das bedeutet, dass für die Sommerzeit noch eine Stunde hinzugerechnet werden muss, um zur lokalen Uhrzeit zu kommen.

Besonders bei Nipptide wird der Navigator feststellen, dass auch im schlimmsten Fall bei Niedrigwasser immer noch ein beachtlicher Wert zu den Tiefenangaben der Seekarte hinzugerechnet werden darf. So ist es durchaus möglich, dass flaches Wasser oder eine schwellenversehene Einfahrt in der Seekarte als unbefahrbar angezeigt wird, sie aber trotzdem jederzeit passiert werden kann. Besonders bei Nipptide kann es nämlich durchaus sein, dass selbst bei Niedrigwasser genügend Wasser vorhanden ist. So muss erst gar nicht viel weitergerechnet werden.

Wichtig: Bei Zeitangaben im Almanach muss auf die Zeitzone aufgepasst werden, denn Großbritannien und Portugal liegen in einer anderen Zeitzone als benachbarte Segelreviere. Zudem ist zu beachten, ob die Sommerzeit in der Tabelle berücksichtigt worden ist oder nicht. Wenn nicht, müssen diese Stunden noch hinzugezählt werden. Die Zeitangaben können bei den verschiedenen Herausgebern variieren. Auch bei Apps muss die Frage nach dem Zeitbezug gestellt werden. Manche nationalen Tabellen werden gleich in lokaler Sommerzeit gedruckt. Einige Segler haben UTC als Schiffszeit, andere stellen beim Überqueren des Ärmelkanals die Uhren um. Manche Apps korrigieren automatisch die Gezeitendaten nach gestellter Handyuhr, andere Apps tun dies nicht, oder es kann vom Benutzer programmiert werden. Bei der Kreuzung des Ärmelkanals kann ein automatisches Umspringen der Handyuhrzeit zu kleinen Überraschungen führen, wenn die Gezeiteninformationen am Handy beim Wechseln des Sendemastes plötzlich um eine Stunde verschoben sind. Eine oder zwei Stunden falsche Gezeitenangaben können zu erheblichen Fehlern führen.

Wie und warum verändert sich Hoch- und Niedrigwasser von Tag zu Tag?

Von allen Himmelskörpern beeinflusst der Mond den Zeitpunkt des Hochwassers bzw. den Tidenhub am meisten. An zweiter Stelle kommt die Sonne, danach die anderen Planeten. Die Wasserbewegung vor, zu und nach dem Hochwasser wiederholt sich regelmäßig nach dem gleichen Muster.

Grob gesagt wandert der Zeitpunkt des Hochwassers jeden Tag um etwas weniger als eine Stunde weiter. Ist an einem Tag Hochwasser um 12:00 Uhr, ist es am nächsten Tag ungefähr um 12:50 Uhr etc. Ein bis zwei Tage nach Vollmond ist Springtide, bei abnehmendem Halbmond Nipptide, kurz nach Neumond wieder Springtide und bei zunehmendem Halbmond wieder Nipptide. Von einer Springtide zur nächsten Nipptide dauert es jeweils eine Woche. Vier dieser Perioden, und ein ganzer Monat ist verstrichen.

Was ist, wenn ich mich nicht in einem Standard Port befinde?

Die tabellarisch aufgeführten Gezeiteninformationen (mit Uhrzeiten und jeweiligen Höhen für Hoch- bzw. Niedrigwasser) stehen nur für die Bezugsorte (»Standard Ports«) zur Verfügung. Das sind zwar viele, aber nicht alle. Die sogenannten Anschlussorte (»Secondary Ports«) sind ein Schrecken für viele Navigationskursteilnehmer. Dabei ist die Angst vor diesen Orten meist unbegründet, denn die durchzuführenden Korrekturen sind nicht kompliziert.

Jeder Anschlussort hat einen Bezugsort, zu dem er quasi dazugehört. Seine Daten für Hoch- und Niedrigwasser sowie Zeiten des Hochwassers sind daher recht ähnlich. Abweichungen werden als Korrekturen angegeben. Die Kunst besteht darin, die Schreibweise der Abweichung zu verstehen. Wenn man weiß, um wie viel früher oder später das Hochwasser am Anschlussort auftritt, muss diese Korrektur einfach nur zur Zeit des Bezugsorts dazugerechnet oder abgezogen werden. Dasselbe gilt für die Höhen für Hoch- bzw. Niedrigwasser.

Für manche Segler ist es ein Problem, dass die Korrektur davon abhängen, ob gerade Spring- oder Nipptide ist. Zusätzlich unterscheidet sich die Dar-

BRUNSBÜTTEL (River Elbe)
Standard Port CUXHAVEN (⟵) (Tabelle aus dem Reeds-Almanach)

Times				Height (metres)			
High Water		Low Water		MHWS	MHWN	MLWN	MLWS
0200	0800	0200	0900	3·7	3·3	0·8	0·4
1400	2000	1400	2100				
Differences BRUNSBÜTTEL							
+0057	+0105	+0121	+0112	-0·1	-0·2	-0·1	+0·1

stellung der Korrekturen von Almanach zu Almanach. Meist handelt es sich also in erster Linie um ein Verständnisproblem der jeweiligen Darstellung. Daher soll die einheitliche Schreibweise für die beiden führenden Almanachs (Reeds und IMRAY) kurz beschrieben werden.

Beispiel:

Es sollen die Zeit für Hochwasser und die Tidenhöhe für Hoch- bzw. Niedrigwasser in Brunsbüttel nachmittags am 16. Mai bestimmt werden.

Brunsbüttel wird im Almanach aufgeschlagen (siehe Tabelle). Aus dem Eintrag geht hervor, dass es für Brunsbüttel keinen eigenen Kalender gibt. Somit ist Brunsbüttel ein Anschlussort. Cuxhaven wird als der dazugehörige Bezugsort genannt, und ein Pfeil zeigt in die zu blätternde Richtung. Zuerst werden nun die Zeiten und Höhen für den Bezugsort Cuxhaven notiert:

05:25 Uhr: 0,4 m
11:04 Uhr: 3,5 m
17:47 Uhr: 0,5 m
23:19 Uhr: 3,7 m

Für Brunsbüttel bedeutet das folgendes: Die Darstellung der ***Korrektur*** (innerhalb der Tabelle) ist hier wichtig, die im »Konjunktiv« zu verstehen ist – was nicht intuitiv ist und daher häufig nicht verstanden wird:

- ***Wenn*** in Cuxhaven Hochwasser um 02:00 Uhr ***wäre***, dann ***wäre*** die Korrektur: +00:57
- ***Wenn*** in Cuxhaven Hochwasser um 08:00 Uhr ***wäre***, dann ***wäre*** die Korrektur: +01:05
- ***Wenn*** in Cuxhaven Hochwasser um 14:00 Uhr ***wäre***, dann ***wäre*** die Korrektur: +00:57
- ***Wenn*** in Cuxhaven Hochwasser um 20:00 Uhr ***wäre***, dann ***wäre*** die Korrektur: +01:05

Wer das verstanden hat, kann die Korrektur der Uhrzeit für Hochwasser rasch mit ein bisschen Augenmaß überschlagen. Denn jeder wird direkt erkennen, dass unabhängig davon, wann in Cuxhaven Hochwasser ist, das Hochwasser in Brunsbüttel ungefähr eine Stunde später eintritt. Das ergibt auch Sinn, denn die Flut fließt von den Friesischen Inseln kommend zunächst nach Cuxhaven und erst später nach Brunsbüttel.

Der Korrekturfaktor für Brunsbüttel im Verhältnis zu Cuxhaven variiert also zwischen 57 Minuten später bis eine Stunde und fünf Minuten später, d. h. die Variation beträgt nur acht Minuten. Acht Minuten mehr oder weniger machen keinen großen Unterschied, und so kann man für Brunsbüttel sagen, dass die für Cuxhaven gemachte Angabe ca. eine Stunde später in Brunsbüttel eintrifft.

Es gibt aber natürlich auch Bezugsorte, bei denen der Unterschied zum Bezugsort deutlich mehr variiert als nur acht Minuten. Dann ist ein bisschen Interpolation notwendig, nach dem Schema: Wenn Hochwasser gerade an diesem Tag zwischen den angegebenen Zeiten liegt, so ist auch der Korrekturfaktor entsprechend dazwischen zu finden.

Achtung: Erst nach den Korrekturen darf die Sommerzeit gegebenenfalls dazugerechnet werden.

Entsprechend wird mit der Korrektur der Tidenhöhe (HoT) umgegangen. Die Korrektur lässt sich folgendermaßen interpretieren:

- ***Wenn*** in Cuxhaven das Hochwasser an diesem Tag 3,7 m betragen ***würde***, dann ***wäre*** die Korrektur: –0,1 m
- ***Wenn*** in Cuxhaven das Hochwasser an diesem Tag 3,3 m betragen ***würde***, dann ***wäre*** die Korrektur: –0,2 m
- ***Wenn*** in Cuxhaven das Niedrigwasser an diesem Tag 0,8 m betragen ***würde***, dann ***wäre*** die Korrektur: –0,1 m
- ***Wenn*** in Cuxhaven das Niedrigwasser an diesem Tag 0,4 m betragen ***würde***, dann ***wäre*** die Korrektur: +0,1 m

Wieder sieht man gleich, dass der Unterschied nicht groß ist, aber trotzdem ist es gut und hilfreich, darüber Bescheid zu wissen. Da das Hochwasser in Cuxhaven um 11:04 Uhr 3,5 m beträgt, liegt die Korrektur zwischen –0,1 m und –0,2 m. Auf die Zentimeter wird verzichtet, und so nimmt man zur Sicherheit den Wert, der die niedrigere Wassertiefe ergibt. Hochwasser ist in Brunsbüttel also 3,5 m (Cuxhaven) –0,2 m = 3,3 m.

Entsprechend wird für das Niedrigwasser nachmittags vorgegangen, das in Cuxhaven 0,5 m beträgt und mit der Korrektur von +0,1 m für Brunsbüttel 0,6 m ergibt.

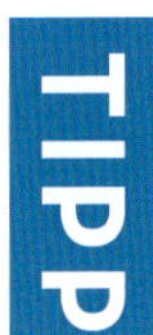

Für die Tidenkorrektur eine Überschlagsrechnung machen, und wenn die Unterschiede gering sind, kann man sie als vernachlässigbar ansehen.

Wie ermittle ich die genaue Gezeitenhöhe zwischen Hoch- und Niedrigwasser?

Wenn über eine Schwelle gesegelt werden soll und Niedrigwasser nicht genügend Wasser unter dem Kiel schenkt, sollte man berechnen können, ab wann und bis wann man dort nicht auf Grund läuft. Dazu muss man die Höhe der Gezeit (HoT) zwischen Hochwasser und Niedrigwasser ermitteln. Die genaue Infor-

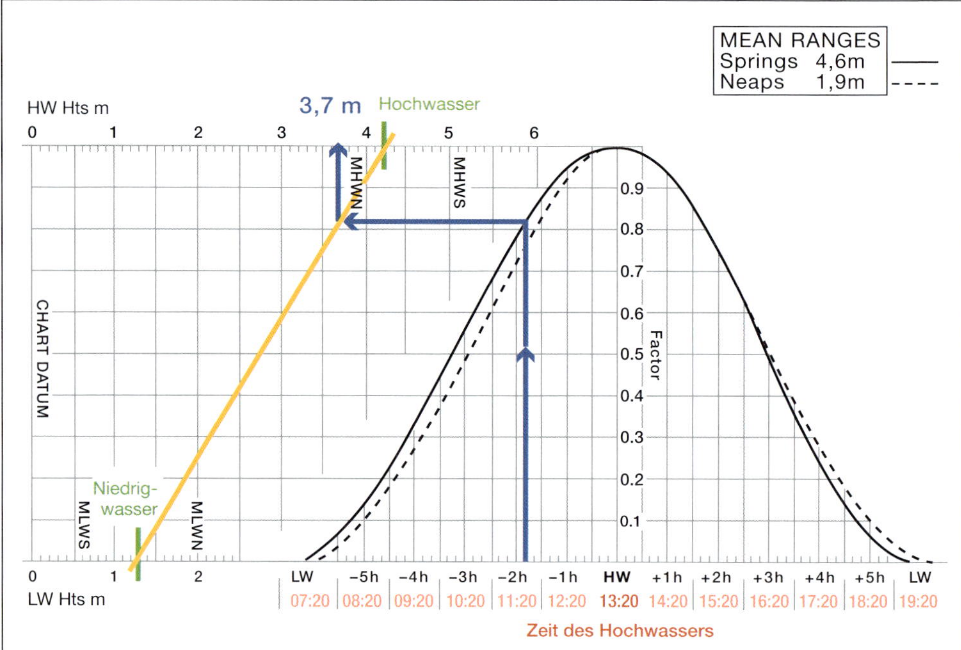

GEZEITENKURVE

Schritt 1:

- Die für den nächsten Bezugsort geltende Gezeitenkurve finden
- Die (evtl. für Anschlussort korrigierte) Zeit für Hochwasser eintragen (Achtung: Sommerzeit?)

Schritt 2:

- Sämtliche Stunden vor und nach Hochwasser in entsprechende Kästchen eintragen

Schritt 3:

- HoT für Hochwasser (evtl. für Anschlussort korrigiert) an der oberen Leiste markieren
- HoT für Niedrigwasser (evtl. für Anschlussort korrigiert) an der unteren Leiste markieren

Schritt 4:

- Die beiden Markierungen verbinden

Schritt 5:

- Zu jeder beliebigen Tageszeit kann nun die genaue HoT abgelesen werden:
  - Von der Uhrzeit unten nach oben bis zur Kurve gehen, dann nach links zur Strecke und hoch oder runter zur Skala
  - Oder umgekehrt: von benötigter HoT (für Schwelle oder Brücke) oben ausgehen, dann nach unten bis zur Strecke, dann nach rechts zur Kurve und dann runter zur Uhrzeit

mation für die Tidenhöhe (HoT) ist übrigens auch beim Ankern wichtig, um berechnen zu können, wie viel das Boot noch bis zum Hochwasser steigen wird (ausreichend Ankerkette) und wie viel es noch sinken wird (keine Grundberührung). Auf das Thema Ankern wird in einem eigenen Kapitel noch weiter eingegangen.

Für das genauere Zeichnen eignet sich die Tidenglocke. Wer die Höhe der Gezeit bestimmen möchte, kann dazu die geltende Gezeitenkurve zeichnen. Hierfür werden folgende drei Werte benötigt:

1. Die Zeit für Hochwasser
2. Die HoT für Hochwasser
3. Die HoT für Niedrigwasser

Wird die Information für den Anschlussort gesucht, werden die drei erwähnten Größen zuvor, wie oben beschrieben, korrigiert.

Jetzt kann für den gesamten Tag zu jeder Tageszeit die genaue Tidenhöhe abgelesen werden, um sie zur Kartentiefe hinzuzufügen.

TIPP

Um die gemachten Berechnungen zu kontrollieren, steht als Echtzeitkontrolle oft ein Pegel in Hafeneinfahrten. Hier kann der ein- oder ausfahrende Skipper direkt am Pegel die *Höhe der Gezeit (HoT)* ablesen (wichtig: *nicht* die dort vorherrschende Wassertiefe).

Es gehört zu guter Seemannschaft, stets zu wissen, ob man bei auflaufendem Wasser (linke Seite der Gezeitenglocke) »bergauf« oder bei ablaufender Tide (rechte Seite der Glocke) »bergab« unterwegs ist. Sich vorsichtig in eine untiefe Bucht mit Sandboden hineinzuwagen, kann z. B. bei steigendem Wasser und einem klassischen Bootsrumpf mit langem Kiel sehr wohl möglich sein, und eine Grundberührung muss bei geringer Geschwindigkeit nicht zur Katastrophe führen. Ein paar Minuten später ist das Boot wieder flott. Mit modernen Finnkielern ist das allerdings nicht anzuraten. Bei ablaufendem/sinkendem Wasser schon gar nicht: Hier sitzt das Boot, egal, mit welchem Kiel, Minute für Minute immer fester im Sand, und die Crew muss mitunter bis zu zwölf Stunden warten, bis das Boot weitersegeln kann.

Was beeinflusst die Wassertiefe noch – außer der Tide?

Die Wassertiefe wird nicht nur durch die Tide beeinflusst, sondern zusätzlich auch durch Wind, Luftdruck und gegebenenfalls die Verschiebung von Sandbänken. Zudem muss daran gedacht werden, dass bei Wellengang oder Dünung das Schiff gehoben und gesenkt wird, d. h. am niedrigsten Punkt eines Wellentals die Wassertiefe gefährlich gering werden kann. Es sollte daher immer mit einem Sicherheitsmarginal gerechnet werden, denn der wetterbedingte Einfluss ist für den Freizeitskipper sehr schwer zu berücksichtigen.

Wind

Ein auflandiger Wind ab ca. 5 Windstärken kann die Wasserhöhe deutlich erhöhen, während ein ablandiger Wind der Küste das Wasser entziehen kann. Auch der Zeitpunkt für Hoch- oder Niedrigwasser kann durch Windbeeinflussung bis zu einer Stunde abweichen. Die Prognosen sind sehr schwer zu machen und beruhen auf der jeweiligen Topografie. Das Phänomen, dass ein Wind den Wasserstand beeinflussen kann, kennt jeder Ostseesegler: Bei anhaltendem stärkeren SW-Wind werden große Mengen Wasser nach Finnland geschoben, die dann in Deutschland und in der Dänischen Südsee fehlen. Das hat niedrige Pegelstände an der deutschen Ostseeküste zur Folge.

Luftdruck

Die Tidenhöhe ist für einen Standard-Luftdruck von 1.013 hPa berechnet. Ein hoher Luftdruck bedeutet mehr Luft, die auf das Wasser drückt und es praktisch wegdrückt. Auf jeden Quadratzentimeter in Europa wirkt normalerweise etwas mehr als 1 kg Luft; auf jeden Quadratmeter also die Last eines Lkws. Verstärkt sich der Druck, drückt noch mehr Last auf das Wasser. Jeder zusätzliche Hektopascal (hPa) Luftdruck bedeutet ca. 1 cm niedrigeren Wasserstand. Wenn auf ein Tief von 990 hPa ein Hoch von 1.030 hPa folgt, sind das ganze 40 cm Wassertiefenunterschied, was sich in der Ostsee genauso bemerkbar macht wie in Tidengewässern.

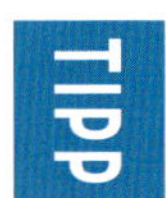

Bei Hochdrucklagen sollte man daher immer eine größere Sicherheitsmarge einrechnen.

Deshalb: Die Gezeitenberechnungen nicht zu zentimetergenau nehmen, sondern zudem den Wind und den Luftdruck im Hinterkopf behalten – insbesondere bei sandigem Boden, der gern mal seine Position verändert. Man sollte immer mit einer Sicherheitsmarge unter dem Kiel rechnen, d. h. nicht auf dem letzten Zentimeter Wasser segeln.

Haben alle Gewässer LAT als Referenz?

Die meisten Tidengewässer haben den Lowest Astronomic Tide (LAT) als Seekartennull (SKN), und die Höhe der Gezeit (HoT) wird immer dazugerechnet.

Es gibt aber auch andere Reviere – besonders jene ohne Gezeiten –, die eine ganz andere Referenz haben. In der Ostsee beispielsweise hat man sich auf den Baltic Sea Chart Datum (BSCD) geeinigt, der in Deutschland dem Normalhöhennull (NHN) sehr nahe kommt. Wichtig ist hier, zu wissen, dass damit gerade nicht der niedrigste Wasserstand, sondern stattdessen der *mittlere* Wasserstand gemeint ist und dass der Segler hier sehr wohl Wasserstände finden kann, die deutlich niedriger sind, als auf der Seekarte eingezeichnet. Die Wassertiefe verändert sich also auch in der Ostsee. Pegelstände werden hier daher regelmäßig über Funk oder im Internet durchgegeben.

Gezeitenhöhe

- Seekarten in Gezeitenrevieren sind als »Worst Case« gezeichnet: Tiefen werden bei minimaler und Brücken bei maximaler Gezeitenhöhe angegeben
- In Gezeitenrevieren liegt die Höhe der Gezeit (HoT) immer über dem Seekartennull (SKN)
- Wie viel Wasser noch über dem SKN liegt, steht im Almanach
- Seekarten in Revieren ohne Gezeiten haben oft den Mittelwasserstand als SKN, d. h. es kann auch genauso gut weniger Wasser vorkommen, als auf der Seekarte angegeben ist
- Eine gute Vorstellung von der Gezeitenhöhe zum jeweiligen Zeitpunkt ist wichtig
- Wind und Luftdruck beeinflussen ebenfalls die Wassertiefe
- Deshalb: Nicht unbedingt auf den Zentimeter oder die Minute genau, sondern mit Vorsicht, gesundem Menschenverstand und Sicherheitsmarge rechnen

GEZEITENSTRÖMUNG

Hat Strömung immer etwas mit Gezeiten zu tun?

Nicht nur in Tidengewässern gibt es Strömung. Viele Häfen liegen in Flussmündungen, und auch der Golfstrom ist bedeutungsvoll.

Eine Abzweigung des Golfstromes (siehe Bild S. 176) lässt sich für die Törnplanung nutzen: Segler, die von Schottland nach Schweden segeln, sollten im Skagerrak ihren Weg weiter südlich planen. Wer in umgekehrter Richtung reist, segelt besser etwas weiter nördlich längs der norwegischen Südküste nach Westen.

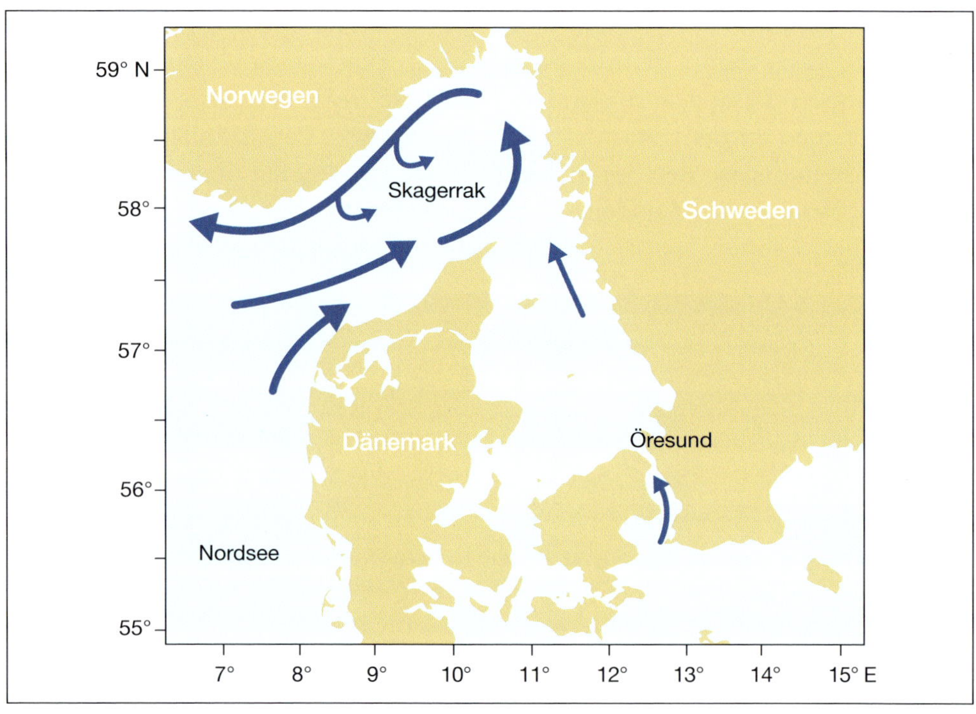

Eine Abzweigung des Golfstromes fließt ostwärts längs der dänischen Nordküste nach Schweden, trifft dort auf die nordgehende Baltische Strömung, zieht von der Westküste Schwedens einen Schlenker in Richtung Oslo, anschließend fließt sie weiter westwärts längs der norwegischen Südküste in den Atlantik und von dort aus weiter entlang der norwegischen Westküste bis nach Svalbard hoch.

Strömungen können auch durch Winde ausgelöst werden, wie zum Beispiel längs der Küste Portugals, wo der Wind das Wasser Richtung Süden vor sich herschiebt, das dann mit kaltem, frischem Wasser aus den Tiefen des Atlantiks ersetzt wird. Das ist auch der Grund dafür, dass das Meer an der Iberischen Atlantikküste im Sommer immer so kalt und die Muschelzucht in Galicien dank des frischen Wassers aus den Tiefen des Atlantiks so populär ist.

Diese Strömungen sind im Vergleich zum Tidengewässer der Nordsee nicht der Rede wert, solange es um die Bootsgeschwindigkeit geht – wohl aber, wenn es um die Steilheit der Wellen geht. Wind gegen Strömung führt zu kurzen, unangenehm steilen Wellen mit kürzerer Periode.

Kein Wunder, dass das südlichste Kap vor Norwegen (»Lindesnes« bzw. »Lista«) berühmt-berüchtigt ist: Trifft hier westlicher Starkwind auf westgehenden Strom, wird eine sehr kabbelige See aufgeworfen. Das gleiche gilt bei Winden aus nördlicher Richtung längs der Küste Schwedens oder beim Levante (Ostwind durch den Gibraltarsund).

Wie kann ich mir die Gezeitenströme Nordeuropas vorstellen?

Um sich die Gezeitenströme besser vorstellen zu können, hilft es, sich folgendes Bild des »Atem des Atlantiks« vorzustellen: Wenn der Atlantik ausatmet, werden große Mengen Wasser aus dem Ozean kommend Richtung Skandinavien befördert, was »Flut« genannt wird. Diese Flut dauert sechs Stunden an, bis das Wasser bei Hochwasser kurz stillsteht, das sogenannte Stauwasser (»Slack Water«). Nach dem Hochwasser atmet der Atlantik wieder ein, und das gesamte Wasser fließt wieder Richtung Atlantik zurück. Das durch die westgehende Strömung ablaufende Wasser Richtung Atlantik wird als »Ebbe« bezeichnet.

Im Gegensatz zu mehr oder minder konstanten Strömungen, ändern Gezeitenströme alle sechs Stunden ihre Richtung und können somit durch sorgfältige Planung sehr gut in beide Richtungen ausgenutzt werden und hilfreich sein, um rasch große Distanzen zu bewältigen. Analog dem »ewig atmenden Atlantik« atmen die Gezeitenströme alle sechs Stunden ein und wieder aus.

Inseln, Sunde, Buchten und variierende Tiefe stören den freien Fluss des Wassers, und so können recht interessante Phänomene entstehen. Gezeitenhöhen und Strömungen vorauszusagen, ist äußerst komplex. Sich die Metapher vom »Atem des Atlantiks« vor Augen zu halten, kann die Grundrichtungen von Flut und Ebbe gut erklären, wodurch das Gesamtbild klar wird.

Die Flut umrundet die Britischen Inseln beidseitig und fließt sowohl südlich (durch den Ärmelkanal) als auch nördlich in Richtung Osten und ebbt nach Westen zurück in den Altantik. Östlich von Irland bzw. England trifft die Flut sowohl aus Norden als auch aus Süden aufeinander, bis die Ebbe von hier wieder in beide Richtungen abfließt. In der Irischen See liegt dieser Punkt ungefähr vor der Isle of Man, in der Nordsee in etwa bei Dover/Calais. Wer geschickt plant, kann erst sechs Stunden mit dem Strom der Flut zu diesem Punkt segeln, um dann mit dem Strom der Ebbe weiterzukommen: ganze zwölf Stunden stromabwärts!

TIPP

Dover wird regelmäßig als Bezugspunkt für Stromberechnungen genommen. Deshalb ist es hilfreich, zu wissen, wann ungefähr in Dover Hochwasser ist, ohne notwendigerweise in Tabellen nachschlagen zu müssen. Es reicht nämlich ein Blick in den Himmel: Bei Neu- oder Vollmond (Springtide) ist Hochwasser gegen Mitternacht und Mittag, bei Halbmond (Nipptide) gegen 6 Uhr und 18 Uhr.

Warum kann bei gleichem Tidenhub die Strömung so unterschiedlich sein?

Wird das Wasser durch Sunde gezwängt, um Kaps und Halbinseln gezwungen oder muss es über untiefes Wasser klettern, wird es beschleunigt. Das ist auch der Grund dafür, warum es an der tiefen Atlantikküste der Iberischen Halbinsel oder Irlands zwar einen hohen Tidenhub gibt, die Strömung jedoch recht schwach bleibt: Das Wasser wird an der Altantikküste praktisch »von unten« aus den Tiefen des Atlantiks aufgefüllt – ohne durch irgendwelche geografischen Hindernisse beeinflusst zu werden. Der Ärmelkanal und die Nordsee sind im Vergleich äußerst untief, ebenso wie die vielen Sunde und Inseln Schottlands. Auch um die Halbinseln der Südküste Englands oder um die Kanalinseln vor Frankreich treten interessante Erscheinungen auf: Hier fließt das Wasser mancherorts schneller, als das Boot segeln kann. Besteht zudem eine raue Bodenbeschaffenheit entstehen gefährliche »Overfalls«. Wenn zusätzlich ein wenig Gegenwind gegen die Strömung herrscht, bäumt sich das Meer zu großen, gefährlichen »stehenden Wellen« auf.

TIPP

Races, Overfalls und Eddies werden auf der Seekarte durch viele kleine Wellen bzw. Wirbel gekennzeichnet. Im Almanach und Revierführer steht außerdem, wie ernst sie zu nehmen sind. An manchen Orten werden sie nur bei Starkwind gegen Strom richtig gefährlich und sind während der Sommermonate zu vernachlässigen. An anderen Stellen werfen sie jedoch selbst bei schönstem Wetter äußerst unangenehme Wellen auf und sollten daher nur während strömungslosem Stauwasser (»Slack Water«) bei kippender Tide befahren werden.

»ZUM MITSCHNACKEN«

Strömungswörterbuch

- ***Races:*** *Hohe Beschleunigung der Strömung, besonders um Kaps oder in Sunden. Bei Wind gegen Strömung hohe Wellen*
- ***Overfalls:*** *Wasser »stolpert« über »Unterwasserberge«; es entsteht eine stehende Welle, die wie ein Wasserfall aussieht. Selbst ohne Wind unangenehm hohe Wellen*
- ***Tide Rips:*** *Turbulentes Wasser durch rauen, unebenen Grund in Kombination mit starker Strömung*
- ***Eddies:*** *Riesige Wirbel, die das Steuern erschweren können*

Meine App hat eine Tiden- und Strömungsfunktion. Reicht das nicht?

Viele Apps haben einen Layer für Gezeiten und geben sowohl die Sinuskurve der Gezeiten als auch die Strömungen mit Richtung und Geschwindigkeit an. Oft beruhen die vom Computer gemachten Berechnungen auf mathematischen Modellen, die den Abstand und die Position von Mond und Sonne berücksichtigen. Von Hand gemachte Gezeitentafeln wurden nicht selten von Menschen über Generationen hinweg erstellt und stetig der Wirklichkeit angepasst. Viele der heute noch gebräuchlichen lokalen Strömungskarten sind dadurch entstanden, dass Menschen tatsächlich über eine 12-stündige Tidenperiode von einem ankernden Boot aus Wassertiefe und Strömung gemessen haben. Örtliche Gezeitentafeln und Strömungskarten sind oft sehr alt, erstaunlich detailliert und heute noch so gültig wie vor 50 Jahren.

In besonders komplexen Gegenden, wie z. B. in und um die vielen Sunde und Inseln Schottlands oder um die Friesischen Inseln, ist es äußerst schwierig, die vielen geografischen Gegebenheiten mathematisch einzubeziehen. Im Vergleich zu den kleinen, detaillierten Strömungskarten erscheinen die Informationen aus den Apps eher grob. Wer schon einmal mehrere Apps miteinander verglichen hat, staunt nicht selten, wie unterschiedlich die Tideninformationen aus dem Tablet oder Plotter sind – besonders wenn man sie mit den von Hand gezeichneten vergleicht. Angaben können sich um Stunden oder ganze Meter voneinander unterscheiden.

Was viele Segler bei den Apps vermissen, ist der schöne Überblick. Die klare Darstellung von roten Springtagen und blauen Nipptagen erlaubt auf einen Blick eine gute Planung über Tage und Wochen hinweg. Die App zeigt nur einen kleinen Ausschnitt der Ist-Situation, die sich zwar von Tag zu Tag elektronisch verschieben lässt – der Überblick geht dabei aber oft schnell verloren.

Für eine schnelle, spontane Entscheidung unterwegs (z. B. kurz vor einer Hafeneinfahrt oder zum Ankern) kann eine App sehr hilfreich sein, um in Sekundenschnelle die aktuelle Tidensituation einzusehen. Für die Planung sind Gezeitentafeln und Strömungskarten übersichtlicher. Der Slogan heißt: mit Papier planen, mit Plotter unterwegs.

Sind all diese Strömungen nicht gefährlich? Ich glaube, ich bleibe lieber in der Ostsee!

Obwohl es um die Britischen Inseln und Nordfrankreich herum hohe Tiden und Strömungen gibt, und manche dem Spruch »Nordsee ist Mordsee« Glauben schenken, ist es im Sommer in der Regel nicht gefährlich, hier zu segeln.

Größere Gefahren entstehen meist erst bei sehr viel Wind. Kaps können zudem weiträumig umsegelt werden. Einfahrten in Sunde sollten zeitlich geschickt eingeplant werden: »Read the Reads«. Soll heißen: Alles steht im Almanach. Wer unsicher ist, kann als unerfahrener Tidensegler die mit Wellensymbolen in der Seekarte gekennzeichneten strömungsaktiven Orte nur bei Stauwasser (»Slack Water«) befahren, wenn kaum Strom existiert. Zu diesem Zeitpunkt und wenn es die Wetterlage erlaubt, ist das Durchsegeln von berühmt-berüchtigen Sunde wie Corryvreckan oder Pentland Firth in Schottland überhaupt kein Problem.

Die Wellensymbole in der Karte sind übrigens erstaunlich exakt eingezeichnet: Ziemlich genau dort, wo sie eingezeichnet sind, kann es tatsächlich auch unangenehm werden. Unmittelbar neben den Wellensymbolen ist der Spuk meistens auch wieder vorbei. So kann man in völlig flachem Wasser segeln und passiert unweit neben sich eine meterhohe stehende Welle. Gezeitensegeln ist wirklich spektakulär!

Wann soll ich meinen Zeitpunkt zum Auslaufen planen, um die Strömung auszunutzen?

Hier hilft wieder das Gedankenmodell des Ein- und Ausatmens des Atlantiks. Wer die grobe Richtung von Ebbe und Flut kennt, weiß, in welche Richtung das Wasser fließen wird. Man möchte möglichst dann ablegen, wenn die Strömung in die gleiche Richtung fließt wie der geplante Törn.

Jetzt macht folgende Überlegung Sinn:

- Liegt der Törn in Richtung Ebbe (»Einatmen des Atlantiks«), dann segelt man bei Hochwasser los.
- Liegt der Törn in Richtung Flut (»Ausatmen des Atlantiks«), segelt man bei Niedrigwasser los.

Präzise geht es mithilfe der Strömungskarten: Für ein gewisses Revier werden bis zu zwölf einzelne Strömungskarten gezeichnet (für jede Stunde eine): angefangen von fünf Stunden vor Hochwasser (HW–5) bis sechs Stunden nach Hochwasser (HW+6). Zum Zeitpunkt des Hochwassers gibt es die Karte in der Mitte. Alle Karten zeigen das gleiche Revier, aber zu unterschiedlichen Zeitpunkten in Bezug zum Hochwasser eines bestimmten Ortes, dem Bezugsort. Sehr oft wird Dover als Bezugsort genommen, es kann aber auch ein anderer Ort sein. Das Bild für »HW+3« mit Bezugsort Dover (siehe S. 183) gilt deshalb für das gesamte auf der Karte angegebene Revier, drei Stunden, nachdem Dover Hochwasser hat.

TIPP

Ein typischer Anfängerfehler ist es, den falschen Bezugspunkt zu wählen: Statt die Zeit für Hochwasser für den in der Karte angegebenen Bezugspunkt (z. B. Dover), nimmt der Neuling den Hochwasserzeitpunkt für seinen eigenen Hafen, wo er sich gerade befindet. Als Eselsbrücke kann man sich merken: Der Segler ist nicht Mittelpunkt der Gezeitenwelt, denn der Strömungskarte ist es völlig gleichgültig, wo sich der Segler gerade befindet.

Nun wird mit einem Bleistift der Zeitpunkt für Hochwasser vom Bezugsort (z. B. Dover) in das mit HW bezeichnete Kästchen geschrieben (Achtung: Zeitzonendifferenz und gegebenenfalls Sommerzeit beachten!). Dann werden die Stunden vor bzw. nach HW unter die entsprechenden Bilder geschrieben.

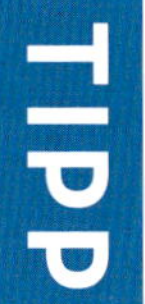

Jedes Bild gilt für jeweils eine Stunde, gezählt von einer halben Stunde vor der im jeweiligen Feld notierten Uhrzeit bis eine halbe Stunde danach.

Sämtliche Bilder sind nun mit Uhrzeiten versehen. Man sieht jetzt auf den ersten Blick, wie sich die Strömungen über die Stunden des Tages verändern. Dadurch wird sehr übersichtlich, wann ein günstiger Zeitpunkt zum Ablegen ist. Pfeile geben die Stromrichtung an; Zahlen die Geschwindigkeit.

TIPP

Wird nach der Strömung außerhalb der Bilder gesucht (z. B. HW+7, was es ja nicht gibt), wird stattdessen mit dem nächsten HW gearbeitet, das dann wieder in das entsprechende Kästchen für HW notiert wird. Statt nach der Strömungskarte für HW+7 zu suchen, nimmt man den HW–5 vom nächsten Hochwasser. Dabei ist es ganz normal, dass die Uhrzeiten von HW+7 und HW–5 des nächsten Hochwassers nicht ganz übereinstimmen.

Wie erkenne ich, wie hoch die Strömungsgeschwindigkeit ist?

Die Geschwindigkeit der Strömung beruht auf dem Tidenhub des Tages, der wiederum mit Springtide und Nipptide zu tun hat. Daher sind bei jedem Pfeil jeweils zwei Werte angegeben. Die tagesaktuelle Strömungsgeschwindigkeit kann irgendwo dazwischen oder sogar außerhalb der Spanne zwischen minimalem und maximalem Strömungswert liegen.

Die beiden Zahlen am Pfeil werden mit einem Komma getrennt, z. B. 10,19. Das wird folgendermaßen interpretiert:

- Die »10« bedeutet 1,0 kn für einem Tidenhub bei mittlerer Nipptide (»Mean Neaps«).
- Die »19« bedeutet 1,9 kn für einem Tidenhub bei mittlerer Springtide (»Mean Springs«).

Der tagesaktuelle Strömungswert wird mithilfe des tagesaktuellen Tidenhubes (Hochwasser minus Niedrigwasser, »Range«) ermittelt. Am einfachsten nimmt man den tagesaktuellen Tidenhub von Dover und vergleicht ihn mit den für Dover geltenden Werten, die der Tidensegler sehr bald auswendig gelernt hat:

Kleinerer Strömungswert am Pfeil gilt für Tidenhub für mittlere Nipptide; in Dover: 3,2 m.

Größerer Strömungswert am Pfeil gilt für Tidenhub für mittlere Springtide; in Dover: 6,0 m.

Ist der tagesaktuelle Tidenhub in Dover (tagesaktuelles Hochwasser minus tagesaktuelles Niedrigwasser) zufällig gerade 3,2 m, gilt die kleinere Geschwindigkeit; ist er zufällig 6,0 m, gilt die größere. Tidenhube dazwischen werden interpoliert, d. h. es wird mit Augenmaß überlegt, wo dazwischen der tagesaktuelle Tidenhub liegt. Ist der tagesaktuelle Tidenhub größer als 6,0 m oder auch kleiner als 3,2 m, kann die Strömungsgeschwindigkeit auch außerhalb der beiden am Pfeil angegebenen Werte liegen.

Beispiel:

Am 22. März um 15:00 Uhr UTC soll zwischen der Insel Alderney und dem französischen Festland gesegelt werden. Für Dover gilt am 22. März: ein roter Tag in der Nähe des Frühlingsanfangs, was extreme Springtide bedeutet. Die Zeiten und Werte für Hoch- bzw. Niedrigwasser für Dover werden im Almanach unter Dover nachgeschlagen. Hier werden folgende Werte herausgeschrieben:

07:23 Uhr: 0,2 m
12:01 Uhr: 7,0 m
19:43 Uhr: 0,4 m

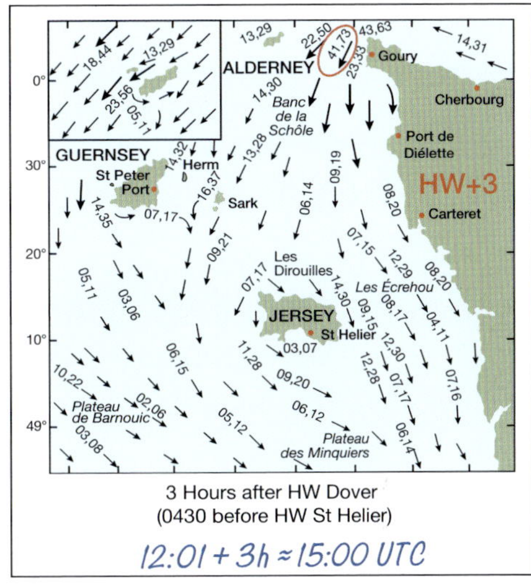

3 Hours after HW Dover
(0430 before HW St Helier)
12:01 + 3h ≈ 15:00 UTC

Niedrigwasser ist also um 07:23 Uhr UTC mit einem HoT von 0,2 m, und Hochwasser ist um 12:01 Uhr mit einem HoT von 7,0 m. Hieraus ergibt sich folgende Information:

1. Der Tidenhub (»Range«) ist 7,0 m – 0,2 m = 6,8 m, was für Dover beachtlich ist und daher starke Strömung hervorruft.
2. Aus dem Almanach ist zu erkennen, dass Hochwasser in Dover um 12:01 Uhr ist. Um 15:00 Uhr gilt das Strömungsbild HW+3, also drei Stunden nach dem Hochwasser in Dover.

Jetzt wird in der Strömungskarte auf den entsprechenden Strömungspfeil bei Alderney geschaut: Es steht »41,73«. Das bedeutet: 4,1 kn Strömung bei mittlerer Nipptide und 7,3 kn bei mittlerer Springtide. Der

Tidenhub ist mit 6,8 m deutlich größer als für die mittlere Springtide (6,0 m). Somit hat man an diesem Nachmittag (15:00 Uhr) deutlich mehr Strömung, als die an dem Pfeil notierte größere Zahl angibt, nämlich weit über 7 kn. Bei Wind über Strom oder gegen die Stromrichtung sollte man bei solchen Strömungen hier und um diese Zeit nicht segeln.

Wem das zu kompliziert erscheint, der geht nach der Faustregel:

- Der kleinere Strömungswert am Pfeil gilt für blaue Tage.
- Der größere Strömungswert am Pfeil gilt für rote Tage.

Wie berechne ich meine eigene Geschwindigkeit über Grund?

Ist der Zeitpunkt für das Ablegen gewählt, kann Stunde für Stunde die ungefähre Position für das Schiff vorausgesagt werden und im richtigen Strömungskästchen Richtung und Geschwindigkeit für die geschätzte Position abgelesen werden. Meistens segelt der Gezeitensegler in die gleiche Richtung wie der Strom, sodass die entsprechende Geschwindigkeit des Stroms einfach zur eigenen Geschwindigkeit durchs Wasser hinzugezählt werden kann. Bei Gegenstrom wird sie entsprechend abgezogen.

In die Seekarte kann nun die ermittelte Geschwindigkeit über Grund (SOG) Stunde für Stunde eingetragen werden, d. h. für jede Stunde die

Strömung

- Strömung gibt es nicht nur in Gezeitenrevieren
- Es ist sehr hilfreich, die Strömungsrichtung und Stärke zu kennen
- Wenn Strom und Wind in entgegengesetzter Richtung wirken, wird eine kurze, unangenehme kabbelige Welle hervorgerufen
- Eine geschickte Wahl des Auslaufzeitpunktes erhöht nicht nur die Geschwindigkeit, sondern auch die Bequemlichkeit
- Die Richtung und Stärke des Stromes entnimmt man am einfachsten den Strömunskarten des Almanachs
- Strömungskarten sind Stunde für Stunde vor und nach dem Hochwasserzeitpunkt eines gewissen Bezugsortes gezeichnet

geschätzte Position in der Seekarte und/oder der Strömungskarte markiert werden.

Während des Törns kann dann die geschätzte Position im Passageplan mit der tatsächlichen Position verglichen werden. Viele staunen nicht schlecht, wenn sie bemerken, wie exakt die Strömungsplanung funktioniert. So können z. B. Orte, die aufgrund von unbequemen Overfalls oder Races nur bei Stauwasser befahren werden sollten, tatsächlich zu genau dem im Voraus berechneten Zeitpunkt erreicht werden. »Playing the Tides« ist sehr befriedigend und macht Spaß!

DER ZU STEUERNDE KURS – COURSE TO STEER (CTS)

Warum muss ich mich mit dem Kompass abmühen, wenn das GPS doch meine Position richtig anzeigt?

Für die Positionsbestimmung ist die Behauptung, das GPS lasse keinen Zweifel an der eigenen Position, sicherlich richtig. Vorausgesetzt, es arbeitet störungsfrei.

Hand aufs Herz: Wie groß erscheint die Wahrscheinlichkeit, dass das eigene Schiff tatsächlich mal vom Blitz getroffen wird, ein kompletter Stromausfall eintritt oder die Batterie für das Handy für den Rest des Törns nicht ausreicht? Die meisten halten solche Situationen für genauso unwahrscheinlich wie den Einsatz einer Rettungsinsel. Doch genau wegen solcher Schreckensszenarien wird weiterhin fleißig klassische Navigation gelehrt, um im Notfall noch ein Redundanzsystem mit Kompass und Co. an Bord zu haben.

Darüber hinaus gibt es Situationen, in denen klassische Navigation mit einem Kompass deutlich schneller ans Ziel führt als die Navigation mithilfe des Plotters und GPS. Hierbei geht es nämlich weniger um die Positionsbestimmung als um die geschickteste Wahl eines Kurses. Wenn im Voraus im Passageplan ein Durchschnittskurs am Kompass mithilfe eines schnell zu zeichnenden Strömungsdreiecks ermittelt wurde, muss der zu haltende Kurs (»Heading«) während einer Überfahrt nicht kontinuierlich angepasst werden. Oder wenn bei Überquerung einer Seeschifffahrtsstraße die Endposition durch ein weiteres Strömungsdreieck schon während der Planung geschätzt wird, kann die Einfahrtsposition schon vorher geschickt gewählt werden. In beiden Fällen wird viel Zeit gespart.

Wie soll ich den zu steuernden Kurs berechnen, wenn ich quer zur Strömung segle?

Manchmal wird quer zur Strömung gesegelt. Ein typisches Beispiel dafür ist die Überquerung des Ärmelkanals, beispielsweise von The Solent in England nach Cherbourg in Frankreich. Würde man von England ausgehend einfach nur auf Südkurs gehen, würde einen die quer zur Fahrtrichtung fließende Strömung stark versetzen. Daher sollte ein Kurs gefunden werden, bei dem etwas gegen die Strömung angesteuert wird.

Der elektronische Plotter ist hier meist weniger hilfreich als die Navigation von Hand mit Strömungsdreiecken. Er nimmt für die Berechnung des zu steuernden Kurses (»Course to Steer«, CTS) nur auf die Größen für den aktuellen Zeitpunkt Rücksicht. So dreht der Plotter den zu steuernden Kurs (CTS) so weit gegen die Strömung, dass der Kurs über Grund (COG) genau nach Cherbourg zeigt. Der Plotter kennt nämlich die persönlichen Toleranzen des Skippers nicht, wie weit er die Abdrift nach Osten oder Westen tolerieren kann. Die Elektronik korrigiert perfekt, um so genau wie möglich dem senkrechten Strich auf der Karte zwischen The Solent und Cherbourg (COG) zu folgen. Das mag zwar für den Plotter richtig erscheinen, der schnellste Kurs ist es aber nicht.

Wenn beispielsweise die Strömung das Schiff nach Westen versetzt, würde der Plotter den Skipper auffordern, den Heading so lange nach Osten zu korrigieren, bis das Schiff mit dem COG genau nach Cherbourg zeigt. Mit einem Heading nach Osten und einem COG nach Süden gleitet das Schiff seitwärts längs dem COG seinem Ziel entgegen. Ein Teil der Bootsgeschwindigkeit wird nun dafür benutzt, gegen die Strömung in Richtung Osten anzukämpfen, und nur ein Teil der Geschwindigkeit versetzt das Schiff tatsächlich über den Ärmelkanal in Richtung Süden. Wer es aus der Schule noch kennt: praktische Anwendung der Vektoraddition aus dem Mathematikunterricht.

Die Überquerung des Ärmelkanals geht viel schneller, wenn stattdessen so viel Fahrt wie möglich für die eigentliche Überquerung genutzt wird und nur ein geringer Teil für die Strombekämpfung. Das hat zwar eine erhebliche Abweichung von der Strecke Solent–Cherbourg zur Folge (diese Abweichung vom COG wird übrigens »Cross Track Error« oder »XTE« genannt), macht aber dennoch Sinn.

Nach ein paar Stunden kippt nämlich die Strömung und versetzt das Schiff stattdessen nun nach Osten. Der Plotter würde nun wie folgt reagieren: Um der ostgehenden Strömung entgegenzuwirken, fordert der Plotter den Skipper nun auf, den Kurs zu ändern und doch lieber etwas nach Westen auszurichten, um nicht versetzt zu werden. Wieder wird ein Teil der Geschwindigkeit nicht für die Fahrt nach Frankreich verwendet, sondern um gegen die nun nach Osten versetzende Strömung anzukämpfen.

Einfach mit einem Heading von 180 irgendwie auf Frankreich zuzuhalten, wäre ebenfalls suboptimal, denn man könnte nicht voraussagen, wo an der französischen Küste der Landfall stattfinden würde. Womöglich landet das Boot weit stromabwärts von Cherbourg, und es müsste streng gegen die Strömung und vielleicht zudem noch gegen den Wind gesegelt oder gekreuzt werden, um schließlich irgendwie doch zum Ziel zu gelangen.

Viel geschickter ist es, sich rasch ein großes Strömungsdreieck zu zeichnen: Mit der für die Dauer der Überfahrt gesamtheitlich zu erwartenden resultierenden Strömung kann eine Kurskorrektur berechnet werden, die für die gesamte Überfahrt gilt.

Die Dauer der Überquerung ist bei 6 kn Fahrt und einer Distanz von 60 sm zehn Stunden. Für die einzelnen Stunden wird die Position grob gekoppelt, d. h. so gut es geht vorausgesagt. Die für Zeit und Ort geltenden Strömungsinformationen werden aus der Strömungskarte entnommen und aufgelistet. Die Richtungen sind immer entweder ostgehend (Flut) oder westgehend (Ebbe).

So werden sämtliche ostgehende bzw. westgehenden Strömungen addiert und die beiden Summen verglichen. Jede Geschwindigkeit in Knoten ist ja nichts anderes als die entsprechende Distanz in Seemeilen, die der Strom das Schiff während der einzelnen Stunden versetzen würde. Die Differenz zwischen allen ost- bzw. westgehenden Strömungen ist die resultierende Strömung, die man für die Berechnung einsetzen will.

Beispiel:
Alle Strömungen nach Westen addiert ergeben 7,8 sm, und alle nach Osten ergeben 6,7 sm. Daraus resultiert eine Gesamtströmung von gerade einmal 1,1 sm nach Westen. Diese 1,1 sm werden nun für die gesamten zehn Stunden in einem großen Strömungsdreieck eingezeichnet, um ein Durchschnittsheading (CTS) für die gesamte Überfahrt zeichnerisch zu ermitteln.

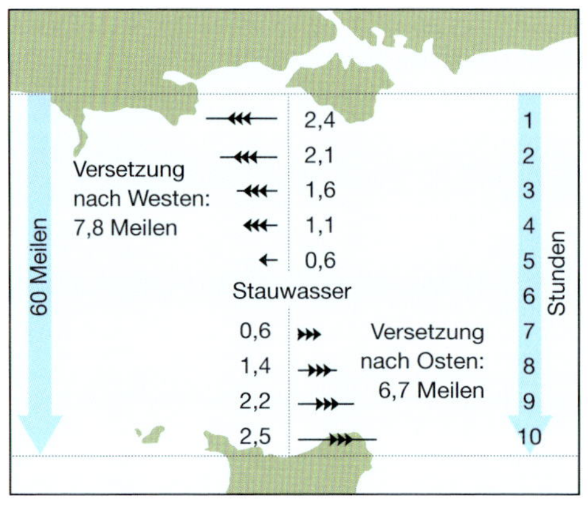

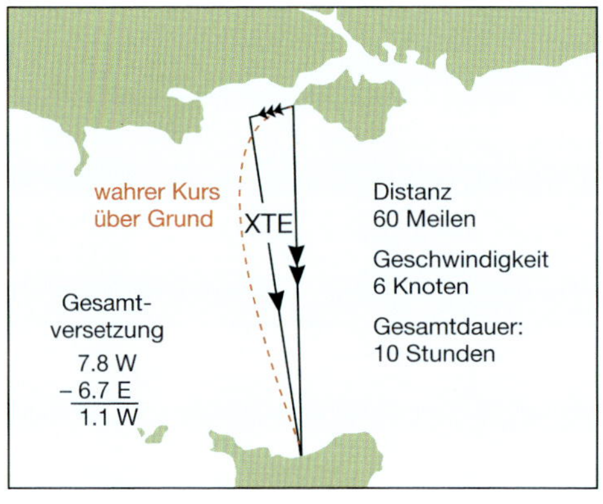

- *Pfeil mit einer Feder: Kurs und Fahrt des Schiffes durchs Wasser (Heading bzw. CTS/Geschwindigkeit durchs Wasser)*
- *Pfeil mit zwei Federn: Kurs und Fahrt des Schiffes über Grund (COG/SOG)*
- *Pfeil mit drei Federn: Kurs und Geschwindigkeit der Strömung (Richtung/Strömungsgeschwindigkeit)*

Zwar ergibt dies einen nicht unerheblichen XTE, aber wenn man, wie im Ärmelkanal, nach Osten und Westen viel Platz hat, kann dadurch viel Zeit gespart werden: Erst wird das Schiff nach Westen und nach sechs Stunden wieder zurück nach Osten versetzt. Wenn ein korrekter Heading für die resultierenden 1,1 sm nach Westen berechnet wurde, kommt man nach zehn Stunden genau im gewünschten Cherbourg in Frankreich an.

Wie zeichne ich ein Strömungsdreieck, um meinen CTS zu berechnen?

Im obigen Beispiel gilt Folgendes:

- Die resultierende Strömung versetzt während der zehnstündigen Überfahrt das Schiff um 1,1 sm längs des Ärmelkanals nach Westen in Richtung Atlantik (= Strömungspfeil mit drei Federn).
- Während des gleichen Zeitintervalls von zehn Stunden segelt das Schiff mit seinen 6 kn 60 sm durchs Wasser (= Strömungspfeil mit einer Feder).

Jetzt wird folgendermaßen gezeichnet:

1. Den Ausgangspunkt (England) und den Waypoint (Frankreich) einzeichnen und verbinden. Das ist der erwünschte Kurs über Grund

Strömungsdreieck zeichnen

Schritt 1:
Die gewünschte Strecke (COG) von Anfang bis Ziel einzeichnen.

Schritt 2:
Gesamtversetzung der Strömung für das Zeitintervall (hier: 10h) einzeichnen.

Schritt 3:
Die gesegelte Strecke für das <u>gleiche</u> Zeitintervall (hier: 10h) abmessen und am COG abstecken (von Ende des Strömungspfeils zum <u>Schnittpunkt</u> des COG).

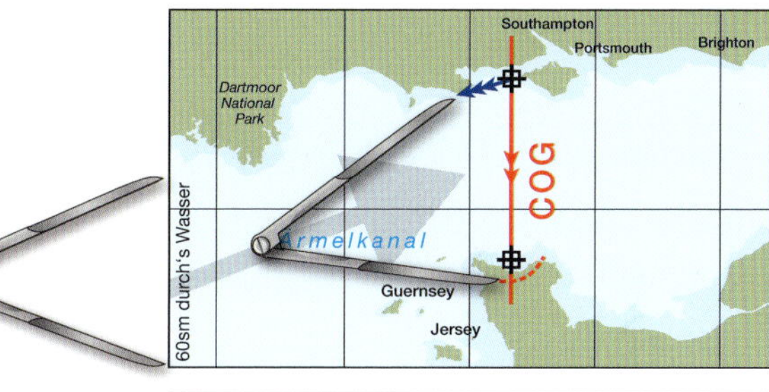

Schritt 4:
Das Strömungsende mit abgestecktem <u>Schnittpunkt</u> verbinden (= CTS).
Achtung: NICHT einfach mit dem Waypoint in Frankreich verbinden!

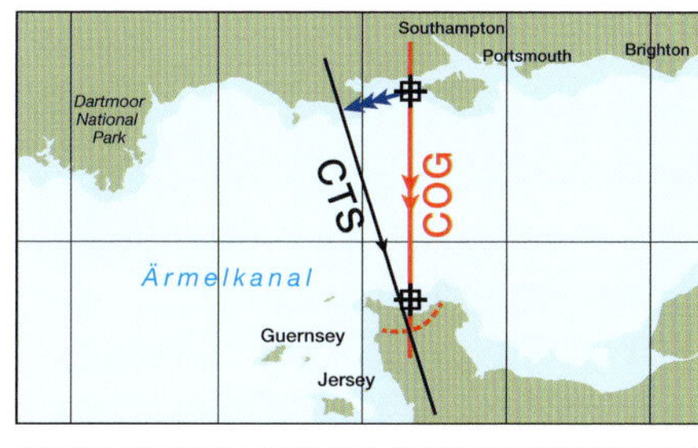

Schritt 5:
1. Den CTS mit Portland Plotter oder Kursdreieck messen.
2. Den SOG am Pfeil mit zwei Federn messen (vom Ausgangspunkt zum <u>Schnittpunkt</u>) und durch das Zeitintervall (hier: 10h) teilen.

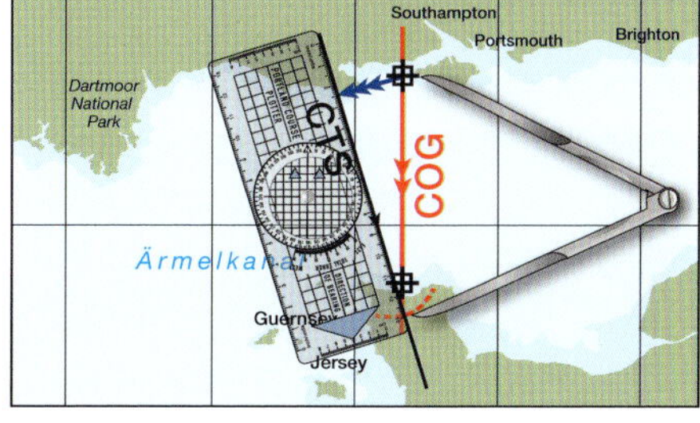

(COG), und er bekommt zwei Federn.
2. Die Strömung am Ausgangspunkt (England) einzeichnen. Dieser Pfeil bekommt drei Federn.
3. Mit dem Zirkel die durchs Wasser gesegelten Seemeilen am Ende des Strömungspfeils einstechen und mit dem anderen Ende des Zirkels den COG (zwei Federn) schneiden lassen. Den Schnittpunkt am COG markieren.
4. Die beiden Einstichpunkte des Zirkels verbinden und diese Strecke mit einer Feder versehen.
5. Zuletzt den Kurs des Pfeils mit einer Feder messen (= zu steuernder Kurs, CTS) und die Distanz am Pfeil mit zwei Federn von England bis zum Schnittpunkt abmessen (ergibt Geschwindigkeit über Grund, SOG).
6. Die Distanz gilt für die zehn Stunden. Sie muss also noch durch das Zeitintervall (hier: 10 h) geteilt werden.

Typische Fehler:

1. Das Zeitintervall der jeweiligen Pfeile (CTS, COG, Strömung) ist nicht gleich gewählt (hier: Alle Pfeile müssen für das Zeitintervall von zehn Stunden gelten).
2. Es wird vorschnell das Ende des Strömungspfeils (drei Federn) mit dem Waypoint (Frankreich) verbunden. Es muss aber der Zirkel benutzt werden (siehe Schritt 3).
3. Die Geschwindigkeit über Grund (SOG) wird vorschnell am falschen Pfeil gemessen. Sie darf nur an dem Pfeil mit zwei Federn abgemessen werden.
4. Die Geschwindigkeit über Grund (SOG) wird vorschnell zwischen den beiden Waypoints gemessen. Sie soll aber vom Ausgangswaypoint zum Schnittpunkt gemessen werden.

Der so ermittelte zu steuernde Kurs (CTS) ist jener Kurs, der nun am Kompass gesteuert werden muss, um genau nach zehn Stunden zum Waypoint (Cherbourg) zu gelangen. Viele, die mit Gezeitensegeln nicht so erfahren sind, staunen nicht schlecht, wie genau das tatsächlich funktioniert!

Wie komme ich von einem in der Seekarte abgemessenen Kurs auf meinen zu steuernden Kompasskurs?

Sämtliche Kurse, die aus der Seekarte entnommen werden (z. B. der CTS im Beispiel oben), sind in Bezug zum geografischen Nordpol, der auch »rechtweisend Nord« genannt wird, ermittelt. Es wurde der Winkel zu den Längengraden gemessen. Die Längengrade zeigen genau zum Nordpol. Ein solcher Kurs wird auch »wahrer Kurs« genannt (»True Course«).

Richtungen und Kurse messen

Schritt 1:
Die Kante des Portland Plotters vom Ausgangspunkt zum Endpunkt legen.
Hier:
Von Helgoland nach Cuxhaven

Schritt 2:
Die Kursrose so drehen, dass Nord genau nach oben zeigt. (Hierfür gibt es das Gitternetz in der Rose: Die Linien sollen genau parallel zu den Längen- oder Breitengraden der Karte gedreht sein.)

Kurs ablesen: Von Helgoland nach Cuxhaven ist der Kurs 126° (True).

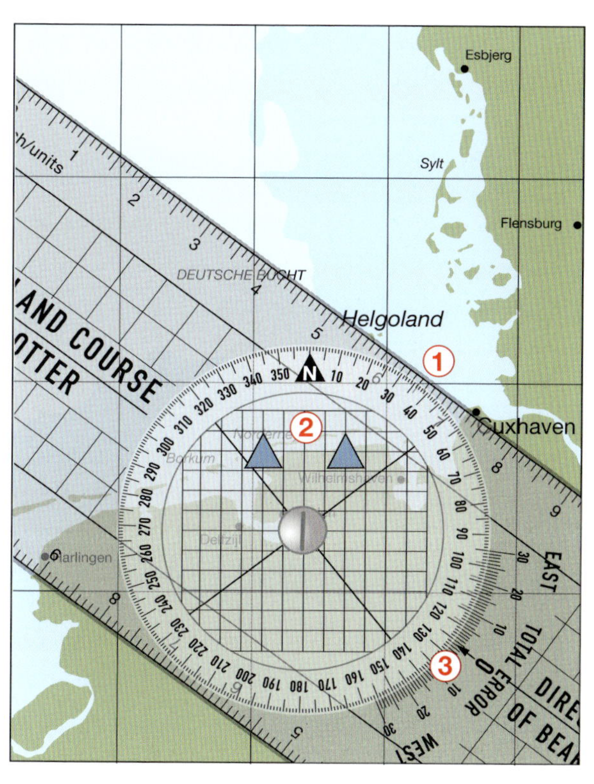

Gesteuert wird aber nach einem Magnetkompass, und der zeigt leider nicht zum Nordpol, sondern nur fast. Es muss also noch ermittelt werden, wie weit der Kompass vom wahren Kurs abweicht. Das nennt man die Abweichung.

Bei sehr kurzen Distanzen mag das nicht zu sehr ins Gewicht fallen, aber bei einem Segeltörn von zehn Stunden (60 sm) bedeutet eine Abweichung von nur 5° am Kompass eine Fehlnavigation von über 5 sm. Liegt der Skipper 10° daneben, verpasst man das Ziel um ganze 10 sm – oder segelt zwei Stunden zusätzlich!

Der Navigator tut also gut daran, zumindest bei längeren Törns die Abweichung zu ermitteln, um vom wahren Kurs aus der Karte zum entsprechenden Kompasskurs zu gelangen, nach dem dann gesteuert wird.

Die Abweichung setzt sich aus der Missweisung (»Variation«) und der Ablenkung (»Deviation«) zusammen. Beide werden in Grad als östliche oder westliche Abweichung angegeben. Diese Korrektur wird von dem in der Karte abgelesenen Kurs abgezogen bzw. dazugerechnet.

Missweisung = Variation

Die Missweisung beruht darauf, dass die Magnetfelder der Erde nicht alle genau zum Pol zeigen. Der magnetische Nordpol befindet sich z. B. aktuell irgendwo in Kanada und wandert zudem noch jährlich weiter. Die Missweisung ist deshalb an unterschiedlichen Orten dieser Welt verschieden und verändert sich mit der Zeit. Vor ca. 100 Jahren war die Missweisung in der Karibik 0° und in Schottland 20° West. Heute ist sie in der Karibik 16° West und in Schottland 2° West. Im Finnischen Meerbusen in der Ostsee ist sie 10° Ost; Tendenz steigend. Diese Missweisungen sind nicht unerheblich – es gilt daher, zu wissen, wann wo gesegelt wird.

Der Wert der Missweisung wird in der aktuellen Seekarte angegeben. Die Missweisung gilt dann im abgebildeten Revier für die nächsten Jahre. Man findet sie in der auf der Seekarte abgebildeten Kompassrose.

Das GPS kennt die Missweisung ebenso, denn es ist mit einer Datenbank versehen, die die Missweisung im Verhältnis zur Position angibt. So muss man sich bewusst sein, ob der Plotter nun wahre Kurse und Richtungen angibt (»True«) oder ob er auf die dort und dann herrschende Missweisung Rücksicht nimmt (»Magnetic«). Das ist im GPS einstellbar. Ob das GPS auf True oder Magnetic gestellt sein soll, ist Geschmackssache. Die meisten wählen True. Unten wird aber gezeigt, warum es auch manchmal Sinn machen kann, das GPS zumindest kurzfristig auf Magnetic umzustellen.

Ablenkung = Deviation

Bei der Ablenkung ist es etwas komplizierter, denn sie hat mit dem eigenen Boot zu tun. Der Hauptkompass ist oft an der Steuersäule befestigt oder über dem Niedergang in unmittelbarer Nähe zu Kabeln, Lautsprechern, Batterien und dem aus Eisen bestehenden Dieselmotor fest eingebaut. Der Kompass wird von allem magnetischen Material an Bord abgelenkt. Man muss nur sein Handy in die Nähe des Kompasses halten, um zu sehen, wie die Kompassrose sich plötzlich dreht.

Daher muss jeder Skipper für genau sein Boot und für die entsprechenden Kurse selbst herausfinden – und in einer Tabelle zusammenstellen – wie die eigene Deviation ist, die alle paar Jahre erneut kontrolliert werden sollte. Wer eine solche Deviationstabelle für sich erstellt hat, staunt nicht schlecht über die vorhandene Ablenkung am Schiff. Eine Deviationstabelle ist für die Navigation nicht nur wichtig, sondern in wenigen Stunden einfach erstellt.

Auch der elektronische Fluxgatekompass für den Plotter sowie Autopiloten haben für ihre Platzierung im Schiff eine Ablenkung, die der Plotter kennen muss, um korrekt zu steuern. Für den Fluxgatekompass wird nach dessen Handbuch verfahren. Oft kann die elektronische Deviationstabelle durch langsames Fahren zweier Kreise oder einer Acht erstellt werden. Hier zeichnet der Computer die Abweichungen auf und versucht, sie elektronisch zu kompensieren. Aber auch nach einer elektronischen Deviation des Fluxgatekompasses bleibt im besten Fall eine Ablenkung von 3–4° übrig.

Gesamte Abweichung für den Hauptkompass

Missweisung und Ablenkung werden zur Gesamtabweichung addiert. Die Missweisung in der Lübecker Bucht in der Ostsee beträgt beispielsweise 4° Ost. Wenn nun die angenommene Ablenkung auf dem aktuellen Kurs 6° Ost beträgt, bedeutet das für die Gesamtabweichung ganze 10°. Eine solche Abweichung ist nicht zu vernachlässigen. Ist die Ablenkung – in die umgekehrte Richtung (Kontrakurs) – beispielsweise 6° West, beträgt die Gesamtabweichung nur noch 2° West und ist damit weniger bedeutsam. Die Gesamtabweichung hängt somit zusätzlich vom Kurs ab. Daher ist eine Deviationstabelle wichtiger als man denkt, um sicher auf klassische Weise navigieren zu können.

Die einfachen drei Schritte vom wahren Kurs aus der Karte zum Kompasskurs sind:

1. Missweisung (Ost oder West) aus der Seekarte ablesen und am besten bis zum Ende der Saison einfach merken (Variation).
2. Die Ablenkung (Ost oder West) für den gewünschten Schiffskurs aus der Deviationstabelle ablesen (Deviation).
3. Beide Fehler zu einer Gesamtabweichung zusammenzählen und zum wahren Kartenkurs dazu zählen bzw. abziehen.

TIPP

Zur Frage, ob nun dazugezählt oder abgezogen werden soll, gilt die Eselsbrücke: »West is Best and East is Least.« Will heißen: Eine westliche Gesamtabweichung wird zum wahren Kurs aus der Karte addiert (»best« bedeutet plus), während eine östliche Abweichung abgezogen wird (»least« bedeutet minus).

Um andersherum einen am Kompass abgelesenen Kurs in die Karte einzeichnen zu können, gilt der Spruch natürlich umgekehrt. Meistens werden jedoch für die Navigationsplanung Kurse aus der Karte berechnet (CTS), die dann am Kompass gesteuert werden sollen. Die Eselsbrücke ist daher vor allem für die Planung gedacht.

Hat auch ein Handpeilkompass eine Abweichung?

Selbstverständlich besitzt auch ein Handpeilkompass eine Ablenkung, da ja auch dieser vom Magnetfeld der Erde beeinflusst wird. Er ist von derselben Missweisung beeinflusst wie der Hauptkompass, da man im gleichen Jahr im selben Revier ist.

Einen Vorteil hat ein Handpeilkompass gegenüber dem Hauptkompass: Sein Einsatzort ist variabel. Wenn man achtern im Cockpit oder auf dem Achterdeck so hoch wie möglich steht, wird er voraussichtlich nur sehr wenig vom bootseigenen Eisen beeinflusst, da die Ablenkung mit Abstand zum Eisen sehr rasch abnimmt (das Achterstag ist übrigens aus Stahl und daher nicht magnetisch).

Hat man einen so magnetfreien Ort wie möglich für den Einsatz des Handpeilkompasses an Bord gefunden, muss beim Peilen nur die Missweisung berücksichtigt werden; die Deviationstabelle für den Handpeilkompass kann man dann vernachlässigen.

Wie kann ich eine Deviationstabelle erstellen?

Wer nicht mit einem modernen Satellitenkompass unterwegs ist (der übrigens weder Missweisung noch Ablenkung kennt), tut gut daran, seinen Kompass gelegentlich zu kontrollieren und seine eigene Deviationstabelle zu erstellen. Ist sie erst erstellt, muss sie nur alle paar Jahre überprüft werden, es sei denn, es werden größere Umbauten oder Installationen von neuer (magnetischer) Elektronik am Boot vorgenommen.

So einfach erstellt man eine Deviationstabelle: Ein strömungsfreier und windstiller Zeitpunkt wird gewählt. Nun gibt es mehrere Methoden.

Handpeilkompass

1. Ein möglichst magnetfreier Ort des Bootes wird für das Peilen mit dem Handpeilkompass gewählt, z. B. mittschiffs achtern am Achterstag stehend.
2. Es wird mit zügiger Fahrt voraus (für einen stabilen COG) mit einem so gleichbleibenden Kurs wie möglich motort (z. B. mit Autopilot).

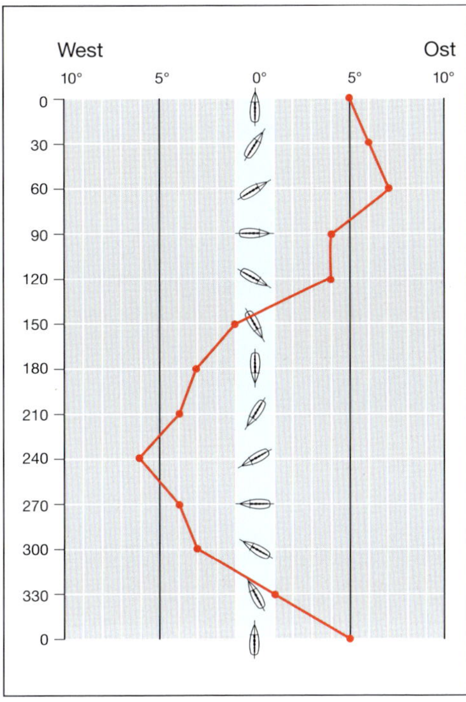

3. Mast und Vorstag werden nun mit dem Auge in eine Linie gebracht und der Handpeilkompass wird vor das Auge gehalten.
4. Der Wert des Handpeilkompasses wird ausgerufen, wenn Handpeilkompass, Mast und Vorstag in einer Linie (Deckpeilung) stehen, und mit dem Hauptkompass verglichen.
5. Beide Kompasswerte werden von der gleichen Missweisung beeinflusst; so können die beiden Kompasswerte direkt verglichen werden. Man geht von der Annahme aus, dass der Handpeilkompass am genauesten anzeigt, da er am wenigsten von magnetischen Gegenständen im Boot beeinflusst wird.
6. Wenn der Hauptkompass einen höheren Wert anzeigt als der Handpeilkompass, hat der Hauptkompass eine westliche Ablenkung. Zeigt er einen niedrigeren Wert an, hat der Hauptkompass eine östliche Ablenkung.
7. Diese Ablenkung wird für den gefahrenen Kurs notiert und in eine Tabelle oder eine Kurve als Deviation eingezeichnet.
8. Anschließend wird der Kurs um z. B. 30° verändert, und Schritt 3–7 werden für den neuen Kurs wiederholt.
9. Nach zwölf Kursänderungen mit jeweils 30° ist bei diesem Vorgehen ein Vollkreis gefahren, und zwölf Werte sind gefunden. Diese sollten eine grobe Sinuskurve ergeben.
10. Ist die maximale Ablenkung größer als ca. 7°, sollte der Kompass an seinen Schrauben (wenn vorhanden) justiert werden, und bei Werten über 20° sollte ein neuer Einbauort des Kompasses gefunden werden bzw. magnetische Gegenstände in dessen Nähe ausgebaut werden.

GPS

Als zweitbeste Methode kann alternativ mit einem sehr guten, modernen GPS gearbeitet werden.

1. Es wird mit möglichst hoher Fahrt voraus mit einem so gleichbleibenden Kurs wie möglich motort (z. B. mit Autopilot).
2. Der Kurs über Grund (COG) wird mit dem Hauptkompass verglichen.
3. **Achtung:** Einige GPS sind auf True-Kurse geeicht, andere auf Magnetic. Wenn man das GPS auf »Magnetic« umstellt, kann man die Kurse direkt (wie oben mit dem Handpeilkompass) vergleichen, da beide von der Missweisung beeinflusst werden.
4. Das weitere Vorgehen ist genau wie beim Handpeilkompass.

Satellitenkompass

Wer einen modernen Satellitenkompass an Bord hat, kann die Werte aus dem elektronischen Headingsensor direkt mit dem Kompass vergleichen und muss keine Fahrt durchs Wasser machen. Vorraussetzung ist, dass der Satellitenkompass genau in Schiffsrichtung zeigt, was elektronisch geeicht werden kann. Auch ein Satellitenkompass kann zwischen »True« und »Magnetic« umgestellt werden, um die Ablenkung am Hauptkompass direkt ablesen zu können.

Richtfeuer

Vielerorts werden Richtfeuer oder Deckpeilungen zum Navigieren eingesetzt. Dabei handelt es sich um zwei Leuchtfeuer oder Seezeichen, die bei der Ansteuerung übereinandergehalten werden sollen. Der entsprechende Kurs ist in der Karte eingezeichnet.

Der zu steuernde Kurs

- Der zu steuernde Kurs wird mithilfe eines Strömungsdreiecks ermittelt
- Er kommt immer dann zum Einsatz, wenn Strömung vorhanden ist, was nicht nur in Tidengewässern der Fall ist
- Geschickt geplant, ist ein Strömungsdreieck viel effizienter, als wenn der Plotter den Kurs ermitteln würde, insbesondere dann, wenn die Fahrt über viele Stunden geht, die Strömung quer läuft und man eine Abweichung vom Kurs über Grund erlauben kann
- Jeder in der Seekarte ermittelte Kurs muss noch durch die magnetische Abweichung korrigiert werden, die sich aus der geografischen Missweisung und der bootsspezifischen Ablenkung zusammengesetzt
- Eine für das eigene Boot spezifische Deviationstabelle ist wichtig und einfach erstellt

TIPP Man kann nicht nur Werte ermitteln, wenn auf die Richtfeuer zugehalten wird, sondern auch, wenn man sich auf dem Kontrakurs (= 180° entgegengesetzt) von den Richtfeuern entfernt. So bekommt man gleich zwei Werte für die Deviationstabelle.

Alternativ findet man seine eigenen, sich überdeckenden Objekte in der Karte, die in Deckpeilung gebracht werden (z. B. das Ende einer Hafenmole in Deckpeilung mit einem Kirchturm im Hintergrund). Den Kurs muss man anschließend selbst aus der Karte mithilfe eines Portland Plotters oder Kursdreiecks einzeichnen bzw. messen.

Nun wird zu einer strömungsfreien Stunde genau mit den beiden Richtfeuern (oder was man sonst gewählt hat) übereinandergefahren (in Deckpeilung gebracht) und der Kurs am Kompass mit dem Kurs aus der Karte verglichen. Diese werden sicherlich eine Differenz aufweisen.

Die Missweisung gibt den ersten Teil der Differenz, die noch verbleibende Abweichung ist zwangsläufig die Ablenkung, die in die Deviationstabelle eingetragen wird.

Nachdem mehrere in Deckpeilung zu bringende Objekte oder Richtfeuer abgefahren wurden, hat man eine anwendbare Deviationstabelle. Je mehr Deckpeilungen abgefahren wurden, desto genauer die Tabelle.

GESCHÄTZTE POSITION – ESTIMATED POSITION (EP)

Wenn ich mit einem gewissen Kurs steuere, bewegt sich das Schiff dann immer entlang der am Plotter angezeigten Kurslinie?

Nur wenn das Wasser völlig unbeweglich wäre, könnte man davon ausgehen, dass das Boot entlang einer im Wasser gedachten Linie segelt. Bei Strömung ist dies aber auf keinen Fall so. Kommt der Strom genau von vorn oder hinten, beeinflusst er nur die Geschwindigkeit über Grund (SOG), nicht aber den Kurs über Grund (COG). Kommt die Strömung aber quer zur Fahrtrichtung, versetzt sie das Schiff seitlich, und somit ist der tatsächliche Kurs über Grund anders als der Kurs durchs Wasser. Je stärker der Strom und je langsamer das eigene Schiff, desto größer ist der Einfluss des Stromes.

Aber auch der Wind beeinflusst die Ankunftsposition: Kein Kiel kann eine Seitwärtsbewegung hundertprozentig verhindern, und so wird jedes Segelschiff eine Abdrift haben. Die vom Wind verursachte Abdrift wird in Grad angegeben, ist bootsspezifisch und Erfahrungssache. Wenn keine anderen Werte vorhanden sind, kann man ungefähr davon ausgehen, dass vor dem Wind keine Abdrift und auf raumen Kursen eine zu vernachlässigende Abdrift herrscht, während sie am Wind ca. 7° beträgt. Je höher am Wind und je mehr Schräglage, desto größer die Abdrift. Das ist ein weiterer Grund, warum das Schiff keine zu hohe Schräglage haben sollte. Moderne Finnkieler haben generell eine kleinere Abdrift als traditionelle Langkieler, die hart am Wind 10° und mehr Abdrift haben können.

Wo man nach einer gesegelten Strecke durchs Wasser tatsächlich am Ende landet – die geschätzte Position oder »Estimated Position (EP)« – muss durch ein Strömungsdreieck ermittelt werden. Diese Ermittlung ist besonders wichtig, wenn man ein Verkehrstrennungsgebiet queren möchte.

Was ist ein Verkehrstrennungsgebiet?

Verkehrstrennungsgebiete (VTG) sind wie Autobahnen auf dem Meer und werden auf den Seekarten oft als »Traffic Separation Schemes« (TSS) gekennzeichnet. Sie werden immer häufiger eingerichtet, um größere Schiffe wegen erhöhtem Verkehrsaufkommen nicht einfach durcheinanderfahren zu lassen. Schiffe werden hier praktisch gebündelt und gestaffelt.

Einigen Seglern erscheinen TSS als Hindernisse, andere sehen sie als Segen der Ordnung, indem vorausgesehen werden kann, auf welchen Kursen die Frachter fahren. Natürlich können Schiffe (in seltenen Fällen) diese Autobahnen der Meere auch innerhalb des TSS verlassen, um beispielsweise einen nahen Hafen anzusteuern. Wenn möglich, sollten sie dies jedoch am Anfang oder am Ende des TSS tun. Größere Häfen haben daher sogar speziell eingerichtete TSS-Zufahrten zur Haupt-TSS errichtet. Diese Zufahrten gibt es auch als »Kreisel«, wenn mehrere TSS einander kreuzen.

Nicht alle TSS sind durch Tonnen gekennzeichnet und wenn doch, stehen sie meist so weit auseinander, dass der Segler kaum eine Warnung bekommt, dass er gerade dabei ist, in ein TSS einzufahren. Es liegt also in der Verantwortung jedes Skippers, die genaue Position der TSS zu kennen. Auf Papierkarten ist dies deutlich einfacher zu erkennnen als auf einigen Plottern, denn bei den Layers der Elektronik verschwinden die TSS bei manchen Zoomeinstellungen.

Zwar dürfen Segler offiziell dem Verkehrsfluss beitreten, aber da es (fast) immer ausreichend Wasser zwischen dem TSS und dem Land gibt, werden »Inshore Traffic Zones« (ITZ) platziert, wo kleinere Schiffe unter 20 m bevorzugt segeln sollten.

Oft scheinen die TSS auf der Seekarte geradezu lächerlich kurz, und der Neuling fragt sich, wozu es ein Verkehrstrennungsgebiet gibt, das nur knapp länger als ein Dutzend Schiffslängen ist. Die sehr kurzen TSS sind ein guter Kompromiss zwischen Ordnung und Freiheit der Meere. Dickschiffe hangeln sich sozusagen auf schnellstem Weg von einem solchen kurzen TSS zum nächsten. Somit kann man relativ gut voraussehen, wie sich die Schiffe außerhalb der TSS bewegen werden (Ordnung), obwohl hier kein TSS mehr existiert (Freiheit). Diese sehr kurzen TSS können von Seglern meist komplett umfahren werden.

Ist das TSS aber länger und muss gekreuzt werden, ist es sehr wichtig, die Regeln der TSS zu kennen. Strafen, die im nächsten Hafen oder im Briefkasten zu Hause bei Nichtbeachtung warten können, sind bis in den vierstelligen Eurobereich möglich!

Es gilt, folgende Regeln der TSS zu befolgen:

1. Das TSS ist eine Autobahn mit zwei Einbahnstraßen im Rechtsverkehr. Entgegen der Fahrtrichtung zu segeln (»Geisterfahren«), ist die gefährlichste und teuerste Sünde in einem TSS.
2. Schiffe unter 20 m dürfen mit dem Verkehrsfluss im TSS fahren, sollten aber – wenn möglich – den ITZ benutzen.
3. Ankern im TSS ist nicht erlaubt.
4. Querende Schiffe dürfen den Verkehr des TSS nicht behindern.
5. Den TSS-Regeln zum Trotz: Sämtliche herkömmlichen Kollisionsverhütungsregeln der KvR gelten weiterhin.
6. Muss ein TSS überquert werden, soll dies mit einem Heading von 90° zur Fahrtrichtung des TSS gemacht werden (Achtung: Heading; nicht COG).

Während die ersten drei Punkte den meisten Seglern einleuchten, sind die letzten drei Regeln für einige Segler schwer nachvollziehbar. Folgende Fragen werden oft gestellt:

- Haben jetzt die Dickschiffe im TSS Vorfahrt (Punkt 4) oder Segler vor Motorschiffen (Punkt 5)?
- Wie kann man das TSS konkret mit einem Heading (und nicht COG) von 90° queren (Punkt 6)?

Wer hat im TSS Vorfahrt?

In der Seefahrt hat grundsätzlich niemand »Vorfahrt«, sondern es gibt lediglich Schiffe, die den anderen in einer gewissen Prioritätsreihenfolge ausweichen müssen. So weichen z. B. Motorschiffe den Seglern aus.

Aber wer soll nun im TSS ausweichen: der querende Segler (Punkt 4) oder das Dickschiff (Punkt 5)? Die Antwort liegt im Wort »behindern«. Der querende Segler soll die Schiffe im TSS erst gar nicht behindern, sondern schon frühzeitig seinen eigenen Kurs so weit anpassen, dass es gar nicht zur Anwendung der normalen KvR kommen muss. Wenn es dennoch zu einem Kollisionsrisiko kommen sollte, musst tatsächlich das Dickschiff ausweichen. Allerdings machen Kursänderungslatenz und Bremsweg dies extrem schwer.

Wie plane ich eine Überquerung von einem Verkehrstrennungsgebiet?

Ein TSS darf nur mit einem Heading von genau 90° zum Verkehrsfluss des TSS überquert werden; wobei segeln hier übrigens auch erlaubt ist.

Eine typische Ärmelkanalüberquerung von Dunkerque in Frankreich nach Dover in England soll als Beispiel dienen. Die Strecke über den Ärmelkanal ist hier nicht einmal 15 sm breit. 10 von diesen 15 sm werden jedoch durch ein breites TSS »versperrt«. Unzählige Dickschiffe ziehen ihre Wege durch den Ärmelkanal, und der Segler fühlt sich leicht wie ein Fahrradfahrer, der eine Autobahn überqueren will. Früher war das Abenteuer noch größer; heute können dank AIS die Positionen der Schiffe äußerst gut vorausgesagt werden. Abgesehen von eher kleinen Ausweichmanövern, um die Dickschiffe nicht zu »behindern«, wird der Bug immer in 90° zur Fahrtrichtung des TSS gehalten.

Zu bedenken ist Folgendes: Wenn der Bug kontinuierlich während 10 sm rechtwinklig zum TSS zeigen muss, dann endet man nicht genau auf der gegenüberliegenden Seite des TSS, sondern ist von der Strömung ein ganzes Stück entweder in Richtung Osten oder Westen versetzt worden. Das ist – verkehrstechnisch – auch so gewollt, denn die gesamte Geschwindigkeit des Segelbootes soll für die schnellstmögliche Überquerung des TSS eingesetzt und nicht für die Strömungsankämpfung verschwendet werden. Zudem zeigt das Segelboot dem Verkehr im TSS seine Breitseite und wird dadurch deutlicher gesehen.

Ebenso gilt es zu bedenken: Je langsamer das Segelboot, desto länger dauern die 10 sm für die TSS-Überquerung, und desto weiter wird das Schiff von der Strömung versetzt.

Genau wie bei dem Beispiel der 60 sm von The Solent in England nach Cherbourg in Frankreich, ist der Verlass auf die elektronische Navigation zwar möglich, es würde dabei aber möglicherweise viel Zeit und Strecke verschenkt werden. Plotterunterstützt würde der unerfahrene Segler sicher zum Rand des TSS vor Calais segeln und dann den Regeln folgend den Kurs so ändern, dass der Bug quer zum TSS zeigt. Leider kommt er so nicht immer vor den Toren von Dover an. Von der starken Strömung überrascht, landet er ein erhebliches Stück stromabwärts an seinem Ziel vorbei.

Ein Rechenbeispiel:

Die Abfahrt von Dunkerque wird so gewählt, dass bei Einsetzen der Ebbe ausgelaufen wird. Ein immer stärkerer Strom gibt dem Skipper einen befriedigenden Schub längs der französischen Küste in Richtung Westen und Calais. Die Strömung wird durch den relativ schmalen Sund zwischen Frankreich und England wie durch eine Düse immer mehr beschleunigt, und so werden aus den 5 kn durchs Wasser bald 7 kn und mehr. Kurz vor Calais dreht der Plottersegler den Bug quer zum TSS und treibt während der zwei Stunden, die man für die 10 sm über das TSS bei 5 kn Fahrt benötigt, mindestens um 4 sm stromabwärts ab und verpasst dadurch ungewollt die Hafeneinfahrt von Dover um genau diese Distanz, wenn nicht sogar mehr. Durch die unglückliche Planung ist der Skipper plötzlich ca. 4 sm westlich von Dover angekommen, die nun mühevoll stromaufwärts gesegelt werden müssen. Bei 5 kn durchs Wasser und 2 kn Gegenstrom ergibt das nur 3 kn über Grund, und die 4 sm dauern somit über eine Stunde.

Wer die klassische Navigation auf der Seekarte beherrscht, kann seinen Eintritt in das TSS so planen, dass er genau vor Dover statt stromabwärts ankommt. Durch ein rasches Zeichnen eines Strömungsdreiecks lässt sich auf der Papierkarte die »Estimated Position« (EP) herausfinden, und so gleitet der klassische Segler mit der Strömung direkt vor die Hafeneinfahrt vor Dover.

Wie berechne ich die EP?

Die »Estimated Position« (EP), die einen zukünftigen Ort in Strömungsgewässern schätzt, kann man schon am Vorabend berechnen:

1. Ein Ausgangspunkt (Eintritt in das TSS) wird als Waypoint gewählt.
2. Falls sich nach Schritt 3 herausstellt, dass dieser nicht optimal gewählt wurde, sollte er ein wenig stromaufwärts oder -abwärts gesetzt und ein zweiter Zeichenanlauf gemacht werden.
3. Den eigenen Kurs und die Distanz durchs Wasser während der zwei Stunden vom Ausgangspunkt zeichnen. Dieser bekommt eine Feder. Bei Amwindkursen und großer Krängung nicht vergessen: Die durch den Wind hervorgerufene Abdrift abschätzen und gegebenenfalls den Kurs um die jeweilige Gradzahl in Richtung Lee angepasst zeichnen.
   – Der Kurs durchs Wasser ist in diesem Fall rechtwinklig zur Fahrtrichtung des TSS.
   – Die Distanz (Länge) ist die gemachte Strecke während des gewählten Zeitintervalls; hier: 2 h x 5 kn = 10 sm.
4. Die Strömung für das gleiche Zeitintervall an das Ende des gerade gezeichneten und mit einer Feder verzierten Kurs-durchs-Wasser-Pfeils »anhängen«. Dieses »Anhängen« von Kurspfeilen wird in der Seefahrt »koppeln« genannt. Der Strömungspfeil bekommt drei Federn.
   – Die Strömung entnimmt man am einfachsten den Strömungskarten.
   – Da es sich hier um die Strömung für zwei Stunden handelt, wird

Estimated Position (EP)

- Sobald man seinen Segelkurs nicht frei wählen kann (z. B. aufgrund eines Verkehrstrennungsgebiets (TSS) oder einer bestimmten Windrichtung) muss die Ankunftsposition im Voraus geschätzt werden (EP)
- Im TSS gelten gesonderte Regeln: Der Heading (nicht COG!) muss 90° zum TSS betragen, und querende Boote dürfen Schiffe im TSS nicht behindern
- Der Wind beeinflusst den Kurs über Grund durch die Abdrift, die in Grad angegeben wird
- Hoch am Wind, bei Schräglage und bei einem klassischen Langkieler kann die Abdrift erheblich sein
- Die Abdrift kann nicht berechnet werden, sondern ist Erfahrungssache
- Bei Strömung wird ein Strömungsdreieck gezeichnet, um die EP zu ermitteln

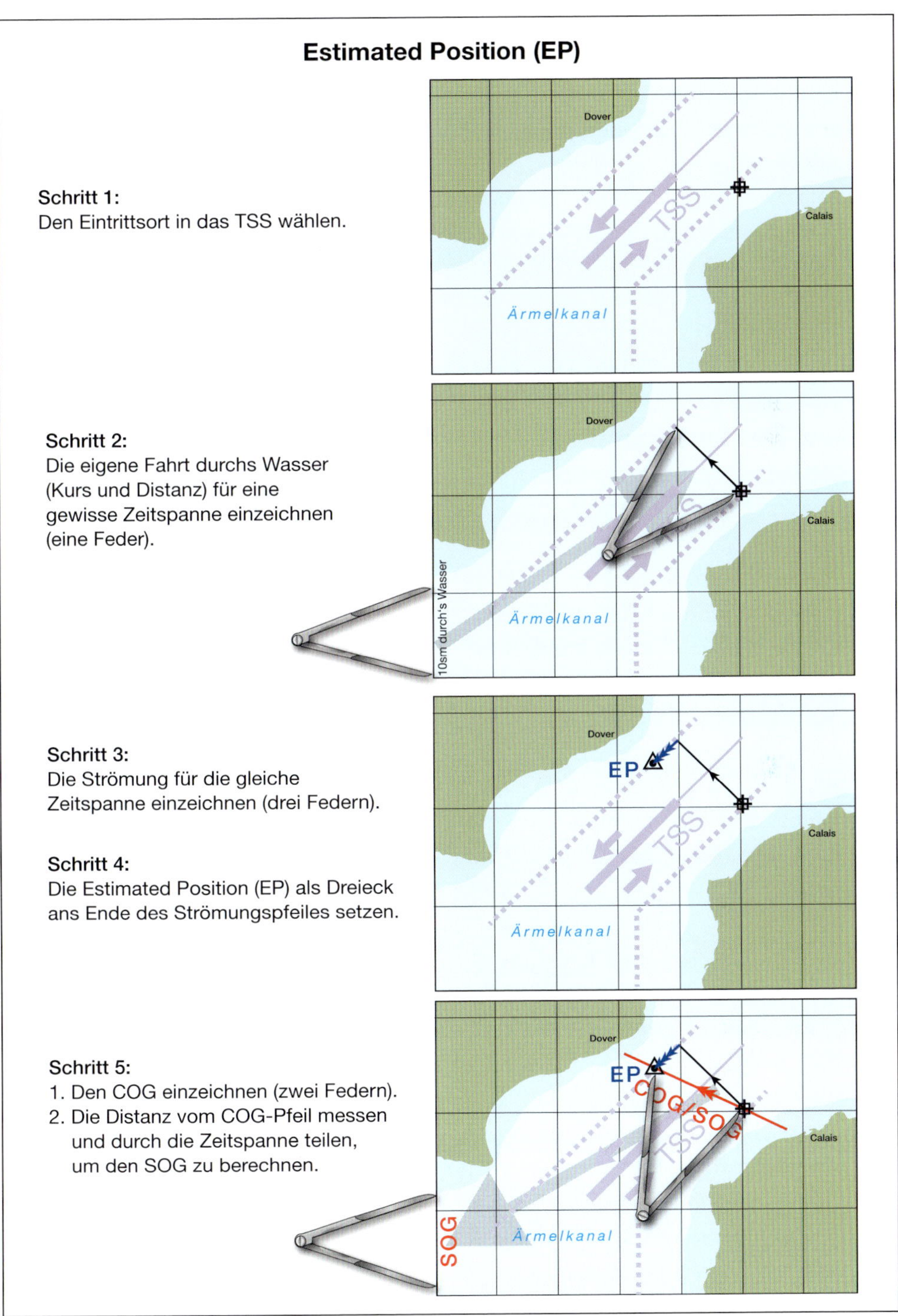

Estimated Position (EP)

Schritt 1:
Den Eintrittsort in das TSS wählen.

Schritt 2:
Die eigene Fahrt durchs Wasser (Kurs und Distanz) für eine gewisse Zeitspanne einzeichnen (eine Feder).

Schritt 3:
Die Strömung für die gleiche Zeitspanne einzeichnen (drei Federn).

Schritt 4:
Die Estimated Position (EP) als Dreieck ans Ende des Strömungspfeiles setzen.

Schritt 5:
1. Den COG einzeichnen (zwei Federn).
2. Die Distanz vom COG-Pfeil messen und durch die Zeitspanne teilen, um den SOG zu berechnen.

die Summe aus der für beide Stunden geltende Gesamtströmung ermittelt.

5. Dort, wo der Strömungspfeil (drei Federn) endet, ist die EP.
   - Dieser sollte, wenn möglich, etwas außerhalb des TSS genau vor der Hafeneinfahrt von Dover liegen.
6. Zuletzt den Anfangspunkt (Eintritt in das TSS) mit der EP verbinden und hier den SOG und COG ablesen.

PILOTAGE- UND PASSAGEPLAN

Was ist der Unterschied zwischen dem Passageplan und dem Pilotageplan?

Mit einem Pilotage- und einem Passageplan ist nichts anderes gemeint, als die navigatorischen Erkenntnisse für den Törn zusammenzufassen und zu notieren. Hierbei wird auf zwei verschiedene Arten gearbeitet: Pilotageplan für den Ausgangs- und Zielhafen, der Passageplan für die Küstenstrecke dazwischen.

Wer in tidenlosen Revieren unterwegs ist, muss natürlich keine Strömungsdreiecke zeichnen. Doch jeder, der einen Törn plant, sollte zumindest ein paar Wegpunkte in die Karte zeichnen und sich Aufzeichnungen über navigatorische Herausforderungen machen. Wie weit man hier ins Detail geht, hängt sehr davon ab, wie gut der Skipper das Revier kennt und wie anspruchsvoll der Törn ist.

Der Navigationscheck besteht aus drei Einzelteilen, die jeweils separat betrachtet werden müssen:

1. **Pilotageplan** aus dem Hafen heraus bis zum ersten Wegpunkt
2. **Passageplan** von diesem ersten Wegpunkt bis zum letzten bei der Ansteuerung zum Zielhafen
3. **Pilotageplan** von der Ansteuerung bis in den Zielhafen

Der Unterschied zwischen einem Pilotageplan und Passageplan ist, dass für die Pilotage keine Kurse aufgezeichnet werden, sondern es wird nach Sicht navigiert. Wichtige Informationen für die Ausfahrt vom Ausgangshafen bzw. die Einfahrt in den Zielhafen werden notiert, beispielsweise Brücken- oder Schleusenöffnungszeiten, UKW-Frequenzen für den Hafen, besondere navigatorische Herausforderungen, Gezeitenhöhen, Deckpeilung von Richtfeuern, Untiefen etc. Einige Segler machen sich hierfür auch mal eine kleine Skizze über die Hafenaus- und -einfahrt.

Beim Passageplan geht es um die Küstennavigation, bei der von einem Wegpunkt zum nächsten gesegelt wird. Man sollte sich aber nicht von einer Tonne zur nächsten hangeln, sondern möglichst lange Schläge in einer möglichst geraden Linie zwischen ein paar wenigen Wegpunkten wählen. Dass dabei eventuelle Tonnen, Leuchttürme oder andere Seezeichen passiert werden, kann im Passageplan notiert werden. Entlang des Kurses auf der Seekarte schreiben sich einige Skipper die jeweiligen Zeiten auf, zu denen diese zu sehen sein sollten, andere tragen für jede gesegelte Stunde die Distanz ein.

TIPP

Natürlich kann die Geschwindigkeit eines Segelbootes windbedingt nicht genau vorausgesagt werden. Es ist aber ein Fakt, dass, wenn in Gezeitengewässern gesegelt wird, die geplante Geschwindigkeit recht gut eingehalten werden sollte, zur Not auch mithilfe des Motors. Denn, wenn die Strömung kippt und das Boot noch nicht am geplanten Punkt angekommen ist, kann die restliche Fahrt mit Gegenstrom sehr lang und mühsam werden.

TIPP

Für die Schären: In den Schären können kaum längere Kurse eines Passageplans gezeichnet werden. Hier kann der Skipper die geplante Strecke vor seinem inneren Auge sozusagen vorher absegeln und gern hier und da, wo etwas Wichtiges ist, eine Notiz in die Seekarte machen. Denn in den Schären gibt es eine wichtige Regel: Der Navigator muss immer und jederzeit genau wissen, wo er ist. Scheinen Wirklichkeit und Seekarte bzw. Plotter nicht übereinzustimmen, ist der nächste harte Stein mit Sicherheit nicht weit voraus!

Muss die Planung wirklich so streng gemacht werden?

In Navigationskursen wird oft jedes Detail, jeder Grad, jeder Zentimeter und jede Minute der Tide genauestens berechnet. Wer sich dafür interessiert, kann das gern so präzise machen. Oft reicht es aber, ein großflächiges Verständnis für die Gesamtsituation zu bekommen, statt sich in Details zu verzetteln. Wenn beispielsweise während der Nipptide das Niedrigwasser nie unter einen kritischen Wert fällt, muss auch keine Gezeitenkurve gezeichnet werden. Wer mit dem Strom segelt, muss keine Strömungsdreiecke zeichnen. Und wer nicht in Gezeitenrevieren segelt, muss sich um die Tide erst gar nicht kümmern. Alle Gefahren und Eventualitäten treten auch selten gleichzeitig während desselben Törns ein, sodass der Navigationscheck in der Realität viel schneller geht, als der Neuling beim Lesen dieses Kapitel befürchten mag.

Wer noch nicht so viel Erfahrung mit dem Segeln hat, wählt vielleicht ein Revier, das weniger stressig erscheint. Dann muss der frischgebackene Skipper sich nicht auf mehrere Aufgaben gleichzeitig konzentrieren.

Segeln besteht aus Theorie und viel, viel Praxis. Es ist das eigentliche praktische Segeln, was Erfahrung schenkt, denn die Theorie ist von den meisten Menschen rasch erlernbar. Der beste Lehrmeister ist übrigens die Natur selbst: Ist im Hafen zur vorausgesagten Zeit tatsächlich Hochwasser zu verzeichnen? Das sieht man am höchsten Wasserspiegel. Ist der Tidenhub wie berechnet? Das sieht man am Echolot im Hafen oder am Ankerplatz. Kippt die Tide genau zum ermittelten Zeitpunkt? Das sieht man, wenn der SOG (»Speed Over Ground«) statt größer plötzlich kleiner als der STW (»Speed Through Water») wird – oder umgekehrt. Die Natur im Voraus zu berechnen und dann zu erleben, wie die eigenen Vorhersagen eintreffen, ist genauso befriedigend wie nur mithilfe des Windes von einem Ort zum anderen zu reisen.

Wie viel des Navigationschecks abgekürzt werden kann und wie genau gerechnet werden muss, ist Erfahrungssache und hängt von sehr vielen Umständen ab: angefangen von der Crew, dem Revier bis hin zum Wetter. Aber auch dem eigenen Interesse, denn manchen macht die klassische Navigation sehr viel Spaß.

Pilotage- und Passageplan

- Der Navigationscheck wird in einem Pilotage- und einem Passageplan zusammengefasst
- Der Pilotageplan gilt bei der Ausfahrt aus dem Ausgangshafen und bei der Einfahrt in den Zielhafen und besteht aus Notizen über Gefahren, Ansteuerungsinformationen etc.
- Der Passageplan kommt zwischen den Ansteuerungstonnen der beiden Häfen zum Einsatz und besteht aus zu segelnden Kursen (Course to Steer) zwischen den gewählten Wegpunkten

DER TÖRN

HAFENMANÖVER

ANLEGEN

Warum habe ich vor den Hafenmanövern oft Angst?

Marinas mögen vielleicht wie Parkplätze aussehen, ein Schiff in eine Box einzuparken, ist allerdings längst nicht so einfach, wie ein Auto abzustellen. In Umfragen werden Hafenmanöver oft als das größte Hindernis angegeben. Für viele Menschen stellen sie den Grund dar, aufzuhören zu segeln, ein kleineres Boot zu kaufen oder sich nur ungern aus dem Hafen zu trauen. Gleichzeitig werden heute immer mehr und immer größere Boote in – relativ zur Bootsgröße – immer enger werdenden Marinas untergebracht. Angst vor Hafenmanövern ist somit sehr verständlich!

Zudem unterscheiden sich die Anlegemanöver in Häfen deutlich voneinander – je nach Revier: In der südlichen Ostsee wird meist mit dem Bug zum Steg mit achterlichen Pfählen in »Boxen« angelegt. In der nördlichen Ostsee werden hingegen Bojen als Achtervertäuung ausgelegt, oder es wird der eigene Heckanker benutzt. Im Mittelmeer fährt man meist rückwärts zwischen die vertäuten Boote, während in Portugal, Galicien, Frankreich und den Britischen Inseln aufgrund der Gezeiten fast immer seitlich an Schwimmstegen angelegt wird, wenn nicht vor dem Hafen geankert oder in Bojenfeldern angelegt werden soll.

Hinzu kommt, dass Hafenmanöver oftmals weder privat noch in Kursen ausreichend geübt werden, denn: Wer hat schon Lust, den ganzen Tag übend im Hafen zu verbringen, wenn der größere Spaß außerhalb der Hafenmole zu finden ist? Da viele Crewmitglieder vor den Hafenmanövern zurückschrecken, übernimmt schnell ausschließlich der Skipper das »Ein- und Ausparken« aus der Box, was das Ungleichgewicht nur noch weiter verstärkt: Der eine wird durch regelmäßiges Praktizieren tatsächlich immer besser, während der oder die andere(n) eher selten, wenn überhaupt, zum Zug kommen.

Boote haben unterschiedliche Angriffsflächen für den Wind. Auch die Kiel- und Ruderform führt zu ungleichen Flächen unter Wasser. So ist es schwer, allgemeingültige Manöver für alle Bootstypen zu präsentieren. Leichtere Schiffe sitzen eher »auf« dem Wasser und treiben schnell mit dem Wind ab, während schwerere

Schiffe eher tiefer »im« Wasser liegen und daher weniger vom Wind als von der Strömung beeinflusst werden. Es gibt Schiffe, die sich rückwärts kaum steuern lassen, bei anderen ist es fast egal, ob vorwärts oder rückwärts in die Box gefahren wird. Wer die Zusammenhänge sieht, kann mit seinem eigenen Schiff entsprechende Tipps und Tricks austesten und das für das jeweilige Boot geeignete Manöver anwenden.

Typisches Anlegen in den Revieren

Nördliche Ostsee, Schweden, Norwegen:

- Mit Bug zum Steg bzw. zur Insel in den Schären
- Oft werden in Marinas achtern Bojen ausgelegt (keine Pfähle!)
- Es wird vom Bug an Land geklettert (eine Bugleiter oder ein Bugspriet ist vorteilhaft)
- Zwei Bugleinen werden an Land gelegt und entweder der Heckanker (besonders an Inseln) verwendet oder eine lange Heckleine wird durch die Bojenöse geführt, wenn die Häfen Bojen achtern ausgelegt haben (ein »Bojenfänger« ist hier praktisch)

Südliche Ostsee:

- Mit dem Bug zum Steg und Pfählen achtern, sogenannte »Boxen«
- Keine besondere Ausrüstung notwendig, da der Steg meist auf Deckshöhe gebaut wurde
- Zwei Bugleinen an Land und zwei Heckleinen zu den Pfählen achtern

Mittelmeer:

- Mit dem Heck zur Pier bzw. zum Schwimmsteg (»römisch-katholisch« anlegen)
- Über eine Badeplattform oder eine Gangway achtern wird an Land gegangen
- Bug an einer Muringleine festmachen, deren Ende am Steg aufgefischt wird
- Wenn keine Muringleine vorhanden ist: den Buganker herablassen, bevor rückwärts zum Steg gefahren wird
- Zwei Heckleinen an Land anbringen (erst die Luvleine und dann die Leeleine)
- Moderne Boote, die sich problemlos rückwärts manövrieren lassen, kommen hiermit gut klar

Gezeitenreviere (Portugal, Galicien, Frankreich, Britische Inseln):

- An individuellen Schwimmstegen backbords oder steuerbords anlegen
- Zum Anlegen am besten in die Mittelspring, die an Bord an der Mittschiffsklampe befestigt und als erste Leine nach achtern an Land geführt wird, eindampfen (Motor im Vorwärtsgang)

- Danach in Ruhe die restlichen Leinen anbringen (ein bis zwei Bugleinen, zwei Springleinen, eine Achterleine) und als Letztes den Vorwärtsgang rausnehmen und den Motor ausschalten
- Es wird von der Seite an Land gestiegen (eine Seitenleiter ist vorteilhaft)
- Vor Ortschaften sind manchmal Bojenfelder ausgelegt (»Mooring Buoys«), oder es wird vor einem Ort geankert und mit dem Beiboot an ein »Dingidock« für Landausflüge angelegt (ein gutes Beiboot mit Motor ist von großem Vorteil, um gegen die Strömung anzukommen)

Wie soll das Boot vertäut sein?

Die Aufgabe der Taue ist es, das Boot in sämtliche Richtungen weich und ohne ruckhafte Bewegungen festzuhalten. In alle Richtungen bedeutet im Klartext: Das Boot soll sich weder drehen noch verschieben. Vier Bewegungen sollen insgesamt verhindert werden:

1. Drehung um den Drehpunkt (≈Mast) im Uhrzeigersinn (nach Steuerbord)
2. Drehung um den Drehpunkt (≈Mast) entgegen dem Uhrzeigersinn (nach Backbord)
3. Verschiebung längsseits nach vorn (Vorwärtsbewegung)
4. Verschiebung längsseits nach hinten (Rückwärtsbewegung)

Für diese vier Aufgaben werden ausreichend Leinen benötigt, meistens insgesamt vier. Leinen, die eine Drehung verhindern sollen, stehen rechtwinklig zur Schiffslängsrichtung und heißen Brustleinen; Leinen, die eine Verschiebung nach vorn oder achtern verhindern sollen, liegen mehr oder weniger parallel zur Schiffslängsrichtung und heißen Springleinen.

Um eine Vorwärtsbewegung des Bootes zu verhindern, wird mindestens eine Springleine (»Vorspring«) benötigt, die entweder von der Bugklampe oder von der Mittschiffsklampe nach achtern an Land verläuft. Entsprechend wird die zweite Spring gelegt (»Achterspring«), um eine Verschiebung nach achtern zu verhindern: entweder von den Heckklampen nach vorn an Land oder an den Mitschiffsklampen nach vorn. Als Eselsbrücke gilt: Eine Spring zeigt nie außerhalb des Schiffes, denn eine Leine vom Bug nach vorn bzw. vom Heck nach hinten ist keine Springleine sondern eine Bug- bzw. Heckleine.

Der hauptsächliche Nachteil von Brustleinen ist deren kurze Länge. In Gezeitengewässern funktionieren Brustleinen sehr gut an Schwimmstegen, da der Poller an Land trotz des Tidenhubs immer den gleichen Abstand zur Klampe an Bord hat. Wenn aber an einer starren Kaimauer in Gezeitengewässern vertäut wird, sind 90° zur Längsrichtung zeigende Brustleinen aufgrund des Tidenhubes meist zu kurz. Hier muss stattdessen mit sehr langen Spring-, Bug- und Heckleinen gearbeitet werden, die trotz des Tidenhubes noch genügend Spielraum geben können. Oft ist hier noch ein Scheuerschutz notwendig, wenn die Taue bei Niedrigwasser über die Kaimauer zum Boot nach unten zeigen und über die Kante schamfilen können.

Bei viel Wind oder zur Sicherheit können auch mehr als vier Leinen benötigt werden. Wenn dann zwei Leinen die gleiche Aufgabe übernehmen (z. B. zwei Springleinen), sollten sie so gestreckt werden, dass sie mög-

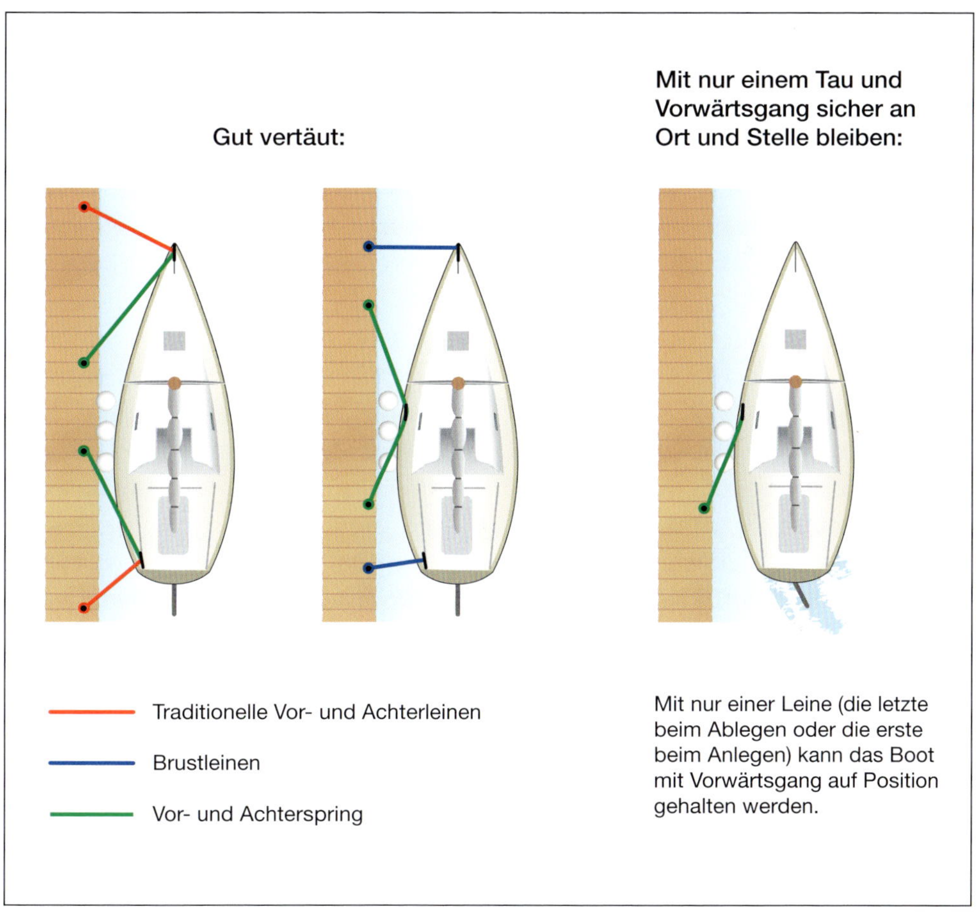

lichst gleich viel Kraft aufnehmen und bei viel Wind oder Welle unbedingt hartes Rucken und Zerren an den Klampen verhindern. Besonders die kurzen Brustleinen haben mitunter eine zu geringe Elastizität. Je länger ein Tau, desto elastischer ist es und desto weniger Ruckkräfte wirken am Poller bzw. and der Klampe. Für sämtliche Taue gilt daher: Sie sollen so elastisch wie möglich sein. Die Materialwahl der Leinen zum Vertäuen ist daher völlig anders als beispielsweise für Falle oder Schoten, die stattdessen möglichst unelastisch sein sollen. Daher: Nie alte Schoten zum Vertäuen benutzen!

Wenn die Elastizität nicht ausreichend sein sollte (das spürt der Skipper an harten Rucken), eignen sich Ruckdämpfer. Diese praktischen kleinen Gummidämpfer können auch nachträglich einfach an den Tauen befestigt werden (z. B. die »Bungy Ruckdämpfer«). Wo Taue reiben (»schamfilen«), sollten sie mit einem entsprechenden Schamfilschutz geschützt werden, denn Taue sind in sehr kurzer Zeit durchgescheuert, wenn sie gegen scharfe Kanten laufen. Hier eignet sich ebenso ein Stück alter Gartenschlauch oder der spezielle »Spiroll Scheuerschutz«.

TIPP

Wenn Fender oder Taue quietschen, hilft ein Tropfen Spülmittel am Quietschpunkt (oft an den Klampen). Für die Fender helfen neben Spülmittel auch Überziehstrümpfe, die nicht nur das Quietschen verhindern, sondern auch vor Scheuern von Sand und Dreck gegen das Gelcoat am Rumpf schützen.

Wer Mitschiffsklampen hat, kann kurzzeitig eine besonders hilfreiche provisorische Vertäuung zum An- und Ablegen einsetzen: Mithilfe einer einzigen Vorspring an der Mittschiffsklampe – in Kombination mit dem sich drehenden Propeller – bleibt das Schiff im Vorwärtsgang mit nur einem einzigen Tau an Ort und Stelle liegen. Mit der richtigen Ruderstellung steht das Boot parallel zum Steg. Das wird »in die Spring eindampfen« genannt. Beim Ablegen kann diese Spring als letzte Leine gelöst werden; beim Anlegen ist diese Spring die erste Leine, die man festmacht. Solange in die Spring eingedampft wird (d. h. der Propeller läuft), ist das Schiff provisorisch »vertäut«.

Wenn mit dem Bug zur Pier angelegt wird, übernehmen die beiden Bugleinen an Land gleich drei Aufgaben: Sowohl eine Drehbewegung nach backbord und steuerbord als auch eine Längsbewegung nach achtern wird verhindert. Die Heckvertäuung übernimmt dann die vierte Aufgabe, nämlich die Längsbewegung nach vorn zu verhindern. Dies kann durch eine oder mehrere Muringleinen erreicht werden, einen Heckanker, eine Heckboje oder durch Pfähle. Manchmal ist die Box für das Schiff jedoch zu klein, und die Leinen zeigen achtern wie Brustleinen zur Seite statt nach hinten. In diesem Fall können die Leinen z. B. von den Pfählen nicht (nur) an der Achterklampe, sondern (zusätzlich) als Spring an der Mittschiffsklampe oder den Winschen befestigt werden.

Jede der verwendeten Leinen sollte sowohl von Land als auch von Bord gefiert, dichtgeholt und gelöst werden können. Daher sollten sie mit einem Knoten vertäut werden, der auch unter Belastung geöffnet werden kann. Achtung: Ein Palstek gehört gerade nicht zu solchen Knoten!

Am besten wird für jede »Aufgabe« ein eigenes Tau gewählt und nicht – wie man manchmal beobachten kann – eine einzige lange Leine, die im Zickzackkurs zwischen Steg und Schiff wie ein Spinnennetz mehrere Taue repräsentiert. Das Problem bei einer durchgehenden Leine: Sie ist nicht individuell verstellbar bzw. im Notfall nicht schnell lösbar.

Es gibt Situationen, in denen sich ein Tau trotz aller Umsichtigkeit »festgebissen« hat. Hier hilft in einer Notsituation nur das Zerschneiden mit einem Messer. Deshalb sollte ein Messer stets an Deck griffbereit sein, z. B. am Mast oder am Heckkorb befestigt. Wenn ein Tau aufgeschnitten werden muss, dann meist sehr schnell. Aber Vorsicht: Ein unter Belastung durchgeschnittenes Tau schnappt wie ein Gummiband zurück.

Wie kann ich als Neuling das Anlegen lernen?

Anlegen ist eigentlich nichts anderes als Präzisionsmanövrieren. Das muss keinesfalls in einem engen Hafen mit teuren Booten und Zuschauern geübt werden. Vielmehr kann das Drehen, Stoppen und Beschleunigen sehr gut zu anderen Zeitpunkten geübt werden. Wer eine Stunde vor einer Schleuse oder einer Brücke unter Motor warten muss, hat viel Zeit, sich mit dem Schiff vertraut zu machen, um auf der Stelle stehen zu bleiben, d. h. der Strömung und dem Wind entgegenzuwirken. Statt ständig Kreise zu fahren, kann stattdessen geübt werden, einfach nur still zu liegen oder sich »auf dem Teller« um 180° zu drehen.

Man kann auch eine einfache Fischerboje zu Hilfe nehmen, die im Wasser schwimmend am Boden verankert ist, jedoch keinen Schaden anrichtet, wenn man dagegenfahren würde (aber Achtung, dass die Leine nicht in den Propeller gerät!). Mit der Boje als Referenz kann man üben, sich dieser von Luv und Lee oder von der Seite zu nähern, im Rückwärtsgang mit oder gegen die Strömung. Sehr bald wird man im Gefühl haben, was besser oder schlechter funktioniert.

TIPP

Beim An- und Ablegen sehr hilfreich: Wellenbewegungen um die Boje verraten schon weit vor dem Anlegeplatz die Strömungsrichtung; Windanzeigen im Mast (der »Verklicker») die Windrichtung. Beim Ablegen verraten im Wasser schwimmende Partikel die Strömungsrichtung.

Wie kann ich ein Boot bei Wind – aber ohne Strömung – im Hafen zum Stehen bringen?

Oft will man im Hafen zum Stillstand kommen, um Fender auszubringen oder Taue vorzubereiten, sich mit dem Hafen auf einen ersten Blick vertraut zu machen oder mit dem Hafenmeister über Funk zu kommunizieren. Auch muss mancherorts vor einer Schleuse oder einer Zugbrücke gewartet werden.

Viele Häfen, selbst in Tidenrevieren, sind tatsächlich strömungsfrei, da ihr Hafenbecken der Strömung nicht ausgesetzt ist. Das gilt immer dann, wenn das Hafenbecken durch eine Mole bis auf die Hafeneinfahrt geschlossen ist. Durch diese einzige Öffnung wird das Becken lediglich wie eine Badewanne auf- oder abgefüllt, ohne dabei einer Strömung ausgesetzt zu sein. Dann kann man sich völlig auf den Wind konzentrieren. Aber Achtung: Schwimmstege nicht mit einer Mole verwechseln, denn diese können die Strömung nicht aufhalten.

Um ein Boot still in den Wind zu legen, wird am besten mit dem Heck in den Wind gedreht, was eigentlich automatisch geschieht, denn fast alle Schiffe sind von Natur aus leegierig. Das bedeutet: Der Bug fällt wie ein Fähnchen im Wind ab, und das Heck stellt sich automatisch in den Wind. Das ist genau die stabile Lage, die im Hafen zum Stillliegen genutzt werden kann. Beginnt nun der Wind, das Boot nach vorn zu schieben, wird für kurze Zeit der Rückwärtsgang eingelegt, um die Vorwärtsbewegung zu verhindern. Wie lange der Rückwärtsgang dabei eingelegt bleiben soll, ist boots- und insbesondere windabhängig. Bei wenig Wind genügen ein paar Dutzend Sekunden, bei mehr Wind vielleicht eine Minute oder mehr. So bleibt das Boot – immer mit dem Heck zum Wind – erstaunlich gut an Ort und Stelle liegen.

Mein Boot kann rückwärts nicht steuern und schießt unkontrolliert zur Seite. Was soll ich tun?

Viele moderne Finnkieler mit Spartenruder lassen sich erstaunlich gut sogar im Rückwärtsgang steuern, vorausgesetzt, das Boot fährt schnell genug durchs Wasser. Je schneller rückwärts motort wird, desto steuerbarer ist das Boot. Deshalb sieht man viele Segler mit hoher Geschwindigkeit rückwärts in die Marinas einfahren, um kurz vor einem Zusammenstoß mit dem Steg mit voller Fahrt voraus aufzustoppen. Meistens geht es gut, aber: Man hat nur eine Chance. Unter Profis gilt vielmehr: »Slow is Pro«! Wer sein Schiff wirklich beherrscht, kann auch langsam manövrieren – besonders mit klassischem Unterwasserschiff.

Vorwärtsgang:

Der Propeller, der vor dem Ruderblatt sitzt, wirft im Vorwärtsgang viel Wasser auf das Ruderblatt. Somit bekommt das Ruder im Vorwärtsgang beim Einlegen des Ganges direkt seine volle Wirkung. Diese ist besonders ausgeprägt, wenn der Propeller dicht vor dem Ruder platziert ist (Schiffe mit einer Welle), und weniger ausgeprägt, wenn der Abstand zum Ruderblatt größer ist (bei Booten mit Saildrive). Bei Schiffen mit Doppelruderanlagen wirft der mittig installierte Propeller kaum Wasser auf die seitlich angebrachten Ruderblätter – somit ist hier die Ruderwirkung erst bei deutlicher Geschwindigkeit durchs Wasser gegeben.

Bei Schiffen mit Propeller vor dem Ruderblatt gilt daher im Vorwärtsgang:

1. Erst das Ruder in die gewünschte Richtung stellen.
2. Danach den Gang nach vorn einlegen.

Rückwärtsgang:

Im Rückwärtsgang spielt es zunächst keine größere Rolle, in welche Richtung das Ruderblatt beim Einlegen des Ganges steht, denn die Ruderwirkung wird erst spürbar, wenn genügend Fahrt durchs Wasser aufgenommen wird. Bei Finnkielern mit Spartenrudern wirkt das Ruder schon bei relativ geringer Geschwindigkeit; bei Klassikern hingegen gegebenenfalls überhaupt nicht. Trotzdem ist es auch mit Klassikern möglich, rückwärts zu manövrieren, wenn der Skipper mit ein paar Tricks vertraut ist.

Da das Ruder im Rückwärtsgang kaum Wirkung zeigt, übernimmt ein anderer Effekt beim Rückwärtsfahren: der »Radeffekt«. Wie ein Mühlrad zirkuliert der Propeller, wandert getriebeabhängig nach Backbord oder Steuerbord und zieht somit das Heck mit sich. »Propwalk« nennen

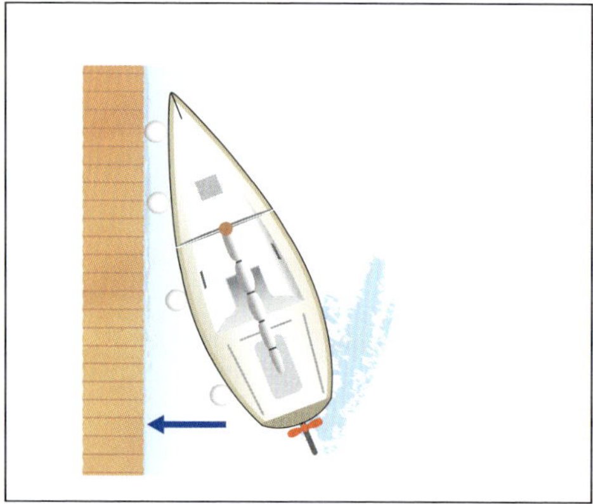

Bei diesem Boot zieht das Heck im Rückwärtsgang nach Backbord. Perfekt zum Aufstoppen wenn auf der Backbordseite angelegt wird.

die Briten es, wenn der Propeller das Boot rückwärts wandern lässt.

In welche Richtung das Heck im Rückwärtsgang wandert, ist davon abhängig, in welche Richtung der Propeller sich dabei dreht. Einmal durch Testen in Erfahrung gebracht oder im Handbuch nachgelesen, kennt die Crew die Richtung, in die das Heck im Rückwärtsgang ausschert. Je größer der Propeller und je weiter achtern dessen Positionierung, desto ausgeprägter der Radeffekt. Anders ausgedrückt: Klassiker mit einer Propellerwelle haben oft einen größeren Radeffekt als moderne Boote mit einem kleinen (Falt-)Propeller am weit vorn angebrachten Saildrive. Bei modernen Booten fehlt deshalb der Radeffekt mitunter völlig.

Der Propwalk ist somit kein Nachteil, sondern richtig ausgenutzt ein sehr nützliches Feature. Das Schiff bekommt durch ihn eine »Schokoladenseite« zum Anlegen, denn beim Aufstoppen schert das Heck in die bekannte Richtung und dreht sich so elegant in Position.

Auch zum Drehen auf der Stelle kann der Radeffekt genutzt werden:

1. Das Ruder in die »Schokoladen-Richtung« legen (abhängig von der Drehrichtung des Propellers entweder voll nach Backbord oder Steuerbord).
2. Vorwärtsgang einlegen und kurz Gas geben. Der Druck des Wasserstrahles auf das Ruder bewirkt sofort eine deutliche Drehung.
3. Sobald das Schiff Fahrt nach vorn aufgenommen hat, zum Aufstoppen vorsichtig den Rückwärtsgang einlegen und wieder etwas – aber nicht zu viel – Gas geben, ohne dabei das Ruder zu verändern.
4. Der Radeffekt im Rückwärtsgang unterstützt die Drehung.
5. Wenn das Schiff gerade dabei ist, wieder Fahrt nach achtern aufzunehmen, erneut den Gang nach vorn legen und einmal kräftig Wasser gegen das Ruder werfen.
6. So werden abwechselnd der Vorwärts- und der Rückwärtsgang eingelegt und das Boot dreht (fast) auf der Stelle. Ein paarmal vorwärts

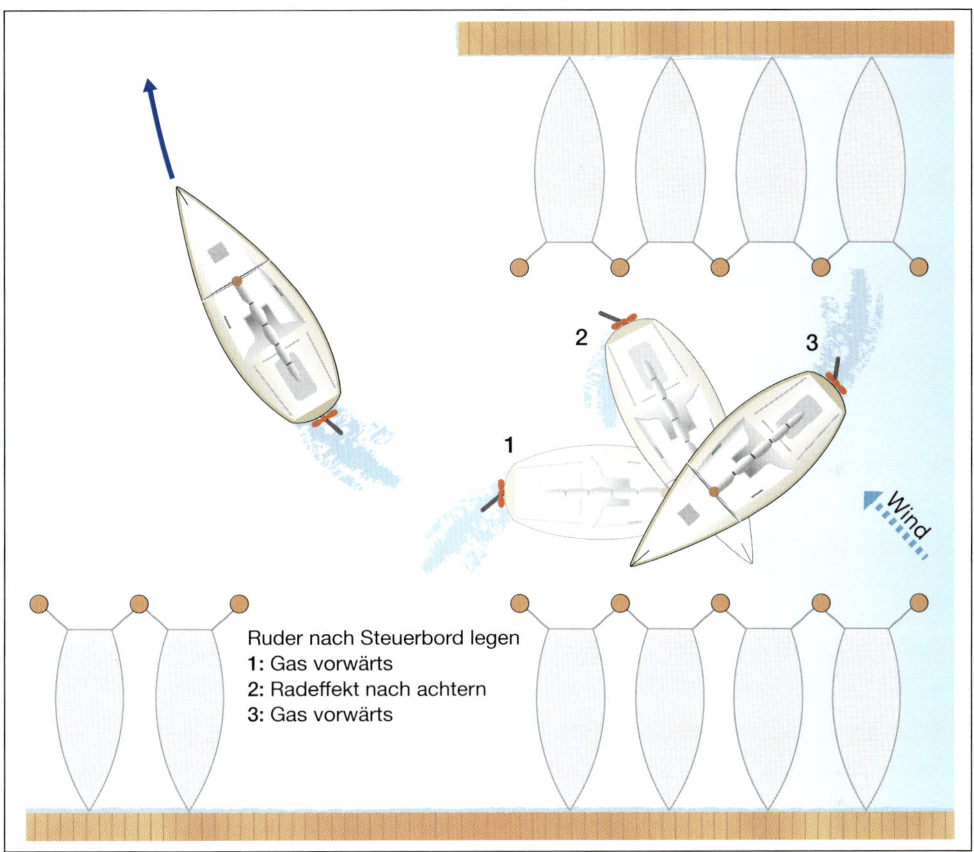

und rückwärts gefahren – ohne das Ruder zu bewegen – und das Schiff ist um 180° gedreht – sogar mit minimaler Fahrt nach vorn beziehungsweise hinten.

Es versteht sich von selbst, dass bei dem gleichen Manöver in entgegengesetzter Drehrichtung der Radeffekt der Drehbewegung entgegenwirkt und die Drehung damit sehr viel schwieriger bis fast unmöglich wird. Wenn es der Verkehr in der Hafengasse erlaubt, sollte man also möglichst auf der optimalen Seite fahren, damit eine Drehung möglich ist.

Wie kann ich mit einem Langkieler rückwärts steuern?

Auch Schiffe, die sich rückwärts kaum lenken lassen, wie beispielsweise klassische Langkieler, können rückwärts kontrolliert werden, obwohl der Radeffekt überhandnimmt.

1. Bevor rückwärtsgefahren wird, das Schiff zur gewünschten Fahrtrichtung etwas schräg legen.
2. Im Rückwärtsgang schert das Heck durch den Propwalk aus. Dank der schrägen Ausgangslage richtet sich das Schiff dadurch erst einmal in die gewünschte Richtung aus.
3. Wenn zu diesem Zeitpunkt die Fahrt für die Ruderwirkung groß genug ist, kann man den Propeller entkuppeln (Leerlauf).
4. Auf einmal ist der Radeffekt verschwunden, und nur das Ruder hat durch das Weitergleiten durchs Wasser rückwärts Wirkung.
5. Wenn die Fahrt abzunehmen droht und somit kontrolliertes Steuern verhindert, das Schiff wieder etwas schräg zur Fahrtrichtung legen.
7. Beim Einlegen des Rückwärtsganges richtet sich das Schiff wieder auf, und es geht mit Schritt 3 weiter.

Ist die Fahrt durchs Wasser so gering geworden, dass das Ruder trotz Leerlauf keine Wirkung zeigt, oder das Schiff ist so konstruiert, dass man auch ohne Propeller rückwärts nicht steuern kann, muss ein anderer Trick eingesetzt werden: Es wird kurzerhand im Vorwärtsgang gesteuert.

1. Das Schiff zur gewünschten Fahrtrichtung etwas schräg legen.
2. Den Rückwärtsgang einlegen: Durch den Propwalk schert das Heck in die gewünschte Richtung aus und richtet sich in gewünschter Fahrtrichtung aus.
3. Jetzt das (beim Rückwärtsfahren unwirksame) Ruder in die für den Vorwärtsgang gültige gewünschte Richtung ausrichten.
4. Den Vorwärtsgang einlegen.
5. Das sich noch in einer Rückwärtsbewegung befindende Schiff wird durch den Vorwärtsgang
   a) verlangsamt/aufgestoppt,
   b) in die gewünschte Richtung ausgerichtet, z. B. wieder etwas schräg zur Fahrtrichtung.
6. Wenn das Schiff wieder zur gewünschten Fahrtrichtung etwas schräg steht, Rückwärtsgang erneut einlegen und mit Punkt 3 weiterfahren.

Ganz langsam und kontrolliert lassen sich so auch die richtigen Klassiker beherrschen.

Was macht der Bugstrahler?

Auch ein Bugstrahler kann zum Manövrieren eingesetzt werden. Das ist ein quer zur Fahrtrichtung eingebauter Elektromotor am Bug. Er kann bei engen Manövern und starkem Seitenwind selbst für Profis die Spannung aus prekären Situationen nehmen.

Zu Beachten: Das Boot dreht sich immer um seinen Drehpunkt, der sich ungefähr mittschiffs beim Mast befindet. Das gilt unabhängig davon, ob achtern (Propwalk, Ruder) oder am Bug (Bugstrahler) die Drehung vorgenommen wird. Drückt der Bugstrahler den Bug nach Steuerbord, bewirkt dies ein gleichzeitiges Ausscheren des Hecks nach Backbord und umgekehrt.

TIPP

Extrem hilfreich ist ein Bugstrahler, wenn starker Wind den Bug zur Seite zu drücken droht, während das Boot z. B. achtern an einem Pfahl vertäut ist. Um das zu verhindern, reicht ein gezielter kurzer Druck auf den Knopf, und der Bug ist wieder in Position.

TIPP

Wenn beim langsamen Rückwärtsfahren die Geschwindigkeit nicht ausreicht, um mit dem Ruder steuern zu können, kann der Bugstrahler ebenfalls rückwärts zum Steuern eingesetzt werden. Soll z. B. das Heck nach Backbord gebracht werden, muss der Bug nach Steuerbord gedrückt werden. Es ist dabei hilfreich, kurz den Blick nach vorn zu werfen, um eindeutig zu erkennen, in welche Richtung der Bug zum Lenken rückwärts gedrückt werden muss. Wird nur nach achtern geschaut, kann es leicht passieren, dass der falsche Bugstrahlerknopf betätigt wird.

Der Bugstrahler ist nicht nur zum Drehen des Bootes praktisch. Wenn man ihn entgegengesetzt zum Ruder wirken lässt, kann er den Bug in die gleiche Richtung schieben, wie das Ruder das Heck versetzt: eine Seitwärtsbewegung resultiert. Das ist besonders praktisch, wenn eine Kaimauer diagonal nach vorn verlassen werden soll, z. B. beim Verlassen einer Schleuse.

Kann ich den Bug auch ohne Bugstrahler gegen den Wind halten?

Ohne Bugstrahler gibt es auch immer die Möglichkeit, ein Tau an Land zu legen. Ein an Land zurückgelassenes Crewmitglied kann die Leine von dort bedienen. Das Crewmitglied wird im Anschluss nach dem Ablegemanöver an einem einfacheren Platz im Hafen wieder aufgelesen.

Alternativ kann auch eine lange Leine auf »Slip« gelegt werden. Damit ist ein langes Tau gemeint, das von Bord an Land geführt wird, dort durch einen Ring oder um einen Poller geht und schließlich wieder an Bord zurückgeführt wird. So kann die gesamte Leine von Bord aus kontrolliert werden. Hierbei ist wichtig, zu beachten: An die lose Part der Slipleine darf kein Auge eingespleist sein, damit die Leine durch den Ring

Bugstrahler, Radeffekt (Propwalk) und Ruder in Zusammenarbeit

Bugstrahler:
Drehung um den Drehpunkt (•) im Uhrzeigersinn (Bug nach Steuerbord; Heck schert nach Backbord aus)

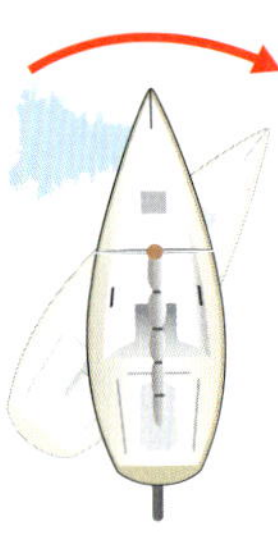

Leerlauf:
Ruder und Propeller haben keine Wirkung

Bugstrahler:
Nicht in Benutzung

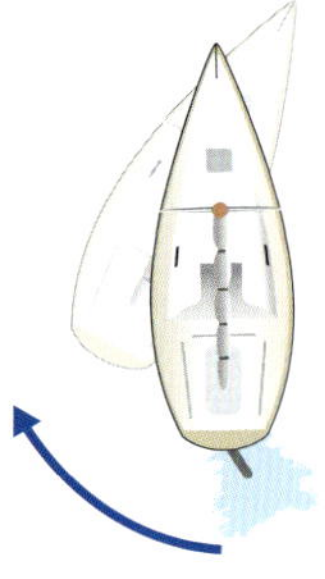

Vorwärtsgang:
- Ruderstellung bewirkt Drehung im Uhrzeigersinn (Bug nach Steuerbord, Heck nach Backbord)
- Propeller gibt zusätzlich einen Vorwärtsschub

Bugstrahler:
Nicht in Benutzung

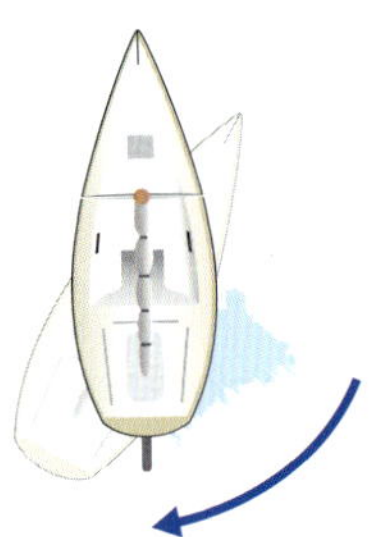

Rückwärtsgang:
- Ruderstellung ist nicht wichtig
- Propwalk schert bei diesem Schiff das Heck nach Backbord aus (Drehung im Uhrzeigersinn)
- Propeller gibt zusätzlich einen Rückwärtsschub
- (Ruderstellung bekommt erst bei genügend Fahrt durchs Wasser eine Wirkung)

Das Schiff bleibt rechtwinklig zum Steg trotz Seitenwind

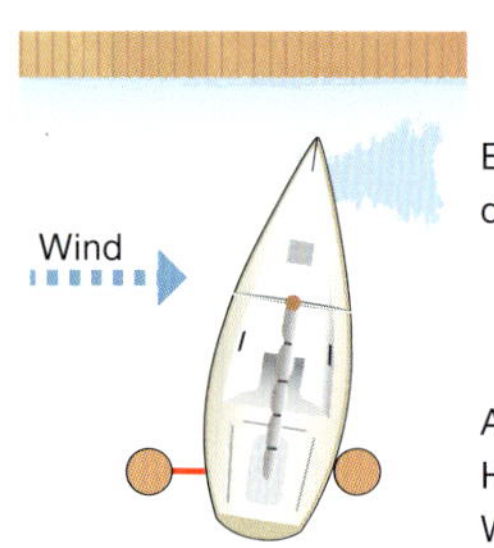

Bugstrahler gegen den Winddruck

Achtertau hält das Heck gegen den Wind am Pfahl

Paralleles Ablegen, z. B. von einer Schleusenmauer

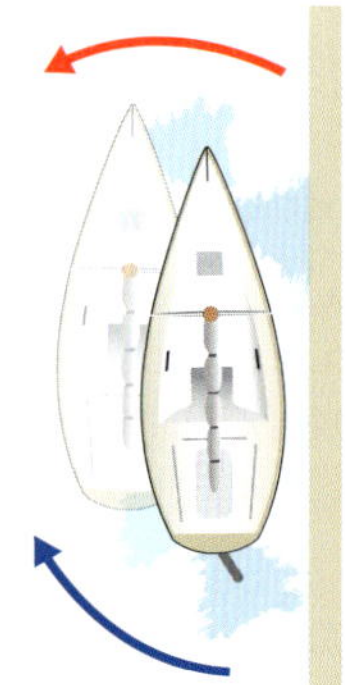

Bugstrahler dreht das Schiff entgegen dem Uhrzeigersinn (Bug nach Backbord)

Vorwärtsgang:
- Ruderstellung bewirkt Drehung im Uhrzeigersinn (Heck nach Backbord)
- Propeller gibt zusätzlich einen Vorwärtsschub

Bug und Heck gehen nach Backbord: Das Schiff bleibt parallel zur Mauer und bewegt sich schräg nach vorn von der Mauer weg.

oder um den Poller freien Lauf hat und sich hier beim raschen Einholen nicht verheddert. Wenn das Tau an Land tatsächlich klemmen sollte, das Manöver aber gelungen ist, kann das Tau unter Umständen von Bord geworfen und an Land gelassen werden. An einer sichereren Stelle kann man einfach wieder anlegen und das verklemmte Tau durch einen kurzen Spaziergang holen.

Wie lege ich bei Strömung an?

Einige Segler fühlen sich bei Hafenmanövern unsicher, wenn eine Strömung durch die Marina fließt. Auch in tidenlosen Häfen gibt es manchmal Strömung, z. B. wenn sie in Flussmündungen liegen.

Ein An- oder Ablegemanöver bei Strömung sollte ausnahmslos gegen die Strömung erfolgen: Obwohl das Schiff über Grund bzw. im Verhältnis zum Steg mehr oder weniger stillsteht, wirft der im Vorwärtsgang arbeitende Propeller Wasser auf das Ruderblatt. Dadurch zeigt das Ruder eine Wirkung, obwohl das Schiff im Verhältnis zum Land stillsteht. Das Boot wird somit trotz scheinbarem »Stillstand« gut manövrierbar. Wenn nun das Ruder nur etwas nach Steuerbord oder Backbord eingelegt wird, bewegt sich das Boot seitwärts: »Ferrygliding« wird das genannt.

Am wichtigsten ist es, die Strömungsrichtung zu kennen. Hier kann ein entsprechender Hinweis aus dem Revierführer oder dem Almanach nützlich sein. Besser ist es, der Skipper kontrolliert die Strömung selbst. Noch vertäut, sollte es besonders in Tidengewässern zur Routine gehören, die Strömung längs des eigenen Rumpfes zu checken: Oft sieht man Blätter oder anderes vorbeischwimmen.

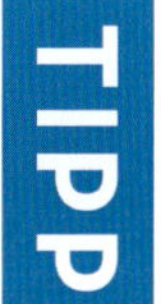

Es können auch kleine Papierschnitzel ins Wasser geworfen werden, um Aufschluss über die Bewegungsrichtung der Strömung zu erhalten.

Will man vor dem Anlegen die Strömungsrichtung ausfindig machen, können schwojende Boote einen hilfreichen Hinweis geben. Alternativ kann man versuchen, die Spannung der Springleinen der schon vertäuten Schiffe zu beobachten: Ziehen die Boote alle in eine bestimmte Richtung?

Ein kurzes, sehr effektives Experiment vor dem Anlegen kann ebenfalls Aufschluss über die Strömungsrichtung geben: So kann man das eigene Boot für einige Sekunden 90° quer zur vermuteten Strömungsrichtung legen, um direkt die Richtung der Abdrift festzustellen.

Grundsätzlich gilt: Selbst eine noch so harmlos erscheinende Strömung sollte stets beachtet werden, denn generell ist die Strömung um ein Vielfaches stärker als der Wind. Deshalb: Bei Strömung alle Manöver (z. B. Ankern, Boje fangen, Anlegen) immer gegen die Strömung fahren – genau wie Flugzeuge stets gegen den Wind starten und landen.

Wie lege ich im Mittelmeer an?

Im Mittelmeer wird oft mit dem Heck zur Pier oder zum Schwimmsteg angelegt (»römisch-katholisch«). In immer mehr Häfen werden auch Muringleinen zur Verfügung gestellt. Das sind Leinen, die zum Auffischen an der Pier oder am Schwimmsteg befestigt sind. An einer solchen Muringleine hangelt man sich dann zum Bug hin, um ihn an der Leine zu befestigen.

Moderne Finnkieler eignen sich besonders zum Anlegen im Mittelmeer, da sie sich bei genügend Geschwindigkeit auch rückwärts sehr gut steuern lassen. Ein zu frühes Aufstoppen, z. B. in der Gasse, ist bei Wind nicht zu empfehlen, denn kaum liegt das Boot ohne Fahrt im Wasser, kann der Wind den Bug ergreifen und das Heck zum Wind drehen.

Mit dem Heck zur Pier anlegen:

1. Fender besonders achtern beidseitig ausbringen. Achterleinen vorbereiten.
2. Am besten wird das Schiff schon ein Stück vor der Gasse umgedreht, damit genügend Platz zum Drehen existiert und ausreichend Fahrt für die Ruderwirkung rückwärts aufgenommen werden kann.
3. Wenn möglich, gegen den Wind rückwärts anfahren und dann, ohne die Fahrt zu verlangsamen, in den Platz rückwärts einfahren, bis das Heck zwischen den Nachbarbooten eingeklemmt ist und seitlicher Halt gewährleistet ist (Fender achtern nicht vergessen!).
4. Langsam weiterfahren und kurz vor dem Steg mit dem Vorwärtsgang aufstoppen.
5. Die Luvleine (die zum Wind gerichtete Leine) achtern an Land anbringen.
6. Falls bei Seitenwind keine Nachbarboote für den seitlichen Halt existieren und das eigene Boot ohne Bugbefestigung (Muringleine) unweigerlich vom Seitenwind erfasst werden würde, im Vorwärtsgang mit nur diesem einen Achtertau in Luv so lange eindampfen, bis in aller Ruhe alle anderen Leinen angebracht sind. Das Ruder so stellen, dass das Boot trotz Seitenwind 90° zum Steg steht.
7. Die Muringleine am Steg finden und (ohne diese am Steg zu lösen) am Bug befestigen. Achtung: Falls der Propeller wegen Seitenwind und fehlender Nachbarboote im Vorwärtsgang arbeitet, darf die

Muringleine nicht in die Schiffsschraube kommen.

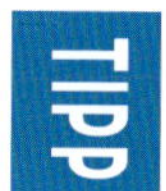

Günstige Gartenhandschuhe tragen, da die Muringleinen oft mit Muscheln bewachsen sind.

8. Am Ende die Achterleine in Lee befestigen.

Wenn keine Muringleine vorhanden ist, muss der eigene Buganker eingesetzt werden. Natürlich hilft auch ein eventueller Bugstrahler, beim Rückwärtsfahren den Bug gegen den Wind zu halten.

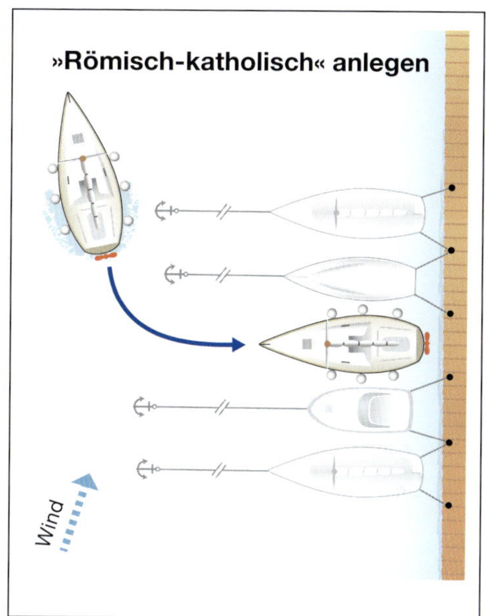

Wie lege ich an einer Boje an?

Besonders in Gezeitenrevieren, in denen (noch) nicht in eine Marina investiert wurde, sind Bojen ausgelegt. Zudem bieten einige Pubs oder Restaurants ihren Gästen eine Boje für die Nacht an. Bevor an einer Boje festgemacht wird, sollte man immer sicherstellen, dass dies auch eine öffentliche Gästeboje ist und vor allem auch, dass sie das Boot halten kann. Viele Betreiber schreiben die maximal zugelassene Verdrängung des Schiffes an die Boje. Wenn man sich an der Boje unsicher fühlt, sollte man lieber selbst ankern. Wenn man ankern kann, ist dies meist sowieso die günstigere und keineswegs die unsicherere Methode. Der einzige Vorteil von Bojen: Der Schwojradius ist kleiner, d. h. man kann viel mehr Boote auf einer gegebenen Fläche unterbringen. Wenn neben einem Bojenfeld geankert wird, müssen die unterschiedlichen Schwojradien von geankerten Schiffen (= Länge der Ankerkette plus eine Bootslänge) und von Booten an Bojen (= eine Schiffslänge) beachtet werden.

Zu einer Boje sollte man immer gegen die Strömung fahren, und wenn diese nicht existiert: gegen den Wind. Welche Richtung das ist, verraten die anderen Boote, die an den übrigen Bojen hängen. Die Boje wird auf der Leeseite aufgefischt, damit der eigene Kiel sich nicht mit der Muringleine oder der Kette verheddert.

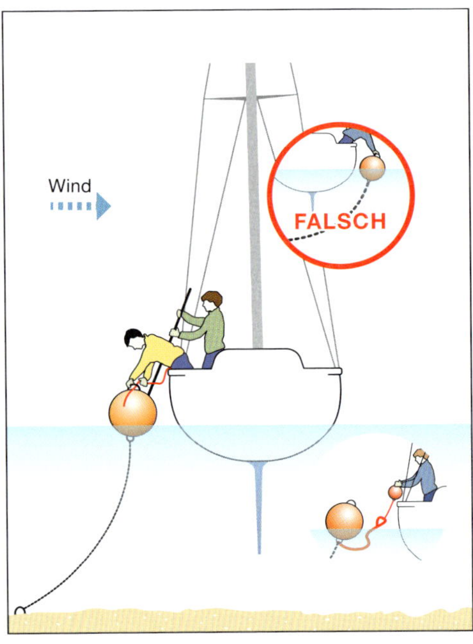

In manchen Bojenfeldern muss die eigene Leine durch eine Öse an der Boje geführt werden, andernorts ist an jeder Boje eine kleine »Pick-Up-Boje« befestigt, die man mit dem Bootshaken leicht an Bord hieven kann. Achtung: Die Pick-Up-Boje ist mit einer dünnen Leine angebunden, die ihrerseits zu einem dickeren Tau führt. Auf keinen Fall das eigene Boot nur an der kleinen Pick-Up-Leine befestigen, sondern so lange daran ziehen, bis das mit einem Auge versehene dicke Tau zum Vorschein kommt. Das dicke Tau gegebenenfalls über die Ankerrolle und dann direkt über die eigene Klampe legen oder, wenn es zu schmutzig erscheint, ein eigenes Tau durch dessen Auge führen.

Wenn man nicht an die Boje herankommt, kann das Boot durch einen Lassowurf provisorisch vertäut werden, um es später in aller Ruhe mithilfe des Dingis richtig zu vertäuen. (Wie Lassowerfen geht, wird in einem Video auf www.reginasailing.com gezeigt).

Was sind die geläufigsten Knoten, und wozu werden sie eingesetzt?

Es gibt eine Vielzahl von Knoten, die beim Segeln verwendet werden können. Hier wird eine Auswahl der wichtigsten Knoten mit ihren jeweiligen Anwendungsbereichen vorgestellt.

Palstek:

- Auge zieht sich – auch unter Belastung – nicht zu
- Zwei Taue können mit jeweils einem Palstek am Ende miteinander verbunden und somit verlängert werden
- Kann unter Belastung nicht geöffnet werden
- Kann aber unbelastet und sogar völlig zugezogen noch nach monatelangem Einsatz durch »Aufbrechen« geöffnet werden
  (ein Video hierzu findet man auf: www.reginasailing.com)

Rundtörn mit zwei halben Schlägen:

- Sehr geeignet zum Vertäuen
- Kann unter Belastung geöffnet werden
- Da sich die Öse zuzieht, die halben Schläge dicht am Poller oder am Ring legen

Kreuzknoten:

- Heißt auf Englisch »Reef Knot«, und das aus gutem Grund: Nur zum Einbinden von Reffs, Paketeinschlagen oder als Schnürsenkel geeignet
- Wenn zwei Taue durch Kreuzknoten verbunden werden, riskieren sie, aufzugehen – sobald keine Belastung mehr auf dem Knoten ist
- Entgegen vieler Bilder und Bücher: völlig ungeeignet, um zwei Taue für eine Verlängerung zu verbinden! Lieber zwei ineinanderreichende Palsteks einsetzen
- Zum Vertäuen eines Schiffes äußerst ungeeignet

Schotstek:

- Nur richtig gut, um zwei Taue mit sehr unterschiedlichem Durchmesser zu verbinden
- Geeignet, wenn ein so dickes Tau verlängert werden soll, dass es nur zu einem »J« umgebogen werden kann, aber zu dick ist, um einen Knoten zu schlagen (z. B. das Tau eines Dampfers oder eines Stahlseils)
- Bei allen anderen Tauen geht es sehr gut, zwei ineinanderreichende Palsteks zu verknoten

Stopperstek:

- Um eine dünne Leine an einem größeren Tau zu befestigen, sodass das dünnere in eine Richtung längs dem dickeren gleiten kann – aber in die andere Richtung gestoppt wird
- Perfekt, um z. B. eine Wäscheleine an den Wanten zu befestigen
- Kann auch zum Entlasten eines Taus benutzt werden, z. B. eines Ankertaus oder einer Genuaschot, die einen Überläufer hat (unter Belastung um die Winsch geklemmt). Einmal entlastet, kann die Schot von der Winsch gelöst werden. Bei Arbeiten an Winschen aber immer Vorsicht aufgrund der Klemmgefahr der Finger!
- Muss richtig herum geschlagen werden

Webleinstek:

- Um ein Tau um einen Pfahl, einen Stab oder einen Draht herum zu befestigen
- Typische Benutzung, um Fender zu befestigen
- Zur Sicherheit gern noch einen halben Schlag um die feste Part (die dem Fender zugewandte Part) legen

Achtknoten:

- Um den Durchmesser eines Taus so weit zu vergrößern, dass er nicht

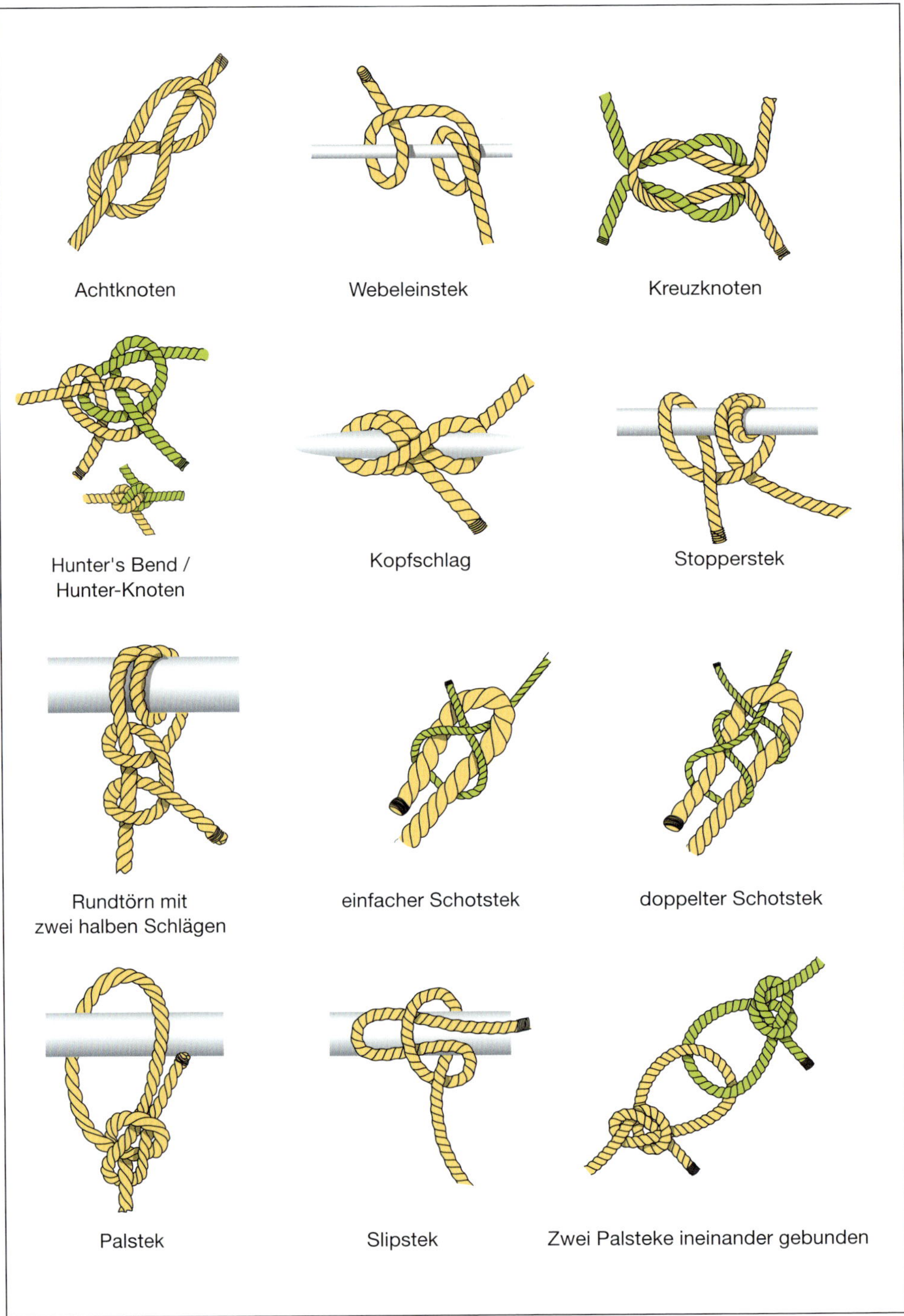
Achtknoten
Webeleinstek
Kreuzknoten
Hunter's Bend / Hunter-Knoten
Kopfschlag
Stopperstek
Rundtörn mit zwei halben Schlägen
einfacher Schotstek
doppelter Schotstek
Palstek
Slipstek
Zwei Palsteke ineinander gebunden

durch eine Öse, Block, Stopper etc. passt

Kopfbeschlag:

- Um ein Tau an einer Klampe zu belegen
- Eselsbrücke: »One Hug and Three Kisses« (die französische Begrüßungsart): Erst eine ganze Umdrehung um die Klampe legen (»Hug«), dann dreimal über Kreuz legen (»Kisses«) und erst ganz am Ende als Abschluss den Kopfbeschlag legen. Die Reibung gegen die Klampe hält das Tau, nicht der Kopfbeschlag, der nur verhindern soll, dass er sich von allein löst
- Erster frequenter Fehler: Nach nur einem »Kiss« wird schon ein erster Kopfbeschlag gelegt. Nach weiteren »Kisses« wird am Ende dann noch ein zweiter Kopfbeschlag gelegt. Es soll aber nur am Ende der Kopfbeschlag gelegt werden (der erste steht unter Belastung und kann unter Umständen nicht gelöst werden)
- Zweiter frequenter Fehler: Die lose Part (Ende des Seils, an dem nichts befestigt ist) endet zuunterst statt zuoberst. Es ist wichtig, dass sie immer oben aufliegt, damit sie leicht zugänglich ist und man sie auch unter hoher Belastung leicht lösen kann

TIPP

Statt Kreuzknoten: Hunter-Knoten (»Hunter's Bend«)

- Auch »Rigger's Bend« genannt
- Zum Verbinden zweier gleichstarker Taue
- Hält mit und ohne Belastung
- Ist nach dem Festziehen leicht aufzubrechen (ähnlich wie ein Palstek)
- Relativ neuer Knoten, daher noch nicht so bekannt
- Achtung: nicht mit Zeppelinstek verwechseln, der ähnlich aussieht

Zu vermeiden:

- Kreuzknoten nicht zum Verlängern zweier Taue benutzen, die nicht ununterbrochen unter Belastung sind
- Keinen Palstek zum Vertäuen durch einen Ring oder Ähnliches legen, da er sich unter Belastung nicht lösen lässt
- Kein gespleißtes Auge an eine Klampe legen, denn es kann unter Belastung nicht gelöst werden. (Ausnahme: Das Tau liegt auf Slip und führt von Bord an Land und für die Belegung wieder aufs Schiff zurück)
- Fest gespleißte Augen in Tauen generell vermeiden, da sie sich beim Einholen gern verfangen. Wird ein Auge benötigt, ist ein Palstek in wenigen Sekunden gelegt

Anlegen

- Manöver vorher mit der Crew besprechen und ggf. über UKW die Marina anrufen
- Vor dem Anlegen im Hafenbecken aufstoppen, um in Ruhe Fender und Taue etc. vorzubereiten
- Es ist von Vorteil, das Lassowerfen vorher geübt zu haben, sodass man nicht auf Personen an Land angewiesen ist oder zum Vertäuen selbst an Land steigen muss
- Wenn seitlich angelegt wird, am besten in die Mittelspring eindampfen, und während diese einzelne Spring und der Propeller das Boot in Position halten, alle restlichen Taue in Ruhe anbringen

»ZUM MITSCHNACKEN«

Eine doppelt geführte Leine, die vom Boot an Land und durch einen Ring oder eine Klampe wieder zum Boot zurück zum Belegen geführt wird, heißt bei vielen im Sprachgebrauch »ein Tau auf Slip legen«. Im strengen Sinn können aber nur Knoten auf Slip gelegt werden, wenn die lose Part als Schlaufe durchgezogen ist und die lose Part durch Ziehen sofort gelöst werden kann. Das bekannteste Beispiel ist der auf Slip gelegte Kreuzknoten: die Schlaufe am Schuh. Auch ein Webleinstek wird gern auf Slip gelegt, damit er leicht gelöst werden kann. Zu beachten: Knoten auf Slip können zwar leicht gelöst werden, sind aber nicht so sicher.

ABLEGEN

Wie geht man beim Ablegen vor?

Vor dem Motorstart sollte man das Manöver mit der Crew durchsprechen und gemeinsam die wichtigsten Punkte wie Wind, Strom, Propeller und Ruder durchgehen. Am Ende wird die Reihenfolge der zu entfernenden Leinen besprochen, wobei der laufende Propeller unterstützend einbezogen werden kann. Das heißt z. B.: Motor starten, Gang einlegen, sämtliche Taue entfernen außer der gegen den Propeller wirkenden Spring, die schließlich als Letztes gelöst wird.

Wenn nach dem Manöver alle Erwartungen eingetroffen sind, wird die gesamte Crew eine Bestätigung fühlen, dass sie alles unter Kontrolle hatte. Wenn irgendwelche Überraschungen festgestellt wurden, kann dies in aller Ruhe nach dem Manöver als Nachbesprechung durchgegangen werden. Durch den Einbezug der gesamten Besatzung kann nicht nur die Person am Ruder Erfahrung sammeln, sondern alle können als Zuschauer das Manöver kritisch beobachten und davon lernen.

Wie wird abgelegt?

Auch beim Ablegen gilt: Bei Strömung oder Wind wird das Ablegemanöver gegen die Strömung oder – wenn es keine Strömung gibt – gegen den Wind durchgeführt. Die Strömung kann beim Ablegen sogar sehr hilfreich

Checkliste Motorstart

1. Seeventil offen
2. Keine Leinen im Wasser
3. Motor starten
4. Kühlwasser plätschert hörbar aus dem Auspuff
5. Motorinstrumente zeigen adäquaten Öldruck an
6. Batterie wird geladen (ca. 14 V auf der Anzeige)
7. Motor vibriert und hört sich gut an
8. Propeller läuft frei (wenn er lange nicht benutzt wurde: kurz in den Vorwärts- bzw. Rückwärtsgang zum Testen)
9. Wenn vorhanden: Bugstrahler funktioniert (wenn er lange nicht benutzt wurde: kurz auf Backbord und Steuerbord drücken zum Testen)

In Vorspring eindampfen, wenn:
- Keine Strömung
- Strömung von achtern
- Wind drückt das Schiff an die Pier

1. Vorspring legen
2. Vorwärtsgang einlegen
3. Überflüssige Leinen entfernen
4. Brustleine achtern lösen
5. Ruder so legen, als ob in die Pier eingedampft werden soll
6. Bei genügend Winkel zur Pier: Deutliches Rückwärtsfahren und gleichzeitig die Spring am Bug rasch einholen

Tipps:
- Die Spring von der Bugklampe so weit wie möglich nach achtern an Land auf Slip legen
- Große(n) Fender am Bug anbringen
- Nicht zu lange mit dem Rückwärtsfahren warten, sonst ist das Boot durch die Strömung 180° gedreht

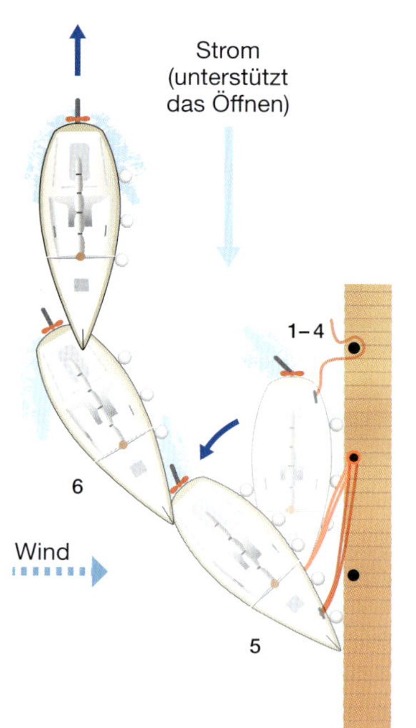

In Achterspring eindampfen, wenn:
- Strömung oder *starker* Wind von vorn

1. Achterspring legen
2. Rückwärtsgang einlegen
3. Überflüssige Leinen entfernen
4. Brustleine am Bug lösen
5. (Ruder spielt rückwärts keine Rolle)
6. Bei genügend Winkel zur Pier: Vorwärts herausfahren, gleichzeitig die Spring am Heck rasch einholen

Große(n) Fender achtern nicht vergessen!

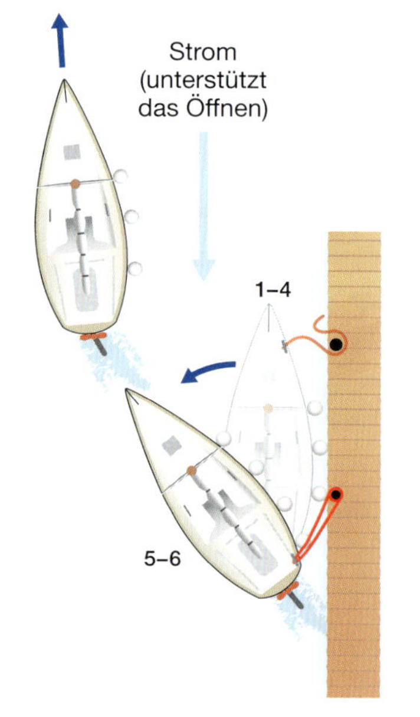

sein. Richtig ausgenutzt, hilft sie, das Heck oder den Bug so weit zu drehen, dass man in einem bequemen Winkel von der Pier entweder vorwärts oder rückwärts herausfahren kann.

Das Eindampfen in die Vorspring ist die kraftvollste Methode. Hierzu wird die Vorspring von der Bugklampe am Schiff zu einem Poller so weit wie möglich nach achtern an Land auf Slip gelegt. Im Vorwärtsgang entsteht nun die volle Schubkraft des Motors, das Ruderblatt hat volle Wirkung (es wird vom Propeller mit Wasser angestrahlt) und der Abstand (Hebel) zwischen der Bugklampe und dem Propeller ist groß. Diese Methode wird bei Strömung von achtern sowie in strömungslosen Situationen gewählt oder auch, wenn ein auflandiger Wind das Schiff seitlich gegen den Steg drückt.

Nur wenn Strömung oder starker Wind von vorn kommt, wird das Schiff genau umgekehrt im Rückwärtsgang in die Achterspring einge-

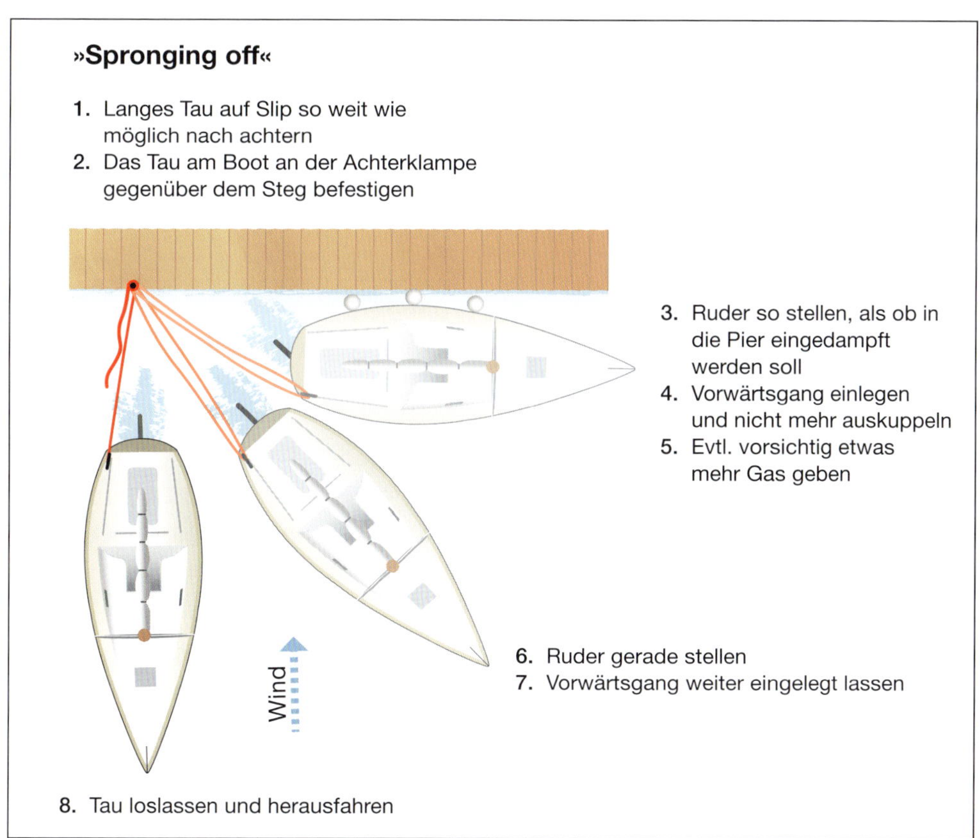

dampft. Hierfür kann entsprechend eine Achterspring von der Heckklampe am Schiff so weit wie möglich nach vorn an Land auf Slip gelegt und rückwärts eingedampft werden, um den Bug zu öffnen. Im Rückwärtsgang hat das Ruder keine Wirkung, der Hebel zwischen Heckklampe und Propeller ist klein, und auch die Schubkraft ist besonders bei Faltpropellern im Rückwärtsgang nicht ideal. Im Zweifelsfall also lieber in die Vorspring statt in die Achterspring eindampfen.

TIPP

»Spronging off«: Besonders bei modernen Booten mit breitem Heck ist selbst bei beachtlichem Wind mit diesem Trick das Verlassen des Platzes auch in äußerst engen Häfen möglich. Das Einzige, was benötigt wird, ist ausreichend Platz zum Legen einer langen Leine auf Slip nach achtern.

Was ist beim Auslaufen besonders zu beachten?

Sind einmal die Leinen gelöst und das Boot hat schadenfrei abgelegt, ist oft folgende Situation zu beobachten: Der Skipper ist erleichtert, dass offensichtlich alles gut ging, und die Crew ist damit beschäftigt, die Leinen und Fender einzuholen. Oft konzentriert sich der Skipper auch darauf, entsprechende Anweisungen an die Crew zu geben, und vergisst gerade in diesem Moment, sich auf den hier besonders wichtigen Ausguck zu konzentrieren.

Man muss nicht unbedingt zügig auslaufen; insbesondere dann nicht, wenn vor der Hafenmole schon Schaumkronen die Wellen schmücken. Keine Crew möchte gern auf dem Vordeck nassgespritzt werden, wenn sie die Fender verstaut. Es spricht absolut nichts dagegen, im Hafenbecken mit dem Heck zum Wind einfach nur ein paar Minuten innezuhalten, bis alles in Ruhe verstaut ist. Sind anschließend alle Crewmitglieder im Cockpit, können die Wellen vor dem Hafen angenehmer und entspannt gemeinsam »genommen werden«.

Oft leitet eine angezeigte Fahrrinne den Segler hinaus ins tiefere Wasser: grüne Tonnen backbord und rote steuerbord beim Auslaufen (umgekehrt beim Einlaufen). Tonnen werden als sogenannte »Lateralzeichen« zur seitlichen Begrenzung von Schifffahrtswegen eingesetzt. In Fahrtrichtung stehen in Europa (aber nicht überall auf der Welt) die grünen Tonnen steuerbords und die roten zu Backbord. Die Fahrtrichtung des Fahrwassers wird in der Seekarte als

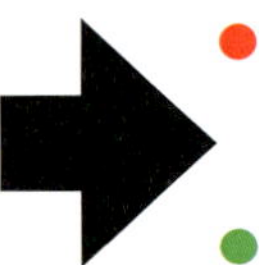

ein breiter Pfeil mit links und rechts angezeigten Punkten angegeben, die meistens grün und rot sind. Allgemein gilt, dass die Fahrtrichtung von See kommend in Richtung Hafen verläuft.

Achtung bei quergehender Strömung: Man sollte nicht nur geradeaus auf das nächste Tonnenpaar vor dem Bug starren, denn das Schiff kann unbemerkt aus der Fahrrinne getrieben werden – obwohl die nächste Tonne vor dem Bug noch zu sehen ist. Ein Blick über die Schulter nach hinten verrät, ob noch in der Fahrrinne motort wird oder nicht. Nach dem Motto: »Kopf verrenkt – Schiff versenkt!« Das soll heißen, dass man das letzte Tonnenpaar durch eine einfache Kopfbewegung nach achtern noch sehen sollte. Muss man sich mit mehr als 180° umdrehen, liegt die Vermutung nahe, dass das Schiff aus der Bahn gekommen ist. Dann sollte der Kurs zügig korrigiert werden.

Wenn die Farben der Bojen nicht so gut erkennbar sein sollten (z. B. bei Gegenlicht), kann auch das Toppzeichen durch ein Fernglas betrachtet werden. Die Toppzeichen sind (sowohl in Europa als auch anderswo übrigens) für Steuerbordtonnen immer dreieckige, oben spitz zulaufende Kegel (in Europa die grünen), während Backbordtonnen immer viereckige Zylinder (in Europa die roten) aufsitzen haben. Im Wasser schwimmende Seezeichen, wie z. B. Tonnen, sind auf der Seekarte schräg eingezeichnet; Seezeichen, die im Boden fest verankert sind, sind senkrecht gezeichnet.

Ablegen

- Vorher mit der Crew gemeinsam überlegen, wie sich das Schiff beim Ablegen unter den aktuellen Bedingungen wohl verhalten wird (Strömung, Wind, Propeller, Ruder, Taue)
- Wenn das Manöver nicht wie geplant abläuft, einen Plan B im Kopf haben (das könnte auch bedeuten, erst einmal wieder anzulegen, um neu zu besprechen)
- Wenn seitlich abgelegt wird, in die Vorspring eindampfen, um das Heck auszudrehen
- Nur bei Strom/Wind von vorn in die Achterspring eindampfen, um den Bug auszudrehen (wenn der Platz es erlaubt: Spronging off)
- Ab- und Anlegen abwechseln, sodass auch die Neulinge an Bord bei guten Bedingungen üben können

SEGELN

SEGEL SETZEN UND TRIMMEN

Ist Segeltrimmen nicht nur was für Regattasegler? Muss ich das als Fahrtensegler auch beherrschen?

Die Größe der Segelfläche ist die Gangschaltung des Seglers, deren Trimmung das Gaspedal. Reffen heißt, die Segelfläche zu verkleinern, also zurückzuschalten. Die Segel zu trimmen heißt, ihre Form den gegebenen Umständen optimal anzupassen. Wer beides versteht, segelt nicht nur schneller, sondern auch bequemer, nämlich mit weniger Schräglage.

Nach dem Reffen wird wortwörtlich der Wind aus den Segeln genommen: Plötzlich fühlt sich das Boot hart am Wind sichtlich erleichtert an, segelt aufrecht, kaum langsamer und mit deutlich weniger Abdrift (= durch den Wind bewirkte Seitwärtsbewegung). Wer das Reffen beherrscht, muss Fallwinde, Kap- und Düseneffekte oder eine Gewitter- oder Regenböe (Cb-Wolke) nicht fürchten. Nimmt der Wind zu, ist innerhalb weniger Minuten der Spuk – dank effektivem Reffen – vorbei.

Besonders bei zunehmendem Wind erscheinen die Kräfte an Segel und am Rigg manchmal unüberschaubar und vielleicht sogar furchterregend. Statt zu reffen, werden kurzerhand sämtliche Segel weggenommen, und es wird auf den Motor zurückgegriffen. Bei Wellengang ohne Segelunterstützung zu motoren, bedeutet aber eine unangenehme Rollbewegung des Schiffes. Dadurch ist es oft deutlich angenehmer, dank der Segel ein stabiles Schiff zu erhalten – selbst mit stabiler Seitenlage. Denn: Lieber zu einer Seite stabil schräg, als ewige Pendelbewegungen unter Motor.

Natürlich muss bei Amwindkursen etwas Schräglage in Kauf genommen werden. Mehr als 20° gibt jedoch nicht nur eine größere Abdrift, sondern erhöht auch die Lasten am Rigg, wodurch die Geschwindigkeit sinkt. Für die Crew ist es dann zudem schwierig, sich an Bord zu bewegen. Allgemein hat das Boot hoch am Wind die meiste Lage und auf tieferen Kursen immer weniger. Wie viel vom Großsegel bzw. der Genua gesetzt werden sollte, ist daher vor allem vom Kurs im Verhältnis zum Wind abhängig.

TIPP Mit der Crew wird vor oder beim Auslaufen die Segelsetzung im Verhältnis zum Kurs und zum Wind besprochen. Wer die kleinste Segelfläche wählt, darf anfangen. Nach dessen Wunsch wird die minimale Segelführung gesetzt und erst einmal geschaut, wie sich das anfühlt. Nebeneffekt: Man übt das Reffen schon im ruhigen Hafen. Wird diese Segelführung später von sämtlichen an Bord als übertrieben vorsichtig aufgefasst, kann immer noch mehr Tuch gesetzt werden. Das ist deutlich angenehmer, als zunächst zu viel Segel gesetzt zu haben, die dann gerefft werden müssen.

Wie kann ich mir die Kräfte an den Segeln vorstellen?

Um Vertrauen und Verständnis zu den Segeln aufzubauen, hilft ein kleines Gedankenmodell. Mit der Annahme, dass das Schiff nur einen Mast hat (= »Sloop«), hat das Schiff dann zwei Segel: Das Großsegel am Baum achtern vom Mast sowie die Genua am Vorstag vor dem Mast. Wenn man sich diese beiden Segeldreiecke anschaut, kann man sich den Mittelpunkt der jeweiligen Segelfläche vorstellen, an dem die Kraft des Windes wirkt. So existieren bei zwei Segeln zwei Kraftzentren. Auf diese Kraftzentren wirken die beiden Kraftpfeile des Windes auf das Boot. Man stelle sich zwei Finger vor, die auf die jeweiligen Segel drücken: einer auf das Großsegel hinter dem Mast und einer auf die Genua vor dem Mast.

Durch Reffen verschiebt sich das Kraftzentrum des jeweiligen Segels: bei traditionell gerefftem Großsegel eher nach unten, bei einem Rollgroßsegel schräg nach vorn. Bei der Genua verschiebt sich das Kraftzentrum nach vorn.

Somit besteht durch Reffen nicht nur weniger Windkraft am Segel, sondern der Angriffspunkt ist ebenfalls verschoben. Weiterhin kann durch das Dichtholen (ziehen) oder Fieren (loslassen) der Schoten die Größe der Kraft beeinflusst werden. Ganz gefiert flattert das Segel im Wind, es wirkt keine Kraft am Segel, und das Boot bekommt keine Fahrt durchs Wasser. Dichtholen bewirkt mehr Kraft am Kraftzentrum des Segels. Zu weit dichtgeholt, bekommt das Boot aber zu viel Lage und wenig Schub nach vorn. So gibt es einen »Sweet Spot« beim Dichtholen der Schot, um die Kraft für maximale Fahrt nach vorn zu generieren. Dieser Sweet Spot ist in erster Linie vom Windwinkel abhängig, d. h. von der Richtung, aus der der Wind auf das Boot trifft.

Wie beim Hafenmanöver, ist der Drehpunkt des Schiffes auch beim Segeln immer in Mastnähe. Wenn der Wind eher achtern vom Mast drückt, entsteht beim Boot eine »Luvgierigkeit«. Das bedeutet: Das Boot giert nach Luv und will in den Wind schießen. Wenn nicht das Ruder dagegenwirken würde, würde das Schiff so drehen, dass der Bug am Ende in den Wind zeigt und der Wind genau von vorn kommt. Umgekehrt gilt: Wenn stattdessen der Wind eher vor dem Mast drückt, entsteht eine »Leegierigkeit«, d. h. das Boot will sich vom Wind wegdrehen und auf einen tieferen Kurs steuern – bis es ganz mit dem Wind von achtern (vor dem Wind) liegt. Auch hier muss das Ruder dem entgegenwirken, um den gewünschten Kurs beizubehalten.

Wer also nur mit einem Großsegel unterwegs ist, hat ein sehr luvgieriges Boot. Wer nur mit einer Genua segelt, hat mit einem leegierigen Boot zu kämpfen. Das Ziel ist ausgewogenes Segeltrimmen, wobei ein wenig Luvgierigkeit erwünscht ist, da es sich angenehm am Ruder anfühlt. Wenn das Ruder einer gewissen Luvgierigkeit am Wind entgegenwirkt, hebt es das Boot gegen den Wind und die Abdrift wird kleiner, was am Wind sehr wohl gewünscht ist. Bei Leegierigkeit hingegen würde das gegensteuernde Ruder eine größere Abdrift bedeuten, was unvorteilhaft wäre. Inwiefern die Trimmung ausgewogen ist, kann der Rudergänger sehr leicht beurteilen, indem er eine angenehme, jedoch nicht zu anstrengende Luvgierigkeit spürt (»Weatherhelm«).

Wie werden die Segel gesetzt?

Ein traditionelles Großsegel wird immer gegen den Wind gehisst: Demnach fährt man genau in den Wind und hisst dann das Segel. Dann schwenkt der Baum mittschiffs im Wind, und das Segel kann ohne Winddruck gehisst werden. Aber Achtung: den Kopf nicht am schwenkenden Baum stoßen!

Nachdem das traditionelle Groß gesetzt ist, kann abgefallen werden und bei jeder anderen beliebigen Windrichtung (außer genau von vorn) die Genua ausgerollt werden. Man kann sich leicht merken: Alle Segel, die gerollt werden, dürfen nicht im Wind ein- oder ausgerollt werden. Als Faustregel gilt: Erst das Groß, dann die Genua setzen bzw. ausrollen. Ausnahme: Wenn bei plötzlichem Motorausfall die Segel rasch gesetzt werden müssen, bevor das Schiff auf eine Gefahr zutreibt, sollte man immer die Genua zuerst bedienen, die man auf jedem beliebigen Kurs ausrollen kann. Denn ohne Motor ist es unmöglich, das Schiff in den Wind zu drehen und während des gesamten Manövers im Wind stehen zu lassen. Ohne Segel ist das Boot allzu leegierig, was das Setzen des Großsegels unmöglich macht.

Wenn (ausnahmsweise) die Genua zuerst ausgerollt wurde und das Groß erst danach gesetzt werden soll, ist folgende Vorgehensweise sinnvoll: Das Schiff hoch am Wind segeln, die Großschot lösen und so das Großsegel setzen, während der Baum ca. 50° von der Schiffsmitte steht. So lässt sich das Groß dann ohne Druck im Segel leicht setzen, obwohl das Schiff nicht im Wind steht. Aber Achtung: Herrscht wenig Wind und Schwell (= Wellen, die trotz gesetzter Genua das Boot hin- und herschaukeln lassen), kann der Baum aufgrund der gelösten Großschot von einer Seite zur anderen weit hin- und herschwenken, was gefährlich sein könnte.

Ist das Schiff statt mit einem traditionellen Großsegel mit einem Rollgroßsegel ausgestattet, wird das Segel in den Mast ein- und ausgerollt. Das Ein- und Ausrollen des Segels darf hier gerade nicht direkt im Wind geschehen, damit das Segel nicht wild hin- und herschlägt. Ein Schlagen würde beim Einrollen Falten im Segel ergeben, beim Ausrollen besteht Verletzungsgefahr und eine Verkürzung der Lebensdauer des Segels. Bei Rollanlagen gilt stattdessen: mit wenig Druck auf die Segel rausrollen, aber nur so viel, dass das Segel gerade nicht flattert. Um beim Rollen möglichst wenig Umlenkungen im Tuch zu bekommen, liegt der beste Windwinkel bei ca. 50–60° zum Wind mit dem Baum auf der Backbordseite (Wind von Steuerbord).

Rollgroßsegel ausrollen

1. Mast besonders bei 7/8-getakelten Schiffen gerade stellen (Achterstagstrecker lösen).
2. Kicker/Baumniederholer so stellen, dass der Baum 90° zum Mast steht oder 1–2° höher zeigt. Hier eine Markierung machen, sodass der optimale Baumwinkel leicht wiederzufinden ist. (Die meisten Skipper mit Rollmast lassen den Baumniederholer immer so stehen, denn ein Feintrimmen mit dem Baumniederholer bewirkt beim Rollgroßsegel recht wenig.)
3. Kurs 50–60° zum Wind motoren, vorzugsweise, aber nicht notwendigerweise, mit Baum an der Backbordseite (Wind von Steuerbord).
4. Großschot etwas fieren, aber den Baum trotzdem in der Schiffsmitte behalten, sodass er beim Ausrollen nicht gefährlich hin- und herschwenkt.
5. Kontrolliert an der Rollanlage kurbeln und **gleichzeitig** das Segel am Unterliekstrecker herausziehen. Es ist sehr wichtig,

diesen Vorgang gut zu koordinieren: Wird nur gekurbelt und nicht gezogen, legt sich das Segel im Mast doppelt und verheddert sich. Wird nur gezogen und nicht gekurbelt, kann man das Segel im schlimmsten Fall zerreißen.

6. Sobald die ersten Quadratmeter aus dem Mast gerollt sind, füllt sich das Segel mit Wind, d. h. der Wind hilft, das Segel herauszuziehen.
7. Kontrolliert weiterrollen (falls nötig, am Unterliekstrecker ziehen). Der Bauch soll beim Ausrollen groß sein, um keinen Druck im Segel zu verursachen. Wenn das Segel so weit wie gewünscht ausgerollt ist, die Rollanlage verriegeln.
8. Großschot ordentlich fieren, bis das Segel minimalen Druck verspürt und gerade noch nicht flattert.
9. Unterliekstrecker bis zur gewünschten Wölbung des Segels (Bauch) anspannen, d. h. durchsetzen.
10. Schot dichtholen und segeln.

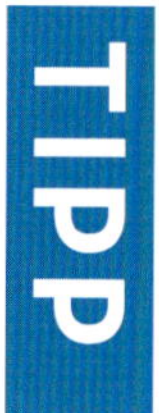

Vorsicht: Nie die Einrollwinsch in der Rollanlage am Mast stecken lassen. Sie kann sehr schnell beim Ausrollen des Segels rotieren und Verletzungen hervorrufen.

Was versteht man unter Segeltrimmen?

Maximale Geschwindigkeit, minimale Schräglage und maximale Höhe am Wind zu erreichen, ist die hohe Kunst des Segeltrimmens. Es gibt kaum etwas Lehrreicheres als bei einer Clubregatta als Crew ein paarmal mitzusegeln, um von den Regatta-Profis zu lernen. Eine weitere Möglichkeit, die Effekte des Segeltrimmens direkt zu erleben, ist, Jolle zu segeln. Hier zeigt jede kleine Veränderung an der Segelstellung unmittelbar ihre deutliche Auswirkung.

Das Problem der meisten Fahrtenschiffe ist nämlich, dass beim Verändern der Segelstellung das »Feedback« relativ träge ist, bis das Resultat ersichtlich wird. Nichtsdestotrotz ist das Trimmen auch bei einem Fahrtenschiff zentral, denn hier soll das Boot ja möglichst wenig Lage schieben, effektiv und damit bequem über die Wellen reiten.

Die beiden grundlegenden Aufgaben beim Trimmen sind:

1. Den richtigen Winkel der Segel zum Wind zu finden.
2. Die gewölbte Form des Segels zu optimieren.

Der Winkel zum Wind wird durch Fieren und Dichtholen der Schot bewirkt, die Wölbung mithilfe weiterer Leinen und Tricks beeinflusst. Um zu erkennen, ob Stellung und Form optimal sind, gilt es, die Indikatoren im Segel zu interpretieren. Manche Segel haben hierzu einen oder mehrere horizontale (blaue) Linien im Segel, um die Wölbung besser sichtbar zu machen. Oder es werden Bindfäden an interessanten Stellen im Segel eingenäht bzw. aufgeklebt, um die Strömung dort zu veranschaulichen.

Grob dargestellt gilt: Je mehr Wind von achtern kommt, desto mehr werden beide Schoten gefiert, d. h. die Segel werden geöffnet und stehen weit entfernt von der Schiffsmitte. Je höher am Wind, d. h. je mehr der Wind von vorn kommt, desto mehr werden beide Schoten dichtgeholt. Besonders am Wind werden Form

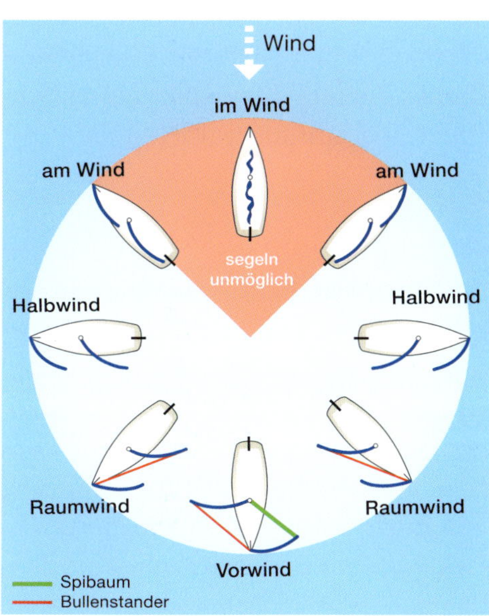

und Wölbung im Segel wichtig, damit möglichst viel Schub nach vorn und möglichst wenig Krängung verursacht wird.

Es gibt einen ca. 90°-Sektor, der »im Wind« genannt wird. Hier kommt der Wind so sehr von vorn, dass auch das beste Dichtholen nicht mehr hilft. Zu sehr gegen den Wind kann eben nicht gesegelt werden. Um trotzdem ans Ziel zu kommen, muss im Zickzackkurs hoch am Wind »gekreuzt« werden. Ein Kurswechsel von ca. 90° durch den Wind heißt »wenden«.

Wie werden die Segel am Wind getrimmt?

Je höher am Wind gesegelt wird, desto wichtiger wird die optimale Zusammenarbeit zwischen Genua und Großsegel. Der Wind trifft zuerst auf die Vorderkante der Genua (»Vorliek«) und wird dann vom Vorsegel so umgelenkt, dass er quasi »verfeinert« auf das Großsegel trifft. Wie beim Staffellauf übernimmt nun das Großsegel den Wind von der Genua. Um möglichst lange im Genuss des Windes zu bleiben, sollte das Großsegel so weit wie möglich nach achtern hinausragen, was durch die Latten im Großsegel gewährleistet wird. Latten haben also die Aufgabe, hinten am Großsegel noch ein paar wichtige Zusatzquadratmeter zu gewährleisten.

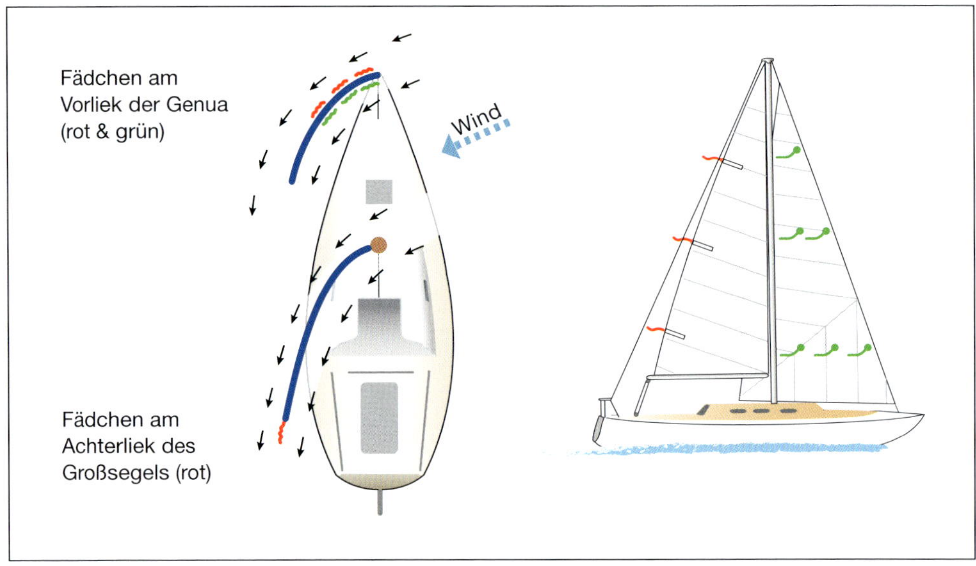

Wo es flattert, wird mehr Wind benötigt.

Angestrebt wird eine gleichmäßige Luftströmung entlang der gesamten Segelfläche, d. h. sowohl entlang der Genua als auch entlang des Großsegels. Wenn der Wind diese Strecke am Segel praktisch ohne Wirbelbildung entlangstreicht, spricht die Aerodynamik von »laminarer Strömung«. Nun muss noch eine Wölbung im Segel gefunden werden (der »Bauch«), die für die aktuellen Umstände optimal ist. Ist der Bauch zu dick, d. h. die Wölbung zu ausgeprägt, schafft es der Wind auf der Leeseite nicht, den ganzen Weg nach achtern am Segel »kleben zu bleiben«. Er reißt ab und geht seinen eigenen Weg. Die Wirbel, die durch das Abreißen des Windstroms am Segel entstehen, sind kontraproduktiv.

Die beiden Segel haben zudem unterschiedliche Aufgaben. Die Genua gibt dem Boot die Geschwindigkeit, während das Großsegel (besonders der hintere Teil) die Höhe am Wind schenkt. Somit sind Großsegel und Genua wie ein Tanzpaar, das aufeinander abgestimmt werden muss.

Wie der Wind auf das Vorstag auftrifft, sieht der Segler an den am Segel aufgeklebten oder angenähten kleinen Fädchen beidseits des Vorsegels. Die Fädchen sollen sowohl an der Luv- als auch an der Leeseite des Segels horizontal anliegen. Dies zeigt eine schöne laminare Strömung an. Tanzt eines von ihnen durch die Gegend, sind dort ungewünschte Turbulenzen zu verzeichnen.

Nachdem der Wind an der Genua beidseitig möglichst laminar vorbeigeströmt ist, verlässt er die Genua an deren hinteren Ende (»Achterliek«) und setzt seine Reise an der Leeseite des Großsegels fort. Hinten, am Achterliek des Großsegels, tritt der Wind aus dem Großsegel aus und hat seine Arbeit an beiden Segel getan. Um zu kontrollieren, ob auch der Austritt schön laminar ist, sind oft weitere dünne Fädchen am Achterliek des Großsegels angenäht. Diese Fädchen sollten genau nach achtern flattern. Zeigen sie stattdessen nach Lee, ist dort keine laminare Strömung; wehen sie nach Luv, fehlt hier Wind.

Die genannten Fädchen werden auf Englisch »Telltales« gennant, was so viel wie »Klatschmaul« oder »Petzer« heißt. Das Geheimnis liegt darin, die Segel so zu stellen, dass alle Telltales horizontal nach achtern zeigen.

Wie bekomme ich alle Telltales der Genua perfekt horizontal nach achtern zu liegen?

Die grobe Einstellung der Segel zum Wind erfolgt durch den Anströmungswinkel, der auf zwei Wegen verändert werden kann: durch Veränderung des Kurses zum Wind oder durch Trimmen der Schoten.

Grobtrimmen der Genua

1. Wenn die Telltales der Leeseite der Genua flattern, wird dort mehr Wind gewünscht:
   a) Kurs ändern zu einem Kurs, der höher am Wind liegt.
   b) Die Schot so fieren, dass die Leeseite mehr zum Wind hinzeigt.

2. Wenn die Telltales der Luvseite der Genua flattern, wird dort mehr Wind gewünscht:
   a) Kurs ändern zu einem Kurs, der weniger hoch am Wind liegt.
   b) Die Schot dichter holen, damit die Luvseite eher zum Wind hinzeigt.

Wenn der Skipper so hoch am Wind wie möglich segeln möchte, etwa beim Kreuzen, wird die Genuaschot maximal dichtgeholt und Methode a) gewählt, d. h. der Steuermann segelt einen Kurs, auf dem die Telltales horizontal nach achtern zeigen. Flattern die Leefädchen muss weiter angeluvt werden; flattern die Luvfädchen, muss nach Lee abgefallen werden. Eselsbrücke: Auf der Seite, wo die Fädchen tanzen, wird die Pinne geführt.

Eine maximal dichtgeholte Genua bedeutet nicht »zerren, was das Zeug hält«, sondern nur so viel, dass der Spalt zwischen Genua und Groß gerade richtig ist, was nicht ganz einfach einzuschätzen ist. Einen groben

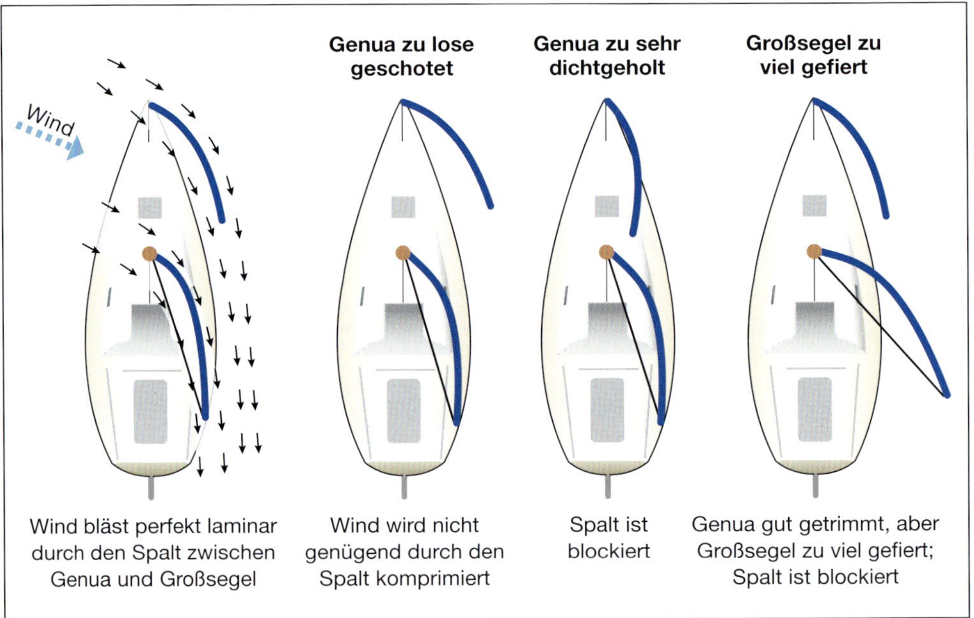

Hinweis können die Salinge geben. Hier gilt als Faustregel: Maximales Dichtholen bedeutet, die Genua ca. 10–20 cm von der untersten Saling entfernt zu lassen.

Wenn nicht so hart am Wind wie möglich gesegelt werden soll, sondern ein gewünschter Kurs zum Ziel gehalten wird, werden die Segel nach dem Kurs getrimmt und Methode b) gewählt: flattern die Luvfädchen – weiter dichtholen; flattern die Leefädchen – Genua fieren.

Feintrimmen der Genua

Es ist gut möglich, dass die Telltales unten etwas anderes anzeigen als oben. Dann sollte man den Anstellwinkel oben anders trimmen als unten – man hat aber nur eine Schot zur Verfügung. Hier bedient man sich eines Tricks: Indem der Schotpunkt verändert wird, kann entweder oben oder unten weiter dichtgeholt werden. Zum besseren Verständnis: Würde an der Genuaschot horizontal gezogen, dann würde nur der untere Teil des Segels flachgezogen werden (am Unterliek). Oben würde die gesamte Genua im Wind flattern – mitsamt Telltales. Das Flattern wird übrigens »Killen« genannt, und die Drehung im Segel, d. h. unten dichter geholt als oben, wird »Twist« genannt. Das umgekehrte Extrem: Die Schot würde senkrecht nach unten zum Deck gezogen werden. In der Folge wäre das

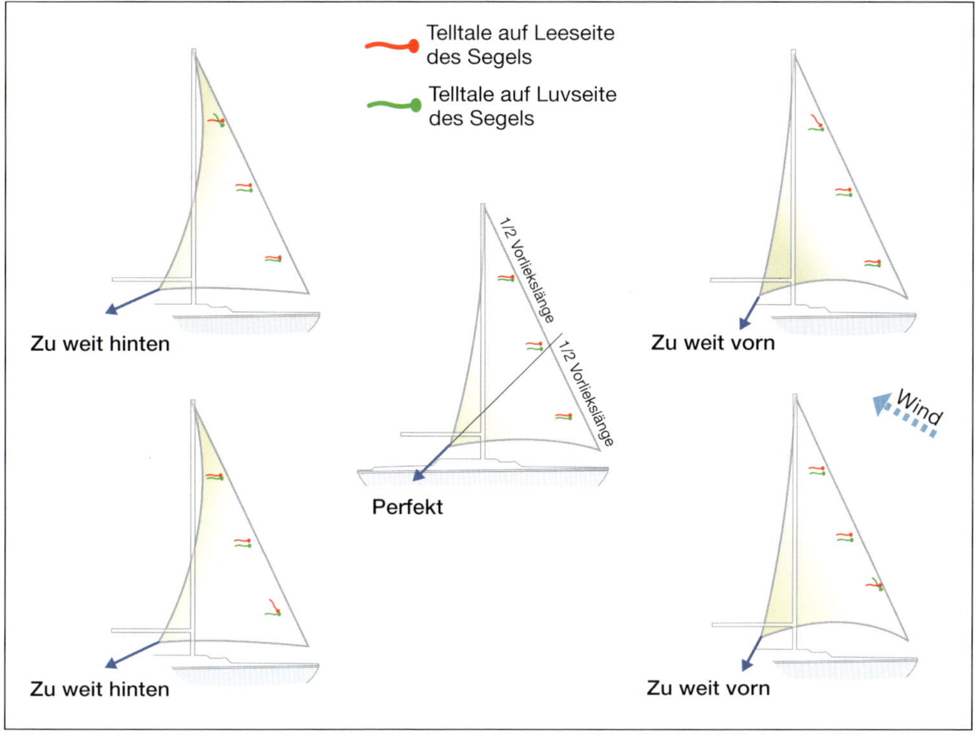

Unterliek gar nicht dichtgeholt, sondern es würde nur am hinteren Ende der Genua gezogen (am Achterliek). Irgendwo dazwischen liegt der goldene Holepunkt, der »Sweet Spot«, den man sich als Ausgangspunkt am besten mit einem Filzstift auf der Genuaschiene markiert.

Wird die Genua gerefft, muss der Holepunkt ebenfalls nach vorn verschoben werden, sodass er relativ zum kleineren Segel neu gefunden wird.

Genuatrimmung

1. Ausgangslage des Holepunktes: Die Verlängerung der Genuaschot soll das Vorliek mittig teilen.
2. Wenn nun die Telltales unten gut anliegen, auf der Leeseite oben aber flattern, muss oben die Leeseite zum Wind hingedreht und gefiert werden. Resultat: Der Holepunkt wird nach hinten verschoben.
3. Wenn die Telltales unten gut anliegen, oben jedoch auf der Luvseite flattern, muss oben die Luvseite zum Wind hingedreht und dichtgeholt werden. Resultat: Der Holepunkt wird nach vorn verschoben.

Wenn alle Telltales entlang des gesamten Vorlieks beidseitig anliegen, ist der Eingang des Windes an der Genua schön laminar. Dann geht es an das Trimmen des Großsegels.

Wie kann ich am Großsegel alle Fäden am Achterliek genau nach hinten zeigen lassen?

Telltales am vorderen Ende des Großsegels anzubringen, würde wenig Sinn ergeben, denn die überlappende Genua wird sowieso Wind auf die Leeseite des Großsegels wehen, und hier hat auch bei Amwindkursen das Großsegel kaum eine Aufgabe. Der hintere Teil des Großsegels funktioniert jedoch wie die Landeklappe eines Flugzeuges, und der Ausgang des Windes am Achterliek ist sehr wichtig, um gute Höhe zu bekommen. Falsch getrimmt, kann das Großsegel hier wie eine Bremsklappe wirken und das Boot stark abbremsen.

Grobtrimmen des Großsegels

1. Traveller in die Mitte stellen (Der Traveller ist die quer zur Schiffsrichtung stehende Schiene, an der die Großschot angeschlagen ist. Leider haben nicht alle Fahrtenschiffe einen Traveller.)
2. Baumniederholer ungefähr so durchsetzen, dass der Baum 90° zum Mast steht.
3. Die Schot so lange fieren, bis vorn am Großsegel gerade ein Gegenbauch entsteht (d. h. das Segel wölbt sich nach Luv).
4. Dann wieder mit der Schot etwas dichtholen.

Eine vernachlässigte Einstellung des Großsegels verschenkt viel Potenzial, und das Segeln kann durch unnötige Schräglage unbequem oder langsam werden.

Feintrimmen des Großsegels

Der richtige »Twist« ist hier das Zauberwort. Twist bedeutet, dass der untere Teil des Großsegels dichter geholt ist als der obere. Somit besteht eine gewünschte Drehung im Segel, denn weiter oben besteht tatsächlich eine etwas andere Windrichtung als direkt über Deck. Wer aufmerksam ist, bemerkt, dass auch die perfekte Genua einen Twist hat.

Wer den Twist im Großsegel grob abschätzen will, schaut sich das Segel von hinten an und vergleicht, wie viel von der Luv- bzw. Leeseite vom Achterliek zu sehen ist. Je mehr von der Leeseite gesehen werden kann, desto weniger Twist ist im Segel.

Viel genauer geht das natürlich mit den Telltales am Achterliek. Diese sollen alle nach achtern zeigen. Wenn der oberste Telltale ca. 20 % der Zeit ab und zu nach Lee wegklappt,

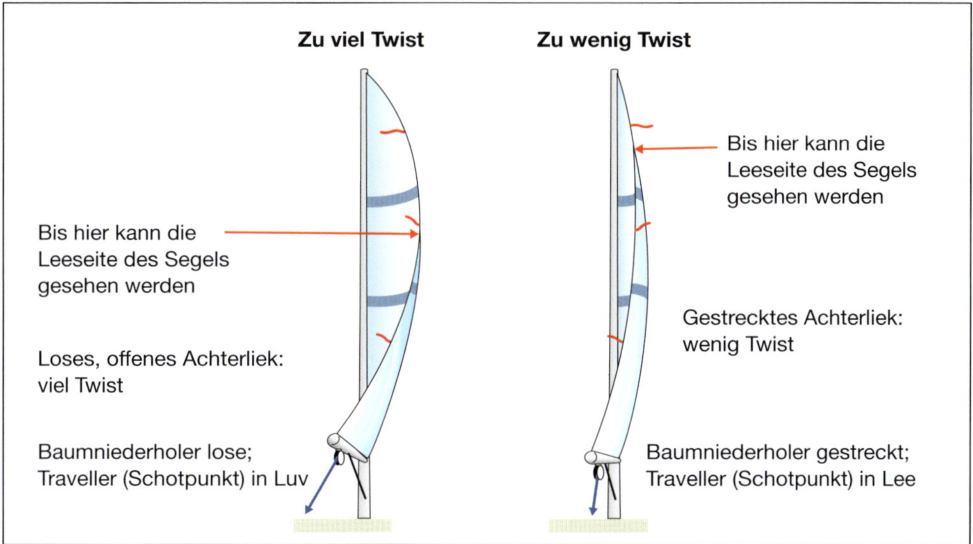

hat man genau den richtigen Twist erreicht.

Der Twist wird mit dem Baumniederholer sowie dem Traveller in Kombination mit der Großschot kontrolliert. Der Traveller ist der Holepunkt des Großsegels, der entweder »oben« in Luv oder »unten« in Lee stehen kann.

Trimmen bei schwachen bis mäßigen Winden:

1. Traveller oben in Luv = maximaler Twist.
2. Baumniederholer gelöst = maximaler Twist. (Bei Rollgroßsegeln wird der Baumniederholer eher selten verändert.)
3. Großschot dichtholen bzw. fieren, bis die **unteren** Telltales nach achtern zeigen.
4. Nun den Twist so weit verkleinern, bis sämtliche Telltales nach achtern zeigen. Der oberste darf/soll ca. 20 % der Zeit nach Lee klappen.
5. Und so wird Twist verkleinert:
   - Traveller etwas nach Lee herunterfieren
   - Großschot etwas dichter holen
   - Besonders bei Booten ohne Traveller: Baumniederholer strecken

Als Faustregel gilt: Bei schwachen Winden steht der Traveller hoch oben in Luv, während die Schot so weit gefiert ist, dass der Baum ungefähr schiffsmittig steht. Weiter oben öffnet sich das Segel dann dank des Twists. Bei mittlerem Wind wird oft etwas weniger Twist gewünscht, der Traveller steht eher schiffsmittig, und die Schot ist etwas dichter angezogen.

Typischer Fehler: Der Traveller wird bei Leichtwind in Luv nach oben gebracht (richtig), aber die Großschot zu dichtgeholt (falsch). Dann steht der Baum nicht mehr mittig, sondern nach Luv zeigend. Das Großsegel funktioniert dann wie eine große Bremsklappe. Wer Telltales am Achterliek hat, entdeckt das sofort, denn alle Fädchen würden nach Lee wegbrechen.

Wie wird ab halbem Wind (raumen Kursen) bei leichtem bis mäßigem Wind getrimmt?

Ab halbem Wind und tiefer wird es deutlich unkomplizierter, die richtige Segelform zu finden. Beide Segel werden so lange gefiert, bis beim Großsegel ein Gegenbauch entsteht (das Segel wölbt sich nach Luv) oder die Spitze der Genua zu flattern beginnt. Dann werden die Segel wieder etwas dichter geholt.

Bei raumem Wind funktionieren die Telltales weniger gut bis gar nicht, und beim Vorwindkurs bekommt die im Windschatten liegende Leeseite des Segels sowieso keinen Wind ab. Bei Vorwindkurs gilt: maximal fieren, bis das Großsegel kurz vor dem Schamfilen gegen die Salinge steht.

Sobald der Baum bei tieferen Kursen außerhalb der Travellerschiene zeigt, kann er nicht mehr von der Großschot vertikal nach unten gezogen werden. Jetzt kann nur noch der Baumniederholer diese Aufgabe übernehmen, um den Twist zu kontrollieren. Um einen zu großen Twist bei der Genua zu vermeiden (killende Genua oben), kann auch der Holepunkt an der Genuaschiene etwas nach vorn gebracht werden.

Was ist eine Patenthalse?

Ab einer gewissen Tiefe (zwischen raumen Kurs und Vorwindkurs) wird das Risiko einer unbeabsichtigten, plötzlichen Halse, d. h. einer »Patenthalse«, ein Thema. Eine Patenthalse tritt ein, wenn der Baum mit einer enormen Wucht unkontrolliert von einer Seite zur anderen schlägt, da der Wind nun unbeabsichtigt von der falschen Seite auf das Segel trifft. Abhängig von den Wellen sowie der Erfahrung des Rudergängers kann das Risiko schon ab 120° zum Wind bestehen.
Warnung: Eine Patenthalse gehört sowohl für die Crew als auch für das Schiff/Material zu den gefährlichsten Ereignissen auf einem Boot. Eine Patenthalse ist daher unbedingt zu vermeiden!

Wie wird vor dem Wind gesegelt?

Wenn vor dem Wind gesegelt wird, trifft der Wind genau von achtern auf die Segel. Ohne Wellen segelt das Boot auf diesem Kurs völlig aufrecht. Trotzdem ist das Steuern gerade hier nicht ganz einfach, und der Rudergänger muss jetzt der Bootsbewegung besondere Aufmerksamkeit schenken. Wenn das Boot zu »rollen« beginnt, d. h. es pendelt abwechselnd nach Steuerbord und Backbord, muss der Rudergänger dies parieren. Zeigt der Mast durch das Rollen nicht mehr genau senkrecht, liegt das Druckzentrum des Windes im Segel außerhalb der Schiffsmitte und bewirkt eine Drehbewegung. Zeigt der Mast nach Backbord, »schießt« das Schiff nach Steuerbord und umgekehrt. Der bei Krängung entstehende, veränderte Unterwasserrumpf unterstützt zudem die Drehung. Wer nicht aufmerksam ist und sofort Gegenruder legt, kann einen unkontrollierten sogenannten »Sonnenschuss« erleben.

TIPP

Vor dem Wind muss sehr früh mit dem Ruder entgegen dem kleinsten Anzeichen eines Sonnenschusses korrigiert werden. Aber nicht zu viel, um eine Patenthalse zu verhindern! Das Ruder also nicht erst legen, wenn das Boot bereits vom Kurs abgekommen ist, sondern sobald das Schiff sich etwas zur Seite legt. Pendelt das Boot nach Backbord, muss sofort etwas nach Backbord gesteuert werden und umgekehrt. Es braucht viel Übung, um besonders bei Starkwind vor dem Wind zu segeln, und es ist eine anstrengende Angelegenheit, die viel Konzentration braucht – gleichzeitig kann es viel Spaß machen!

Es gehört zur guten Seemannschaft, sehr frühzeitig einen »Bullenstander« zu setzen, sobald das kleinste Risiko einer Patenthalse besteht. Ein Bullenstander ist eine Vorrichtung, um den weit über die Reling ausgebaumten Baum in Position zu halten, sodass er selbst bei einer Patenthalse nicht unkontrolliert mit voller Wucht die Seite wechselt und großen Schaden anrichtet.

Das Prinzip besteht darin, eine Leine vom Ende des Baumes zur Bugklampe zu führen. Der Bullenstander kann auch so geführt werden, dass er vom Cockpit aus kontrollierbar ist, z. B. indem man die Leine vom Baumende durch die Bugklampe und dann zurück ins Cockpit führt.

TIPP

Um nicht jedes Mal beim Segeln vor dem Wind den Bullenstander am über Bord stehenden Ende des Baumes befestigen zu müssen, kann schon ein fest installierter Bullenstander am Baumende beschlagen sein und die Leine vorbereitend entlang des Baumes zum Mast geleitet werden. Der am Baum entlang verstaute Bullenstander muss nicht einmal länger als der Baum selbst sein; es genügt, wenn er nur so lang ist, dass er zum Mast reicht. Hier kann man diese kurze Leine einfach mit einer zweiten Leine verlängern (nicht mit Kreuzknoten, sondern mit zwei ineinanderreichenden Palsteks oder dem Hunter's Bend), um die Leine dann zur Bugklampe als Bullenstander zu führen. Den Bullenstander am Mast zu verlängern, ist deutlich einfacher, als ihn am Baumende zu befestigen.

TIPP

Manche Rudergänger kommen in Stress, wenn sie nicht intuitiv wissen, in welche Richtung das Ruder gelegt werden muss, um in einer brenzligen Situation eine Patenthalse zu vermeiden. Hier hilft die Eselsbrücke: »Immer von der Gefahr wegsteuern!« Da man in dieser Situation Angst vor dem Baum hat, muss man vom Baum wegdrehen. Steht bei einer drohenden Patenthalse der Baum auf der Steuerbordseite, muss vom Baum weggesteuert werden, d. h. nach Backbord.

Wie wird Schmetterling gesegelt?

Vor dem Wind flattert die Genua gern im Windschatten hinter dem Großsegel und hat dort wenig Nutzen. Stattdessen kann »Schmetterling« gesegelt werden: Sowohl zu Backbord als auch zu Steuerbord steht dann jeweils ein Segel, und zusammen bilden sie eine enorme Wand zum Wind von achtern. Selten wird genau 180° zum Wind gesegelt, sondern eher 175° zum Wind oder höher. Die Genua wird dann immer auf der Luvseite mithilfe eines Spinnakerbaums (»Spibaum«) ausgebaumt, wo sie bis zu einem Windwinkel von 130–140° noch gut stehen kann.

Spinnakersegler machen es zwar anders, doch um die Genua sicher und bequem auszubaumen, können Fahrtensegler folgendermaßen vorgehen:

1. Die unkontrolliert flatternde Genua aus dem Weg rollen, damit auf Vordeck gearbeitet werden kann.

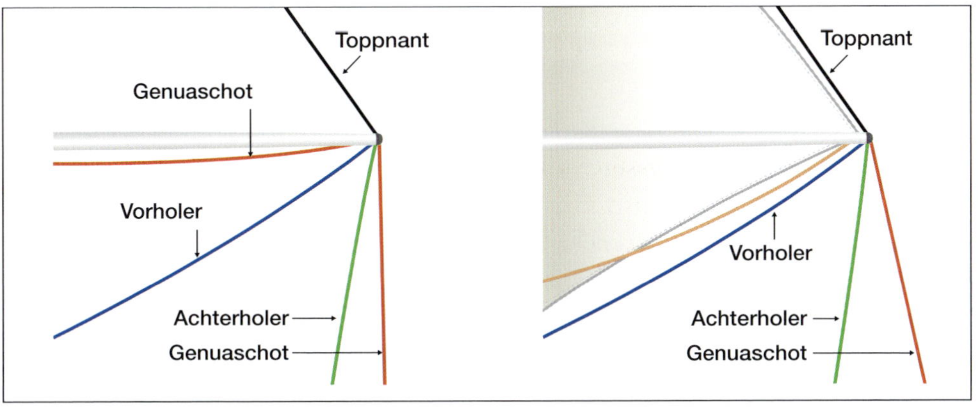

2. Das äußere Ende des Spinnakerbaumes hat eine zu öffnende Öse. Durch diese die lose auf Deck liegende Luv-Genuaschot vorbereitend durchführen.
3. Den Spinnakerbaum ausbaumen, der am äußeren Ende an drei Leinen fest in Position gehalten wird:
   Leine 1: Die Toppnant (»Topping Lift«) hält den Spinnakerbaum nach oben und geht vom Ende des Spibaumes diagonal hoch zum Mast in Salinghöhe.
   Leine 2: Der Vorholer (»Foreguy«) geht vom Spibaumende zur Bugklampe.
   Leine 3: Der Achterholer (»Afterguy«) geht vom Spibaumende zur Mitsschiffsklampe oder zur Heckklampe.
4. So sitzt nun der Spinnakerbaum in alle Richtungen fest. Wer seine Leine zuvor mit einem Filzstift markiert hat, hat den Spinnakerbaum rasch in Position gebracht.
5. Der eigentliche Trick: Nachdem der Spinnakerbaum montiert ist, kann sich die Crew wieder ins sichere Cockpit begeben und von hier aus die Genua auf der Luvseite ausrollen. Die Genuaschot liegt ja schon vorbereitet durch die Öse gesteckt am Ende des Spinnakerbaumes.
6. Soll die Genua gerefft oder eingerollt werden, geht das nun vom Cockpit aus, ohne auf das Vordeck gehen zu müssen. Der Spinnakerbaum bleibt einfach in Position stehen.
7. Falls eine Kursänderung in den Wind notwendig wird (z. B. beim Ausweichmanöver oder bei Winddrehung), kann die Genua durch Halsen sogar auf die Leeseite gebracht werden, sodass beide Segel wie normalerweise auf der Leeseite stehen. Hierzu einfach den in Luv stehenden Spinnakerbaum montiert lassen, bis flaches Wasser den Abbau erleichtert (Video auf www.reginasailing.com).

Wie wird eine kontrollierte Halse gefahren?

Erfahrene Segler können selbst bei beeindruckender Windgeschwindigkeit eine kontrollierte Halse fahren. Bei viel Wind wird diese bei maximaler Fahrt und im Wellental gefahren, denn hier besteht die geringste relative Windstärke.

Eine kontrollierte Halse wird bei genügend Seeraum folgendermaßen gefahren:

1. Ein Kurs wird hoch genug gesteuert, sodass mit Sicherheit keine Patenthalse einsetzen kann (ca. 150–170° zum Wind).
2. Den Bullenstander langsam fieren, während das Großsegel mittig geholt wird (Großschot ganz dichtgeholt). Bei viel Wind erfordert dies größte Präzision und Aufmerksamkeit des Rudergängers, denn das Risiko eines Sonnenschusses wächst bei dichtgeholtem Großsegel.
3. Wenn das Großsegel mittig steht, zieht nur noch die Genua das Boot.
4. Bullenstander für die neue Seite vorbereiten.
5. Wenn alle Crewmitglieder bereit sind, wird die Halse eingeleitet.
6. Ein mit Seglerhandschuhen versehenes Crewmitglied hält die Großschot in der Hand (gegebenenfalls über eine Winsch gelegt).
7. Der Rudergänger fällt deutlich ab, um den Wind auf die neue Seite zu bekommen.
8. Wichtig: Sobald der Baum die Seite wechselt, muss der Großschot unbedingt freier Lauf gewährt werden, um sie dann mit der Hand (gegebenenfalls über eine Winsch) abzubremsen und schließlich ganz aufzustoppen.
9. Auf dem neuen Kurs den Bullenstander setzen.
10. Gegebenenfalls die Genua für Schmetterlingsegeln auf der neuen Luvseite ausbaumen. Hierfür die Genua am besten erst einmal aufrollen, Spinnakerbaum umbauen und dann auf der neuen Seite wieder ausrollen.

Typische Fehler:

Der Rudergänger muss zusehen, dass er den Wind entweder deutlich von Backbord oder Steuerbord hat, d. h. nicht im Zickzackkurs gleich mehrere Halsen hintereinanderfährt. Nach einer Halse kann der Steuermann eventuell zunächst etwas desorientiert sein und fällt vom neuen Kurs direkt wieder ab und fährt somit direkt eine zweite Halse. Vielleicht entdeckt er den Fehler (zu spät), pariert und fährt dann erneut eine dritte Halse. Man bedenke zudem: Kann die Großschot direkt nach der Halse nicht ungehindert mitlaufen, bleibt der Baum mittig stehen, und der plötzlich veränderte Winddruck auf der neuen Seite des Großsegels kann das Boot in Schräglage versetzen und eine unbequeme Krängung bewirken.

Am besten wird eine Halse bei sehr wenig Wind geübt und die eigene Kompetenz dann bei immer mehr Wind langsam aufgebaut.

Für Vorsichtige: Es spricht gar nichts dagegen, eine »Q-Wende« zu fahren. Man fährt dabei ein Manöver, das wie ein »Q« aussieht, d. h. fast eine 360°-Wende. Auf Englisch heißt das Manöver übrigens »Chicken Jibe«, da es eine »Halse für Feiglinge« sein soll – was aber Q wie Quatsch ist! Denn es zeugt von guter Seemannschaft, bei viel Wind oder unsicherer Crew eine Wende statt einer Halse zu fahren. Ein Q zu fahren, braucht erstaunlich wenig Platz, und die Schoten müssen kaum für den kurzen Amwindkurs dichtgeholt werden.

Wie werden die Segel bei zunehmendem Wind getrimmt?

Wenn der Wind zunimmt, muss nicht unbedingt sofort gerefft werden. Bevor die Segelfläche verkleinert wird, kann noch einiges durch Segeltrimmen unternommen werden, um weiterhin aufrecht segelnd gute Fahrt zu machen.

Wenn das Boot am Wind beginnt, zu viel Lage zu schieben, bemerkt das der Rudergänger sofort. Es wird unangenehm schwer, das Boot auf Kurs zu halten. Der zuvor noch geltende angenehme »Weatherhelm« (Luvgierigkeit) wird plötzlich zu einem Kampf zwischen dem Boot, das ununterbrochen in den Wind drehen möchte, und dem Rudergänger, der an der Pinne zerrt oder das Rad nach Lee dreht, um das Boot zu zähmen bzw. gegenzusteuern. Dann wird es Zeit, das Boot durch Segeltrimmen wieder mehr aufrecht segeln zu lassen und den Druck aus dem Ruder zu nehmen.

Genau wie Flugzeuge bei mehr Fahrt die Klappen einfahren, um einen flacheren Flügel zu erhalten, sollen auch die Segel für mehr Wind flacher getrimmt werden. Flacher heißt: weniger gewölbt bzw. weniger Bauch in den Segeln. Der Bauch sollte zudem nach vorn gebracht werden, denn: Wo der Bauch ist, ist auch die größte Kraft. Das Kraftzentrum nach vorn gebracht bedeutet weniger Luvgierigkeit. Die auf den Segeln angebrachten horizontalen blauen Streifen sind hier nützlich. Sie lassen Tiefe und Position des Bauches sehr gut erkennen.

Um den Bauch nach vorn zu bringen, wird das Vorliek der Segel gestreckt. Dies erreicht man, indem das Genuafall bzw. das Großfall durchgezogen

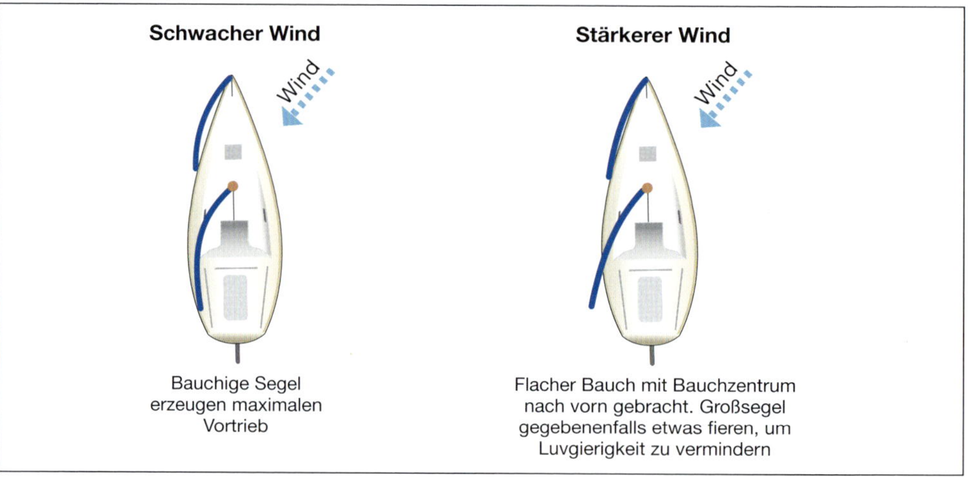

Bauchige Segel erzeugen maximalen Vortrieb

Flacher Bauch mit Bauchzentrum nach vorn gebracht. Großsegel gegebenenfalls etwas fieren, um Luvgierigkeit zu vermindern

wird. Wer einen Cunningham hat, streckt das Vorliek des Großsegels mit dieser Leine nach unten.

Um den Bauch flacher zu bekommen, zieht der Segeltrimmer an allen Ecken und Seiten des Segels wie an einem Bettlaken, das nach der Wäsche wieder ausgedehnt werden soll. Genau jetzt zeigt sich der Unterschied zwischen alten und neuen Segeln deutlich, denn alte Segel lassen sich leider kaum flach ziehen. Das Tuch ist so »ausgeleiert«, dass es – egal, wie sehr am Segel gezogen wird – bauchig bleibt. Nicht nur das: Je mehr Wind bläst, desto größer der Bauch im Segel, was ja gerade vermieden werden soll. Alte Segel »verwandeln« Winddruck mehr in Schräglage als in Fahrt voraus. Neue Segel können hingegen flach gezogen werden und geben schönen Schub voraus mit weniger Schräglage.

Wer ein modernes 7/8-getakeltes Rigg hat, ist beim Trimmen im Vorteil. Hier können nicht nur die Seiten des Großsegels gespannt werden, sondern es kann zudem der zentrale Teil des Vorlieks nach vorn gezogen werden. Das funktioniert folgendermaßen: Wenn am obersten Ende des Mastes nach achtern gezogen wird, wandert beim 7/8-Rigg die Mitte des Mastes nach vorn – mitsamt Großsegel. Wenn mittig am Großsegel nach vorn gezogen wird, wird es flacher gezogen.

Bei toppgetakelten Schiffen ist die Mastkrümmung durch den Achterstagstrecker weniger prägnant. Hier bewirkt der Achterstagstrecker in erster Linie ein Aufstrecken des Vorstages, sodass dieses bei mehr Wind nicht so durchsackt. Das hat bei mehr Wind für die Genua ebenfalls Bedeutung.

Bei zunehmenden Wind werden die Segel wie folgt flach getrimmt. Die Reihenfolge ist dabei nicht erheblich:

1. Achterstagstrecker anziehen (um den Mast zu krümmen bzw. das Vorstag durchzusetzen).
2. Bei Amwindkursen den Traveller in Lee ganz herunterlassen und die Großschot anziehen (um das Achterliek am Großsegel zu strecken).
3. Baumniederholer strecken, sobald der Baum außerhalb des Travellers zeigt (um das Achterliek im Groß zu strecken, besonders bei tieferen Kursen).
4. Unterliekstrecker anziehen (um das Unterliek am Großsegel zu strecken).
5. Beide Falle anziehen (um das Vorliek nach oben zu strecken).
6. Wer hat: Cunningham anziehen (um das Vorliek am Großsegel nach unten zu ziehen).
7. Holepunkt der Genua etwas nach achtern versetzen (um das Unterliek der Genua zu strecken und etwas mehr Twist in die Genua zu bekommen).

Mit flacherem Segel kann noch bei mehr Wind weitergesegelt werden, ohne reffen zu müssen.

Wenn sich trotz der Starkwindtrimmung das Boot beim Amwindkurs in einer Böe plötzlich zur Seite legt, muss keine Panik ausbrechen. Es ist nämlich kein Zufall, dass der Rudergänger bei vielen guten Bootskonstruktionen sofort an die Großschot und an den Traveller herankommt. Spürt der Rudergänger eine plötzliche Luvgierigkeit, d. h. Druck im Ruder, muss er nur sofort den Traveller maximal nach Lee herunterrutschen lassen bzw. die Großschot rasch fieren. Sobald der Baum nach Lee geführt wurde, ist der Druck aus dem Großsegel raus, und das Groß »killt«. Das Boot hat die treibende Kraft nur noch im Vorsegel, die Luvgierigkeit ist weg, und es richtet sich wieder auf. Manche modernen Bootskonstruktionen haben den Traveller leider (wenn überhaupt) auf dem Kajütendach, und die Großschot ist nur unter der Sprayhood bedienbar, was sich in diesem Fall für den Rudergänger als nicht so vorteilhaft erweist.

Segel setzen und trimmen

- Erst das Großsegel, dann die Genua setzen (Ausnahme: bei einem Motorschaden kann die Genua auf jedem Kurs rasch ausgerollt werden)
- Traditionelles Großsegel im Wind und Rollgroß ca. 50° vom Wind setzen
- Segeltrimmen erhöht nicht nur die Geschwindigkeit, sondern vor allem die Bequemlichkeit
- Neuere Segel können viel besser getrimmt werden als ausgediente Segel

SEGEL REFFEN

In welcher Reihenfolge werden die Segel gerefft?

Sobald das Flachtrimmen der Segel nicht mehr hilft, ist es Zeit, die Segelfläche zu verkleinern. Es lohnt sich, vor dem Reffen ein Auge auf die Geschwindigkeit zu werfen. Oft staunt man nicht schlecht, wie wenig Geschwindigkeit nach dem Reffen tatsächlich verloren geht, während das aufrechte Segeln sowohl die Lasten am Rigg verringert als auch der geringere Druck im Ruder die Bequemlichkeit erhöht. Nach dem Reffen wird eine deutlich kleinere Abdrift bemerkt werden, was die etwas reduzierte Geschwindigkeit oft schnell wiedergutmacht. Denn schiebt das Boot Lage, zeigen weder Ruder noch Kiel senkrecht nach unten (Ausnahme: Boote mit Doppelruderanlagen).

Vorsicht: Wer elektrische Winschen beim Reffen benutzt, muss aufpassen, dass das Tuch nicht zerrissen wird. Elektrische Winschen entwickeln enorme Kräfte, und man hat weniger Gefühl für die Segelspannung.

Reffen am Vorwindkurs: Großsegel ganz wegnehmen

Ist der Wind so stark geworden, dass die Rumpfgeschwindigkeit erreicht wurde, muss nicht mehr Schmetterling gesegelt werden, denn schneller als Rumpfgeschwindigkeit kann man kaum segeln. Vor dem Wind wird das Großsegel nicht unbedingt gebraucht, und so kann man ganz ohne Großsegel und nur unter (voller) Genua segeln. Die Vorteile sind hier:

- Das Boot wird am Bug »gezogen«, statt vom Großsegel »geschoben«.
- Die eintretende Leegierigkeit ist genau das, was vor dem Wind erzielt werden möchte.
- Das Risiko eines Sonnenschusses wird (fast) eliminiert.
- Die Genua steht nicht im Windschatten des Großsegels (bei Schmetterlingsegeln kein Thema).
- Ohne Großsegel = kein Risiko einer Patenthalse.

Wichtig: Die Mastspitze darf zwar gerade noch senkrecht stehen, aber auf keinem Fall nach vorn kippen (Mastbruch!). Daher immer genug Zug auf das Achterstag sicherstellen (Achterstagstrecker spannen).

Reffen bei Halbwindkursen bis Amwindkursen: Ausgewogen beide Segelflächen verkleinern

Sobald nicht vor dem Wind oder raumschots gesegelt wird, gilt es, die Balance zwischen Lee- und Luvgierigkeit beizubehalten. Daher sollten beide Segel gerefft und benutzt werden. Die Reffreihenfolge ist boots- und riggabhängig. Hier hilft testen und experimentieren, um gute Segeleigenschaften und angenehmen Ruderdruck beizubehalten.

Rollgenuas bzw. Rollfocks bekommen beim Reffen wegen der immer dicker werdenden Rolle am Vorstag eine immer schlechtere Anströmung. Das Profil des Segels stimmt auch nicht mehr: Es bekommt unweigerlich einen tieferen Bauch, was bei stärkerem Wind vermieden werden soll. Ein entlang des Vorlieks eingenähter Schaumstoffstreifen (»Rollkompensator«) kann dies nur teilweise kompensieren. Letztlich wird das Tuch auch noch anders als gedacht belastet, und die vorgesehenen Verstärkungen an Schothorn und Hals stimmen ebenfalls nicht mehr. Deshalb sollte man ein Rollvorsegel nicht mehr als 30 % reffen, d. h. 70 % der Segelfläche sollten noch beibehalten werden. Wenn noch mehr gerefft werden muss, sollte stattdessen ein kleineres Vorsegel gewählt werden.

Beim Großsegel hat man nicht das gleiche Problem. Ein traditionell gerefftes Großsegel steht auch gerefft noch vorzüglich. Selbst ein Rollgroßsegel steht erstaunlich gut, sogar wenn es stark gerefft wurde.

Wie geht »ausgewogenes Reffen« bei halbem Wind oder am Wind?

Angeschlagenes Vorsegel (wechselbares Vorsegel):

Wer ein Schiff mit traditionell angeschlagener Genua hat, die mit Haken am Vorstag befestigt und jedes Mal gehisst wird, würde die Genua als Erstes zu einer kleineren Fock wechseln und mit dieser und vollem Großsegel erst einmal weitersegeln. Beide Vorsegel (Genua und Fock) stehen vorzüglich und können schön getrimmt werden, so lange sie nicht zu alt sind.

Erst als weiterer Schritt würde hier das Großsegel gerefft werden, es sei denn, es ist im Verhältnis zur kleinen Fock ungewöhnlich groß.

$^{7}/_{8}$-getakelt (kleines Rollvorsegel und großes Großsegel):

Viele moderne $^{7}/_{8}$-getakelte Boote haben ein hohes, schlankes Großsegel und davor eine kleinere Rollfock. Wenn das Vorsegel klein ist, lässt man es gern bis auf Weiteres voll ausgerollt stehen und refft stattdessen das Großsegel zuerst.

Bei $^{7}/_{8}$-geriggten Booten gilt daher:

1. Das Großsegel erst reffen, gegebenenfalls sogar mit zwei Reffs.
2. Erst dann, wenn überhaupt, die Fock reffen.

Toppgetakelt (große Rollgenua und kleineres Großsegel):

Ein (oft klassisches) Boot mit einer großen überlappenden Genua bekommt den größten Teil seiner Geschwindigkeit durch das Vorsegel. Das Großsegel ist hier eher für die Höhe am Wind zuständig.

Bei toppgetakelten Schiffen gilt daher:
1. Erst die Genua reffen. Ein eingenähter Rollkompensator ist von großer Bedeutung.
2. Bootsabhängig zeitgleich (oder erst bei noch mehr Wind) das Großsegel reffen.

Idealerweise wird eine zweite, kleinere Rollfock mitgenommen und bei noch stärkerem Wind schon im Hafen angeschlagen. Größere Schiffe haben hierzu oft ein weiteres, inneres Vorstag (»Kutterstag«), an dem eine kleinere Kutterfock angeschlagen bzw. ausgerollt wird, sobald zu einem kleineren Vorsegel gewechselt werden soll. Eine Kutterfock hat ihr Druckzentrum weiter achtern zum Mast hin, was vorteilhaft ist.

Wie wird das traditionelle Großsegel gerefft?

Ein Reffsystem unterscheidet sich nur geringfügig, ob nun eine Reffkausch am Vorliek (das ist ein am Segel eingenähter Ring) in einen Haken am Mast eingehängt wird oder ob das Vor- und das Achterliek mit ein- und derselben Reffleine gleichzeitig bedient werden (»Einleinenreffsystem«).

Ein traditionelles Großsegel wird folgendermaßen gerefft:
1. Hart am Wind segeln.
2. Unterliekstrecker etwas lösen (aber bei Einleinenreffsystemen nicht ganz lose).
3. Baumniederholer deutlich lösen (wichtig!).
4. Großschot fieren, aber das Segel soll nicht allzu sehr flattern.
5. Großfall lösen und Segel herablassen.
6. Bei Kausch: Die Reffkausch am Vorliek des Großsegels in den Haken am Mast einhängen.
   Bei Einleinensystemen: Die Reffleine dichtholen und ordentlich durchsetzen, sodass sowohl Vor- als auch Achterliek auf dem Baum aufliegen.
7. Großfall durchsetzen.
8. Bei Kausch: Reffleine durchsetzen.
9. Großschot durchsetzen.
10. Baumniederholer durchsetzen.
11. Schot dichtholen und segeln.
12. Die Reffleine für Reff 2 durchziehen, sodass sie nicht unkontrolliert umherbaumelt.
13. Nicht unbedingt notwendig: überschüssiges Segel mit kleinen Bändern mit Kreuzknoten sichern (»Reef Knot«).

Typische Fehler:

- Der Unterliekstrecker ist bei Einleinenreffsystemen zu lose, und die vielen losen Leinen im Baum verheddern sich.
- Wenn der Baumniederholer nicht gelöst wird, wirken enorme Kräfte auf das Achterliek.
- Das gereffte Tuch verklemmt sich hinten am Baum unter der Reffleine.
- Wenn überschüssiges Segel mit Bändern am Baum gesichert wurde, können diese beim Ausschütten des Reffs vergessen werden und das Segel beschädigen.

Das Ausschütten eines Reffs geht ähnlich einfach:

1. Auf Amwindkurs gehen.
2. Wenn nur Reff 1 eingebunden ist: Reffleine 2 lösen, sodass sie frei laufen kann.
3. Großschot lösen/fieren, aber das Segel soll nicht zu sehr flattern.
4. Baumniederholer lösen.
5. Großfall etwas lösen und das Segel ganz wenig weiter herablassen.
6. **Bei Kausch:** Reffkausch am Vorliek aus dem Haken am Mast aushaken.
7. Reffleine lösen, sodass sie freien Lauf hat.
8. Großfall durchsetzen.
9. Großschot durchsetzen.
10. Baumniederholer durchsetzen.

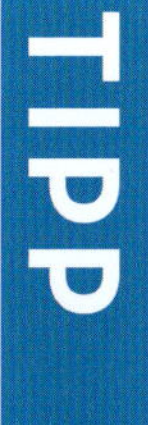

Großfall markieren: Wer das Fall mit einem Filzstift vorher markiert hat, weiß genau, wie weit gefiert werden muss. Dadurch verkürzt sich die Reffzeit erheblich, denn man muss nicht ausprobieren, wie weit das Segel noch heruntergezogen werden soll.

Wie wird ein Rollgroßsegel gerefft?

Ein Rollgroßsegel zu reffen, ist nicht viel anders, als es ganz wegzurollen. Großsegel ohne Latten können quasi stufenlos gerefft werden. Rollgroßsegel mit Latten sollten so gerefft werden, dass die jeweilige Latte im Mast gänzlich verschwunden ist und noch eine halbe Umdrehung auf der Rolle hat. Hat ein Rollgroß z. B. fünf Latten, hat es somit idealerweise fünf Reffs. Wenn es der Segelmacher nicht bereits gemacht hat, markiert man am besten das Segel unten mit einem Filzstift, sodass der Skipper gleich sieht, wo die fünf Reffpunkte sind.

1. Mast gerade stellen (Achterstagstrecker lösen; besonders bei 7/8-getakelten Schiffen wichtig).
2. Kicker/Baumniederholer so stellen, dass der Baum 90° zum Mast steht oder 1–2° höher.
3. Kurs 50–60° zum Wind, vorzugsweise (aber nicht notwen-

digerweise) mit Baum an der Backbordseite (Wind von Steuerbord).
4. Großschot so weit fieren, dass der Baum nicht mehr heruntergezogen wird und kein Druck im Segel herrscht; aber nicht so weit lösen, dass es zu flattern beginnt.
5. Kontrolliert den Unterliekstrecker über eine Winsch fieren und gleichzeitig an der Rollanlage kurbeln. Dies sollte sowohl ohne Druck im Segel als auch ohne Flattern geschehen. Achterliek und Unterliek sollten ungefähr gleich viel Druck verspüren (wird durch den Baumniederholer eingestellt).
6. Wenn die gewünschte Segelfläche weggenommen ist, aufhören zu rollen und die Sperre an der Rollanlage einrasten bzw. die Einrollleine belegen.
7. Mit dem Unterliekstrecker das Segel wieder dichtholen.
8. Schot dichtholen und segeln.

Brauche ich als Skipper einen persönlichen Reffplan?

Jeder Skipper muss sich mit seinen eigenen Segeln und seinem Boot vertraut machen und kann gern etwas experimentieren. Mit einer 110– oder 120-prozentigen Allround-Genua wird sich wahrscheinlich ausgewogenes Reffen so darstellen, dass erst ein Reff im Groß gesetzt wird und mit voller Genua weitergesegelt wird. Als nächsten Schritt ein paar Umdrehungen an der Genua und im Anschluss wieder das Großsegel reffen usw.

Vorbereitung, Crewbriefing und Routine sind der Schlüssel zum effektiven Reffen. Wenn die Crew eingespielt ist, wird der Reffvorgang bei kleineren Schiffen in weniger als fünf Minuten durchgeführt sein. Vorher testen hilft. Der Erfolg zeigt sich beim ausgewogenem Reffen im angenehmen Ruderdruck, wenig Lage und beibehaltener guter Geschwindigkeit. Am besten sollte man alles bei Windstille im Hafen immer wieder üben, sodass die Handgriffe zur Routine werden.

Was ist Motorsegeln, und wann macht es Sinn?

Die gleichzeitige Benutzung von Motor und Segel wird »Motorsegeln« genannt. Nach den Kollisionsverhütungsregeln (KvR) sollte dies mit einem nach unten zeigenden Dreieck am Schiff gekennzeichnet werden. Das Dreieck zeigt an, dass das Schiff, obwohl es Segel gesetzt hat und grundsätzlich ein Segelschiff ist, vom Skipper zum Motorboot umfunktioniert wurde.

Es gibt zwei Umstände, unter denen Motorsegeln besonders viel Sinn macht: bei wenig Wind mit Dünung oder wenn so hoch am Wind gesegelt werden muss, dass Segeln ohne Motor gar nicht möglich ist.

Wenn das Boot bei sehr wenig Wind unaufhörlich rollt, kann das Setzen des Großsegels das Boot während des Motorens zusätzlich stabilisieren. Sollte der Wind jedoch so schwach sein, dass das Segel dabei nur von einer Seite zur anderen schlägt, ist der Nutzen fraglich, denn das Segel nimmt bei dem ständigen Schlagen Schaden. Die zweite Gelegenheit, bei der Motorsegeln viel Sinn ergibt, ist, wenn extrem hoch am Wind noch gute Fahrt gemacht wird und kreuzen, z. B. aus Zeitgründen (schlechtes Wetter, Strömung kippt etc.), nicht möglich ist. Wenn der Motor zur Unterstützung genutzt wird, kann mit einem oder beiden Segel gesetzt bis zu 20–25° am Wind »gesegelt« oder gekreuzt werden. Die Kombination aus Antrieb des Motors und Stabilisierung durch Segel lässt ein rasches Vorankommen gegen den Wind zu.

Reffen

- Reffen erlaubt auch bei mehr Wind bequemes Segeln ohne viel Schräglage
- Reffen nimmt die Angst vor viel Wind
- Reffen am besten bei wenig Wind oder im Hafen mit der gesamten Crew üben, bis es einwandfrei funktioniert
- Die Segelfläche lässt sich so wie eine Gangschaltung hoch- und runterschalten

NAVIGIEREN

Was ist besser: Raster- oder Vektorkarten im Plotter?

Ein Plotter wird erst nützlich, wenn er mit Seekarten bestückt ist. Die Hydrographischen Institute der jeweiligen Länder vermessen die Gewässer und geben die Rohdaten im S-57-Format an die Kartenproduzenten weiter. Nur ECIDS und einige hochwertige Tablet- oder PC-basierte Navigationssysteme können diese S-57 direkt darstellen. Die Vorteile vom S-57-Format sind direkte, unverfälschte Kartendaten, die Verwendung der offiziellen Symbole der IMO, eine hohe Aktualität und wöchentliche Updates in kleinen Datenpaketen.

Da die meisten Plotterhersteller zudem eigene Features einsetzen oder Symbole anpassen möchten, werden die S-57-Rohdaten von den Kartenproduzenten zu Vektorkarten für den Yachtbereich aufgearbeitet, wie z. B. von C-Map und Navionics. Einige Plotter können die Vektorkarten dieser beiden Hersteller direkt lesen, bei anderen laufen die Kartendaten noch durch einen dritten Prozess (z. B. Mapmedia), um noch mehr herstellerspezifische Features und Anwenderfreundlichkeit einzubauen wie etwa 3-D-Ansichten, eine Integration von Satellitenfotos, Community-Informationen und einiges mehr. Da sämtliche Details autonom sind, können sie bei Vektorkarten auch in Layers gelegt, an- oder ausgeschaltet bzw. als anwenderspezifische Symbole verändert werden. So kann sich der Anwender beispielsweise jede beliebige Tiefenkurve (z. B. 2 m) rot anzeigen lassen oder gewisse Tiefenlinien unsichtbar machen.

Anders bei Rasterkarten: Diese stammen zwar auch aus den digitalen Rohdaten der Hydrographischen Institute, sind aber dann von Menschen gezeichnet und damit quasi eingescannte Papierkarten, die oft auch so aussehen. Die Seekarte besteht hier nicht mehr aus einzelnen Symbolen, sondern aus ganzen Bildern. Updates bestehen aus riesigen Datenmengen. Für Fahrtensegler, die am Anfang der Saison die Karte zu Hause oder über das WLAN im Hafen herunterladen können, ist die Datenmenge einer Rasterkarte kein Problem.

Einige Plotter können sowohl Vektorkarten (Navionics und/oder C-Map) als auch Rasterkarten darstellen. Andere sind an einen gewissen Kartentyp oder -hersteller gebunden.

Viele Karten (sowohl Raster als auch Vektor) lassen sich im Internet vor dem Törn kostenfrei herunterladen, sind dann aber noch verschlüsselt. Unterwegs kann der jeweilige Freischalt-Code für das nächste Segelgebiet online gekauft werden. Bei anderen Anbietern mietet man sich einzelne Länder oder Reviere auf Jahresbasis.

Vektorkarten

Vorteile:

- Einfach regelmäßig zu aktualisieren (weniger relevant für Fahrtensegler)
- Moderne, saubere Darstellung
- Man kann nach Wunsch Layers an- und ausschalten, um nur relevante Informationen zu erhalten
- Stufenloses Zoomen
- Können gut mit Alarmfunktionen des Plotters verknüpft werden (z. B. Warnung, wenn eine Route über eine Untiefe führt)
- Kleinere Dateigrößen (heute weniger ein Problem)
- Können mit Satellitenbildern oder 3-D-Darstellungen überlagert werden (braucht aber viel Speicherplatz, Rechenkapazität und ist navigatorisch für viele eher eine Spielerei)

Nachteile:

- Wenn ein Layer ausgeschaltet ist, übersieht man möglicherweise relevante Informationen
- Die Schriftgröße bleibt immer gleich, d. h. man braucht stets eine Lesebrille, oder die Schriftgröße sämtlicher Informationen muss recht groß eingestellt werden, was bei kleinen Schirmen problematisch sein kann
- Man verliert schnell den Überblick über den Maßstab, da alle Zoomstufen gleich aussehen
- Es werden meist nur Daten für das Meer gegeben – Informationen über das Land fehlen oft völlig
- Ab einer gewissen Zoomeinstellung verschwinden ganze Layers mit Informationen (z. B. Texte), die vielleicht wichtig oder erwünscht gewesen wären
- Was bei welcher Zoomeinstellung ausgeblendet wird, ist nicht nur vom Hersteller, sondern auch von der Schirmgröße abhängig
- Will der Navigator mehr über ein Seezeichen (z. B. einem Leuchtturm) erfahren, muss dieses angeklickt werden und oft nach unten gescrollt werden, bis die relevante Information in Tabellenform ersichtlich wird

Rasterkarten

Vorteile:

- Sieht einer Papierkarte sehr ähnlich und ist daher vertraut
- Schriftgröße lässt sich bis zum Kartenwechsel durch Einzoomen vergrößern
- Viel mehr Infos – auch über das Land (z. B. Straßen, Gebäude, Natur, Topografie)

- Abstände können durch Augenmaß besser abgeschätzt werden.
- Durch Gestaltungsspielraum des Kartografen oft sehr sinnvolle Informationsauswahl und Anordnung auf der Karte.
- Wie auf Papierkarten steht neben jedem Seezeichen die dazugehörige Information, die ohne Anklicken sofort ersichtlich ist (z. B. Leuchtfeuerkennung).

Nachteile:
- Zoomen ist nicht stufenlos: Zunächst wird eine Karte immer weiter vergrößert/verkleinert dargestellt, bis die Ansicht plötzlich in die nächste Rasterkarte springt (was unter Umständen auch als Vorteil erlebt werden kann).
- Probleme mit zu kleinen Schriftzügen beim Auszoomen, daher erst ab einer Plottergröße von 7 Zoll anwendbar; besser mindestens 9 Zoll.
- Einzelne Informationen können nicht ein- oder ausgeblendet werden.
- Ein Computer kann die Information auf dem Bild nicht interpretieren (um sie z. B. für elektronische Alarmfunktionen zu nutzen).

Was sind die Möglichkeiten eines Plotters?

Nur die wenigsten Segler schöpfen die Möglichkeiten ihres Plotters richtig aus, sondern lassen ihn einfach nur passiv mitlaufen. Daran ist grundsätzlich nichts zu kritisieren, denn oft genügt es, einfach nur die eigene Position auf der Seekarte angezeigt zu bekommen. Die Projektion des eigenen COG anzeigen zu lassen, ist ebenfalls praktisch, um zu sehen, in welche Richtung man tatsächlich über Grund segelt. Einige Segler stellen den Plotter so ein, dass Norden genau wie auf der Seekarte nach oben zeigt (gut zum Navigieren). Alternativ wird der eigene Kurs nach oben in Fahrtrichtung angezeigt (gut in den Schären oder beim Approach in den Hafen).

Nur wenige nutzen die vielen Optionen wie Peilungslinien, Wetterdatenüberlagerungen, Gezeiten- und Stromanzeigen, Ankerwachen und vieles mehr tatsächlich aus. Ein Plotter ist heute oftmals ein MFD (»Multifunktionsdisplay«). Moderne MFD können zum Dimmen der Innenbeleuchtung genutzt werden, die Stereoanlage ansteuern, Batteriekapazitäten überwachen, Motordaten übertragen und vieles mehr. Der MFD dient als externer PC-Schirm, um Videos im Cockpit zu streamen, oder er zeigt Livebilder von im Mast montierten (IR-Wärme-)Kameras an. Der MFD kann sogar das nach vorn gerichtete Videobild mit Seekarten- und AIS-Daten überlagern, wodurch Seezeichen und Schiffe direkt auf dem Videobild der Kamera gekennzeichnet werden. Auch das Geschehen unter Wasser kann der MFD darstellen, indem ein Fischfinder, Multibeam-Sonar oder ein Bodenerkennungslot nützliche Informationen über Fische, Untiefen, Wracks oder Ankerboden liefern.

Was sind die Grenzen eines Plotters?

Manche Segler verlassen sich darauf, dass der Plotter zuverlässig alles anzeigt und die geplante Route nur noch »abgefahren werden muss«. Bei aller Nützlichkeit und Präzision birgt die neue Technologie vor allem eine Gefahr: die des blinden Vertrauens. Schon mit der zunehmenden Nutzung der GPS-Navigation haben die Versicherer nicht etwa einen Rückgang von Grundberührungen verzeichnet, sondern im Gegenteil eine Zunahme der Schadenshöhe. Versicherungen sprechen daher von einer »Risikokompensation«: Weil Segler sich mit dem Plotter im Cockpit in Sicherheit wiegen, verlernen sie nicht nur klassische Navigationsmethoden, sondern wagen sich auch näher an Untiefen heran.

Was ein Navigator unbedingt vermeiden muss, ist die totale Abhängigkeit von der elektronischen Navigation. Der »Überglaube« an die Zuverlässigkeit der Elektronik stellt inzwischen eine wesentliche Gefahr der Seefahrt dar. Mit immer neuen Funktionen und höherer Präzision verlagert sich die Navigation mehr und mehr von der Realität um einen herum in die virtuelle Welt eines Multifunktionsdisplays. Diese Tendenz ist bei Fahrtenseglern ebenso zu beobachten wie bei Regattaprofis und Berufsfischern. Dabei sollte der Gruß »Have a good watch!« nach wie vor wörtlich genommen werden. Frei übersetzt: »Halte gut Ausschau und beherrsche deine Navigation!«

Was sind AIS-Ziele?

Was für die Berufsschifffahrt vorgeschrieben ist, gewinnt zunehmend auch bei Sportbooten an Popularität. Eigene Position, Geschwindigkeit (SOG) und Kurs (COG) sowie Schiffsdaten werden über Funk regelmäßig digital ausgesendet und können von Empfangsgeräten auf anderen Schiffen entgegengenommen bzw. auf allen mit Empfängern ausgerüsteten Plottern angezeigt werden. Es gibt sogar eine große Anzahl an in Küstennähe lebenden Freiwilligen, die – solange sich ein Schiff in ihrer Reichweite befindet – empfangene Daten ins Internet speisen und damit der Öffentlichkeit zur Verfügung stellen. Über Webseiten wie beispielsweise www.marinetraffic.com können dann die mit AIS ausgestatteten Schiffe auf der ganzen Welt verfolgt werden.

AIS steht für »Automatic Identification System« und ist nicht primär dafür gedacht, die eigene Familie zu Hause an der Reise teilhaben zu lassen, sondern ein automatisierter Datenaustausch zwischen Schiffen, um gegenseitig über Funk digital Informationen zu übermitteln und vor allem, um Kollisionen zu verhindern. Heute senden nicht nur Schiffe AIS-Signale, sondern immer mehr Seezeichen, Kaps, Hafeneinfahrten etc. werden mit AIS-Sendern ausgestattet.

Über AIS werden innerhalb von Millisekunden relevante Schiffsdaten übertragen: die eigene MMSI-Nummer (analog einer schiffseigenen Identifikations- oder Telefonnummer), die Position, COG, SOG, aber auch weitere Informationen wie Schiffsname, -größe, Destination und viele weitere interessante Dinge.

Die unschlagbaren Tools bei AIS sind jedoch der CPA und der TCPA, die durch den eigenen Plotter berechnet werden. CPA steht für »Closest Point of Approach« und besagt, wie nahe sich zwei Boote kommen werden, wenn beide Kurs und Geschwindigkeit so fortsetzen, wie sie es gerade tun. Der TCPA gibt die Zeit (»Time« to CPA) an, zu der beide Boote den kürzesten Abstand zwischen sich haben werden. Bei manchen Plottern wird diese Information auch grafisch dargestellt, und der Navigator kann zudem erkennen, wer vor wen gehen wird bzw. ob man sich gefährlich nahe kommen wird. Ein akustischer Alarm am Plotter kann übrigens beliebig programmiert werden und beispielsweise ertönen, wenn sich Schiffe innerhalb von 10 Minuten (TCPA) näher als eine halbe Seemeile (CPA) kommen werden.

Bei so viel elektronischer Darstellung kann tatsächlich schnell vergessen werden, dass bei Weitem nicht alle Schiffe einen AIS-Sender installiert haben. Manchmal wird ein vorhandenes System auch bewusst ausgestellt, um anonym unterwegs sein zu können – etwa bei Marine-, Zoll-, Küstenwache- oder Polizeifahrzeugen im Einsatz. Selbst Fischer schalten des Öfteren – entgegen der Regeln – ihre AIS-Systeme aus, um ihre Fanggebiete nicht preiszugeben.

Bei der Alarmbestätigung des AIS ist Vorsicht geboten: Wird Alarm ausgelöst, ist oft die erste, fast reflexhafte Handlung, ihn per Knopfdruck »zu bestätigen« und damit zur Ruhe zu bringen. Zeigt der Alarm z. B. an, dass man sich bis auf knapp unter einer halben Seemeile begegnen wird, kann dies zu einem gefährlichen Trugschluss führen: nämlich, dass man sich nicht noch näher kommen wird. Während das bei Frachtern oftmals sogar stimmt, da sie zumindest auf offener See fast immer Kurs und Geschwindigkeit beibehalten, gilt dies für Fischerboote, andere Segler oder Sportboote nicht unbedingt. Daher gilt es, das durch den Alarm angezeigte Schiff nicht aus den Augen zu verlieren und vom Alarmierungszeitpunkt an genau zu verfolgen. Ist ein Ziel bereits in den Alarmsektor eingetreten und wurde dieser bestätigt, löst der Alarm nämlich kein zweites Mal aus. Selbst dann nicht, wenn das Ziel durch eine Kurs- oder Geschwindigkeitsänderung inzwischen noch näher kommen sollte oder ein weiteres Ziel den bestätigten Sektor betritt, welches zuvor nicht detektiert wurde. Mit anderen Worten: Es ertönt weder ein Wiederholungsalarm noch ein Alarm für ein zunehmend erhöhtes Risiko.

Wie muss ich während des Segelns eigentlich navigieren?

Revier- und situationsbedingt kann es beim Familiensegeln recht aktiv zugehen. Die Segel wollen getrimmt und die Kinder bespaßt werden, jemand bekommt Hunger, ein anderer zeigt Tendenzen von Seekrankheit, ein Alarm piepst am Plotter und eine bedrohliche Regenwolke zieht auf. Genau jetzt wird erkannt, wie wertvoll der Navigationscheck vor dem Törn war. Im Optimalfall wird dem erstellten Passageplan nun einfach gefolgt, die Kurse werden am Kompass gelegt, und der Plotter bestätigt die Planung. Einzelne Ereignisse des Passageplans werden nach und nach abgehakt. Wurde im Passageplan zuvor notiert, dass eine gewisse Tonne um 11:15 Uhr passiert werden sollte, wird die aktuelle Zeit der Passage neben die »Prognose« im Passageplan geschrieben. So erkennt man schnell, wie viel Zeit man vor oder nach dem Plan liegt. Besonders in Tidengewässern ergibt es tatsächlich Sinn, seinen Passageplan sehr genau zu verfolgen und stündlich zu kontrollieren.

In der Ostsee oder im Mittelmeer hingegen spricht selten etwas dagegen, ein paar Stunden später anzukommen. Hier sollte man dafür aber ortkritisch sein: Der Skipper muss permanent orientiert sein, wo genau er sich auf der Seekarte befindet. Insbesondere für den seltenen, aber nicht undenkbaren Fall, dass der Plotter abstürzen sollte.

Deshalb ist es sinnvoll, regelmäßig bei größeren Kursveränderungen, zumindest jedoch stündlich, seine Position mit dem neuen Kurs zu notieren. Hand aufs Herz: Die wenigsten tun das und verlassen sich »blind« auf den Plotter oder die Sicht. In bekannten Revieren bei schönem Wetter bzw. guter Sicht und undramatischer Küste ist das auch in Ordnung. Wird die Sicht diesig, die Dämmerung naht oder die Küste weist gefährliche Untiefen auf, gehört es aber absolut zur guten Seemannschaft, die Position regelmäßig zu notieren, die auf dem GPS oder Plotter abgelesen werden kann.

Folgendes sollte stündlich im Logbuch notiert werden:

1. Aktuelle Zeit
2. Position in LAT/LONG
3. COG
4. SOG
5. Eventuelle Ereignisse/besondere Vorkommnisse an Bord oder in der Umgebung

Sollte der Plotter plötzlich ausfallen, weiß der Skipper zumindest, wo er wann war und mit welchem Kurs und welcher Geschwindigkeit er von dort weitergesegelt ist. Wer zusätzlich noch den Luftdruck notiert, verfolgt automatisch die Wetterentwicklung.

Wie kann ich auch ohne GPS meine Position bestimmen?

Die klassische Navigation bietet vielfältige Navigationsmöglichkeiten mit Peilkompass, Logge, Lot und Uhr. So ist die Menschheit schon seit Jahrhunderten auf See unterwegs gewesen, und so funktioniert es auch heute noch. An dieser Stelle soll nur eine einzige nützliche Methode der Positionsbestimmung mit dem Peilkompass erläutert werden: die Kreuzpeilung. Sie ist nämlich so einfach, wie sie effektiv ist. Man muss hierzu nur zwei signifikante Objekte an Land identifizieren, die möglichst 90° auseinanderliegen, und diese dann mit dem Handpeilkompass anpeilen.

Die größte Schwierigkeit besteht darin, die realen Objekte der Wirklichkeit auf der Karte zu identifizieren. Das ist jedoch reine Übungssache. Hier zeigt sich ein Vorteil der (Raster-)Papierkarten, denn auf diesen werden bewusst viele Landmerkmale eingezeichnet, die von See gut sichtbar und gut anzupeilen sind.

Kreuzpeilung:

1. Zwei Objekte, die möglichst in 90°-Peilung auseinanderliegen, in der Karte suchen und an Land/in Realität identifizieren. Gern auch mehrere Objekte anpeilen: je mehr, desto genauer. Objekte, die in der Nähe liegen, geben eine größere Genauigkeit als Objekte in der Ferne.
2. Diese mit dem Handpeilkompass anpeilen und deren Richtung notieren (möglichst von einem Platz an Bord mit minimaler Ablenkung/Deviation peilen).

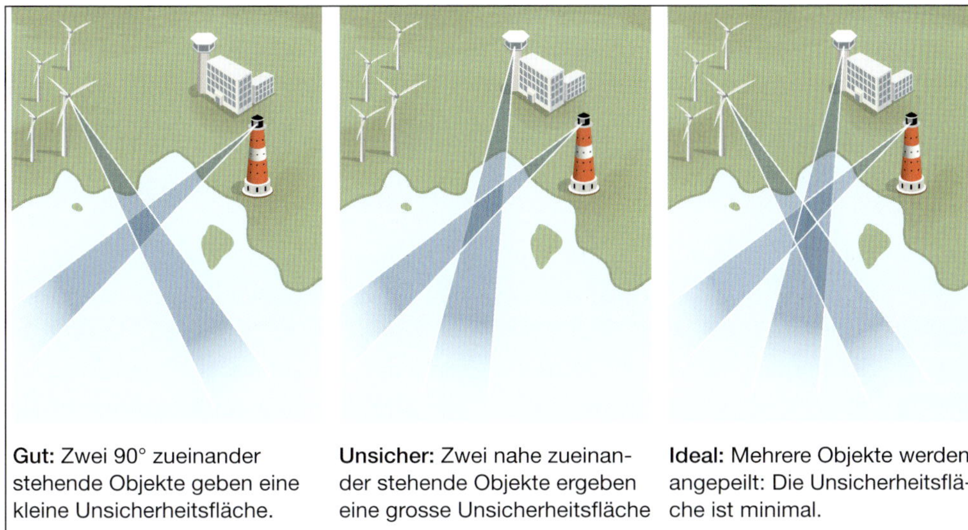

Gut: Zwei 90° zueinander stehende Objekte geben eine kleine Unsicherheitsfläche.

Unsicher: Zwei nahe zueinander stehende Objekte ergeben eine grosse Unsicherheitsfläche

Ideal: Mehrere Objekte werden angepeilt: Die Unsicherheitsfläche ist minimal.

3. Die beiden Richtungen mit Rücksicht auf Missweisung (Variation) korrigieren: Ist die Missweisung westlich, wird sie abgezogen; ist sie östlich, wird sie addiert. Wer aufmerksam ist, bemerkt: Es wird umgekehrt zur Törnplanung gerechnet. Der Grund: Nun muss vom Kompass zur Karte korrigiert werden und nicht umgekehrt.
4. Den Portland Plotter benutzen, um die beiden Richtungen in die Karte einzuzeichnen (alternativ: klassisch mit dem Kursdreieck).
5. Dort, wo sich die beiden Linien schneiden, ist die eigene aktuelle Position. Logge und Uhrzeit neben der Position (»Fix«) notieren.

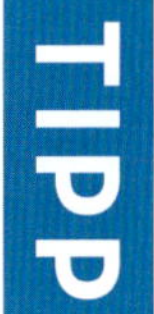

Da das Schiff während der Peilung weitersegelt, sollte man die Peilungen so rasch wie möglich durchführen und das Zeichnen im Anschluss machen.

Wie kann ich das Echolot zum Navigieren benutzen?

In vielen Gewässern fällt die Tiefe so regelmäßig ab, dass die Tiefenkurven fast parallel liegen. Zeigt eine Küste eine solche Unterwassertopografie, kann der klassische Navigator seine Positionslinie anhand der Tiefe erkennen. Die Wassertiefe wird am Echolot abgelesen, welches so geeicht sein muss, dass es die Wassertiefe von der Wasseroberfläche anzeigt (und nicht etwa die noch verbleibende Tiefe unter dem Kiel).

In Gezeitengewässern wird nun noch die aktuelle Höhe der Gezeit (HoT) vom Messwert abgezogen, um auf die richtige Tiefenlinie zu kommen.

Beispiel:
Das Echolot zeigt 6,8 m an. Die HoT ist aus dem Navigationscheck bekannt und wird aus der Gezeitenkurve für den aktuellen Wert abgelesen. Angenommen, HoT ist genau jetzt 1,8 m. Dann befindet man sich also auf der Karte irgendwo dort, wo die Wassertiefe als 5 m angegeben ist.

TIPP

Wer sowohl peilen kann als auch das Echolot benutzt, kann mit nur einer einzigen Peilung seine Position recht gut bestimmen. Eine Peilung und die Wassertiefe zusammen ergeben bei einer geeigneten Unterwassertopografie eine recht gute Positionsbestimmung.

TIPP

Selbst bei schlechter Sicht kann man Richtung Land fahren, bis eine gewisse Tiefenkurve erreicht ist, dann den Kurs 90° in die gewünschte Richtung drehen und sich längs der Tiefenkurve weiterhangeln.

Wie wird in den Schären navigiert?

In den Schären muss aufgrund der vielen kleinen Inseln und Untiefen anders navigiert werden. Ein Passageplan macht hier wenig Sinn; Positionen und Kursänderungen stündlich im Logbuch zu notieren, lenkt nur von der einzig wichtigen Aufgabe ab: Der Skipper muss immer exakt wissen, wo er sich gerade befindet. Die zweite wichtige Aufgabe besteht darin, nicht mit anderen Booten zu kollidieren.

Als Anfänger bietet es sich an, zunächst durch die Schären zu motoren statt zu segeln. Dann ist zumindest nicht die Sicht durch die Segel behindert, man muss sich nicht ständig um das Trimmen kümmern und kann auch einmal kurz anhalten, wenn die Navigation nicht ganz klar sein sollte. Sobald die kleinste Unsicherheit besteht, welche Insel nun welche ist, sollte tatsächlich aufgestoppt werden. Zu hoch das Risiko, sonst auf einen Stein aufzulaufen.

Um die Inseln zu identifizieren, ist der Hauptkompass an der Steuersäule hilfreich, denn er zeigt die Himmelsrichtungen klar an. Ein typischer Fehler ist es, die Karte im Verhältnis zur Umgebung etwas gedreht zu halten, denn schon stimmen die gesamten Positionen nicht mehr. Ein kurzer

Blick auf den Kompass und schon wird klar, dass ein in nordöstlicher Richtung zu sehender Sund auch auf der Karte in dieser Richtung zu finden sein muss.

Einige drehen hierzu den Plotter auf »Head Up« statt »North Up«, damit sich der Plotter mit dem eigenen Kurs so dreht, dass man die Umgebung so sieht wie auf der Karte. Für die Schären klingt das zwar sehr verlockend, hat aber auch seine Tücken: Wenn zuvor keine Route auf dem Plotter erstellt wurde, ist es mitunter gar nicht so leicht, den Überblick zu behalten und zu wissen, in welche Richtung weitergefahren werden soll. Daher ist es besonders in den Schären günstig, schon bei der Törnplanung eine Route im Plotter zu erstellen.

Seekarten sind erstaunlich exakt, doch nur die wenigsten Steine werden mit einem Seezeichen versehen. Für Anfänger ist es daher ratsam, während der ersten Zeit die Schifffahrtswege zu benutzen, die durch durchgezogene schwarze Linien in der Seekarte gekennzeichnet sind. Hier sind die meisten Untiefen (wenn auch längst nicht alle) durch eine Tonne gekennzeichnet, und viele Schifffahrtswege sind auch nachts befeuert.

Wie kann ich der Crew eine einfach verständliche Richtungs- oder Kursanweisung geben?

Es gibt hilfreiche Kommunikationstipps, um Richtungen und Positionen eindeutig zu vermitteln. Natürlich existieren für Richtungen nautische Ausdrücke, die die offiziellen Richtungen angeben: von »Recht voraus« (relativer Kompasskurs 0°) über »Steuerbord voraus« (45°), »Steuerbord querab« (90°), »Steuerbord achteraus« (135°), »Recht achteraus« (180°), »Backbord achteraus« (225°), »Backbord querab« (270°) bis »Backbord voraus« (305°).

Eine vereinfachte Analogie: Man stelle sich das eigene Boot – von oben betrachtet – wie eine Uhr vor. Dann ist 12 Uhr »Recht voraus«, 3 Uhr »Steuerbord querab«, 6 Uhr »Recht achteraus« etc.

Analog kann man auch eine günstige Durchfahrtsposition beschreiben: Will man z. B. durch einen Sund segeln, der auf einer Seite untief ist, kann man den Sund vor dem geistigen Auge in zehn Teilstücke von links nach rechts aufteilen. Dann bedeutet die Anweisung, man solle bei fünf durch den Sund segeln, dass er mittig zu befahren ist; wenn er bei zwei durchquert werden soll, heißt das, man muss recht nahe an der Backbordseite fahren.

Kommunikationsschwierigkeiten treten oftmals auf, wenn der Navigator dem Rudergänger angeben möchte, auf welcher Seite beispielsweise um die nächste Tonne gefahren werden soll. Hier gilt es, sich auf eine Begrifflichkeit bzw. Definition zu einigen: So könnte man sich darauf verständigen, stets die Richtung anzugeben, auf der die Hindernisse (z. B. Tonnen) gelassen werden sollen: »Habe die Tonne auf der Backbordseite.«

Navigation

- Obwohl der Plotter sehr viel anzeigen kann, gilt es, die tatsächliche Umgebung nicht zu vergessen
- Der Überglaube an die ständige Funktionalität und Genauigkeit kann trügen
- Klassische Navigation nicht vergessen und ab und zu üben!
- In den Schären gilt vor allem eines: Immer genau wissen, wo man sich befindet
- Ein von Hand geschriebenes Logbuch schafft Erinnerungen und dient als Back-up, sollte plötzlich klassisch navigiert werden müssen. Auch etwaige Reparaturen oder Defekte sollten notiert werden

AUSGUCK UND KOLLISIONS-VERHÜTUNG (KVR)

Was ist die wichtigste Regel der KVR?

Die international anerkannten Kollisionsverhütungsregeln (KVR) sind, wenn man die Grundsätze verstanden hat, sehr logisch und hilfreich.

Die wichtigste Regel ist Nummer 5:

»Jedes Fahrzeug muss jederzeit durch Sehen und Hören sowie durch jedes andere verfügbare Mittel, das den gegebenen Umständen und Bedingungen entspricht, gehörigen Ausguck halten, der einen vollständigen Überblick über die Lage und die Möglichkeit der Gefahr eines Zusammenstoßes gibt.«

Wer diese Regel befolgt, hat meist schon gewonnen, denn wer eine Gefahr frühzeitig erkennt, muss oft nur wenig den Kurs oder die Geschwindigkeit ändern, um eine Kollision zu verhindern.

Typische Gefahrenquellen:

- Oft wird die Sicht durch die Genua behindert, d. h. man schaut nicht unter bzw. hinter das Segel
- Es kommt vor, dass man sich nur schnell umschaut, nach dem Motto »Es wird schon nichts sein«, besonders wenn in den letzten Stunden kein anderes Fahrzeug gesichtet wurde
- Nach achtern schauen (Schulterblick) nicht vergessen! Manchmal kommt dort ein Frachter im Überholvorgang auf einen zu
- Die gesamte Crew denkt, ein anderer sei gerade für den Ausguck verantwortlich (Verantwortungsdiffusion)

Bei freier Sicht zum Horizont gilt: mindestens alle 15 Minuten den gesamten Horizont 360° mit den Augen langsam abscannen. In Küstennähe oder in den Schären gilt ununterbrochener Ausguck in alle Richtungen.

TIPP

Jeweils ein Crewmitglied kann für eine bestimmte Zeit zum »Officer on Watch« ernannt werden. Die Position wird nur mit »Übergabe« an eine andere Person beendet oder unterbrochen, und die Übergabe muss mit einem klaren »Ja!« vom neuen Amtsträger bestätigt werden. So kann eindeutig sichergestellt werden, wer gerade die Verantwortung für den Ausguck hat.

Wie weiß ich, ob die Gefahr einer Kollision besteht?

Schiffe, die über AIS ihre Position und ihren COG aussenden, vermitteln auf dem eigenen AIS-fähigen Plotter ein klares Bild davon, ob ein Kollisionsrisiko vorliegt oder nicht. Auch ein Radargerät ist für die Kollisionsverhütung nützlich. Doch nicht alle Schiffe senden ihre Daten über AIS, und nicht jeder Fahrtensegler hat (wenn er einen besitzt) ständig seinen Radar laufen. So gilt es, das Risiko rein visuell abzuschätzen. Hierfür gibt es nur eine akzeptable Methode (KVR Regel 8 d) i.): Wenn die Kompasspeilung eines sich nähernden Fahrzeugs sich nicht merklich ändert, liegt die Gefahr eines Zusammenstoßes nahe.

Mit dem Peilkompass wird das andere Schiff angepeilt und die Richtung notiert. Nach einer oder ein paar Minuten wird wieder gepeilt. Hat sich die Richtung geändert, besteht keine Gefahr – solange beide Fahrzeuge Fahrt und Kurs beibehalten. Manchmal lohnen sich mehrere Peilungen. Bleibt die Peilung unverändert, sind wir auf Kollisionskurs.

Vorsicht:

Wird ein sehr großes Schiff in unmittelbarer Nähe angepeilt, kann aufgrund der perspektivischen Sicht der falsche Eindruck entstehen, dass sich die Peilung verändert: Dabei wird nur beobachtet, dass das Schiff immer größer erscheint, je näher es auf einen zu kommt. In diesem Fall unbedingt die Schiffsmitte anpeilen statt den Bug oder das Heck. Das Schiff zieht sich nämlich durch die Perspektivenveränderung in die Länge: Wenn man die linke Seite anpeilt (Bug bzw. Heck), wird die gepeilte Richtung immer kleiner; wenn man die rechte Seite anpeilt (Heck bzw. Bug), wird die gepeilte Richtung immer größer. Nur die gepeilte Richtung in der Mitte des Schiffes behält die Peilung bei und verrät, dass man auf Kollisionskurs ist.

TIPP

Wer seinen Peilkompass nicht benutzen möchte, kann auch eine rein visuelle Überschlagspeilung (Schätzung) machen. Das andere Schiff in Deckpeilung mit einem auf dem eigenen Boot festmontierten Gegenstand nehmen (z. B. das andere Schiff genau über einer Relingsstütze sehen). Solange der eigene Kopf oder Körper keine Positionsveränderung vornimmt, kann grob eingeschätzt werden, ob die Peilung gleich bleibt (d. h. Kollisionskurs besteht) oder wer vor wem fahren wird. Genauer ist es aber mit dem Peilkompass!

Wer muss wem ausweichen?

In der Seefahrt gibt es generell keine »Vorfahrt«, sondern lediglich Fahrzeuge, die anderen ausweichen müssen (Ausweicher/»Give Way Vessel«). Das andere Schiff muss dann (vorerst) nicht ausweichen und fährt mit Fahrt und Kurs weiter (Kurshalter/»Stand On Vessel«). Dies erfolgt nach einer strikten Hierarchie: Der »Unterlegene« muss dem »Höheren« ausweichen. Wenn sich zwei Schiffe gleicher Hierarchieebene begegnen, gelten besondere Regeln.

Die Hierarchie gilt ausschließlich, wenn sich beide Schiffe sehen können, d. h. sich ihre Platzierung in der Hierarchie zuordnen können (Regel 11). Bei Nebel gelten diese Regeln nicht (die für Nebel geltende Regel 19 wird später gesondert beschrieben).

Für Fahrtensegler gilt: Wenn ohne Motorunterstützung gesegelt wird, sind Segler in der zweitniedrigsten Kategorie. Wenn der Motor zusätzlich oder ausschließlich eingesetzt wird, gehören sie der untersten Kategorie an und müssen sämtlichen Schiffen höherer Hierarchieebene ausweichen. Tagsüber werden Sichtzeichen gesetzt, um die eigene Hierarchie anzuzeigen (schwarze Bälle, Rauten, Dreiecke oder Zylinder). Nachts wird die eigene Hierarchieebene durch rundum leuchtende weiße, rote und grüne Laternen angezeigt. Achtung: Leider sind Sichtzeichen tagsüber oft nicht gut erkennbar, denn auf einem großen Schiff erscheinen sie sehr klein. Zudem weiß man oft nicht, wo am Schiff man danach suchen soll (meist auf einem kleinen Mast über der Brücke). Nachts fällt die Identifizierung durch entsprechende Beleuchtung oft leichter.

Die Logik der Zeichen ist nachvollziehbar und einfacher zu lernen, wenn man das hierarchische System verstanden hat. Hier die Hauptmerkmale für die Nachtzeichen (Laternen):

1. Wenn ein Schiff Fahrt durchs Wasser macht, wird ab der Dämmerung oder bei schlechter Sicht rot an Backbord, grün an Steuerbord und weiß nach achtern gezeigt. Wenn das Schiff keine Fahrt durchs Wasser macht, werden diese ausgeschaltet. Einzige Ausnahme sind hier Segler, denn wenn ein Segelboot in Windstille treibt, würden gar keine Laternen mehr gezündet werden. Daher haben Segler ihre »Fahrt-durchs-Wasser-Laternen« immer an.
2. Wenn ein Schiff mithilfe von Motorkraft Fahrt durchs Wasser macht, werden zusätzlich zu den »Fahrt-durchs-Wasser-Laternen« ein oder zwei nach vorn gerichtete weiße Laternen gezeigt (Dampferlichter).

3. Wenn das Schiff sich in einer höheren Kategorie als ein Motorschiff oder Segelboot befindet, wird die Hierarchie zusätzlich zu den oben genannten Laternen mit weiteren Laternen angezeigt.

Für Segler ist ausreichend, zu wissen: Ist man mit Motorunterstützung unterwegs, weicht man Seglern und allen anderen Schiffe aus, die irgendetwas Zusätzliches anzeigen. Ist man nur mit Segelkraft unterwegs, weicht man allen anderen Schiffen mit Sichtzeichen aus, außer Motorschiffen, die einem – unabhängig von ihrer Größe – ausweichen müssen und dies auch regelkonform meist tun. Sobald aber ein Motorschiff ein Zeichen für seine »Behinderung« angibt, hat der Kapitän sich selbst einer höheren Hierarchie zugeordnet; aus dem »Unterlegenen« wurde durch das Zusatzzeichen ein »Übergeordneter«, der anderen nicht mehr ausweichen muss. Einzige Ausnahme: Lotsen, die zwar ein Sichtzeichen setzen, sind grundsätzlich aber nichts anders als normale Motorboote, d. h. sie stehen ganz unten in der Hierarchie.

Schiffe unter 50 m dürfen übrigens auch die Zeichen für »über 50 m« setzen. Das heißt, wenn ein Schiff mit zwei Dampferlichtern gesichtet wird, hat es wahrscheinlich, aber nicht zwingend, eine Länge von über 50 m.

Segelboote unter 20 m dürfen die Backbord- und Steuerbordlaterne auch als kombinierte »Bi-Laterne« am Bug führen. Es dürfen auch alle drei »Fahrt-durchs-Wasser-Laternen« zu einer kombiniert werden (grün-rot-weiß): Eine solche »Tri-Laterne« oder »Dreifarbenlaterne« wird an der Mastspitze geführt. Die Dreifarbenlaterne darf aber nur zum Segeln eingeschaltet sein. Sobald motorisiert wird, müssen die Laternen auf Decksniveau eingeschaltet sein, denn das weiße Dampferlicht, das bei Motorbetrieb eingeschaltet sein soll, muss unbedingt über der roten bzw. grünen Laterne zu sehen sein. Allzu oft sieht man jedoch Segler, die zum Motoren entgegen der Regeln die Trilaterne in der Mastspitze mit dem Dampferlicht darunter einschalten. Das ist nicht erlaubt, da es zu Verwirrung führt: Von der Backbordseite sieht »rot über weiß« aus wie ein Fischer ohne Fahrt durchs Wasser und von der Steuerbordseite wie ein driftender Trawler.

Kleine Boote unter 7 m und mit einer maximalen Geschwindigkeit von 7 kn dürfen aussehen wie ein geankertes Schiff: weißes Rundumlicht. Eine Taschenlampe als Laterne reicht hier leider nicht. Dafür gibt es kostengünstige, batteriebetriebene Laternen mit Saug- oder Magnetfuß (»Navi-Safe«), die man sich mit einem magnetischen Gegenstück auch auf die eigene

Hierarchie der Schiffe

Schiffstyp	Tagsüber	Nachts unter 50 m	Nachts über 50 m	Spezialschiff
Geankert	●	○	○ ○	
Manövrierunfähig	● ●	● ●		
Manövrierbehindert	● ◆ ●	● ○ ●		
Tiefgangbehindertes Fahrzeug	▮	● ● ●		
Fischer	⧗	● ○		● ○ Trawler
Segler				
Maschinenfahrzeug/ Motorschiffe		D	D D	▼ Motorsegler; Fahne, ○ ● Lotse; Fahne Lotse an Bord

Zusätzlich bei Fahrt durchs Wasser für alle Fahrzeuge:
rot an Backbord und grün an Steuerbord und weiß nach achtern
Die hintere weiße Laterne streut mit 135° nach achtern, die 225° nach vorn werden von rot und grün mit jeweils 112,5° übernommen.

● ◆ ▲ ■	Tagzeichen
● ○ ●	Rundum-Laterne
D	Weißes Dampferlicht voraus
Fahne	Fahne

Kappe/Mütze setzen kann: Sie leuchten rundherum weiß und blenden nicht.

Fahrzeuge, die auf Grund gelaufen sind, werden als Kombination aus »geankert« und «manövrierunfähig« gesehen. Daher werden beide Zeichen gleichzeitig gesetzt, d. h. drei Bälle übereinander bei Tag (Eselsbrücke: zwei für manövrierunfähig und den dritten für das Ankern) und zwei rote Laternen übereinander und das Ankerlicht bei Nacht.

Was gilt beim Überholen?

Völlig hierarchieunabhängig ist es ausnahmslos das überholende Fahrzeug, das ausweichen muss (Regel 13). Definitionsmäßig ist ein Schiff das Überholende, sobald es sich im weißen Sektor der Achterlaterne des anderen befindet.

Wie muss innerhalb einer Hierarchiekategorie ausgewichen werden?

Wenn zwei Motorschiffe (dazu gehören auch motorisierende Segelboote) auf Kollisionskurs sind, gilt die Esels-

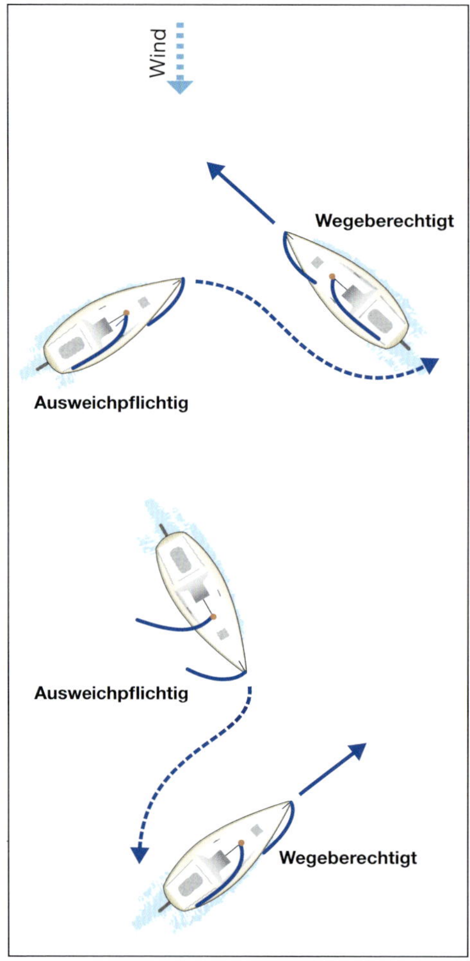

brücke: Wie im Straßenverkehr Kontinentaleuropas gilt Rechtsverkehr.

- Bei frontaler Begegnung weichen beide Schiffe nach Steuerbord aus
- Bei seitlicher Begegnung gilt »rechts vor links«

Nachts ist dies besonders einfach: Wenn man das rote Navigationslicht des anderen sieht, bedeutet das: »Achtung! Stopp!«, und man muss ausweichen; wird das grüne Navigationslicht gesichtet, kann man Kurs und Fahrt beibehalten.

Wenn sich zwei Segelboote begegnen, ist es etwas komplizierter, denn hier kommt es als Erstes darauf an, ob der Wind von Steuerbord oder Backbord in die Segel bläst (Regel 12 i). Die Eselsbrücke lautet: Die Steuerbordseite ist generell die vornehme Seite des Schiffes, denn auf dieser vom Hafen abgewandten Seite schlief früher der Kapitän. Die Backbordseite ist hingegen die weniger schöne Seite (da dem Hafen zugewandt) und heißt daher auf Englisch »Port Side«. Wenn also der Wind von der Steuerbordseite in die Segel weht, ist dies der »vornehme Wind«, der den Vorrang gibt.

Erst wenn diese erste Regel keinen Aufschluss auf den Ausweichverantwortlichen gibt, tritt die zweite Regel in Kraft (Regel 12 ii). Diese lautet: »Wenn zwei Boote den Wind von der gleichen Seite haben, muss das luvwärtige Fahrzeug dem leewärtigen ausweichen.« Das bedeutet, man muss beurteilen, welches der beiden Schiffe »näher« am Wind ist.

Was nur die wenigsten wissen: Eine dritte Regel gilt, wenn das andere Segelboot den Baum verdeckt hat, sodass man nicht sicher sein kann, von wo der Wind kommt, während man selbst mit dem Wind von Backbord segelt. Dies tritt typischerweise ein, wenn der andere vor dem Wind mit Spinnaker oder Gennaker segelt. Die dritte Regel geht in diesem Spezialfall sicherheitshalber von der Annahme aus, dass man selbst ausweichpflichtig ist (Regel 12 iii).

Wie teilen Schiffe ihre Intention einer Kursveränderung mit?

Laut der KVR sollten alle Fahrzeuge ihre Kursänderung durch Schallsignale anzeigen, wenn es auch die wenigsten tun. Ein kurzer Ton ist etwa eine Sekunde lang.

1 x kurzer Ton: »Ich ändere meinen Kurs nach Steuerbord!«

2 x kurze Töne: »Ich ändere meinen Kurs nach Backbord!«

Das Schallsignal, das man tatsächlich öfter hört, ist: 3 x kurze Töne: »Ich arbeite rückwärts!« Der typische Einsatz dieses Signals ist, wenn eine Fähre ihr kurz bevorstehendes Ablegen anzeigen möchte. Hier sollte man nicht im Weg sein.

Ein Schallsignal, das einem selbst möglichst nicht gelten sollte: mindestens 5 x kurze Töne: »Deine Absicht oder Maßnahmen sind mir unklar!« Im Klartext bedeutet diese höfliche Formulierung der KVR sehr eindringlich: »Geh mir aus dem Weg!«

Ein weiteres nützliches Schallsignal wird verwendet, wenn man sich einem Abschnitt eines Fahrwassers oder einer Fahrrinne nähert, in dem andere Fahrzeuge durch ein Sichthindernis verdeckt sein können. Hier wird ein langer Ton (4–6 Sekunden) eingesetzt (Regel 34).

TIPP

Fühlt man sich auf hoher See bezüglich der KVR mit einem Schiff (z. B. einem entgegenkommenden Frachter) unsicher, spricht nichts dagegen, das andere Schiff über UKW (Kanal 16 oder digital mit MMSI-Nummer) anzufunken, um nachzufragen oder abzusprechen, wer weiterhin auf welchem Kurs fährt. Das schafft Klarheit, Sicherheit und Erleichterung auf beiden Seiten. Meist verabschiedet man sich dann mit einem freundlichen: »Have a good watch!«

Wie sollen sich entgegenkommende Schiffe verhalten?

Wenn klar ist, welches der beiden Schiffe das ausweichpflichtige und welches der Kurshalter ist, müssen sich beide Fahrzeuge entsprechend verhalten. Das ausweichpflichtige Fahrzeug soll frühzeitig und eindeutig handeln, um seinen veränderten Kurs deutlich anzuzeigen (Regel 16). Für Fahrtensegler heißt das z. B. in Anbetracht eines Dickschiffes, den Kurs so deutlich zu verändern, dass es auf dem Radar des anderen ersichtlich wird, d. h. mindestens um 30°. Man geht am besten achtern vom Kurshalter.

TIPP

Oft ergibt es Sinn, einfach nur die Fahrt frühzeitig ein wenig zu drosseln. Dann kann man auf gleichem Kurs mit verminderter Geschwindigkeit einfach weiterfahren. Wie viel langsamer man fahren sollte, kann gut am Plotter erkannt werden, wenn beide ein AIS haben. Wird das Manöver frühzeitig eingeleitet, genügt oft ein Fieren der Großschot, um Fahrt aus dem Boot zu nehmen.

KVR

- Die wichtigste Regel: Immer einen guten Rundumausguck leisten!
- Eine Hierarchie gibt vor, wer wem ausweichen muss (Zeichen am Schiff)
- Ungeachtet der Hierarchie: Jedes Fahrzeug muss beim Überholen dem anderen ausweichen
- Segler weichen allen mit Zeichen versehenen, »behinderten« Schiffen aus
- Egal, wie groß ein Motorschiff ist, es muss einem Segelboot immer ausweichen, solange es nicht durch einen Schaden o. Ä. behindert ist
- En Segelboot wird zum Motorschiff, sobald der Motor arbeitet
- Bei Schiffen gleicher Hierarchie gelten »hierarchie-interne« Regeln: Bei zwei Motorschiffen gilt »rechts vor links« bzw. »Rechtsverkehr«, und bei zwei Segelschiffen gelten drei Regeln, die mit der Windrichtung zusammenhängen
- Es gibt keine »Vorfahrt«, und auch der Kurshalter hat die Verpflichtung, eine Kollision zu verhindern
- Schallzeichen oder das UKW können eingesetzt werden, um die Intention zu vermitteln bzw. sich mit dem anderen Fahrzeug über das Ausweichmanöver zu verständigen

Für den Kurshalter ist die Sache nicht unbedingt einfacher. Für die erste Zeit soll er zwar Kurs und Fahrt beibehalten (Regel 17 i), doch sobald der Verdacht besteht, dass der Ausweichpflichtige nicht auszuweicht, darf und sollte auch der Kurshalter seinen Kurs entsprechend verändern (Regel 17 ii). Am Ende ist er sogar dazu verpflichtet, die Kollision zu verhindern.

Wichtig dabei zu bedenken: In welche Richtung würde und könnte der Ausweichpflichtige (womöglich in letzter Sekunde) drehen, um seiner versäumten Verpflichtung plötzlich doch noch nachzugehen? In diese Richtung sollte man selbst dann besser nicht ausweichen. Als Kurshalter empfiehlt es sich in solchen Situationen oftmals, gerade nicht achtern des Ausweichpflichtigen zu gehen, sondern sich von der möglichen »Schusslinie« zu entfernen.

NACHTSEGELN

Was ist beim Nachtsegeln anders?

Manche glauben, dass man auf See nachts nicht so gut sieht wie tagsüber. Das ist nur bedingt der Fall, denn tatsächlich sieht man nachts vieles sogar besser als am Tag. Schiffe werden nachts viel einfacher erkannt als tagsüber, denn ihre Laternen geben direkt Aufschluss über den Schiffstyp in der KVR-Hierarchie und den aktuellen Kurs. Besonders der Heading von über 50 m langen Motorschiffen kann von vorn sehr gut beurteilt werden, da sie zwei übereinanderstehende weiße Dampferlichter haben. Stehen diese weißen Lichter in Deckpeilung, d. h. übereinander, zeigt der Bug des anderen Schiffes genau auf einen zu. Ist die untere Laterne im Vergleich zur oberen etwas nach links verschoben, sieht man die Backbordseite des anderen; ist die untere Laterne etwas nach rechts verschoben, sieht man die Steuerbordseite. Ändert sich der Abstand der beiden Dampferlichter, ändert das Schiff seinen Kurs.

Das Navigieren inklusive der Kreuzpeilung ist nachts viel einfacher, denn man muss nicht lange überlegen, welcher Leuchtturm welcher ist, denn sie geben durch ihre Kennung ihre Identität preis. Auch Tonnen, die tagsüber die gleiche Farbe haben und dadurch verwechselt werden können, unterscheiden sich nachts voneinander – dank der Kennung ihrer unterschiedlichen Blinklichter.

Was nachts deutlich schwieriger ist, ist Abstände zu beurteilen. Durch ein Licht lässt sich noch kein Abstand erkennen. So kann ein gleich stark erscheinendes Licht entweder eine schwache Laterne sehr nah oder eine sehr starke Laterne in der Ferne sein. Aufschluss kann eventuell die Höhe des Lichtes über dem Horizont geben, den man dank des Mondlichts oder der Hintergrundlichter an Land oft noch erkennen kann. Ist das Licht ein Stück über dem Horizont zu sehen, ist das Schiff, der Leuchtturm oder die Tonne wahrscheinlich nicht weit entfernt. Je höher das Licht über dem Horizont erscheint, desto näher das Schiff oder die Tonne.

Die wenigsten Nächte sind pechschwarz. Eine sternenklare Nacht ist oftmals erstaunlich hell. Wer noch keine Nachtfahrt gemacht hat, wählt idealerweise eine helle Vollmondnacht mit angenehmen Winden auf Halbwind- oder Raumwindkurs. Dann muss man sich nicht sonderlich um die Segeltrimmung kümmern, das Boot schiebt nicht zu viel Lage, man braucht (hoffentlich) nachts nicht zu halsen und sieht dank des Mondlichts fast so gut wie am Tag, während alle Leuchtfeuer und Laternen zusätzlich gezündet sind.

Wie wird ein Nachtsegeltörn geplant?

Durch eine Nacht zu segeln, ist nicht sonderlich schwer. Die Herausforderung liegt vielmehr darin, bei Dunkelheit Landfall zu machen. Wenn durch eine oder mehrere Nächte gesegelt wird, sollte der Abfahrtszeitpunkt wenn möglich so gelegt werden, dass man bei Helligkeit ankommt.

Wenn im Herbst gesegelt wird, lässt es sich oft nicht vermeiden, auch einmal nach Einbruch der Dunkelheit in einen Hafen zu segeln. Wenn es sich um einen bekannten Hafen handelt, ist die Einfahrt deutlich einfacher, als wenn ein unbekannter Hafen zum ersten Mal bei Dunkelheit angefahren wird. In diesem Fall sollten die Vorbereitung und Planung äußerst sorgfältig durchgeführt werden. Hier gilt es, sich daran zu erinnern, dass man erst angekommen ist, wenn die Leinen an Land sind und der Motor ausgeschaltet ist. Erst dann ist Zeit zum Entspannen – vorher leider nicht.

Wenn eine Nacht durchgesegelt wird, sollte man schon kurz nach dem Ablegen mit der Wacheinteilung beginnen, sodass nicht alle plötzlich gleichzeitig müde werden und keiner die erste Nachtwache übernehmen möchte. Zudem ist es sinnvoll, die Mahlzeiten schon im Hafen zuzubereiten, damit sie später einfach erwärmt und im Cockpit genossen werden können. Auch eine gefüllte Thermoskanne mit heißem Wasser, um nachts schnell einen Tee zubereiten zu können, und kleine, energiereiche Snacks, wie z. B. Nüsse und Schokolade, sind praktisch.

Nächtliche »Spaziergänge« an Deck sollten, so gut es geht, vermieden werden. Wenn nicht vom Cockpit aus gerefft werden kann, ist es ratsam, ein »Nachtreff« noch bei Tageslicht einzubinden, sodass die Arbeit am Mast bei Dunkelheit nicht notwendig wird. Falls der Wind dann auffrischen sollte, ist das Reff im Groß schon präpariert, und es muss nur noch die Genua vom Cockpit aus gerefft werden.

TIPP

Wenn die wachhabende Crew sogar im Cockpit angegurtet ist und die getragenen Schwimmwesten mit PLB-Notsendern ausgerüstet sind, schläft die Crew auf Freiwache viel besser. Denn oft ist nicht das Wachsein bei einer Nachtfahrt das Problem, sondern vielmehr das »Nichtschlafen-können« aufgrund von Sorge um die Crew.

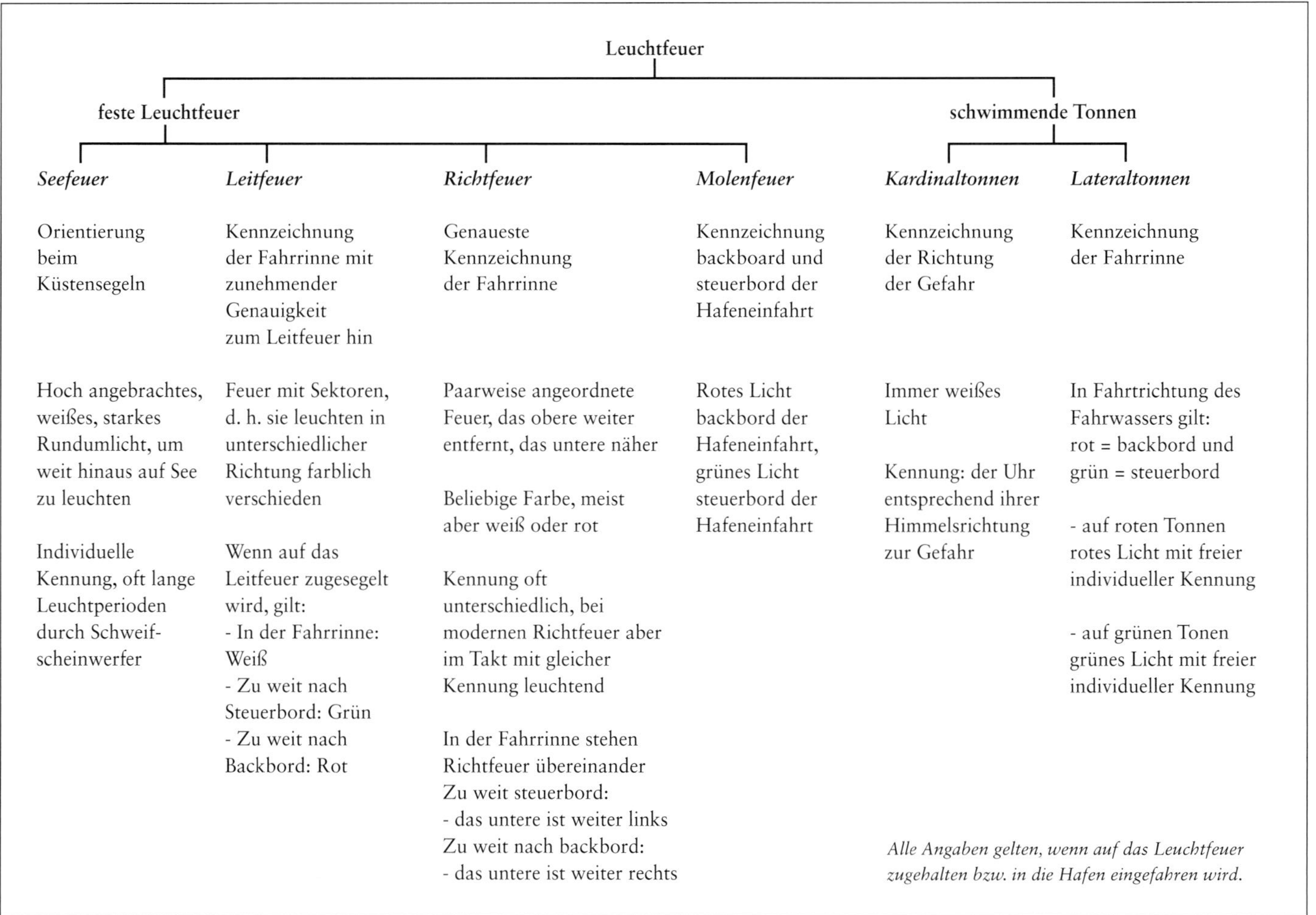

Leuchtfeuer

feste Leuchtfeuer				schwimmende Tonnen	
Seefeuer	*Leitfeuer*	*Richtfeuer*	*Molenfeuer*	*Kardinaltonnen*	*Lateraltonnen*
Orientierung beim Küstensegeln	Kennzeichnung der Fahrrinne mit zunehmender Genauigkeit zum Leitfeuer hin	Genaueste Kennzeichnung der Fahrrinne	Kennzeichnung backboard und steuerbord der Hafeneinfahrt	Kennzeichnung der Richtung der Gefahr	Kennzeichnung der Fahrrinne
Hoch angebrachtes, weißes, starkes Rundumlicht, um weit hinaus auf See zu leuchten Individuelle Kennung, oft lange Leuchtperioden durch Schweif-scheinwerfer	Feuer mit Sektoren, d. h. sie leuchten in unterschiedlicher Richtung farblich verschieden Wenn auf das Leitfeuer zugesegelt wird, gilt: - In der Fahrrinne: Weiß - Zu weit nach Steuerbord: Grün - Zu weit nach Backbord: Rot	Paarweise angeordnete Feuer, das obere weiter entfernt, das untere näher Beliebige Farbe, meist aber weiß oder rot Kennung oft unterschiedlich, bei modernen Richtfeuer aber im Takt mit gleicher Kennung leuchtend In der Fahrrinne stehen Richtfeuer übereinander Zu weit steuerbord: - das untere ist weiter links Zu weit nach backbord: - das untere ist weiter rechts	Rotes Licht backbord der Hafeneinfahrt, grünes Licht steuerbord der Hafeneinfahrt	Immer weißes Licht Kennung: der Uhr entsprechend ihrer Himmelsrichtung zur Gefahr	In Fahrtrichtung des Fahrwassers gilt: rot = backbord und grün = steuerbord - auf roten Tonnen rotes Licht mit freier individueller Kennung - auf grünen Tonen grünes Licht mit freier individueller Kennung

Alle Angaben gelten, wenn auf das Leuchtfeuer zugehalten bzw. in die Hafen eingefahren wird.

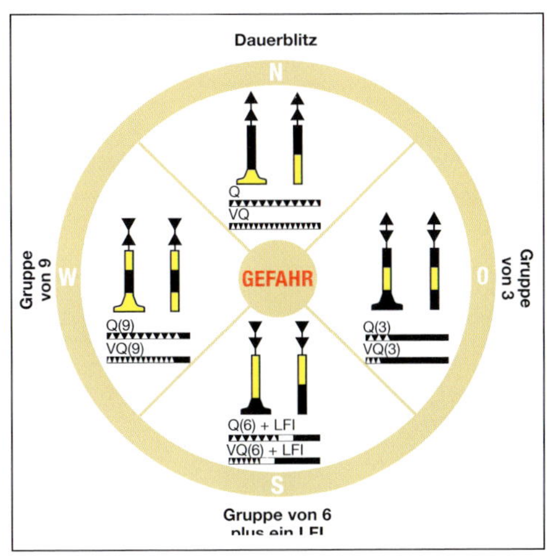

Das Wachschema für eine Nacht muss nicht sonderlich durchdacht oder komplex sein, solange es eine Aufteilung gibt und mindestens ein Crewmitglied im Cockpit die Verantwortung trägt. Mehr als vier Stunden Wache am Stück sollten vermieden werden, denn die Konzentration lässt dann erheblich nach.

Rote Stirn- oder Taschenlampen sind praktisch, denn rotes Licht behindert die Nachtsichtfähigkeit des menschlichen Auges weniger. Ein Problem bei Rotlicht: Die Farben auf der Seekarte sind nicht mehr erkennbar. Eine gute Alternative ist eine extrem dimmbare weiße Leuchte in der Naviecke oder eine äußerst schwach weiß leuchtende Taschenlampe. Es gibt Leuchten für den Navigationstisch, die umschaltbar sowohl rot als auch weiß leuchten und dimmbar sind.

Wie können Leuchtfeuer voneinander unterschieden werden?

Es gibt verschiedene Arten von Leuchtfeuern, die grundlegend in feste Leuchttürme und schwimmende Tonnen unterschieden werden.

Leuchtfeuer, die für die Küstennavigation bereits von möglichst weit entfernt gesichtet werden sollen, heißen »Seefeuer« und haben rundum leuchtendes, weißes Licht. Diese Feuer sind praktisch, wenn man mit großem Abstand zum Land die Küste entlangsegeln möchte. Sie stehen strategisch so, dass wenn ein Leuchtfeuer achteraus verschwindet, das nächste schon gesichtet sein sollte. Zusätzlich eignen sie sich gut für die Kreuzpeilung. So ist es nachts auch viel einfacher, zu wissen, wie weit entlang einer Küste schon gesegelt wurde, die tagsüber womöglich sehr gleichförmig aussieht. Einen Hafen an einer sonst eintönigen Küste zu finden, ist durch die Leuchtfeuer auch sehr viel einfacher als tagsüber – vom Plotter einmal abgesehen, der immer zu wissen scheint, wo genau man ist.

Leuchtfeuer in Küstennähe – insbesondere, um den Weg in den Hafen anzuzeigen – können in verschiedene Richtungen mit unterschiedlichen

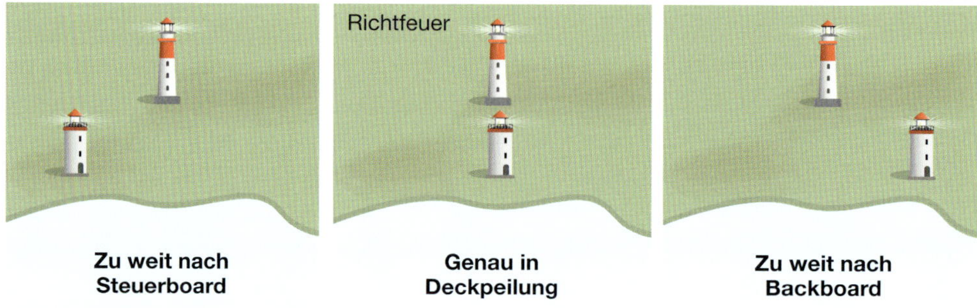

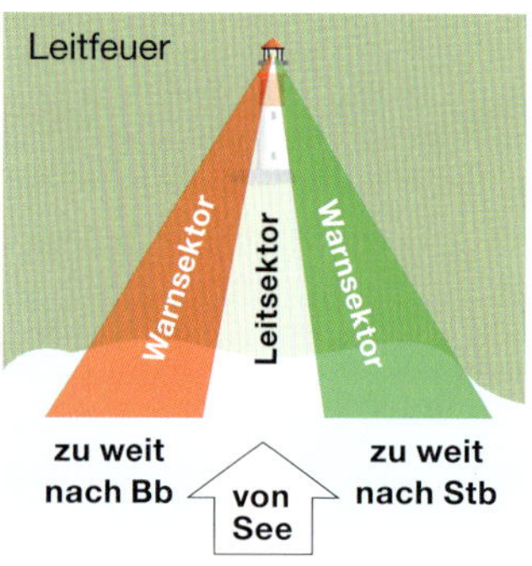

Farben blinken: nämlich weiß, rot und grün. Leuchtfeuer, die solche Sektoren mit unterschiedlicher Farbe haben, heißen »Leitfeuer«. Sie blinken nur weiß, wenn das Schiff sich im Fahrwasser befindet. Verlässt man die Fahrrinne und segelt in einen angrenzenden Sektor, wird der Segler durch einen Farbwechsel gewarnt. Wird auf das Leitfeuer zugesegelt, gilt: Wenn es vor dem Bug nicht mehr weiß leuchtet, sondern grün, ist man zu weit nach Steuerbord abgekommen, und es leuchtet rot, falls zu weit nach Backbord abgedriftet wurde. Wenn das Leitfeuer hingegen achteraus liegt und man sich davon entfernt, natürlich umgekehrt. Die Leitfeuer eignen sich besonders, wenn von See kommend die Genauigkeit immer mehr zunehmen muss, sobald man sich Land nähert.

Neben den mit Sektoren versehenen Leitfeuern gibt es auch paarweise angebrachte Leuchtfeuer, die übereinander stehen; das obere weiter entfernt als das untere. Diese paarweise angeordneten Leuchtfeuer heißen »Richtfeuer«. Sie geben bereits von Weitem eine große Genauigkeit des zu befahrenden Fahrwassers, denn sie sollen in Deckpeilung, d. h. übereinander, gehalten werden. Es braucht ein wenig Übung, wenn man sie achtern hat und von ihnen wegsegelt. Doch wer gelernt hat, Richtfeuer richtig zu interpretieren, kann mit ihrer Hilfe sehr genau navigieren. Eselsbrücke: Es soll in Richtung des unteren Lichts gesteuert werden.

Molenfeuer stehen wie die Pfosten zum Eingang des Hafens und zeigen die Einfahrt an: rot für Backbord und grün für Steuerbord, wenn von See her in den Hafen gesegelt wird.

Viele (aber nicht alle) Tonnen sind nachts auch befeuert. Tagsüber werden die roten und grünen »Lateraltonnen«, die eine Fahrrinne kennzeichnen, sowie die gelb-schwarzen »Kardinaltonnen«, die ihre Position in Relation zu einer Gefahr angeben, durch ihre Farben sowie ihre Dreiecke als Toppzeichen identifiziert. Nachts hingegen, hat man noch mehr Möglichkeiten, sie zu unterscheiden: sowohl an der Farbe des Lichts als auch an dessen Kennung.

Lateraltonnen leuchten entsprechend ihrer Position in der Fahrrinne entweder rot oder grün und haben eine individuelle Kennung, sodass nebeneinanderstehende Lateraltonnen der gleichen Farbe nachts zusätzlich unterschieden werden können.

Kardinaltonnen, die hingegen eine Gefahrenstelle in einer gewissen Himmelsrichtung anzeigen, leuchten in ihrer Gruppierung ähnlich dem Zifferblatt einer Uhr und immer weiß. Kardinaltonnen sind übrigens dank des weißen Lichts meist deutlich besser und weiter zu sehen als das grüne bzw. rote Licht der Lateraltonnen.

Jedes Leuchtfeuer hat eine bestimmte Kennung, sodass sie unterschieden werden können. Das vereinfacht die Navigation bei Nacht erheblich.

Die Farben werden – dem Englischen entsprechend – mit G (»green«), R (»red«), Y (»yellow«) und W (»white«) gekennzeichnet. Ein großes »M« bezeichnet die theoretische Reichweite des Leuchtmittels bei guter Sicht in nautischen Meilen. Ein kleines »m« bezeichnet die Höhe des Leuchtmittels in Metern über dem Meeresspiegel. Ein kleines »s« steht für Sekunden, und in der Klammer sind die Blitze und Blinke in der jeweiligen Gruppe zu finden. Damit kann man jedes Leuchtfeuer charakterisieren.

Beispiel:

»Fl(3) G 10s 68m10M« bedeutet: Eine Gruppe von drei grünen Blitzen, jede zehnte Sekunde. Die gesamte Periode der wiederkehrenden Blitze beträgt somit 10 Sekunden – inklusive der Dunkelphasen. Das Leuchtmittel befindet sich auf 68 m über dem Meeresspiegel. Bei guter Sicht kann man damit rechnen, dass das Leuchtfeuer aus 10 sm noch sichtbar ist.

F	fixed	Dauerlicht
Oc	occulting	Die Phasen des Lichts sind länger als die der Verdunklungen.
Iso	isophase	Die Phasen von Licht und Dunkel sind gleich lang.
LFl	long flash	Die Phasen des Lichts sind kürzer als die der Verdunklungen. Ein Blink ist mindestens zwei Sekunden lang.
Fl	flash	Die Phasen des Lichts sind kürzer als die der Verdunklungen. Ein Blitz ist weniger als zwei Sekunden lang.
Q	quick	Schnelles nacheinander erscheinendes Licht (50–60 Mal pro Minute).
VQ	very quick	Schnelles nacheinander erscheinendes Licht (100–120 Mal pro Minute).

Was sind typische Probleme bei der Nachtnavigation?

Unerfahrene Segler sind womöglich mit der Suche weit entfernter Leuchtfeuer so beschäftigt, dass sie vom Ausguck abgelenkt sind. Wenn zu zweit oder mit mehreren Personen im Dunkeln gesegelt wird, ergibt es deshalb Sinn, dass nicht alle mit der Identifikation von Leuchtfeuern beschäftigt sind, sondern dass die Aufgaben an Bord verteilt und abgewechselt werden (um die Konzentration zu halten). Bei vielen Lichtern kann es schnell passieren, dass ein schwaches Licht eines kleinen, sich in der Nähe befindenden Bootes übersehen wird.

Lichtverschmutzung erschwert die Navigation, wenn man sich im Dunkeln Land nähert. Die Beleuchtungen der Städte lassen die Leuchtfeuer oft untergehen. Es ist hier tatsächlich manchmal nicht leicht, zwischen einem rot blinkenden Feuer und dem Bremslicht eines Autos zu differenzieren. Deshalb sollte man immer die Gruppen und Kennungen genau mitzählen und prüfen, ob man den gewünschten Leuchtturm richtig identifiziert hat.

Selbstverständlich ist die Navigation durch den Plotter erheblich leichter geworden. Eine große Gefahr birgt der Plotter dennoch: Die Nachtsichtfähigkeit des Auges schwindet. Ein Handy, ein Tablet oder ein PC-Schirm eignen sich daher nicht wirklich zur Nachtnavigation, da sie viel zu hell sind. Es gibt zwar teure PC-Schirme für den maritimen Gebrauch; diese sind auf Sportbooten jedoch eher selten zu finden. Gute Plotter sind entsprechend teuer, denn sie müssen extrem dimmbar sein. Zudem wird die Kennung der Leuchtfeuer auf Vektorkarten nicht angezeigt, sondern muss per Klick jeweils aufgerufen werden. Hier haben Rasterkarten einen Vorteil.

Der Plotter gibt nur eine computeranimierte, virtuelle Darstellung. Der Radar hingegen gibt ein genaues Abbild der Wirklichkeit. Wird der Bildschirm eines Multifunktionsdisplays zwischen dem Radarbild und dem Plotterbild geteilt, ist der Einsatz des Radargerätes äußerst hilfreich.

Nachtsegeln

- Bei Dunkelheit erleichtern Leuchtfeuer und Laternen den Schiffen die Navigation
- Mondlicht ist erstaunlich hell und eignet sich gut für Anfänger
- Man sollte sein Sehvermögen nachts nicht durch zu helle elektronische Bildschirme (Tablets, Smartphones etc.) einschränken
- Aufgaben aufteilen, und wenn durch eine ganze Nacht gesegelt wird, Wachen einteilen

NEBEL UND RADAR

Was mache ich, wenn ich unterwegs plötzlich in Nebel gerate?

Wer nicht gerade nachts bei Windstille und klarem Himmel in Küstennähe (besonders in den kalten Jahreszeiten Herbst und Winter) unterwegs ist, wird Strahlungsnebel wohl eher als morgendliche Überraschung im Hafen erleben. Bei Advektionsnebel ist das anders. Hier kann nur durch eine Windrichtungsänderung die segelnde Crew von moderater oder schlechter Sicht überrascht werden.

Verschlechtert sich die Sicht während des Törns plötzlich, muss das Segeln entsprechend angepasst werden. Insbesondere die Geschwindigkeit sollte verringert werden, damit noch rechtzeitig einer vor dem Bug auftauchenden Gefahr ausgewichen werden kann. Wer nicht schon seinen Radarreflektor im Mast fest installiert hat, muss ihn nun spätestens – und zwar richtig herum – hissen. Navigationsleuchten sind anzuschalten, und man sollte besonders in Hafennähe über UKW den Schiffsverkehr sowohl auf dem Arbeitskanal des Hafens als auch über Kanal 16 mittels »Dual Watch« verfolgen. Wenn möglich, sollte man den Radar noch vor dem Eintreten des Nebels einschalten, selbst wenn die Nebelwand nur weit entfernt zu sehen ist. Erstens brauchen Radarantennen mit einem Magnetron eine Aufwärmzeit, und zweitens kann man nie genau wissen, ob sich andere Schiffe direkt hinter der Nebelwand befinden. Zur Sicherheit die gesamte Crew mit Schwimmwesten versehen (aber nicht angegurtet) ins Cockpit bitten, damit niemand unter Deck von einer Kollision überrascht werden könnte und alle das Boot im Notfall rasch verlassen könnten.

Die gesamte Crew wird nun eingespannt: Ein Ausguck muss permanent in alle Richtungen Ausschau halten und auch die Ohren spitzen, um etwaige Schiffsgeräusche oder Nebelhörner zu entdecken. Wenn es unter den gegebenen Umständen Sinn ergibt, könnte der Ausguck auch am Bug stehen. Der radarerfahrenste Navigator wird permanent an den Radar gesetzt und gegebenenfalls nach einiger Zeit ausgewechselt, denn Radarnavigation kann auf Dauer anstrengend sein.

Das Nebelhorn ist alle zwei Minuten zu betätigen: ein langer Ton von 4 bis 6 Sekunden, wenn motorisiert wird; ein langer Ton gefolgt von zwei kurzen von jeweils 1 Sekunde, wenn gesegelt wird. Übrigens geben alle anderen Schiffe, die in irgendeiner Art behindert sind (höhere Hierarchiestufe) und Fahrt durchs Wasser machen, ein langes gefolgt von zwei kurzen Hupsignalen. Segler und alle anderen Schiffe mit einer Form der Behinderung geben also das gleiche Signal. Nur wer ohne Fahrt durchs Wasser treibt, macht sich durch zwei lange Signale bemerkbar.

Einige UKW-Geräte, die an ein Nebelhorn angeschlossen sind, können diese Signale selbstständig an das Nebelhorn weitergeben. Der Anwender gibt an, welches Signal gegeben werden soll. Es ist übrigens äußerst schwer, im Nebel die Richtung eines Geräusches einzuschätzen, und so kann es beängstigend wirken, den dumpfen Ton eines (oder mehrerer) Nebelhorns zu hören, ohne dessen Richtung ausmachen zu können. Genau deshalb ist es wichtig, dem Schiffsverkehr aus dem Weg zu gehen, sowie zu lernen, mit seinem Radar umzugehen (sofern einer an Bord ist).

Navigation bei schlechter Sicht kann trotz GPS eine Herausforderung sein. Bei auftretendem Nebel zur Sicherheit die eigene Position, Zeit und Logdaten von Hand in die Seekarte bzw. ins Logbuch einzeichnen. Man weiß ja nie, wann die Elektronik plötzlich ihren Geist aufgibt. Wenn mit Plotter und GPS weiternavigiert wird, sollte bedacht werden, dass viele Fahrzeuge eventuell die gleichen nahe liegenden Waypoints wählen. Es gilt daher, die eigenen Waypoints geschickt zu wählen. Besonders einen Waypoint auf eine Tonne zu legen, ist im Nebel äußerst ungeschickt, denn dann ist die Kollision mit dem Seezeichen vorprogrammiert. Auch eine Hafeneinfahrt ist ein Sammelplatz vieler Schiffe, die ähnlich denken und genau hier ihren Waypoint setzen.

Das Wichtigste bei Nebel ist, großen Schiffen aus dem Weg zu gehen. Das wird am besten in seichtem Wasser außerhalb der Fahrrinne getan. Wer in den Schären unterwegs ist, sollte wissen, dass auf der Leeseite einer Insel oft bedeutend bessere Sicht ist als auf der Luvseite, wo sich der Nebel häufig staut.

Zusammen mit Radar und Plotter ist der Einsatz vom Echolot ebenfalls sehr nützlich, denn die Tiefenlinien geben oft eine gute Navigationshilfe. Wer eine Hafeneinfahrt oder den Eingang einer kleinen Bucht sucht, kann zunächst deutlich auf die eine oder andere Seite neben der Einfahrt zuhalten, bis eine gewisse Wassertiefe erreicht ist. Dann wird 90° abgedreht, und man folgt der Tiefenlinie mit deutlichem Abstand zum Land, das nun hoffentlich in Sichtweite gekommen ist. Wenn sich die Öffnung oder Hafeneinfahrt zeigt, können die ein- und auslaufenden Schiffe (hoffentlich) gesehen werden, noch bevor man selbst in den Hafen fährt. Wird stattdessen GPS-unterstützt direkt auf die Hafeneinfahrt zugehalten, ist man eventuell nicht der Einzige, der diese Idee verfolgt, und so wird man plötzlich Teil eines verstärkten Verkehrsaufkommens, welches es besonders im Nebel zu vermeiden gilt.

Wer sich bei schlechter Sicht nicht in eine Bucht oder in einen Hafen wagt, kann auch in untiefem Wasser außerhalb der Schifffahrtsstraßen einfach ankern und abwarten. Meist ist bei Nebel wenig Wind, und so kann sicher vor Anker wunderbar in Ruhe mit dem Radar geübt und der vorbeiziehende Verkehr beobachtet werden. Die meisten geankerten Segler lassen nicht jede Minute fünf Sekunden lang nach den KVR die Schiffsglocke läuten. Wenn sich ein Schiff unangenehm nähert, kann der geankerte Segler unverzüglich das Nebelhorn kurz-lang-kurz ertönen lassen oder natürlich zum Funkgerät greifen. Das AIS sollte bei Nebel auch vor Anker angelassen werden.

Muss ich ein Radar haben und damit umgehen lernen?

Die kurze Antwort lautet: Nein, ein Radar ist nicht zwingend notwendig. Man kann auch sehr gut durch traditionellen Ausguck die Umgebung beobachten. Sobald die Sicht sich verschlechtert, ist jedoch ein geübter Umgang mit dem Radargerät sehr hilfreich, wenn nicht sogar essenziell.

Wenn der Umgang mit dem Radar bekannt ist, gehört er zu den besten elektronischen Hilfsmitteln, die es gibt. Der Radar zeigt nämlich ein wahres Abbild dessen, was man um sich herum sieht, d. h. auch unbeleuchtete Hindernisse bei Dunkelheit, hinter den Segeln und bei schlechter Sicht. Er ist somit wie ein drittes Auge beim Ausguck. So praktisch wie der Plotter für die Positionsbestimmung ist, so hilfreich ist der Radar für die Kollisionsverhütung.

Wer sein Gerät jedoch erst bei Nacht und Nebel einschaltet und dann erwartet, dass er sofort alles interpretieren kann, wird trotz neuster Technik bitter enttäuscht. Für den Anfänger ähnelt das Bild eher dem Ultraschallbild beim Arzt.

Ein wichtiger Hinweis: Die Regel 5 der KVR besagt, dass der Radar jederzeit im Einsatz sein soll, wenn es den »gegebenen Umständen und Bedingungen« entspricht, um den vollständigen Überblick über die Lage und die Möglichkeit der Gefahr eines Zusammenstoßes zu haben. Hat der Skipper bei einer Kollision seinen vorhandenen Radar nicht benutzt, könnte er unangenehme Fragen bekommen. Einen Radar an Bord zu haben ist – streng genommen – eine Verpflichtung, ihn auch zu benutzen.

Warum ist ein Radarbild so schwierig zu interpretieren?

Radargeräte mit ihren mit Fehl- und Geisterechos versehenen Bildern sind nicht ganz einfach zu interpretieren. Denn: Schwankt das Schiff, schwankt auch das Radarbild, da Radargeräte eins zu eins das abbilden, was sie aus ihrer Mastposition heraus sehen. Außerdem können sie nicht um die Ecke sehen, d. h. sie können nichts sehen, was von etwas anderem verdeckt wird (Dinge hinter Inseln, in einem Sund etc.). Zudem ist die Qualität des Bildes von den Settings des Benutzers abhängig.

Ziele werden auf einem Radarbild leider nicht als einzelne scharfe Punkte, sondern als mehr oder weniger gebogene Striche abgebildet, denn die sich drehende Antenne tastet die Umwelt nicht wie mit einem Laser punktgenau ab. Beim Radar werden in einem mehr oder weniger breiten V (Öffnungswinkel) elektromagnetische Wellen ausgestrahlt, und alles, was sich innerhalb des Kegels befindet, wird als reflektiertes Echo notiert. Daher kann es der Fall sein, dass beim Drehen der Antenne ein zweites Ziel in den vorhandenen Öffnungswinkelbereich des Radargerätes eintritt, bevor das erste Ziel aus dem Winkelbereich heraustritt. Auf dem Bildschirm sieht man nun eine Art langen Strich statt zwei der zu erwartenden einzelnen Punkte.

Je kleiner der Öffnungswinkel des Radars, desto eher können Ziele voneinander differenziert werden, was für die Praxis große Bedeutung hat. So können beispielsweise schmale Hafeneinfahrten auf dem Radarbildschirm erkennbar oder ein Tonnenpaar als zwei individuelle Punkte identifizierbar werden. Ein größerer Öffnungswinkel lässt alle Ziele breiter erscheinen, als sie in Wirklichkeit sind. Je weiter entfernt sie sind, desto mehr verschmelzen sie auf dem Bildschirm. Der Abstand zu einem Ziel bei Radarnavigation ist also einfacher anzugeben als dessen genaue Peilung.

Alte Radarantennen – die statt mit moderner Solid-State-Antenne noch mit einem Magnetron betrieben werden – verlieren über die Jahre hinweg langsam ihre Bildqualität, und die Echos werden über die Zeit immer schwächer angezeigt. Am Ende verschwinden die Ziele ganz. Es ist ein langsamer Alterungsprozess des Magnetrons, das eingeschaltet auch im Stand-by-Modus weiterläuft. Wenn also das Radarbild eines alten Gerätes schwach erscheint, liegt die Vermutung nahe, dass sich das Magnetron seinem Ende nähert. Ein Magnetron kann zwar ausgewechselt werden, aber da sich so viel in der Radarentwicklung getan hat, lohnt es sich oft, eine neue moderne Antenne zu kaufen.

Was sind die grundlegenden Einstellungen beim Radar?

Nachdem das Radargerät eingeschaltet ist, müssen sich die älteren Geräte, die noch mit einem Magnetron arbeiten, erst ein paar Minuten aufwärmen. Dann kann vom Standby-Modus in den Sendemodus umgeschaltet werden.

Die Einstellungen am Radar, die jeder Radarnavigator kennen sollte, sind:
1. Orientierung
2. Reichweite
3. Gain
4. Rain Clutter
5. Wave Clutter

1. Orientierung

Ein Radar kann ein Bild wie folgt präsentieren: »Head Up«, »Course Up« oder »North Up«. Zur Kollisionsverhütung und für Anfänger bewährt sich die Einstellung »Head Up«, denn dann blickt das Radar in Fahrtrichtung und bildet genau das ab, was man sieht, wenn man Ausguck hält. Das ist zugleich die traditionelle Einstellung eines eigenständigen, im Navigationssystem nicht vernetzten Radargerätes.

Ist das Radargerät im Netzwerk mit anderen Gebern, wie einem Headingsensor, der den aktuellen Kurs angibt, verbunden, kann das Head-Up-Radarbild auch stabilisiert werden. Die eigenen Schiffsschwankungen werden herausgerechnet, und die Interpretation wird deutlich einfacher; das Bild zeigt immer noch in Fahrtrichtung. Diese für Kollisionsverhütung sehr nützliche, stabilere Einstellung wird »Course Up« genannt.

Wird das Radargerät eher zur Navigation als für die Kollisionsverhütung genutzt, kann das Radarbild so gedreht werden, dass Norden nach oben zeigt (»North Up«). Dadurch kann es leichter mit der Seekarte oder, bei geteiltem Plotterschirm, mit der elektronischen Seekarte verglichen werden.

2. Reichweite

Die Reichweite wird »Range« genannt. Zur Kollisionsverhütung auf offener See ist der Bereich um das eigene Schiff herum (bis zu ca. 6 sm) am wichtigsten. Es lohnt sich, die Range zu Übungszwecken immer wieder umzustellen, um die Unterschiede zu erkennen. Als Faustregel gilt, immer die praktikabelste, geringste Reichweite einzustellen, um noch rechtzeitig ausweichen zu können (auf offener See 3–6 sm, in Landnähe deutlich weniger), und ab und zu in die größere Reichweite umzuschalten, um zu sehen, ob noch andere Schiffe auf einen zukommen.

Einige High-End-Geräte für den Yachtbereich können sogar zwei Reichweiten gleichzeitig nebeneinander abbilden, was das Umschalten überflüssig macht.

3. Gain

Nach jeder Umstellung der Reichweite muss der Gain neu angepasst werden. Die meisten Geräte haben eine »Auto-Lage«, die für jede Reichweite einen voreingestellten Gain wählt, der unter den gegebenen Umständen passen kann – oder auch nicht. Je moderner das Radargerät, desto besser die automatische Gain-Einstellung.

Oft lohnt sich aber ein manuelles Nachjustieren. Der Gain-Knopf ist wie die Rauschunterdrückung (»Squelch«) am UKW: Dreht man ihn zu weit auf, rauscht das Bild, alles wird zu »Zielen«, und der gesamte Radarschirm wird hell. Dreht man ihn zu weit herunter, wird alles schwarz. Den Gain deshalb so weit wie möglich erhöhen, damit schwache Ziele noch erkennbar sind, ohne zu viele unnötige Fehl- oder Geisterechos zu bekommen.

4. Rain Clutter

Um durch Regen hindurchsehen zu können, können die Regentropfen, die sonst alle zu Zielen werden, herausgefiltert werden. Dieser Filter heißt »Rain Clutter« und sollte bei niederschlaglosem Wetter immer auf null gesetzt werden, damit kleine Ziele nicht herausgefiltert werden. Ein positiver Nebeneffekt dabei ist, dass man sich nähernde Regenschauer sehr gut auf dem Radar erkennen kann. Der Skipper wird dann vor Böen, die oft unter Regenwolken vorkommen, gewarnt, und die Besatzung weiß, wann es Zeit für das Ölzeug ist.

Nur bei Regenwetter wird der Rain Clutter vorsichtig eingesetzt, um Schiffe, die sich im Regen verstecken, noch vom Regen unterscheiden zu können. Schwache Echos, z. B. Boote ohne Radarreflektor, können aber mitsamt Regen leider auch vom Bildschirm verschwinden. Deshalb ist es wichtig, dass alle Boote einen Radarreflektor haben. Mit einem Radarreflektor ist nicht ein im Handel erhältliches, an den Wanten montiertes, dünnes, mit Kunststoff überzogenes Alurohr gemeint, sondern ein am Mast fest montierter, großer und guter Reflektor. Sogar bei Stahlsegelbooten könnte ein Radarreflektor im Mast Sinn ergeben, um noch über die Wellenkämme hinaus sichtbar zu bleiben.

Einige moderne Radargeräte können sehr gut zwischen Zielarten differenzieren und zeigen den Regen in einer anderen Farbe an, um ihn nicht ganz herauszufiltern. So kann man etwaige Schiffe (z. B. rot dargestellt) im Regen (blau) noch gut erkennen.

5. Wave Clutter

Der Wave Clutter ist der gefährlichste Filter, denn er filtert tatsächlich nicht nur die Wellen heraus, sondern auch alle anderen Ziele, die wie Wellen aussehen, darunter auch kleine Boote aus Holz oder GFK. Den Wave Clutter sollte man also mit Vorsicht einsetzen und nur so weit erhöhen, dass die größten Wellen aus dem Bild verschwinden. Wellen in unmittelbarer Nähe des Schiffes dürfen noch (wie ein Stern um den Mittelpunkt) abgebildet sein, und ein paar schwache Echos (die sporadisch hier und da auftauchen) sind auch noch erlaubt. Hauptsache ist, dass der Wave Clutter den Navigator noch kleine Boote ohne Radarreflektor erkennen lässt.

Wie kann man zwischen Wellen und richtigen Zielen unterscheiden?

Schwache Ziele, wie z. B. kleine Boote aus GFK oder Holz, stellen leider oft ein schlechtes Radarziel dar und werden vom Navigator manchmal übersehen – besonders bei höheren Wellen. Kleine Boote ohne großen Radarreflektor werden von den Wellen dadurch unterschieden, dass sie immer wieder an der gleichen Stelle auftauchen, während Wellen immer wieder an einer anderen Stelle einen kleinen Punkt setzen. Es gilt somit, nicht nur ab und zu ein Auge auf den Radarschirm zu werfen, sondern ununterbrochen das Bild im Blick zu haben, um etwaige kleine Punkte, die an Ort und Stelle immer wieder angezeigt werden, als schwache echte Echos zu erkennen.

Wer nicht sicher ist, ob er am angezeigten Ort schon ein Echo gesehen hat oder nicht, kann die »Echo-Trail-Funktion« aktivieren. Dann glüht das Echo sozusagen noch einige Sekunden nach und wird oft in einer anderen Farbe (z. B. ausklingendes Blau) angezeigt. Taucht ein Echo dort auf, wo schon ein blauer Schweif zu sehen ist, handelt es sich um ein wiederholtes Echo, und somit wohl eher um ein Boot als eine Welle. Man kann durch die Echo-Trail-Funktion auch Bewegungen identifizieren, wenn ein Schiff seine vergangenen Positionen quasi als Spur hinter sich herzieht.

Je größer die Wellen, desto mehr muss herausgefiltert werden und desto schlechter werden Boote erkannt, die sich hinter den Wellen verstecken. Wer gern mit dem Radar arbeitet, weiß einen guten und großen Radarreflektor der anderen zu schätzen. Segler, die selten Radar benutzen, sind sich oft nicht bewusst, wie unsichtbar Schiffe ohne Radarreflektor auf den Radarschirmen anderer sind.

Wie kann ich als Anfänger auch mit einem einfachen Radar Kollisionen vermeiden?

Einmal richtig eingestellt, kann auch ein älteres, einfaches Radargerät mit Schwarz-Weiß-Schirm sehr gute Dienste leisten – besonders zur Kollisionsverhütung bei schlechter Sicht. Das Bild muss keineswegs perfekt sein, denn solange die Ziele noch Echos abgeben, kann damit gut gearbeitet werden. Die Anwendung muss nicht sonderlich kompliziert sein, und der Radarnavigator kann selbst mit minimalem Wissen und ein bisschen Übung die Interpretation des Radarbildes lernen. Am Anfang setzt man das Radargerät am besten bei schönem Wetter zum Üben ein.

Die einfachsten Tools für die Kollisionsverhütung sind der VRM und die EBL. VRM steht für »Variable Range Marker« und ist für die Abstandsmessung zwischen dem eigenen Schiff und dem Ziel nützlich. EBL steht für »Electronic Bearing Line« und wird für die relative Peilung benutzt. Beides zusammen ergibt dann eine Positionsmarkierung auf dem Radarschirm. Mit dem Radar eine Kollision zu vermeiden, ist im Prinzip nichts anderes, als den Handpeilkompass zum Beurteilen einer Kollisionssituation einzusetzen: Eine unveränderte Peilung zu einem anderen Schiff bedeutet Kollisionskurs!

1. Der VRM wird aktiviert, und ein Ring spannt sich um die eigene Position (Mittelpunkt des Bildschirmes). Der Ring kann größer oder kleiner gestellt werden. Den Radius nun so wählen, dass der VRM-Ring genau das Radarziel schneidet. Nun kann man den Abstand zum Ziel ablesen.

2. Die EBL wird aktiviert, und ein Peilungsstrich zeigt sich vom Mittelpunkt des Bildschirmes ausgehend in eine willkürliche Richtung. Diesen nun so in die gewünschte Richtung ausrichten, dass er ebenfalls genau das Ziel schneidet. Nun kann man die Richtung zum Ziel ablesen.

3. Sowohl VRM-Ring als auch EBL-Peilung schneiden nun das Ziel. Bei konstanter Fahrt und gleichbleibendem Kurs wird beobachtet, wie sich das Radarziel in Bezug zum Schnittpunkt von VRM und EBL bewegt. Wandert es nun langsam entlang der EBL zur Mitte des Schirmes, ist man auf Kollisionskurs!

Radar

1. Interessantes Ziel mit VRM und EBL anlegen.
2. Beobachten, wie sich das Ziel relativ einem selbst (Mitte) bewegt.
2. Wandert es entlang der EBL zur Mitte hin, ist man auf Kollisionskurs!

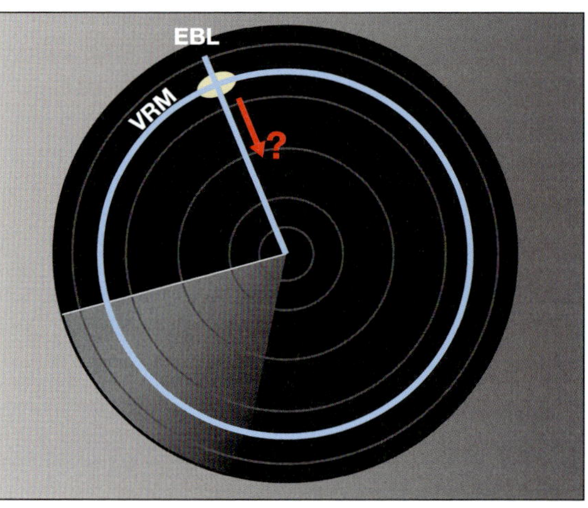

Wichtig zu wissen ist, dass man nichts über den absoluten Kurs des anderen Schiffes sagen kann: ob es auf einen zuhält, man es überholt, ob beide einen relativen Kurs von 90° haben oder wo der Bug des anderen hinzeigt. Das ist auch unwichtig, denn solange sich das Ziel längs der EBL auf einen zu bewegt, ist Vorsicht geboten, und es muss ein Ausweichmanöver eingeleitet werden.

Wie soll man einer Kollisionssituation ausweichen?

Sitzt der Navigator bei Sonnenschein nur zum Üben am Radar, werden die bekannten Kollisionsverhütungsregeln benutzt, die gelten, wenn Schiffe einander in Sicht haben (KVR 11–18). Bei verminderter Sicht, wenn nur nach Radar navigiert wird, gelten andere Regeln. Es gibt hier keinen »Kurshalter« oder »Ausweicher«, denn unter Radarnavigation müssen beide Schiffe ausweichen – und zwar so, dass sie durch ihr jeweiliges Ausweichmanöver nicht zusammenstoßen, was »Radar Assisted Collision« genannt wird.

Die Regel 19 der KVR gilt es also zu kennen, obwohl der Wortlaut dieser Regel für viele Segler schwer verständlich ist. Es hilft, wenn der Skipper sich einen Spickzettel zeichnet, den er als illustrative Darstellung von Regel 19 in die Naviecke steckt: Eine dem Radarbild ähnelnde Scheibe wird in vier Quadranten unterteilt. Drei der vier Quadranten werden grün ausgefüllt, und nur ein Quadrant, der von Steuerbord querab bis Recht achteraus zeigt, wird rot gekennzeichnet. Die grüne Fläche kann noch mit S für Kursänderung nach Steuerbord und die rote mit B für entsprechendes Ausweichmanöver nach Backbord gekennzeichnet werden. Hauptsache, der Skipper erinnert sich: Wenn ein Radarziel aus einer grünen Richtung auf Kollisionskurs auf einen zukommt, muss man frühzeitig und deutlich (über 30°!) eine Kursänderung nach Steuerbord vornehmen. Nur wenn ein gefährliches Ziel im roten Bereich entdeckt wird, muss man deutlich nach Backbord ausweichen. Wenn der andere es (aus seiner Sicht) genauso macht, wird eine Kollision verhindert.

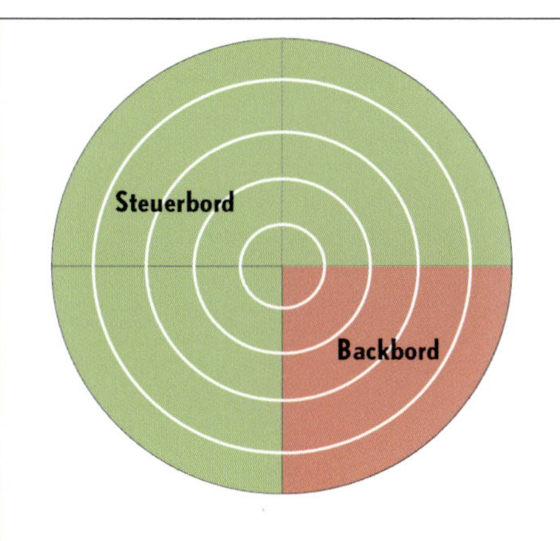

SONDERREGEL
Bei verminderter Sicht gilt die Kollisionsverhütungsregel 19. Sie besagt: Taucht ein Radarziel auf Kolisionskurs im grünen Bereich auf, wird früh und deutlich nach Steuerbord ausgewichen. Nähert es sich hingegen aus dem roten Bereich muss eine Kursänderung nach Backbord erfolgen.

Was ist ARPA?

Moderne Radargeräte haben inzwischen die Technik revolutioniert. Erstens haben Solid-State-Antennen den Stromverbrauch – mitsamt schädlichen Strahlen – deutlich herabgesetzt. Zweitens erlaubt die Prozessorkraft des Plotters heutzutage eine Vielzahl interessanter simultaner Berechnungen. Eine davon ist das äußerst nützliche ARPA, besonders wenn der Radar mit einem stabilen und genauen Satelliten-Headingsensor verbunden ist. ARPA steht für »Automatic Radar Plotting Aid«. Es kann die Bewegungen der anderen Schiffe automatisch berechnen und somit vor einer Kollision warnen. Der Radar macht somit das, was sonst von Hand mit EBL oder VRM gemacht werden muss – voll automatisch, präzise und nicht nur von einem Ziel, sondern von bis zu 100 Zielen simultan. Besonders bei intensivem Verkehr ist dies eine große Hilfe, denn mehrere Ziele per EBL oder VRM zu verfolgen, ist auf einer Yacht fast unmöglich.

Durch ARPA werden Ziele mit einem Vektor versehen, was sonst nur Schiffe mit AIS vorweisen können. So wird dank ARPA, genau wie bei AIS, eine Vorhersage von den für die Kollisionsverhütung wichtigen CPA (»Closest Point of Approach«) und TCPA (»Time to CPA«) gemacht, obwohl das andere Schiff kein AIS hat.

Nebel und Radar

- Nebel kann sich gruselig anfühlen und sollte von Anfängern vermieden werden
- Wenn man von Nebel überrascht wird, sollte man verkehrsarmes, seichtes Wasser aufsuchen und dort ankern
- Radar gibt ein genaues Abbild der Umgebung und ist somit weniger »virtuell« als ein Plotter
- Mit einem Radargerät umzugehen, muss gelernt und geübt werden
- Neuere Geräte sind um ein Vielfaches besser und deutlicher als ältere
- Trotzdem lässt sich auch mit alten Geräten arbeiten, besonders zur Kollisionsverhütung
- Bei verminderter Sicht gelten andere Regeln der KVR: Beide radarunterstützten Schiffe müssen so ausweichen, dass eine Kollision verhindert wird

AUFSTOPPEN UND MOB

Kann ich einfach mal das Boot anhalten?

Ein Schiff kann sich generell in einem von fünf Stadien befinden: Entweder ist es im Hafen vertäut, es ankert, steht auf Grund, macht Fahrt durchs Wasser oder treibt mit der Strömung und dem Wind. In den ersten drei Stadien ist eine feste Verbindung mit Land gegeben, in den letzten zwei nicht, was als »in Fahrt« bezeichnet wird.

Die Frage ist nun, wie ein Segelboot in Fahrt aufgestoppt werden kann, ohne zu ankern. Eines vorab: Ein antriebsloses Schiff wird immer mit der Strömung treiben. Solange kein Land in der Nähe ist, kann das auch Vorteile haben, z. B. wenn man im Notfall einen über Bord gegangenen Menschen einsammeln will, denn beide treiben dann gleich schnell mit der Strömung.

Bevor auf die Frage des MOB eingegangen wird, soll zuerst das Aufstoppen des Bootes erläutert werden. Das ist nämlich gleichzeitig das allererste Manöver bei MOB. Theoretisch könnten einfach nur die Segel eingeholt und der Motor abgestellt werden, um sich treiben zu lassen. Dies würde aber nicht zum Ziel des Stillliegens führen, denn was dann passiert, wurde schon im Kapitel über die Hafenmanöver beschrieben: Der Bug des leegierigen Bootes fällt mit dem Wind ab, und es legt sich mit dem Heck zum Wind. Der Aufbau, Mast und Rigg werden quasi zu Segeln, die das Boot – nun auf Vorwindkurs – antreiben, was aber gerade nicht erwünscht ist. Vielmehr will man so still wie möglich liegen – am liebsten mit angenehmen ruhigen Bewegungen im Schiff. Das funktioniert mit dem Manöver »Beidrehen«.

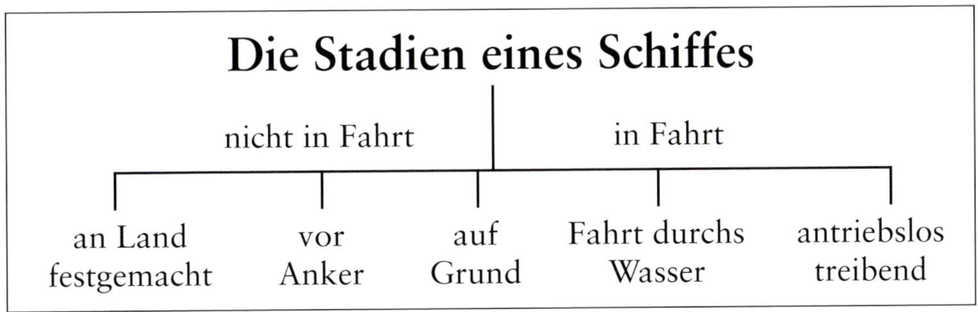

Wie geht Beidrehen?

Beidrehen funktioniert genauso gut bei wenig Wind wie bei viel Wind – man muss nur mit den Segeln etwas experimentieren, denn das Schiff kann sich abhängig von der Windstärke unterschiedlich verhalten. Die Feinheiten des Beidrehens sind bootstypenabhängig. Mit ein wenig Experimentierfreudigkeit kann auch mit modernen Finnkielern beigedreht werden, obwohl das Beidrehen mit einem Klassiker einfacher geht.

Die Gründe zum Beidrehen können sehr vielfältig sein: vom Notstopp (MOB, Untiefe im Wasser voraus etc.) bis zur Kaffeepause, einem Toilettenbesuch oder als Schwerwetter-Taktik. Richtig beigedreht, bewegt sich das Schiff plötzlich angenehm ruhig und langsam seitwärts, und solange man sich weit genug vom Land entfernt befindet, spricht nichts gegen ein Beidrehen. Das Schiff treibt beim Beidrehen quer zur Längsrichtung, wobei der nun zur Bewegungsrichtung quer gestellte Kiel Wirbel im seitlich nach Luv zeigenden Kielwasser bildet. Diese Wirbel verhindern ein Brechen der Wellen, und das Meer wird plötzlich erstaunlich glatt: genau dort, wo sich das Schiff befindet.

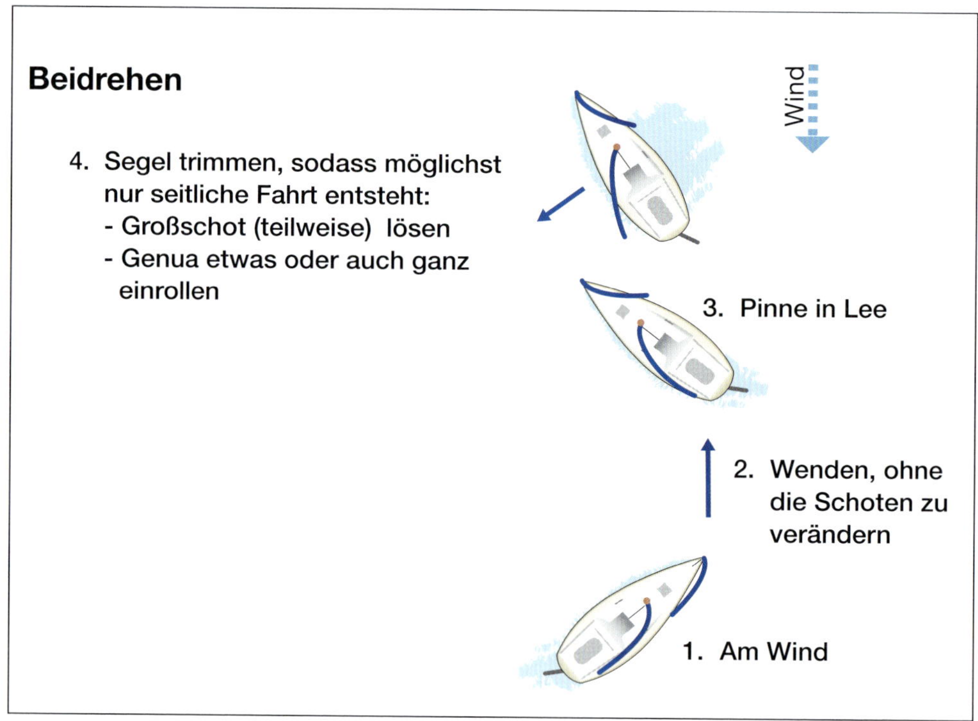

Das Prinzip des Beidrehens ist simpel und muss als erstes Notmanöver bei einer MOB-Situation sofort durchgeführt werden.

1. Einfach nichts – auch keine Schot – berühren und eine Wende fahren.
2. Alle Segel stehen nun auf dem neuen Bug auf der gegenüberliegenden Seite. Dabei steht die Fock/Genua nun back, d. h. sie ist auf der »falschen« Seite geschotet, was Sinn und Zweck der Übung ist.
3. Nun sofort langsam wieder in den Wind drehen, als wolle man wieder zurück wenden. Bei Klassikern ist die zweite Wende so gut wie unmöglich, bei modernen Finnkielern muss man sich langsam an den Wind herantasten, um nicht tatsächlich eine zweite Wende zu fahren. Moderne Boote sind nämlich oft so wendig, dass sogar gegen eine backstehene Fock gewendet werden kann.
4. Mit der Pinne in Lee gezurrt (das Ruder so gestellt, als wolle man in den Wind segeln), und man ist beigedreht!
5. Nun können noch die Segelstellungen feingetrimmt werden, wie beispielsweise die Großschot gefiert und/oder die Genua (teilweise) eingerollt.

Bei Notstopps gibt es nicht viel vorzubereiten oder zu überlegen: Das Boot muss sofort gestoppt werden. Für ein kontrolliertes Beidrehen (oder beim Üben des MOB-Manövers) empfiehlt es sich, vorher die Genua auf unter 100 Prozent zu reffen, d. h. kleiner als eine Fock, damit sie nicht gegen die Salinge schamfilt und man dadurch eine Beschädigung riskiert.

Wie bei einem längeren Beidrehen die Segel getrimmt werden sollen, ist boots-, segelflächen- und windabhängig, und es bedarf ein wenig Experimentierfreudigkeit, um die gegeneinander wirkenden Kräfte so in Einklang zu bringen, dass das Boot ca. 40–50° zum Wind liegt und nur eine minimale Vorwärtsbewegung hat. Das Ruder und das Großsegel wollen nämlich das Boot in den Wind drehen, während die backstehende Genua dem entgegenarbeitet und den Bug vom Wind wegdrehen möchte. Wie viel das Großsegel gerefft und/oder gefiert werden soll und wie viel von der backstehenden Genua ausgerollt werden soll, muss für das eigene Boot herausgefunden werden. Womöglich bietet die völlig weggerollte Genua immer noch genügend Angriffsfläche für den Wind am Bug, sodass gar kein Vorsegel ausgerollt werden muss, was z. B. für moderne Finnkieler typisch ist. Bei manchen Schiffen müssen zwei Reffs im Großsegel eingebunden werden, damit das hocheffiziente Schiff nicht doch noch zu segeln beginnt. Hat man einmal herausgefunden, wie man mit seinem Schiff am besten beidreht, kann dies in (fast) jeder Situation angewendet werden.

Wenn man auf der einen Seite nur wenig Seeraum hat, kann man auch auf dem anderen Bug beidrehen. Hier ist die Seitwärtsbewegung des Schiffes ca. 100° verändert.

Wie ernst ist eine MOB-Situation?

Jedes Besatzungsmitglied trägt für sich selbst die Verantwortung, nicht über Bord zu gehen. Das ist die Hauptregel, wenn über MOB gesprochen wird. Eine MOB-Situation ist sehr ernst und sollte unter keinen Umständen eintreten! Die vielen Manöverspiele, die in Segelkursen gelehrt werden, sind zwar sehr sinnvoll, können aber zu einem fatalen Trugschluss führen: Denn wenn ein Mensch tatsächlich über Bord geht, geschieht das nicht bei strahlendem Sonnenschein in flachem Wasser mit angenehmer Badetemperatur. Es kommt eben überraschend, was eine der größten Gefahren darstellt. Erschwerend kommen oft eine größere Welle, die niedrige Wassertemperatur und eventuell Dunkelheit hinzu.

Von den meisten Menschen, die unplanmäßig und überraschend ins Wasser fallen, werden sogar 21 °C als äußerst kalt empfunden. Bei 15 °C und darunter wird es richtig gefährlich. Direkt unter der Haut sitzen Rezeptoren, die den befürchteten »Cold Water Shock« auslösen. Ein bisschen zusätzliches Körperfett hilft zwar für die langfristige Isolierung, aber nicht um diesen gefährlichen ersten Schock zu verhindern, der vor allem bei kaltem Wasser eintritt. Was »kalt« ist, wird von Mensch zu Mensch unterschiedlich erlebt. Bei Wassertemperaturen unter 21 °C sollte immer eine Rettungsweste getragen werden, und bei unter 15 °C wird es ohne Rettungsweste sehr gefährlich.

Umsichtige Segler tragen natürlich standardmäßig immer eine Rettungsweste. Bei Lufttemperaturen über 30 °C und einer Wassertemperatur knapp darunter, können sich jedoch viele nur schwer motivieren, eine Rettungsweste zu tragen, besonders wenn bei völlig flachem Wasser und Windstille motort wird.

Mit der 1-10-1-Regel im Hinterkopf muss jeder selbst seine individuellen Grenzen setzen, die beispielsweise wie folgt aussehen könnten: Rettungswesten sind zu tragen

- bei Nacht
- bei schlechter Sicht
- bei hartem Wetter oder Wellengang
- wenn unterwegs geangelt wird
- wenn man nicht gut schwimmen kann
- wenn man an Deck geht
- wenn man es möchte

- wenn der Skipper es so entscheidet
- wenn die Wassertemperatur unter 21 °C beträgt
- wenn schwere Kleidung getragen wird

Was ist die 1-10-1-Regel?

Die erste »1« steht für eine Minute, die »10« für zehn Minuten und die letzte »1« für eine Stunde. In der ersten Minute (Kaltwasserschock) beginnt der MOB ungewollt zu hyperventilieren. Der Blutdruck steigt, und Panik breitet sich aus. Viele ertrinken aufgrund der Hyperventilation innerhalb dieser ersten Minute(n). Daher gilt: In der ersten Minute versuchen, nicht zu atmen und kontrolliert die Luft anzuhalten. Das ist beim Kaltwasserschock nicht leicht, aber der MOB muss diese Regel fest vor Augen haben und zumindest versuchen, so gut es geht nicht zu atmen, um der Hyperventilation entgegenzuwirken. Gegebenenfalls die Hand vor Nase und Mund halten, um keine Wasserspritzer einzuatmen. Wenn der MOB ordnungsgemäß seine Rettungsweste trägt und diese richtig sitzt, d. h. nicht zu lose (eine Faust zwischen Rettungsweste und Körper, mehr nicht), muss er sich zumindest nicht um das Schwimmen kümmern.

Nach ca. 30 Sekunden bis zwei Minuten stellt sich eine Art »Ruhe« ein: Der Atem wird normaler, und der Kaltwasserschock ist schon einmal überlebt. Nun folgen die nächsten zehn Minuten. Das sind die wenigen aktiven Minuten, die der MOB hat. Sehr bald danach wird der Körper versuchen, das Blut in den zentralen Regionen des Körpers zu konzentrieren. Immer mehr verliert der MOB dann die Möglichkeit, seine Extremitäten, besonders Finger und Hände, effektiv einzusetzen.

Während dieser zehn aktiven Minuten muss nun alles erledigt werden, was mit den Händen zu tun ist: Falls vorhanden und nicht schon automatisch aktiviert, sollten nun der PLB ausgelöst, die Jacke zugezogen und die Spray-Cap über den Kopf gezogen werden, um keine Wellen abzubekommen (der MOB dreht sich in der Rettungsweste nämlich unweigerlich mit dem Gesicht zum Wind und zu den Wellen). Wenn er in direkter Nähe von Rettung ist, könnte er nun auch während dieser zehn Minuten schwimmen und eine Leiter hochklettern. Schon nach nur zehn Minuten im kalten Wasser wird er bis zu 80 Prozent seiner Fingerstärke verloren haben, d. h., er wird sich nur schwer selbst retten können.

Nachdem auch diese zehn Minuten verstrichen sind, tritt die dritte Phase ein. Dies ist die passive Phase des MOB. Jetzt kann er sich nicht mehr

1 – Minute	*10 Minuten*	*– 1 Stunde*
Cold Water Shock	**Short Term**	**Long Term**
Beherrschung – Nicht schwimmen – Nicht atmen (versuchen, die Luft anzuhalten)	Aktive Zeit – Schwimmen – Dinge tun – Klettern	Inaktive Zeit – Schwimmen unmöglich – Festhalten unmöglich – Passiv gerettet werden

selbst retten, sondern muss seine Körpertemperatur so gut es geht schützen und nicht verschwenden. Dazu sollte er sich in die HELP-Position begeben (»Heat Escape Lessening Posture«), was eine zusammengekauerte Position ist, die das Entweichen der körpereigenen Temperatur minimiert, und so auf Rettung warten.

Wenn die Crew bei kaltem Wasser ein MOB-Manöver in weniger als zehn Minuten fahren kann, ist die Chance einer geglückten Rettung sehr viel höher. Ein extrem sinnvolles Übungsziel ist es daher, das MOB-Manöver in weniger als zehn Minuten fahren zu können. Diese Übung kann zum Lebensretter werden!

Die gute Nachricht: Auch bei sehr kaltem Wasser (10 °C) ist die Körpertemperatur des MOB noch nach einer Stunde hoch genug, um lebend gerettet zu werden. Vorausgesetzt, der MOB kannte die 1-10-1-Regel, ist bekleidet, trägt eine richtig sitzende Rettungsweste mit Spray-Cap, hat sich in die HELP-Position zusammengekauert und wird horizontal an Bord gehievt. Ab einer Stunde bei 10 °C Wassertemperatur wird es gefährlich; nach zwei Stunden ist die Körpertemperatur auf ca. 34 °C gesunken, eine Lebensrettung wird immer unwahrscheinlicher.

Wie geht ein effektives MOB-Manöver?

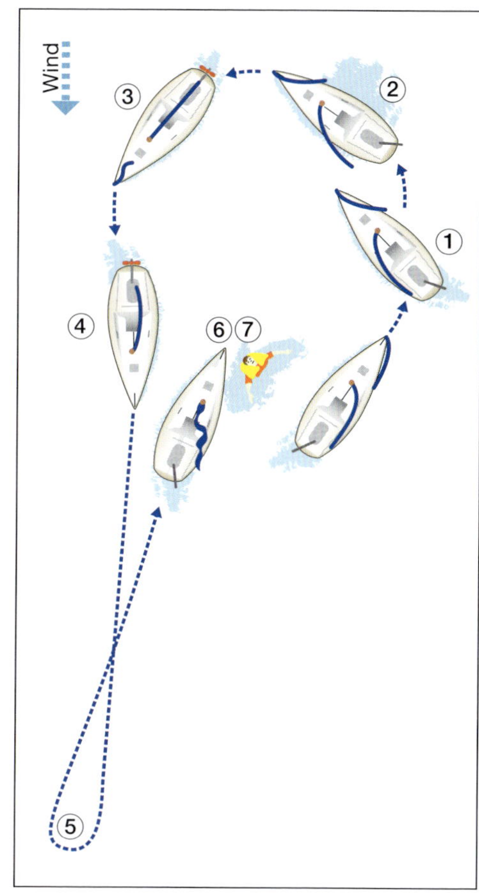

Jedes Manöver, das einen über Bord gefallenen Menschen rasch und erfolgreich wieder an Bord bekommt, ist ein gutes und richtiges MOB-Manöver. Es gibt viele einfallsreiche Manöver, die gefahren werden können. Hier ist ein Standardmanöver aufgeführt, das vielerorts gelehrt wird und dem neusten Stand der RYA entspricht. Es funktioniert auch beim Paarsegeln, denn wenn eine von nur zwei Personen auf dem Schiff über Bord gegangen ist, muss ein Konzept existieren, das mit nur einer Person an Bord durchgeführt werden kann.

Jeder sollte den ersten Schritt eines MOB-Manövers im Schlaf kennen: **Boot stoppen!** Man darf sich einfach nicht mit anderen Dingen wie Rettungsringe werfen, Knöpfe drücken oder dergleichen beschäftigen oder gar überlegen, was denn nun genau als Erstes gemacht werden sollte, während sich das Segelboot mit hoher Geschwindigkeit immer weiter vom MOB entfernt. Das Stoppen geschieht mit dem (unter Beidrehen erwähnten) »Crash Stop«, d. h. ohne irgendetwas anzufassen, eine Wende zu fahren.

Einmal gestoppt, können sämtliche zum MOB-Manöver gehörende Schritte einzeln durchgegangen werden. Wer gut geübt ist, kann sie auch simultan durchführen. Selbstverständlich darf und soll man »Mensch über Bord!« rufen, jemanden zum MOB-Zeigen delegieren und den MOB-Knopf am GPS und den DSC-Knopf am UKW drücken, während das Boot seinen Crash Stop fährt. Das Wichtigste ist jedoch, diese Schritte nicht dem Stoppen des Bootes vorzuziehen. Beidrehen geht übrigens auch bei ausgebaumter Genua oder unter Gennaker. Zwar könnte der Gennaker sich um das Vorstag verheddern und muss später freigeschnitten werden, aber das ist im Fall eines MOB nicht relevant.

Praktische Übung:
Einen an einem Eimer als Treibanker angebundenen Fender ins Wasser werfen (als MOB-Attrappe). Diesen dann auch mal unter Segeln aufzufischen, ist eine gute Übung zum Präzisionssegeln. Es ist sehr nützlich, ein solches Manöver unter Segeln fahren zu können, sollte der Motor (z. B. aufgrund von Leinen im Wasser) einmal nicht funktionieren. Ein MOB-Manöver wird heute trotzdem in erster Linie mit Motorunterstützung gefahren. Daher ist dies hier die einzige Methode, die beschrieben wird.

Das Manöver sollte als »Spickzettel« ausgedruckt an einem gut sichtbaren Platz liegen, sodass man ihn des Öfteren zur Hand nimmt und das Manöver auswendig kennt:

1. Das Boot stoppen (Crash Stop ist wie Beidrehen)
2. MOB-Ort kennzeichnen und andere Schiffe/Küstenwache alarmieren
   - Schwimmende Gegenstände aus dem Cockpit werfen (Sitzkissen, Jacken etc.), die oft schneller zur Hand sind als die am Heckkorb festgezurrten Rettungsringe oder dergleichen. Ist der Rettungsring jedoch direkt zur Hand, natürlich (auch) diesen für die Markierung des MOB-Ortes über Bord werfen
   - MOB-Knopf am Plotter drücken (gern als Fernknopf an der Steuersäule installieren)
   - DSC-Knopf am UKW drücken (gern ein zweites Handset an der Steuersäule installieren)
3. Boot richten
   - Großsegel dichtholen (= schiffsmittig stellen) und die Genua wegrollen
   - Check: Keine Leinen im Wasser?
   - Motor an
4. Zurück zum MOB fahren (hier beginnt das eigentliche Manöver)
   - Nicht in Versuchung geraten, den MOB jetzt bergen zu wollen, was ausschließlich gegen den Wind passieren darf (Achtung: Wie mit einer Jolle einfach aufzuschießen, geht mit einer schweren Yacht nicht!)
   - Gutes Zureden und dem MOB versichern, dass man gleich wiederkommt
   - Wenn vorhanden: Mini-Rettungsinsel zum Bergen (»Jon-Buoy«) auswerfen (sonst noch weitere Markierungen, die noch an Bord sind, ins Wasser werfen, wie z. B. den »Dan-Buoy«, eine mit einer Flagge und Licht ver-

sehene lange Stange an einem Schwimmkörper)
   - Der MOB hat in den ersten zehn Minuten oft genügend Kraft, um in den Jon-Buoy zu klettern (wie das geht, übt man am besten in einem Sicherheitstraining im Wellenbad)
5. MOB-Manöver
   - Vor dem Wind vom MOB weg motoren (Windanzeige beachten)
   - Der Weg zur anschließenden Wende sollte möglichst kurz sein, aber dann wird auch das spätere Aufstoppen schwierig. Wie weit man sich vom MOB entfernen muss, ist Trainingssache
   - Durch den Wind wenden (nicht halsen!)
   - Zurück gegen den Wind zum MOB motoren (perfekt wären ca. 170° zum Wind weg vom MOB und mit ca. 10° zum Wind wieder zurück zum MOB)
6. Großsegel fieren, mit dem Motor gegen den Wind aufstoppen und zum kompletten Stillstand kommen. Achtung: Verletzungsgefahr durch Schiffsschraube!
7. MOB auf der Leeseite mittschiffs bergen

Nach ein bisschen Übung ist das komplette Manöver in unter fünf Minuten gefahren.

Wie wird der MOB geborgen?

Wer mit einem Fender schon geübt hat, fängt diesen normalerweise mithilfe eines Bootshakens im Vorbeifahren ein und hievt ihn an Bord. Mit einem echten Menschen geht das leider nicht.

Mehrere Alternativen sollten bootsspezifisch und situationsbedingt vorbereitet werden. Richtig unterkühlte Menschen, die erst nach langer Zeit geborgen werden können, müssen in horizontaler Lage geborgen werden. Wie auch immer geborgen wird: Das eigene Schiff muss zum kompletten Stillstand gekommen sein, und der MOB soll in Lee vom Schiff gerettet werden.

Hier einige Ideen, wie ein schwerer Mensch auch von einer leichten Crew an Bord geborgen werden kann:

1. **Mittschiffs mithilfe eines Falls den MOB über die Fallwinsch heben**
   Vorteil: Mittschiffs sind die Schiffsbewegungen minimal und das Decksniveau meist am niedrigsten. Eine Winsch steht am Mast meist zur Verfügung, sodass auch eine schwache Crew den MOB heben kann.
   Problem: Wie befestigt man das Fall an der dafür vorgesehenen Schlaufe der Rettungsweste? Der MOB hat durch die Kälte kaum

mehr Gefühl in den Fingern und kann weder einen Haken öffnen noch einen Knoten machen. Die Besatzung an Bord reicht nicht bis zur Wasseroberfläche, um das Fall an der Schwimmweste des MOB zu befestigen.
Lösung: Hier ist der »MOB-Lifesaver« äußerst nützlich: Die kleine MOB-Schwimmleine wird mit in die Rettungsweste gepackt, und wenn sich diese öffnet, springt auch die dünne 3 m lange Dyneemaleine mit Schlaufe aus der Weste. Mit einem Bootshaken kann die Schlaufe aufgefischt und auf Decksniveau mit dem Fall verbunden werden.

2. Jon-Buoy

Vorteil: Funktioniert wie eine Mini-Rettungsinsel: Der MOB klettert in den Jon-Buoy und wird horizontal gehoben, was bei einer Unterkühlung lebensrettend ist, vorausgesetzt der MOB konnte in den Jon-Buoy klettern. Man kommt sehr leicht an die Hebeschlaufe heran, da sie an einer aufgeblasenen Stange auf Deckshöhe erreicht werden kann.
Nachteil: Teuer, muss jährlich gewartet werden.

3. Rettungsnetz längs der Bordwand

Ein Rettungsnetz ist die professionelle Lösung, die oft bei Rettungsbooten eingesetzt wird. Ein U-förmiges Netz wird über Bord ins Wasser gehängt, und der MOB begibt sich in das U hinein. Die äußere Kante des Netzes wird an einem Fall befestigt, und der MOB wird rollend nach oben gehievt.
Vorteil: Die Person wird horizontal geborgen, was bei Unterkühlung lebensrettend ist.
Nachteil: Muss nicht nur gekauft, sondern auch irgendwo verstaut werden. Es ist in der Praxis nicht einfach, den MOB in das Rettungsnetz zu ziehen.

4. Badeleiter achtern

Eine weit unter die Wasseroberfläche reichende Rettungsleiter ist der beste Weg bei ruhigem, warmem Wasser und einem starken, nicht unterkühlten MOB. Eine Heckplattform ist hier sehr nützlich, auf der auch die Retter (angegurtet!) nah ans Wasser herankommt, um dem MOB zu helfen. Die Leiter sollte auf keinen Fall festgezurrt, sondern mit einer zur Wasseroberfläche herabreichenden Leine versehen sein, sodass die Leiter auch vom MOB im Wasser heruntergeklappt werden kann.
Vorteil: Wird bei jedem Baden geübt, ist fest installiert und jederzeit einsatzbereit.
Nachteil: Das Schiff hebt und senkt sich achtern in den Wellen, und der MOB könnte sich den Kopf

anschlagen. Bei Wellengang daher weniger ratsam.

5. Rettungsleiter mittschiffs
Wer eine feste, tief ins Wasser ragende Rettungsleiter mittschiffs hat, ist im Vorteil. An einer Strickleiter hochzuklettern, ist jedoch viel schwieriger. Falls eine Strickleiter benutzt wird, muss sie unbedingt feste, sinkende Stufen haben und mindestens 1,2 m unter die Wasseroberfläche reichen.
Vorteil: Günstig, einfach einsatzbereit (z. B. einfach einhängen, herunterklappen oder, wenn es sich um eine Strickleiter handelt, diese über die Mittschiffsklampe stülpen).
Nachteil: An einer Strickleiter zu klettern, ist gar nicht so einfach und muss geübt werden.

6. Dingi herabsenken
Einen MOB über die tiefe runde Kante eines Schlauchbootes zu hieven, kann ebenfalls eine gute Lösung sein. Es gibt auch für Schlauchboote spezielle Badeleitern, die man über die Seite des Schlauchbootes legt. Befindet sich der MOB einmal im Schlauchboot, ist er schon im Trockenen und halb gerettet.
Nachteil: Das Schlauchboot muss rasch ins Wasser gelassen werden können. Hängt das Dingi achtern an Davits, geht das einfacher, als wenn das Schlauchboot auf dem Vordeck verstaut ist.

7. Rettungsinsel
Die Rettungsinsel ist immer einsatzbereit, aber eine teure Lösung. Sämtliche Wege, um Menschenleben zu retten, sollten aber bedacht werden.

Jeder Skipper und jede Crew sollten sich ein System für das eigene Schiff ausdenken und dieses bei badefreundlichen Temperaturen ausprobieren. Von Vorteil ist es, wenn das System schnell einsetzbar ist, ohne erst kompliziert aufgebaut werden zu müssen. Ein Bergungssystem sollte am besten bei Stillliegen des Schiffes durchgeführt werden, denn jede Fahrt durchs Wasser bedeutet, dass der MOB durchs Wasser gezogen wird und rasch Wasser schlucken kann, besonderes bei Wellengang.

Wenn ich eine Sicherheitsleine trage, kann mir dann nichts passieren?

Sich einzupicken, ist eine sehr gute Routine, um nicht über Bord zu fallen. Nur muss man dabei Folgendes bedenken: Wenn man trotz des Gurtes über Bord fällt, kann es sein, dass der MOB mit dem Gurt an der Bordwand hängend durch das Wasser gezogen wird. Schon bei wenigen Knoten Fahrt würde der MOB trotz (oder gerade wegen) des Gurtes ertrinken. Daher gilt in dieser prekären Situation wieder die Regel: Das Boot sofort durch Crash Stop anhalten, beidrehen, den MOB, der in seinem Gurt hängt, mit einem Fall verbinden und zurück an Bord hieven.

Gute Rettungswesten haben übrigens genau aus diesem Grund ein J-förmiges Messer in der Weste angebracht. Wenn die Crew nicht sofort das Boot zum Stoppen bringt, kann der an der Bordwand hängende MOB seinen Gurt durchschneiden. Er müsste dann zwar durch ein MOB-Manöver zurückgeholt werden, aber zumindest ertrinkt er nicht an der Bordwand.

Wie soll ich mich bei einer Hubschrauberrettung verhalten?

Der Rettungshubschrauber ist wie der Krankenwagen, der im Notfall am schnellsten zur Stelle ist und direkt ins Krankenhaus fliegen kann. Da die Crew bei einer Bergung mithelfen muss, ist es wichtig, den Ablauf zu kennen, damit der Hubschrauber nicht unverrichteter Dinge wegen Kerosinmangels oder eines verlorenen Seils wieder umkehren muss.

Unter einem Hubschrauber ist es extrem windig und laut. Daher ist es gut, wenn man sich schon vor dem Nähern mit der Hubschrauberbesatzung über UKW verständigt. Rettungshubschrauber hören auf Kanal 16 mit, und viele führen auch einen AIS-Sender und können auf dem Plotter gesehen werden. Am besten sollte man alles Wichtige frühzeitig klären und die Anweisungen entgegennehmen. Das Rettungsteam im Hubschrauber besteht aus Profis, und die Segelcrew muss deren Anweisungen präzise folgen. Wenn weit auf See gerettet wird, kann der Hubschrauber nicht lange über dem Schiff bleiben, da er wegen Treibstoffmangels wieder zurück zur Station muss. Daher muss alles zügig und reibungslos ablaufen. Wichtig: Bei einer Hubschrauberrettung auf keinen Fall eine Fallschirmnotrakete zum Anzeigen der eigenen Position abfeuern!

Was die Crew erwarten kann, ist folgender Ablauf:

1. Sämtliche losen Gegenstände im Cockpit und an Deck sind unter Deck zu verstauen. Einen Eimer am Heckkorb zum Aufsammeln der »High Line« anbinden. Wenn möglich, für die Kommunikation per UKW ein Crewmitglied unter Deck setzen, da es im Cockpit sehr laut werden wird. Wenn man die Anweisungen nicht versteht: Fragen!
2. Es soll mit Motorunterstützung gute Fahrt am Wind gemacht bzw. gesegelt werden, meistens mit Wind

ca. 30° von Backbord (viele Rettungshubschrauber haben nämlich ihre Tür auf der Steuerbordseite des Hubschraubers).

3. In manchen Fällen sollen sämtliche Segel, in anderen Fällen nur die Genua eingeholt werden. Der Pilot gibt an, wie er es unter den gegebenen Umständen gern hätte.
4. Manchmal wird ein Seil vom Hubschrauber erst ins Wasser getunkt, um den Hubschrauber elektrostatisch zu neutralisieren.
5. Dann wird das Seil (»High Line«) ins Cockpit herabgelassen. Dieses Seil nirgendwo anbinden, sondern in einem Eimer aufsammeln. Handschuhe tragen! Am anderen Ende der High Line befindet sich der Retter, der sich vom Hubschrauber herunterfieren lässt. Dem losen Ende genügend Zug geben, damit der Retter nicht hin- und herpendelt. Die High Line im Eimer weiter aufsammeln.
6. Handzeichen werden nun benutzt, da es zu laut für das UKW-Gerät ist.
7. Der Retter kommt an Deck und wird das (verletzte) Crewmitglied mit sich nach oben winschen lassen.
8. Die High Line wieder straff halten, damit die beiden nicht hin und her schwingen. Die Leine aus dem Eimer nach oben geben, aber das Ende bis zuletzt in der Hand halten.
9. Falls noch ein Crewmitglied gerettet werden muss, wird die High Line beim Herablassen des Retters wieder straff gehalten und im Eimer aufgesammelt.

Wie kann ich abgeschleppt werden?

Wenn beispielsweise durch einen Ruderschaden nicht mehr selbst gesegelt werden kann, muss unter Umständen das eigene Schiff abgeschleppt werden. Hierbei gilt, dass die Abschleppleine (besonders auf offener See) sehr lang und am besten elastisch sein muss. Ein mittig angebrachtes Gewicht kann als Ruckdämpfer dienen. Zusätzlich sollte man die Fender griffbereit haben, falls man sich zu nah kommt.

Die Schleppleine einfach an der Bugklampe zu befestigen, würde durch die großen Ruckkräfte die Klampe herausreißen. Besser ist es, das Abschlepptau zur Kräfteverteilung durch so viele Klampen wie möglich laufen zu lassen und am Ende beidseitig an den Winschen zu befestigen, die an Deck meist die stärksten Punkte darstellen.

Unter sehr ruhigen Bedingungen kann auch in geschütztem Gewässer mit dem (eigenen) Dingi abgeschleppt werden. Das ist beispielsweise bei einem Motorschaden praktisch, wenn

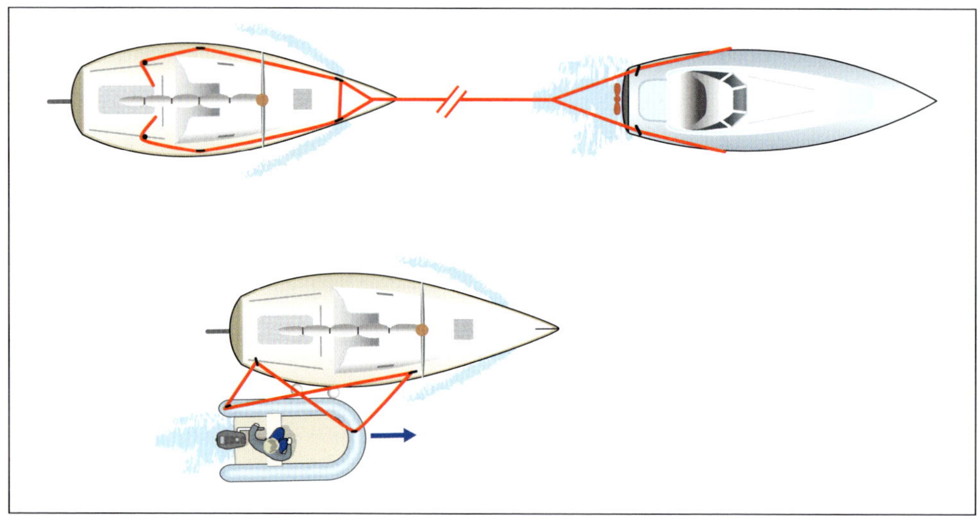

man bis vor die Hafeneinfahrt segeln konnte und im Anschluss das letzte Stück in den Hafen geschleppt werden muss. Für die Vorbereitung kann auch unter Segel kurz geankert werden, bis die Schleppvorbereitungen abgeschlossen sind. Hierfür wird das kleine Motorboot oder das Beiboot seitlich in Hecknähe mit mehreren Springleinen angebracht. Am besten über UKW mit der Marina ausmachen, auf welcher Seite angelegt werden soll, damit das Dingi auf der gegenüberliegenden Seite positioniert werden kann.

Notfallmanöver

- MOB auf jeden Fall vermeiden und Rettungsweste tragen!
- Beim MOB ist das Allerwichtigste, sofort das Boot durch Beidrehen zu stoppen
- Nach dem Beidrehen: Ort markieren, DSC-Knopf drücken, Großsegel mittig stellen und Genua wegrollen, und das MOB unter Motor fahren
- MOB nur gegen den Wind und mit geeigneter Methode bergen
- Bei der Bergung eines kranken oder verletzten Crewmitglieds durch einen Hubschrauber muss die Crew aktiv mitspielen und wissen, was von ihr erwartet wird
- Abschleppen hintereinander bedarf einer sehr langen (gedämpften) Leine, deren Kräfte auf mehrere Klampen/Winschen verteilt werden sollten
- Bei Motorschaden unter Segel vor dem Hafen ankern und dann das Boot mit dem eigenen Dingi seitwärts in den Hafen schleppen

ANKERN

Kann man sich auf den Anker verlassen?

Wer einmal das Ankern für sich entdeckt hat, schätzt die Abwechslung zur vollen Marina oder zum Treiben des Stadthafens. Die Abwechslung macht den Genuss, und man freut sich, abends einfach in eine geschützte Bucht zu gleiten, den Anker zu werfen und dann in aller Ruhe die Natur und das Dasein zu genießen. Am nächsten Morgen kann man einfach den Anker lichten und lossegeln. Keine Leinen und Fender verstauen, keine stressigen Hafenmanöver und keine Hafengebühren. Das windgeschützte Cockpit hinter der Sprayhood, die bezaubernde Aussicht, ein morgendliches Bad vom Boot, die Privatsphäre – es spricht viel für das Ankern!

Außer einem: der Angst, dass der Anker nicht hält. So ist es ganz normal, dass man als Anfänger der Sache nicht ganz traut und beim kleinsten Windhauch nachts aufwacht und ängstlich aus der Decksluke schaut, um sicherzustellen, dass das Boot noch immer am gleichen Ort liegt. Sich vor Anker zu sicher zu fühlen, ist tatsächlich nicht ganz so einfach, denn nur mal eben kurz den Anker über Bord zu werfen, reicht leider nicht. Auch Ankern muss geübt werden.

Welches Ankergeschirr soll ich wählen?

Anker unterscheiden sich deutlich voneinander und reichen von dem heute noch käuflichen CQR-Anker von 1934 bis zu den modernen SHHP-Anker mit »Super High Holding Power« aus den letzten Jahrzehnten.

Viele Segler kennen oft nichts anderes als die beiden Pflugankertypen CQR und Delta. Der Delta ist die kostengünstige Weiterentwicklung vom CQR und wird seit 1990 bei fast allen neu ausgelieferten Yachten als Standard mitgeliefert. Diese beiden Anker ziehen in weichem Untergrund wie ein Pflug durch den Lehm und brauchen oft sehr lange, bis sie sich endlich gesetzt und eingegraben haben. Auf Seegras können sie sich oft gar nicht eingraben, und zusätzlich hat der CQR ein Gelenk, das eine Verletzungsgefahr darstellt. Viele Segler akzeptieren diese Nachteile einfach, obwohl moderne Anker sicherer und komfortabler sind. Bei gutem Ankergrund, wie z. B. Sand, haben sich aber CQR und Delta bei Fahrtenyachten des letzten Jahrhunderts trotzdem bewährt.

Eine Alternative zum Pfluganker ist der Klauenanker, der ursprünglich, als er 1971 erfunden wurde, »Bruce« hieß. Der Bruce ist mit seiner großen Klauenfläche für weichen Lehm geeignet. In Skandinavien wird der Bruce daher oft in den Schären als Heckanker eingesetzt, denn hier ist oft sehr weicher Lehm als Untergrund zu finden. Die spitzenlose, runde Form erschwert jedoch das Eingraben in harten Boden, daher ist er als Allroundanker am Bug weniger zu empfehlen.

Der Fortress-Anker aus Aluminium sieht auf dem ersten Blick wie der im Zweiten Weltkrieg entwickelte Danforth für die Landungsfahrzeuge am Strand aus. Es ist aber tatsächlich eine völlige Neuentwicklung aus dem Jahr 1986, bei der die Form wichtiger ist als das Gewicht. Mit seiner großen Fläche hat der Fortress eine extreme Haltekraft, wenn er sich dank der äußerst spitzen Enden gut eingegraben hat. Zum Verstauen am Bug und zum Schwojankern ist er weniger geeignet, aber als leichter, zerlegbarer Not-, Ersatz- oder Zweitanker sehr gut in der Backskiste zu verstauen.

Auf einem gebraucht gekauften Schiff ist oft noch einer der alten Anker zu finden, meist ein CQR oder ein Delta. Der neue Eigner sollte deshalb ein Upgrade unbedingt in Betracht ziehen. Es gibt einige sehr gute, moderner Anker, die in den letzten zwei Jahrzehnten erfunden, entwickelt und erprobt wurden und die sich für den Bug einer Fahrtenyacht bewährt haben. Diese modernen Anker sind sorgfältig konstruiert und bestehen aus einer Kombination aus scharfen Spitzen und großen Flächen. Sie funktionieren ausgezeichnet sowohl für harte als auch weiche Böden, legen sich dank Bügel oder geschickter Gewichtsverteilung auf dem Boden richtig herum, graben sich schnell ein, schwojen bei Wind- oder Strömungsänderung mit und eignen sich deshalb als primäre Anker am Bug. Beispiele für moderne Anker sind: Rocna, Vulcan, Manson Supreme, Spade und Ultra.

Ein moderner Anker am Bug sowie ein Fortress oder Bruce am Heck bzw. als Zweitanker für weiche Böden vereinfachen das Ankern und geben ein sicheres Gefühl. Hinzu kommen eine Ankerwinde auf dem Vordeck und eine mindestens 40 m lange Kette, die alle 5 m mit einer farbigen Kettenmarkierung gekennzeichnet sein sollte. Die gewählte Kettenlänge hängt von der Schiffsgröße und dem Revier ab. Das letzte Glied muss an Bord mit einer Leine (kein Schäkel!) verbunden werden, sodass die Kette am Ende nicht verloren gehen kann, im Notfall aber dennoch mit einem Messer durchgeschnitten werden könnte.

Woran erkenne ich, wo ich ankern kann?

Obwohl man streng genommen fast überall frei ankern kann, macht es Sinn, sich im Revierführer zu informieren. Dort werden die populärsten Ankerplätze beschrieben. Von anderen Seglern können zudem Tipps eingeholt werden, denn es gibt natürlich viel mehr Ankerplätze, als in Büchern beschrieben werden. Benutzer gleicher Navigationssoftware tauschen sich oftmals in »Communities« aus, sodass es häufig anwenderspezifische Kommentare von anderen Seglern gibt, die auf elektronischen Seekarten am Plotter als Bewertungen auftauchen.

Raster- oder Papierkarten geben darüber hinaus Informationen über die Topografie an Land. So kann man windabschirmende Landerhöhungen, Hügel oder Böschungen schon auf der Karte erkennen und geeignete Ankerplätze vermuten.

Wenn man in eine unbekannte Ankerbucht hineinfährt und es langsam untief wird, sollte die Geschwindigkeit auf ein Minimum gedrosselt werden. Meist – jedoch nicht immer – sind die Skizzen im Revierführer korrekt.

Am besten fährt man den gedachten Schwojumkreis um den geplanten Ankerplatz ab und misst mit dem Echolot das Gebiet aus. Moderne Plotter haben ein eingebautes Bodenerkennungsprogramm (»Bottom Discrimination Sounder«), das zwischen Lehm und Sand (beides sehr gute Ankerböden) sowie Kiesel und Stein (beides sehr schlechte Ankerböden) unterscheiden kann.

Die geeignete Wassertiefe muss nun gewählt werden, denn bei Niedrigwasser will man ja nicht nachts (durch ein Aufsetzen des Bootes) geweckt werden. Daher sollte man beachten, wie weit man bis zum nächsten Niedrigwasser noch sinken wird (Δ1). Hierzu wird die am Ankerplatz aktuelle Höhe der Gezeit (HoT) benötigt. In der zur Törnplanung erstellten Gezeitenkurve kann der HoT beim Zeitpunkt des Ankerns leicht abgelesen werden. Aus der Kurve wird auch das Niedrigwasser (LW) notiert. Dann ergibt sich:

$$\Delta 1 = \text{HoT} - \text{LW}$$

wobei:
Δ1 = Anzahl Meter, die der Meeresspiegel bis zum nächsten Niedrigwasser sinken wird
HoT = aktuelle Höhe der Gezeit
LW = Höhe des nächsten Niedrigwassers

Indem nun Δ1 von der aktuellen Wassertiefe am Echolot abgezogen wird, erfährt man die minimale Wassertiefe, die bei Niedrigwasser am Messort zu finden sein wird.

Beispiel:

Der Skipper schaut auf sein Echolot. Liest er beispielsweise 5,1 m am Echolot ab, und Δ1 sind 3,5 m, wird er beim nächsten Niedrigwasser nur 1,6 m Wassertiefe haben, was bei den meisten Schiffen viel zu wenig ist. Oder umgekehrt: Wenn der Skipper sich von vornherein entscheidet, dass er eine Wassertiefe von mindestens 3 m bei Niedrigwasser haben möchte, muss er also Δ1 = 3,5 m noch hinzuzählen, um bei seiner gewählten minimalen Wassertiefe zu ankern. Er sucht am Echolot also eine Wassertiefe von mindestens 3 m + Δ1 = 6,5 m. Nur wenn er aktuell 6,5 m am Echolot sieht, wird er beim nächsten Niedrigwasser 3 m Wassertiefe haben. Bei 2 m Tiefgang des Schiffes wäre das noch 1 m unter dem Kiel.

In tidenlosen Gewässern kann natürlich direkt am Echolot die Wassertiefe abgelesen werden. Werden aktuell 4 m angezeigt, wird es auch in der Nacht weiterhin ca. 4 m anzeigen.

TIPP

In seichtem Wasser zu ankern, um möglichst wenig Ankerkette stecken zu müssen, ist nicht immer günstig. Zwar bleibt der Schwojradius klein, doch insbesondere in Revieren ohne Gezeiten ist bei einer Wassertiefe von weniger als 5–6 m oft recht viel Seegras zu finden. Daher ergibt es Sinn, in tidenlosen Gewässern bei mehr als 6 m Wassertiefe zu ankern, da viele (altmodische) Anker sich nur schwer durch Seegras eingraben.

Wenn bereits mehrere Boote in einer Bucht ankern, sollte man nicht genau vor einem anderen Schiff den Anker werfen. Am besten legt man seinen eigenen Anker parallel auf Höhe des Hecks eines der anderen Boote oder so weit voraus, dass man auch mit gesteckter Ankerkette noch genügend Abstand hat.

Wie geht das Ankermanöver?

Es wird immer gegen den Wind und/oder Strom geankert. Wenn andere Boote schon dort ankern, bedeutet das: parallel zu den anderen Booten. Wenn diese in unterschiedliche Richtungen ankern, sollte man aufpassen, denn das kann ein Anzeichen dafür sein, dass Wind und Strömung die verschiedenen Boote unterschiedlich bewegen. Dann ist besondere Aufmerksamkeit und großer Abstand zu den anderen Schiffen geboten.

Am gewünschten Ankerplatz wird aufgestoppt. Der Anker wird mit der Ankerwinde heruntergelassen, d. h. nicht die gesamte Kette auf einmal über Bord geworfen (die sich dann über dem Anker auftürmen könnte).

Wenn der Anker den Boden berührt, langsam den Rückwärtsgang einlegen. Mit ein wenig Übung erkennt die Crew auf dem Vordeck, wann der Anker den Boden berührt hat: Der Motor der Ankerwinde läuft anders, die Kette über Deck hat weniger Zug, die Farbmarkierungen der Kette stimmen mit der Wassertiefe des Echolots überein. Nun langsam rückwärts fahren und gleichzeitig Kette stecken.

Wichtig: Um zu wissen, wie viel Kette gesteckt werden soll, muss man in Tidengewässern wissen, wie weit das Wasser bis zum nächsten Hochwasser steigen wird. Analog zur vorherigen Rechnung wird nun gerechnet:

$$\Delta 2 = HW - HoT$$

wobei:
Δ2 = Anzahl Meter, die der Meeresspiegel bis zum nächsten Hochwasser noch steigen wird
HoT = aktuelle Höhe der Gezeit
HW = Höhe des nächsten Hochwassers

Δ2 wird zu der aktuellen Wassertiefe hinzugezählt, um zu erfahren, wie die maximale Wassertiefe hier sein wird. Auf dieser maximalen Wassertiefe beruht die Berechnung der zu steckenden Kette.

Wenn man nur kurz zum Kaffeetrinken ankern will, während man im Cockpit Ausschau hält, reicht 4 x die Wassertiefe; grundsätzlich gilt, 5 x die Wassertiefe an Kette zu stecken. Wer aus Kosten- oder Gewichtsgründen keine Kette für das Ankern benutzt, sondern stattdessen mit einem Ankertau ankert, sollte den Anker trotzdem unbedingt direkt mit einem kurzen Kettenvorlauf von ca. 5–10 m versehen, damit das Tau nicht gegen auf dem Grund liegende Steine oder Ähnliches scheuert. Zudem muss das zu steckende Ankertau viel länger sein als eine Kette, nämlich 7 x die Wassertiefe. Zur Wassertiefe darf nicht die Deckshöhe vergessen werden, die gut und gern 1,5 m beträgt. Es geht nämlich um den Abstand vom Meeresboden zur Bugrolle.

Werden 40 m Kette mitgeführt, kann demnach bei nicht mehr als 8 m Wassertiefe geankert werden (bei Hochwasser). Für die tidenlose Ostsee ist das völlig ausreichend, denn hier wird selten bei noch tieferem Wasser geankert. In Gezeitengewässern, die viele Meter steigen und sinken können, ist mehr Kette ratsam, um noch bei Hochwasser einen ausreichenden Faktor gewährleisten zu können. Hier sind 50 oder 60 m Ankerkette empfehlenswert.

TIPP Wenn genügend Schwojradius zur Verfügung steht, gern großzügig Kette stecken, denn das erhöht die Ankerfestigkeit deutlich.

TIPP Beim Ankerstecken und gleichzeitigen Rückwärtsfahren wird der Wind womöglich den Bug ergreifen, das Boot fällt vom Wind ab und legt sich quer zur Windrichtung. Dann mit dem Rückwärtsfahren und Kettestecken kurz innehalten, bis sich das Boot wieder mit dem Bug gegen den Wind ausgerichtet hat. Nach ein paar Minuten kann dann weitergemacht werden, bis die gewünschte Kettenlänge, die durch Farbkodierung an der Kette gekennzeichnet sein sollte, gesteckt ist.

Muss ich eine Trippleine und eine Ankerboje aussetzen?

Manchmal sieht man, dass Segler am Anker eine Trippleine befestigen, die zu einer Boje an der Wasseroberfläche führt. Das hat zwei Vorteile: Erstens markiert die Boje den Ort des Ankers, zweitens kann man (falls sich der Anker am Boden verhakt) statt an der Kette den Anker rückwärts an der Trippleine aus der Verhakung lösen und hochziehen. Daher wird die Trippleine auf der einzugrabenden Seite (vorn am Anker) durch ein hierfür vom Ankerhersteller gebohrtes Loch eingebunden.

Wenn im Revierführer von »faulem Ankergrund« die Rede ist, sind damit Steine, Schrott, alte Taue, Ketten und andere Dinge am Boden gemeint, worin sich der Anker verfangen könnte. Am besten sollte man hier nicht ankern. Wenn es dennoch notwendig sein sollte, ergibt eine Trippleine mit Ankerboje an solchen Ankerplätzen Sinn.

Ankerbojen haben jedoch auch Tücken: Oft dreht der Wind, und sämtliche Boote schwojen in die entgegengesetzte Richtung. Alle Boote schwojen meist im Takt, und es ist in der Regel kein Problem, wenn ein Schiff auch mal über den Anker des Nachbarn schwimmt. Hat dieser aber eine Ankerboje ausgebracht, kann sich der Kiel oder das Ruder des eigenen Schiffes in der Trippleine des Nachbarn verfangen, daran ziehen und den Nachbaranker selbstständig ausgraben. Bei sehr schwachem Wind kann ein Boot seine Bahnen um den eigenen Anker ziehen, bis es sich in der eigenen Trippleine verfängt und den Anker ausgräbt.

Die meisten Segler setzen daher keine Ankerboje. Man kann auch so ungefähr schätzen, wo sich der Anker befindet. An den meisten Ankerplätzen lässt sich der Anker einfach durch vertikales Ziehen am Anker ausbrechen: mit dem Motor genau über dem Anker motoren, während man die Kette einholt. Wenn sie genau vertikal steht, sollte man nicht mehr die Winde arbeiten lassen, sondern einfach kurz abwarten. In kürzester Zeit hat die Schiffsbewegung (und nicht die Ankerwinde) den Anker ausgebrochen. Einmal frei, kann man den Anker einfach mit der Winde an Deck heben.

Wie weiß ich, ob der Anker auch tatsächlich hält?

Es empfiehlt sich, den gesetzten Anker festzufahren. Dazu wird langsam rückwärts gefahren und somit an der Ankerkette gezogen. Ein Crewmitglied auf dem Vordeck kann dabei eine Hand auf die Kette legen, um zu spüren, ob sie vibriert oder springt, was ein Anzeichen dafür ist, dass der Anker am Boden schleift bzw. noch nicht eingegraben ist. Gräbt er sich binnen der ersten Meter nicht ein, ist die Wahrscheinlichkeit groß, dass dies auch während der nächsten Bootslängen nicht geschehen wird. Dann sollte man lieber (an einer anderen Stelle) einen neuen Versuch unternehmen.

Wenn die Kette vom Bug diagonal ins Wasser herabzeigt, hat sich der Anker gesetzt. Eingegraben und geprüft ist er dabei aber noch nicht. Ein Handzeichen nach achtern ins Cockpit, und der Rudergänger gibt langsam immer mehr Gas im Rückwärtsgang bis auf ca. 1.800 Umdrehungen. Jetzt wird der MOB-Knopf auf dem Plotter gedrückt, was die aktuelle Stelle elektronisch markiert. Am Plotter maximal eingezoomt, kann das MOB-Symbol neben dem übergroßen Bootssymbol beobachtet werden. Das Boot soll sich nun keinen Meter weiter nach achtern bewegen als das MOB-Symbol anzeigt, denn das würde ein Treiben vor Anker bedeuten. Das Schiff muss demnach trotz des Zuges mehrere Minuten lang genau neben dem MOB-Symbol verharren. Aufgrund des Radeffektes darf sich das Boot dabei etwas seitwärts bewegen. Kleiner Nebeneffekt: Bei jedem Ankern übt die Crew, den MOB-Knopf zu drücken, und die Ankerstelle wird zudem am Plotter für zukünftiges Ankern oder als Erinnerung markiert.

Ein letzter Ausguck nach Steuerbord oder Backbord querab, um eine geeignete Deckpeilung an Land zu finden (z. B. einen Baum über oder hinter einem Stein), um sicherzustellen, dass man genau auf dem gleichen Ort verharrt. Ist dies der Fall, kann das Gas langsam weggenommen und am Ende der Motor ausgeschaltet werden.

Was muss abschließend nach dem Ankermanöver gemacht werden?

Die Ankerwinde ist dafür gebaut, den ausgegrabenen Anker zu heben, nicht aber ein tonnenschweres Boot am Anker zu halten oder das Boot zum Anker zu ziehen. Deshalb muss die Winde während des Ankerliegens entlastet werden.

Hierfür wird ein Krallenhaken in die Kette gesteckt, an dem zwei Stücke Tau befestigt sind, die eventuell jeweils noch mit einem Ruckdämpfer aus Gummi ausgestattet sind. Die lose Part dieses »Snubbers« wird zur Verteilung der Kräfte beidseitig an den Bugklampen befestigt. So wird die Kraft nicht mehr von der Ankerwinde, sondern von den Klampen gehalten.

Einen Ankerball als Sichtzeichen zu setzen, wird von vielen als übertrieben angesehen. Versicherungsgesellschaften sehen das oft anders: Wenn es am Ankerplatz zu einer Kollision kommen würde, wird eine Versicherung wahrscheinlich wissen wollen, ob hier durch Missachtung der KVR eventuell eine Mitschuld besteht. Einen im Ankerkasten verstauten Ankerball gut sichtbar an der Genuaschot einzuhaken und mit einer Leine an der Bugklampe oder am Bugkorb zu befestigen, ist eine Sache von Sekunden.

Bei anbrechender Dunkelheit sollte man nicht vergessen, das Ankerlicht anzuschalten. Hierzu ist das in der Mastspitze fest montierte Ankerlicht praktisch. Um das eigene Boot nachts nach einem Landgang in der Menge geankerter Boote zügig wiederfinden zu können, ergibt es Sinn, zusätzlich ein Licht auf Decksniveau anzulassen. Außerdem werden andere Schiffe, die nachts in die Ankerbucht kommen, ein Ankerlicht auf Decksniveau besser sehen als ein Licht auf Sternenhöhe.

Am Ende sollte noch die elektronische Ankerwache eingeschaltet werden, die man am GPS oder mit entsprechender App am Smartphone aktivieren kann. Durch einen Alarm wird die Crew geweckt, sollte das Boot außerhalb eines definierten Schwojkreises driften.

Ankern

- Ankern ist nicht nur kostenfrei, sondern schenkt zudem Privatsphäre, schönen Ausblick, ein windgeschütztes Cockpit und Bademöglichkeiten
- Ein Beiboot (Dingi) erlaubt trotzdem Landgänge
- Die Angst vor einem nicht haltenden Anker kann durch den Kauf eines modernen Ankers, genügend gesteckte Kette und das Lesen des Revierführers genommen werden
- Richtig festgefahren und mit elektronischer Ankerwache (am Smartphone) versehen, ist Ankern sehr sicher

TIPP

Ankersegel: Manche Boote, besonders moderne Finnkieler, »segeln« vor Anker. Das bedeutet, dass sie sich im Wind hin und her bewegen und so bei jeder Headingänderung ruckartig an der Ankerkette zerren. Hier hilft ein Ankersegel, das entlang des Achterstags gesetzt wird und am Baum, am Mast oder an einer Mittschiffsklampe nach vorn »geschotet« wird. Dadurch wird das Boot luvgierig und bleibt mit dem Bug stets im Wind liegen. Bei wenig Wind ist ein Ankersegel nicht notwendig.

DER SUNDOWNER

Es gibt nichts Schöneres, als nach einem geglückten Segeltag, an dem alles nach Plan lief, mit der Crew einen Sundowner im Cockpit zu genießen. Einen angstlosen, spaßerfüllten Segeltag unter Freunden, mit der Familie oder dem Partner genussvoll ausklingen zu lassen, ist ein Erlebnis in Freiheit und Natur, an das noch nach Jahren gern zurückgedacht wird.

Fahrtensegeln ist Reisen unter Segeln. Einen neuen Ort von See kommend zu erkunden, führt die lange Tradition der Seefahrt fort. Fahrtensegler bewegen sich dabei oft außerhalb ihrer Komfortzone, und so hilft es, neugierig, aufgeschlossen und unternehmungslustig zu sein.

Mit dem Sundowner endet keineswegs das Abenteuer, denn der Törn hat einen nur zu einem neuen Ort geführt, den es zu erkunden gilt. Als Fahrtensegler bleibt man gern einen oder mehrere Tage am gleichen Ankerplatz oder Hafen, denn auch an Land gibt es viel zu erleben!

In diesem Sinne: Allzeit gute Fahrt und wunderschöne Landgänge!

DANKSAGUNG

Dieses Buch entstand dank vielfältiger wie spannender Fragen, die meine Mitsegler, Gäste, Kursteilnehmer und Freunde am Steg, auf Bootsmessen, an Bord von Regina Laska oder in der Hafenkneipe gestellt haben. Mein Dank gilt daher allen, die Interesse am Segeln zeigen und oftmals unermüdlich nachhaken. Hierdurch entwickelten sich viele intensive wie interessante Gespräche, in denen auch ich immer wieder etwas lernen konnte, neue Anregungen und Ideen bekam. Dass die FAQs in einem Buch zusammengefasst worden sind, ist dem Delius Klasing Verlag zu verdanken, der meine persönlichen Antworten zu Fragen altbekannter Seemannschaft einem größeren Publikum zugänglich machen wollte. Es gibt viele unterschiedliche Lösungswege und hilfreiche Antworten auf praxisrelevante Fragen rund um das Fahrtensegeln: In diesem Buch gebe ich meine persönlichen Tipps, wie ich Fahrtensegeln praktiziere und an meine Gäste weitergebe, um sicher, bequem und mit Freude zu segeln.

REGISTER

Register

T

U

V

W

Z

Von Leon Schulz sind im Delius Klasing Verlag
folgende Titel erschienen:

Sabbatical auf See
Zu zweit an Bord (mit Gaby Theile)

Bibliografische Information der Deutschen Nationalbibliothek
Die Deutsche Nationalbibliothek verzeichnet diese Publikation in der Deutschen Nationalbibliografie; detaillierte bibliografische Daten sind im Internet über http://dnb.dnb.de abrufbar.

1. Auflage
ISBN 978-3-667-12224-7

Lektorat: Johanna Schwarz
Coverfoto: MALÖ/P. Szarner
Backcoverfoto: Leon Schulz
Einbandgestaltung: Felix Kempf, www.fx68.de
Zeichnungen: Inch3, Bielefeld; außer:
S. 31: Hallberg Rassy
S. 130: Mit freundlicher Genehmigung des Met Office UK; © British Crown copyright, Met Office (Wir bitten um besondere Beachtung der folgenden Links: http://www.metoffice.gov.uk/about-us/legal/tandc#Use-of-Crown-Copyright; http://www.nationalarchives.gov.uk/doc/open-government-licence/version/3/)
S. 169, 171, 185: Reeds Almanach (Die Bilder und Tabellen wurden aus dem Reeds Nautical Almanac 2019 mit der Erlaubnis der Bloomsbury Group Agency entnommen. Dieses Produkt enthält UKHO Tidendaten, die von der UKHO durch ein Commercial Licence Agreement lizenziert wurden und durch das Crown Copyright geschützt sind. / Images reproduced from Reeds Nautical Almanac 2019 with permission from Bloomsbury Group Agency. This product includes UKHO Tidal data which is licenced by the UKHO under a commercial licence agreement and protected by Crown Copyright.)
S. 299: YACHT/N. Campe
Layout: Axel Gerber
Gesamtherstellung: Print Consult, München
Printed in Hungary 2021

Delius Klasing Verlag, Siekerwall 21, D - 33602 Bielefeld
Tel.: 0521/559-0, Fax: 0521/559-115
E-Mail: info@delius-klasing.de, www.delius-klasing.de

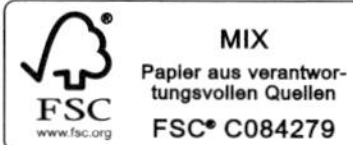